제2판

트라우마경험 아동과 함께하는
창의적 예술치료

∑ 시그마프레스

창의적 예술과 놀이 치료 시리즈

Cathy A. Malchiodi & David A. Crenshaw 시리즈 편저

애착장애를 위한 창의적 예술과 놀이치료
Cathy A. Malchiodi & David A. Crenshaw 편저

놀이치료 : 이론과 실제에 대한 포괄적인 안내
David A. Crenshaw & Anne Stewart 편저

트라우마경험 아동과 함께하는 창의적 예술치료, 제2판
Cathy A. Malchiodi 편저

음악치료 핸드북
Barbara L. Wheeler 편저

제2판

트라우마경험 아동과 함께하는

창의적 예술치료

Cathy A. Malchiodi 엮음 | 김선희 옮김

Σ 시그마프레스

트라우마경험 아동과 함께하는 **창의적 예술치료,** 제2판

발행일 | 2017년 11월 20일 1쇄 발행

엮은이 | Cathy A. Malchiodi
옮긴이 | 김선희
발행인 | 강학경
발행처 | Σ **시그마프레스**
디자인 | 조은영
편 집 | 김성남

등록번호 | 제10-2642호
주소 | 서울시 영등포구 양평로 22길 21 선유도코오롱디지털타워 A401~403호
전자우편 | sigma@spress.co.kr
홈페이지 | http://www.sigmapress.co.kr
전화 | (02)323-4845, (02)2062-5184~8
팩스 | (02)323-4197

ISBN | 979-11-6226-002-9

Creative Interventions with Traumatized Children, Second Edition

＊ 책값은 책 뒤표지에 있습니다.

이 도서의 국립중앙도서관 출판예정도서목록(CIP)은 서지정보유통지원시스템 홈페이지(http://seoji.nl.go.kr)와 국가자료공동목록시스템(http://www.nl.go.kr/kolisnet)에서 이용하실 수 있습니다.(CIP제어번호 : CIP2017029024)

이 책은 미국에서 2008년 초판이 출간된 이래 2014년 개정판을 내기까지 세계
곳곳에서 아동을 돕는 다양한 치료 전문가들에게 분명한 이론적 근거를 가지
고 실질적 도움을 주는 책으로 꾸준히 활용되어 왔다. 미국은 9/11 테러 사건을 경
험한 이래로 트라우마와 관련한 많은 증거기반 연구들과 특히 감각중심의 치료적 중
재로서의 예술치료에 대한 임상적 이해와 인식이 깊어졌다. 창의적 예술치료는 단
지 아동들에게만 제공되거나 적용되는 치료적 중재 방법은 아니다. 그러나 정신과 의
사 Bruce Perry와 미술치료사이자 표현예술치료사로서 활발한 임상과 연구를 해 온
Cathy Malchiodi가 외상경험 아동을 위해 이 책을 집필한 데는 아동기의 외상경험이
인생 전반에 끼치는 영향이 너무 막대하여 이들이 건강한 사회구성원으로 성장하기
위해 치러야 하는 정신적·심리적·물리적 대가가 크기 때문이기도 하지만, 그보다
더 중요한 이유는 아동들은 외상으로부터 치유를 경험하고 탄력적이고 건강한 자아
를 발달시켜 자신의 삶을 조화롭고 자유롭게 영위할 수 있는 잠재력을 충분히 가지고
있기 때문임을 밝히고 있다. 단, '진정한 치료적 경험'을 통해서라는 조건하에서.

국내에서도 최근에 아동학대와 관련한 많은 사건 사고들이 끊이지 않고 보도되고,
아동들이 전체 사회가 경험하는 트라우마 사건에 그대로 노출되어 성인도 감당하기
어려운 외상적 경험들을 하면서도 온전한 치료적 경험을 할 수 있는 제도적 장치는
부족한 실정에서 다행히도 많은 상담가와 심리치료사, 예술치료사, 놀이치료사, 사회
복지사 그리고 교사들은 마음을 다하여 지식을 확보해 가면서 외상경험 아이들을 돕
고자 노력하는 상황임을 역자는 인식하고 있다.

미술치료 교육자이자 수퍼바이저로서 석박사 과정의 표현예술치료학과 학생들과

공부하며 임상경험을 나누고 지도하면서 활용하게 된 이 책은 최신 심리치료의 동향
을 파악하면서 임상적 실제와 조언 그리고 치료사로서의 자세와 아동을 바라보는 따
뜻한 인간적 태도를 잘 배울 수 있는 유용한 교재이기에 더 많은 독자들이 그 유용함
을 공유하게 되기를 바라는 마음에 번역서를 통해 미약하나마 힘을 보태고자 하였다.
본문의 전문적인 치료 개입 용어를 번역하는 과정에서 최대한 원래의 의미를 충분히
전달하고자 노력하였으나 가장 어려운 점이었음을 고백하며 이 책을 통해 외상과 아
동에 대해 더 많은 공부를 하게 되는 계기가 되었으면 한다.

　함께 공부하며 임상 훈련을 통해 치료사로서의 성장을 도모하는 서울여대 특수치
료전문대학원 미술치료전공 학생들을 향한 고마운 마음과 어려운 시대에 꼭 필요한
전문적이면서도 따뜻한 치료사가 되기를 기대하는 마음이 이 책을 읽고 새로운 도전
을 하는 독자들에게도 전해지기를 바란다. 이 책의 출간을 허락해 준 (주)시그마프레
스의 강학경 사장님, 그리고 연구 스터디를 통해 시작부터 마무리 작업에 동참한 박
사수료생 이난주와 석사졸업생 주영은에게 고마운 마음을 전한다.

추천사

예부터 지금까지 치유자(healers)는 늘 우리 가운데 있었다. 고통받는 사람들을 돕기 위해서는 이런 치유자가 필요하다. 치유자는 따뜻한 마음씨를 가진 좋은 사람으로 다른 사람의 말을 경청하고, 자세히 살펴본 후 행동한다. 수천 년 동안 모든 문화권에서 고통의 '원인'과 근원에 대한 수많은 설명이 있었지만, 치유에는 항상 리듬, 관계, 추론이 수반된다. 움직임, 수면, 식사, 타인과의 상호작용 안에서 안정된 리듬을 회복시켜 주는 활동이나 상호작용은 치유를 돕는다. '관계'는 치유를 포함한 모든 인간 활동에서 변화를 이끌어 내는 요인이다. 고통과 질병에 대한 인지적인 '설명'이나 서술은 (그것이 심리학적으로 정확하든 아니든 간에) 우리가 이에 대처하고 고통을 치유하는 데 도움을 준다.

이 고전적인 책의 제1판은 2008년에 출판되었다. 각 장은 치유자가 자신의 일에 관련된 측면에 대해 논의하는 내용이었다. 이 책은 창의적이고 온정적인 많은 치유자들의 경험과 지혜가 녹아든 독특한 집합체였다. 이번 판은 이를 더 확장시켰다. 지난 10년간 치유 과정에서 많은 창의적인 예술행위의 효과의 근본이 되는 신경생물학적 메커니즘을 검토한 근거들이 천천히 그리고 꾸준히 축적되어 왔다. 더욱이 연구결과들은, 한때 '증거기반'임상(practice)의 주류에서 벗어난 것으로 여겨졌던 여러 치료 양식의 효과를 증명해 주고 있다. 여러 사례를 통해 밝혀진 것은, 오늘날의 과학적 방법은 어떤 면에서는 선조들과 치유자들이 이미 알고 있었던 것을 '증명해 주는' 것에 불과하다는 것이다.

이 책의 주요목표는 학대 및 외상을 경험한 아동들을 돕는 것이다. 제1판의 서문에서 나는 우리 분야에서 이 책이 가진 가치와 특별한 역할을 기술하려고 했으며, 이런 관점을 이번 판 추천사에도 포함시키기로 했다. 안타깝게도, 제2판에서도 근본적인 문제와 맥락은 지난 10년간 변하지 않았다. 우리가 이런 아동들을 돕는 데 사용해 온 방식들은 여전히 완전하지 못하다. 그러나 치유적 지혜가 담긴 이 책은 여전히 우리에게 희망의 불씨와도 같다.

* * *

아동기는 예나 지금이나 취약한 시기이다. 석기시대부터 수많은 문명을 거쳐 현대에 이르기까지의 모든 세대는 전쟁, 기아, 전염병, 살인, 강간 등의 문제를 겪어 왔고, 특히 아동 같은 가장 취약한 집단들이 가장 큰 고통을 당했다. 이전 세대에서 외상은 흔한 것이었다. 여러 경우를 보면, 외상은 오늘날 우리가 아동들을 위해 마련해 주고자 하는 비교적 안전하고 안정된 세계보다 훨씬 더 이전부터 만연해 있었다. 우리는 선조보다 우리가 아동들을 더 잘 보호하고, 양육하며, 교육하고, 삶을 풍요롭게 해 준다고 믿고 싶겠지만, 사실 많은 아동들의 삶은 위협, 폭력, 상실, 가정폭력과 관련된 외상, 사랑하는 이의 죽음, 신체적 학대, 성 학대, 자연 재해 등으로 여전히 고통받는다. 오늘날 성인의 1/3은 사실상 외상에 해당하는, 심각한 부정적인 아동기 사건들을 경험했다. 그리고 우리는 이제 이러한 부정적이고 외상적인 경험들이 여러 면에서 우리를 변화시킨다는 사실을 더 잘 인식하고 있다. 외상을 겪은 후에 우리의 신체와 정신, 마음과 영혼은 그슬리고, 일그러지며, 생존을 위해 변형된다.

아동기 외상은 매년 치료에 수천억 달러를 써야 하는 경제적 손실뿐 아니라 아동의 인간성 손상으로 인한 창의성과 생산성의 잠재력 상실의 측면에서 볼 때, 치러야 할 대가가 매우 크다. 아동은 자신이 겪은 외상 때문에 약해지는 경우가 너무나도 많다. 그러나 이것은 필연적인 일은 아니다. 외상을 겪은 아동도 외상과 후유증에 직면하고 대처하며 극복함을 통해 외상에서 치유받고 더 강하고 지혜롭게 성장할 수도 있다. 이는 효율적인 외상 치유, 즉 진정한 치료적 경험을 통해서만 얻을 수 있다.

불행히도 '증거기반임상(EBP)'이 유행하는 구획화된 환원주의 의료모델에서는 외상을 겪은 대다수의 아동들에게 진정한 치료적 경험을 제공하지 못하고 있다. 우리의 정신보건 시스템의 서비스를 받는 외상 아동들의 비율이 낮다는 사실은 부끄러운 일이다. 그나마 이 시스템을 이용하는 이들도 파편화되고, 비효율적이며, 비인간적인 서비스를 받고 있다. 분명한 것은 우리가 외상을 겪은 아동들이 외상에 효과적으로 대처하고 치료받도록 돕지 못하고 있다는 사실이다.

외상후 스트레스 장애를 예방하기 위해 외상과 관련된 신경생물학적 시스템을 직접 치료할 수 있는 약이 있다면, 혹은 유전적으로 외상에 취약한 이들을 선별해 표적 치료할 수 있다면, 또는 모든 외상 아동에게 적용가능하고 쉽게 통용시킬 수 있는 20회기 집단 치료 프로그램이 있다면 얼마나 좋을까? 이러한 바람이 실현되지는 않았지만, 우리는 직면한 도전들의 해결방안을 찾으려고 노력 중이다. 그러나 나는 우리가 앞만 볼 것이 아니라 과거를 되돌아볼 것을 제안한다. 우리는 선조들로부터 배워야 할 것이 있다.

우리 선조들은 생존하기 위해 외상에 대처하는 법을 배워야 했다. 외상을 겪은 이들은 어떻게든 가족, 공동체, 문화를 지속시키고, 앞으로 나아가야 할 방법을 찾아야만 했다. 그들은 외상에 어떻게 대처했는가? 그들이 한 일이 오늘날에도 적용될 수 있다는 단서는 있는가? 원시 문화에서부터 지금까지 명맥을 유지 중인 상실과 외상에 대한 기존의 믿음, 의식, 치유 방법에 대한 검토를 통해 몇 가지 중요한 원리들이 밝혀졌다. 지리적으로 떨어졌으며 문화적으로 아무 연계가 없는 다양한 집단의 치유 의식들에서 외상후의 적응 및 치료와 관련된 일련의 공통적인 요소들이 발견된다. 이런 핵심적인 공통 요소들에는 매우 중요한 믿음 체계―고통·상해·상실에 대한 근본적 이유·믿음·추론, 말·춤·노래로 외상에 대해 재진술하거나 재연하는 것, 그리고 일련의 신체 감각적 경험들(접촉, 패턴화된 반복적인 움직임, 노래)이 포함된다. 이 모든 것은 의식에 참여 중인 가족이나 친족과의 매우 강렬한 관계적 경험을 통해 제공되는 것들이다.

이런 요소들에서 가장 두드러진 특성은 이 요소들을 사용할 때 대뇌피질, 변연계, 간뇌 및 뇌간 시스템에 영향을 주는 총체적인 신경생물학적 경험(외상이 신경생물학적 체계에 끼치는 만연된 영향과 다르지 않은 경험)이 만들어진다는 것이다.

- 외상경험에 대해 재진술한다.
- 서로를 안아 준다.

- 어루만지고, 춤추며, 노래 부른다.
- 싸움, 사냥, 죽음에 대한 이미지를 만들어 낸다.
- 외상경험을 문학, 조각, 연극으로 재연한다.
- 사랑하는 이들 그리고 공동체와 다시 관계를 맺는다.
- 축하의식을 하고, 함께 먹으며, 이야기를 나눈다.

이런 원시적인 치유 의식(practices)은 반복적이고, 리드미컬하며, 서로 관련성 있고, 관계를 중심으로 이루어지며, 정중하고, 심리적 보상을 느끼게 해 준다. 이런 치유 의식은 동물과 인간 모두에게서 스트레스 반응과 관련된 신경계를 효율적으로 바꾸어 주는 경험들이다. 이러한 치유 의식들과 외상의 신경생물학적 측면의 놀라운 공명은 예상하지 못한 바가 아니다. 이런 의식들은 분명한 효과가 있기 때문에 계속 행해졌던 것이다. 사람들은 더 잘 느끼고, 더 잘 기능할 수 있었으며, 치유 과정의 핵심 요소들은 강화되어 전달되었다. 시간적, 공간적으로 별개인 문화들은 동일한 보편적 접근으로 수렴된다.

이 책이 지닌 매력은 이런 고대의 치유 방법들을 활용하고 있다는 것이다. 이 책에는 우리 선조들이 만들어 낸 가장 효과적이고, 유서 깊으며, 생물학적 측면에 기반을 둔 치료적 경험(practice)들이 담겨져 있다. 이런 치료적 경험이 언뜻 보면 '생물학적' 특성만 가진 것처럼 보이지만, 분명한 것은 이 치료 방식들이 뇌를 변화시킬 뿐 아니라 뇌에 특별한 영향을 주고, 외상 · 방치 · 학대가 핵심 신경계에 끼친 영향을 변화시키는 데 필요한 패턴화된 반복적 자극을 제공한다는 것이다. 외상으로 변형된 신경망 체계는, 원래 뇌의 보다 오래된 부분들(예를 들어, 도파민, 세로토닌, 노르아드레날린에 의해 활성화된 신경망)에 기인한다. 이런 뇌간과 중뇌 시스템은, 주요한 신체 감각적 경험들—리듬 청각 자극, 촉각 자극, 시각 자극, 운동—전정 자극과 마사지, 음악, 춤, 반복적인 시각 및 촉각 자극 EMDR(안구운동 민감소실 및 재처리과정)로부터 뇌간과 중뇌로 가는 패턴화된 반복적 신경 활동에 의해 효과적으로 변형될 수 있다.

오늘날은 '증거기반임상'에 대한 요구가 매우 강하다. 수천 세대에 걸친 수많은 문화의 치료 방식들이 결국에는 리듬, 접촉, 스토리텔링, 공동체로의 재연결로 수렴된다는 것이 가장 강력한 증거가 아닐까 싶다. 이 모든 것은 외상에 대처하고 외상을 치유하는 데 필요한 핵심 요소로서 이 책에서 다루어지고 있다.

Bruce D. Perry, MD, PhD
텍사스 주 휴스턴 아동외상아카데미,
일리노이 주 시카고 노스웨스턴대학교

저자 서문

이책의 제1판이 출판된 이후로 아동, 청소년, 가족을 대상으로 하는 외상[1] 개입에 중요한 발전이 있어 왔다. 이와 더불어 창의적 예술치료(미술, 음악, 무용/동작, 연극)가 트라우마를 겪은 아동의 회복과 보상(reparation)을 어떻게 증진시키는지에 대한 이해도 상당히 높아졌다. 신경생물학, 발달적 외상, 감각 기반의 접근방식, 외상후 스트레스에 대한 이해가 확장된 것은 우리가 트라우마를 정의하는 방식과, 신경발달적으로 적합한 효과적인 개입이 어떻게 이루어지는지를 논하는 것에 영향을 미쳤다. 또한 창의적 예술치료사와 놀이치료사만 창의적 기법을 적용하는 것에서 더 나아가 다수의 상담가, 심리학자, 결혼 및 가족 치료사, 기타 정신건강 분야와 건강관리 전문가들도 어린 내담자들과 작업함에 있어 감각에 기반한 접근과 행동지향적인 접근방식의 가치를 받아들이고 있다.

아동에게는 심리적 외상을 겪을 수 있는 많은 상황이 존재한다. 외상 사건으로는 부모나 형제의 죽음, 부모의 이혼, 양육 시설로 배치되는 것, 사고, 의학적 질병이 있다. 어떤 아동들에게는 괴롭힘, 가정폭력, 신체적 · 성적 학대, 비극적인 자연 재해, 테러, 전쟁에 노출되는 것이 외상 사건에 해당될 수 있다. 불행하게도 어떤 아동들은 스트레스를 주는 상황을 생활 속에서 반복적으로 마주함으로써 일생 동안 부정적인 심리사회적 · 발달적 문제에 대한 민감성이 증대되기도 한다. 고통스러운 사건에 노

---

1) 역주 : 외상(trauma)이란 본래 외부로부터 받은 충격으로 몸에 상해가 생기는 것을 말하는 외과적 용어에서 비롯되었으나, 정신건강 영역에서는 사고나 자연 재해 등 외부적 사건에 의한 심각한 심리적 충격을 의미한다. 국내에서는 이를 '트라우마', '외상', '심리적 외상'이라는 용어로 사용하고 있으며 이 책에서도 'trauma'의 번역에 세 용어를 의미 차이 없이 사용하였다.

출된 정도와 다른 요인에 따라 다르겠지만, 아동에게 트라우마는 정신적 · 정서적 · 신체적으로 소모적이고, 공포스럽고, 혼란스러운 경험일 수 있다.

미술치료사이자 표현예술치료사, 정신건강 상담가로서 일하는 동안 나는 트라우마의 완화가 아동의 마음에서뿐만 아니라 몸을 통해서도 일어난다는 사실에 관심을 가져 왔다. 오늘날 트라우마의 신경생물학과 마음-신체 반응을 연구하는 전문가들은 심리적 외상을 다루는 전문가들이 고통에 대한 신체적 반응을 먼저 다루어야 한다고 강조한다. 아동에게 외상 사건에 대처하는 인지적인 전략을 제공할 때에도, 뇌가 작동하는 방식을 고려하여 발달적으로 적합하고 감각에 기반한 개입을 활용해야 한다. 창의적인 예술치료와 놀이치료는 이러한 개입 중 하나로서 '우뇌와 우뇌의' 소통과 관계적 · 행동지향적 전략을 강조하는 활동을 수행하여 치료사와 아동의 관계를 구축한다(Malchiodi, 2013, 2014).

예술과 놀이는 비언어적 표현과 의미화(meaning making)를 이끌어 내는 독특한 가능성을 제공한다. Judith Herman(1992)이 그의 독창적인 저서에서 강조한 것은 사람들이 심리적 외상 사건을 경험했을 때, 일어난 일을 언어적으로 설명하기 어려운 때가 종종 있지만 그렇게 말로 나타낼 수 없는 것을 표현하려는 욕구를 갖는다는 것이다. 아동들은 자신이 재경험하는 것과 말로 표현할 수 없는 것을 행동화하기 위해 미술과 놀이를 직관적으로 활용하는데, 이는 이 책의 중심이 되는 전제이다. 이번 개정판은 이 전제를 연구하여 독자들로 하여금 미술과 놀이에 내재된 감각적 과정에 대해 깊이 있게 생각해 보도록 이끈다. 미술과 놀이에 내재된 감각적 과정은 아동의 변화를 돕고 트라우마와 상실에 대해 의미를 구성하게 한다. 이 책 전체에서 창의적 예술치료와 놀이치료 분야의 숙련된 임상가들이 감각에 기초한 개입, 그리고 신경생물학에 근거한 이론과 실제를 바탕으로 한 개입에 대해 설명한다. 또한 아동 · 청소년을 돕는 전문가들에게 표현예술치료와 스토리텔링, 모래놀이를 결합시킨 미술치료, 음악치료, 연극치료, 무용/동작치료, 놀이치료 등 다양한 최신 접근을 소개한다. 그중에서도 이 책의 특징은 트라우마 전문가들이 관심을 갖는 세 가지 영역, 즉 신경생물학과 신경발달학, 자기조절, 회복력과 외상후 성장과 관련하여 창의적 예술치료와 놀이치료에서의 새로운 정보를 제공한다는 점이다.

신경생물학과 신경발달학

이 책의 제1판이 발간된 이후로 신경생물학(Neurobiology)과 신경발달학적(Neuro-developmental) 원리는 창의적 예술치료와 놀이치료의 효과적인 적용에 있어 필수적인 부분으로 자리 잡았다. 제1장에서는 외상경험 아동에 대한 창의적인 개입에 중점을 둔 신경생물학적 주요 원리들을 이전보다 광범위하게 다루었다. 최근의 신경생물학과 신체기반 치료에 근거한 특정 기법들에 대해서도 설명하였다. 예컨대 제3장은 널리 쓰이고 있는 안구운동 민감소실 및 재처리과정(EMDR) 내에서 미술과 심상적 기법의 결합을 강조하면서, EMDR이 미술치료를 어떻게 보완하고 향상시키는지에 대해 설명하였다. 마찬가지로 제6장에서는 신체적 관점을 설명한 미술기반 기법을 제시하고 아동의 해리를 다루는 '신체 지도 그리기' 기법을 소개하고 있다. 제9장에서는 점토의 감각적 특성을 신경발달적, 신체적으로 개관하면서 발달적 외상을 겪은 아동에게 점토가 어떻게 활용될 수 있는지를 다루었다.

자기조절

또한 이 책의 저자들은 창의적 예술치료와 놀이 기반 접근에서의 자기조절 능력을 강조한다. 자기조절(self-regulation)이란 간단히 말해 스트레스에 대한 감정과 신체 반응을 조정할 수 있는 능력이다. 과각성은 외상 사건에 흔히 일어나는 반응이고, 고통스러운 상황에 노출된 어린 내담자들은 자기조절에 종종 어려움을 겪는다. 미술, 음악, 동작, 기타 활동을 경험하는 것은 불안과 공포를 감소시키는 이완 효과를 제공한다.

이 책은 각성을 완화시키고 신체의 조절 반응을 촉진하는 주된 방식으로서 창의적 예술치료와 놀이치료의 구체적인 적용에 대해 전체에 걸쳐 설명한다. 제14장은 표현예술치료적인 포커싱 접근과 마음챙김을 강조하였는데 이는 외상을 겪은 아동·청소년의 개입에 필수적인 요소이다. 마찬가지로 음악치료는 신체적·정서적 고통을 겪는 입원 아동들의 스트레스 감소와 자기조절에 널리 쓰이는 효과적인 전략이다(제15장). 마지막으로 예술치료와 놀이치료를 적용하는 것은 대인간 폭력을 경험한 아동들의 자기조절에 중요하며, 대처 기술과 자기역량의 강화와 스트레스 감소에 도움을 준다(제12장).

회복력과 외상후 성장

이 책에서는 아동의 회복력과 외상후 성장을 향상시키는 것의 중요성을 강조하고 있다. 대체로 회복력(resilience)은 부정적인 사건에서 회복하는 능력으로 정의된다. 외상후 성장(posttraumatic growth)은 고통스럽거나 힘든 경험을 통해 얻게 된 긍정적인 심리적 변화를 의미한다. 외상정보에 근거한 치료(trauma-informed practice)는 아동이 유능감을 경험하며 자신의 회복에 스스로 기여할 수 있도록 격려해야 한다는 개념을 내포하고 있다. 창의적 예술과 놀이 치료는, 참여자가 자기역량 강화 및 능동적인 감각 활동을 할 기회를 제공한다는 점에서 이상적이다. 많은 아동들에게 있어 창의적 개입은 삶에 고통을 주었던 사건을 이겨 내도록 도우며, 회복력을 향상시킨다.

마지막으로, 아동은 늘 위기 상황에 노출되어 있지만, 이웃, 학교, 지역사회에서 대규모의 인재나 자연 재해 그리고 폭력 사건으로 인해 아동이 겪은 외상적 경험에 대해 세계적으로 전반적인 관심이 증가하고 있다. 최근 10년간 언론에서는 허리케인 카트리나, 동남아시아의 쓰나미, 이라크 전쟁, 테러리스트의 위협 및 공격, 학교 내 총기 난사 사건 같은 세간의 이목을 끈 사건들을 많이 다루고 있을 뿐 아니라, 대중 및 전문가들도 이에 큰 관심을 보이고 있다. 외상이나 상실을 전에 경험했던 이들뿐 아니라 이런 사건을 직접적으로 경험하지 못한 아동들도 이런 위기에 영향을 받는다. 이런 유형의 충격적 사건을 겪은 이들 중 상당수는 불안, 우울증, 외상후 스트레스 장애 같은 부작용으로 계속 고통을 받는다.

많은 전문가들이 종종 대규모 재난을 겪은 아이들을 돕는 문제에 당면하게 되므로, 이 책의 제5장은 대규모 재난(특히 샌디훅초등학교 총기 난사 사건 혹은 2001년 9/11 테러 공격)을 겪은 이들을 위한 예술치료와 창의적 개입을 간단히 설명하고 있다. 도움을 주려는 전문가들은 대규모의 인재 및 자연 재해를 겪은 아동 생존자와 가족을 공감적 태도로 대해야 하고, 창의적 전략을 사용해서 그들이 고통에서 벗어나, 안정감과 자기역량을 강화시키도록 도울 수 있어야 한다. 심리적 외상은 많은 아동들에게서 두려움, 걱정, 혼란의 감정을 유발하기 때문에, 표현예술과 놀이의 '자기위안적(self-soothing)' 특성은 대규모 재난 사건 후에 신체적 반응을 효과적으로 다루는 데 있어 특별히 중요하다. 그리고 이는 또한 가족을 대상으로 한 위기 개입에서도 중요한 요소이다(제10장).

　행동지향적인 창의적 개입으로써 아동의 외상을 다루는 데 관심을 가진 이 책의 공저자들 모두가 동의하는 한 가지가 있다. 그것은 감각기반의 체험적 방법이야말로 외상을 효과적으로 치료해 줄 수 있다는 것이다. 내성적인 성격의 아동 혹은 학대나 폭력 경험을 밝히기를 두려워하는 아동의 경우, 창의적 활동의 감각적 특징을 활용해서 말할 수 없는 부분들을 표현할 수 있으며, 말하기 어렵거나 일시적으로 드러내기 불가능한 감정들을 우회적으로 '말할 수' 있다. 다른 아동들의 경우에도 창의적 개입을 통해 자신에게 고통을 주었던 사건을 극복해 볼 수 있는 기회를 얻을 수 있다. 이 책에 기술된 전문가들이 사용하는 접근법과 방법들은 고통스러워하는 아동 내담자들이 은유와 상징을 통해 말로는 표현할 수 없는 것들을 묘사하고, 조절하며, 통제하도록 돕는 것이다. 아동이 자신에게 '무슨 일이 있어났는지'를 그림, 놀이, 움직임, 소리 등 다른 매체를 활용해서 전달할 때, 아동이 겪은 감정, 사건, 기억은 타인에 의해 목격되는데, 이는 외상 생존자들의 욕구를 다루어 주는 강력한 첫 번째 단계이기도 하다.

　우리 모두는 인생의 어느 시점에서든 외상과 상실을 겪을 수 있다. 안타깝게도, 우리가 치료 중인 많은 아동은 삶 속에서 외상으로 인한 고통을 견뎌 내야 했다. 이 책의 제1판에서 나는 외상이 있는 모든 연령대의 사람들을 대하는 데 있어 토대가 되는 믿음을 언급했다. 그것은 불교의 세 번째 숭고한 진리인 "모든 인간의 고통은 궁극적으로 변형되고 치유된다."는 것이다. 더 실용적 용어로 말하면, 아동 내담자를 포함해 모든 이는 외상에서 회복될 수 있다는 것이었다. 모든 아동은 창의적 표현을 통해 자신의 경험을 재연하고, 재구성할 수 있는 잠재력을 가진다. 특히 치료사가 창의적 예술과 놀이에는 고통을 전환하고, 건강을 회복하도록 도우며, 다시 미래의 희망을 가질 수 있게 하는 힘이 내포되어 있음을 인식하고 이를 활용하는 경우, 그 효과는 더욱 커진다.

감사의 말

이 기회를 통해서 이 책에 도움을 준 외상 분야의 전문가들에게 진심으로 감사드리고 싶다.

　우선 나는 Bruce D. Perry에게 감사한다. 아동 외상과 신경발달 분야에 그가 끼친 영향력은 대단하며, 수많은 전문가들에게 영감을 주었다. 또한 Perry 박사는 감사하게도 이 책의 추천사를 써 주셨다. 그는 아동을 대상으로 한 신체 감각적 개입의 중요성을 지속적으로 주장하고 있으며, 신경생물학과 외상의 관계에 대한 연구도 많이 했다. 다음으로, 이 책의 각 장을 써 주신 공저자들에게 감사한다. 그들의 전문성은 아동과 가족을 대상으로 하는 창의적 예술치료의 범위와 잠재성을 다루고 설명하는 데 기여했을 뿐 아니라, 창의적 예술과 놀이를 통해 외상을 치료하는 법에 대한 학계의 지식도 확장시켰다. 다행히도, 지금 시점에서 이런 전문가들과 만나게 되어 영광이며, 그들의 지혜와 경험을 이 책에 담을 수 있어서 감사한다.

마지막으로, 이것들을 한데 모아 책으로 출판하기까지는 편집자, 공저자, 출판사의 협력적 노력이 필요했다. 수석 편집장 Rochelle Serwator, 교정자 Margaret Ryan, 아트 디렉터 Paul Gordon, 그리고 제작 에디터 Laura Specht Patchkofsky 덕택에 편집과 제작이 원활하게 진행된 것에 감사한다. 또한 선견지명에 따라 창의적 예술과 놀이 치료 시리즈를 출판하기로 결정한 길포드 출판사에 감사한다.

이 시리즈는 뇌의 창의성을 고려한 행동지향적 치료법의 중요성을 강조하고 있다. 나는 이 제2판이 창의적 예술과 놀이 치료 시리즈의 하나로 출간되어 기쁘다. 또한 창의적 개입의 가치와 효과성에 대한 정신건강 전문가들의 인식이 증대되고 있는 것은 감사한 일이다.

참고문헌

Herman, J. (1992). *Trauma and recovery*. New York: Basic Books.

Malchiodi, C. A. (2013, September 9). Creative art therapy and attachment work. *Psychology Today*. Retrieved from *www.psychologytoday.com/blog/rts-and-health/201309/creative-art-therapy-and-attachment-work*.

Malchiodi, C. A. (2014). Creative arts therapy approaches to attachment issues. In C. A. Malchiodi & D. A. Crenshaw (Eds.), *Creative arts and play therapy for attachment problems* (pp. 3-18). New York: Guilford Press.

차례

제3부

가족 및 집단에의 활용

제4부

예방을 위한 창의적 개입

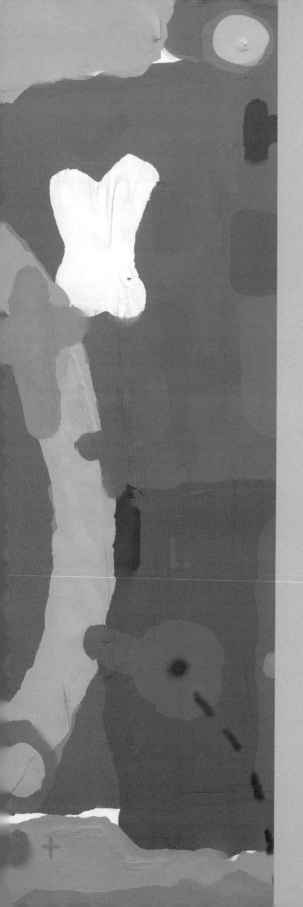

제1부

창의적 개입과
아동
임상의 기초

신경생물학, 창의적 개입과
아동기 외상

Cathy A. Malchiodi

아동들은 외상에 관련된 다양한 이유로 치료에 온다. 어떤 아동들은 자연 재해로 집과 재산을 잃거나 심각한 사고에서 살아남거나, 부모의 죽음을 경험한다. 또 다른 아동들은 아동기에 여러 번의 외상 사건을 경험하거나, 학대, 방임 혹은 여러 번의 재입양과 같은 만성적인 스트레스 상황에 처하기도 한다. 아동들은 이 같은 경험들에 영구적으로 영향을 받지 않을 수 있지만, 일부 아동들은 정상적인 정서, 인지, 사회적 발달에 장애를 가지는 심각한 증상들로 고통을 겪을 수 있다.

Terr(1990)는 "일반적으로, 외상은 그 자체로 나아질 수 없으며, 외상의 경험은 아동의 방어기제와 대처 기술을 점점 약화시킨다"(p. 293)고 언급했다. 외상을 겪은 아동들은 종종 무기력, 혼동, 수치심을 느끼고 사람이나 환경을 신뢰하는 것을 두려워한다. 이와 같은 아동들과 함께하는 치료사들은 아동들이 단순히 외상적 사건을 재경험하는 것이 아니라 침습적 기억을 극복하고 의미를 구성하며 희망을 찾을 수 있도록 생산적인 관계를 형성해야 한다. 외상을 겪은 아동들에게 효과적으로 다가가기 위해서 치료사들은 외상 기억을 표현하고, 정서적 해소를 제공해 줄 수 있는 발달적으로 적절한 방법과 개입을 사용해야 한다.

최근에는 외상이 이차적 심리반응을 일으키는 압도적인 사건과 경험에 대한 자동적·신체적·신경학적 반응이라는 것에 대한 인식이 높아지고 있다(Perry, 2009; Rothschild, 2000). 이러한 인식은 치료사들이 스트레스 증상을 가진 사람들에게 어떠한 방식으로 개입을 해야 하는가에 대한 치료의 틀을 재구조화하게 하였고, 외상으로 인한 증상들이 과도한 스트레스 사건들에 대한 신체의 적응적 반응들임을 알게 했다. 또한 치료적 개입 시 외상의 감각적 영향에 초점을 맞추는 기법을 활용해야 한다는 합의가 폭넓게 이루어지고 있다.

이 장은 신경생물학적 관점에서 외상에 대한 개괄과 이해의 확립을 제시하기 위해 감각에 기반한 미술치료, 표현적 방법과 같은 창의적 개입이 외상을 겪은 아동들과 작업할 때 왜 필요하고 효과적인지에 관한 내용을 제공한다. 이런 방식에 익숙하지 않은 치료사들을 위한 창의적 예술치료와 표현치료에 대한 간략한 설명은 외상 사건의 본질과 이것이 아동에게 미치는 영향에 관한 일반적인 정보를 제공하고자 함이다.

외상의 정의

이 책에서 '외상(trauma)'은 아동에게 지속적으로 상당한 신체적·심리사회적 영향을 일으키는 경험으로 정의하고 있다. 외상화되는 사건들은 삶에서 외상이 되는 몇 번의 경험이나, 다른 사람의 상해를 목격하는 경우 혹은 사고처럼 단 한 번에 발생될 수 있다. 방임이나 학대의 광범위한 노출, 테러나 전쟁의 경험, 재난으로부터의 생존과 연이어 일어나는 집·재산·가족의 상실은 반복적이고 만성적인 외상경험의 예이다. Terr(1981, 1990)의 차우칠라 어린이 납치 사건[1] 생존자들에 대한 독창적인 연구는

---

1) 역주 : 1976년 미국 캘리포니아에서 26명의 아동이 납치되었다가 탈출한 사건. 피해 아동 대부분이 심각한 장기 후유증을 보였다.

외상후 증상과 외상경험의 복합성에 관한 최초의 보고를 제공해 준다. Terr는 차우칠라 사건 연구 결과와 추후 조사를 통해 외상을 겪은 아이들에게서 흔히 나타나는 많은 특징을 확인했다. 이는 미술과 놀이 활동에서 나타나는 행동과 인지 및 정서 발달에 대한 영향을 포함하는 것이었다. Terr는 외상 사건의 유형을 급성 혹은 유형 I(단일 사건)과 만성 혹은 유형 II(복합, 누적된 외상)의 두 가지로 나누어 제시했다. 어떤 유형의 외상이든 아동은 신체적 · 정서적 붕괴를 경험할 수 있고, 신체 외상과 심리적 영향으로 고통을 입게 된다.

현재 외상을 겪은 사람들과 작업하는 치료사들은 단일 혹은 복합 외상이 아동에게 어떤 영향을 미치는지 이해하게 되었으며, 이러한 외상의 영향으로 인해 어린 내담자들은 더 심각한 문제에 취약해질 수 있다는 것을 알게 되었다. 외상후 스트레스 장애(PTSD)는 대부분의 정신건강분야에서 잘 알려져 있다. 현재의 정의와 범주는 정신장애진단 및 통계분류 5판(DSM-5)(APA, 2013)에서 찾을 수 있다. 1930년대에 이미 언급된 아동 PTSD와 유사한 증상들은 현재 PTSD 진단 범주에 증상으로 반영되어 있다. 1987년의 DSM-III-R(APA, 1987)에는 어린 내담자와 성인의 발달적 차이를 설명하는 아동 PTSD의 독특한 특징은 반영되지 않았다. 현재 PTSD에 대한 DSM-5 범주는 다음의 일반적인 반응과 대응(general reaction and responses)으로 정리될 수 있다.

- 각성의 변화 : 외상 사건의 양상과 비슷한 경험에 노출되었을 때 강렬한 심리적 고통과 심리적 반응을 포함하는 과각성은 일반적인 반응이다. 과도한 각성은 집중의 어려움, 잠들기 어렵거나 수면을 유지하기 어려운 수면 문제, 과도한 경계, 과민, 분노 폭발 같은 것들을 야기한다. 아동도 트라우마 사건과 관련된 감각기억을 자극하는 경험이나 자극에 노출되었을 때 해리를 포함한 과각성을 나타낼 수 있다.
- 재경험 : 아동은 갑자기 외상 사건이 현재 일어나고 있는 것처럼 느낄 수 있고, 사건에 대한 침습적인 생각을 가질 수도 있으며, 외상 사건의 감각적 · 서술적(declarative) 측면에 관련된 악몽을 경험할 수도 있다. 외상 사건은 청각적, 시각적, 후각적, 전정 감각적, 그리고 다른 감각적인 형태로 반복적으로 떠오른다.
- 회피 : 아동은 트라우마 사건과 관련된 느낌이나 생각을 회피하려고 하거나, 사

건에 대한 양상을 떠올릴 수가 없게 된다. 아동은 외상 기억을 떠올리게 하는 상황과 활동을 피하려고 하고, 가족과 친구들로부터 떨어지려고 하고, 사건에 관련된 악몽으로 수면 문제를 가지고, 이전의 즐거웠던 활동에 대한 흥미가 줄고, 미래에 대한 희망이 줄어드는 경험을 한다.

- 부정적인 인지와 기분 : 아동은 지속적이고 왜곡된 자기비난을 갖거나 이전에 즐기던 활동에 흥미가 떨어질 수 있다.

- 발달적 문제 : 만약 외상 사건이 부모나 양육자와의 관계를 깨트렸다면, 아동은 정서적 · 인지적 문제와 같은 발달 지연 혹은 애착 문제를 경험할 수 있다. 특히 이러한 아동기 외상 사건의 특이한 양상은 아동기의 대인관계에 의한 폭력과 같은 복합적인 외상(발달적 외상에 관한 요점은 이 장 후반부에서 다룬다.) 사건의 결과라고 여겨지며, 반복적인 트라우마의 노출과 아동기 정상발달의 붕괴와 밀접한 관련이 있다는 것을 분명히 보여 준다.

DSM-5에는 6세 이하 아동의 외상후 스트레스 장애로 불리는 새로운 하위유형이 포함되었다. 다시 말해, 더 어린 아동들의 외상후 스트레스를 정의하는 데 있어 행동적, 발달적으로 더 세심한 준거를 사용한 것이다. 예를 들면, 놀이는 외상후 스트레스를 진단하는 방법의 일환으로 사용될 수 있다. 왜냐하면 매우 어린 아동들은 그들이 외상경험에 대한 반응으로 느끼는 것을 언어화할 능력을 가지고 있지 않기 때문이다. 또한 진단 기준은 아주 어린 아동은 외상 사건을 겪을 당시에는 심각하거나 뚜렷한 고통을 표현하지 못할 수 있으며 아동의 외상 반응은 부모, 양육자, 형제자매, 친구, 혹은 선생님과의 관계 손상의 형태로 드러날 수 있음을 강조하고 있다.

학령 전 아동, 학령기 아동 그리고 청소년의 외상 반응 기간은 1개월이 지나야 하며, 다른 외부 영향이나 일반적인 의학 상태에 기인하지 않아야 한다. 또한 많은 요인은 아동이 외상 사건에 반응하는 방식과 PTSD를 포함한 정서장애를 나타내는지의 여부에 영향을 미친다. 생물학적 측면, 기질, 회복력, 발달단계, 부모나 양육자와의 애착, 재능, 적응적인 대처기술 그리고 활용할 수 있는 사회적 지지는 외상후 스트레스 장애, 급성 스트레스 반응 그리고 기분장애나 행동장애에 대한 개인의 민감성과 관련되어 있다(U.S. Department of Health and Human Services, Administration for Children and Families, Administration on Children, Youth and Families, Children's Bureau, 2012). 폭력범죄, 죽음 혹은 재난과 같은 외상 사건에 직접적으로 노출된 아동은 가족, 양육자나 공동체 형태의 적절한 사회적 지지를 받지 못한다. 복합적인 위기를 경험한 아동은 외상에 더 민감하고, 추가적인 장기 치료를 요한다. 연구 결과에 따라 유병률은 다양하지만, 이러한 아동은 PTSD나 다른 스트레스 관련 장애를 가질 위험이 높다(National Child Traumatic Stress Network, 2014; Silva, 2004). 요컨대 외상이 아동에게 주는 영향의 원인이 되는 경험의 많은 특징이 아동에게 파괴적인 증상과 장기간 지속되는 고통을 줄 수도 있고 그렇지 않을 수도 있다.

다행스럽게, 강렬한 스트레스 사건에 노출된 아동들의 일부만 외상후 스트레스 장애나 다른 심각한 장애들로 발전하게 되고 있지만 취약성과 회복력의 요인(이 책 제2장과 제4부 참조)이 증상 발달에 영향을 주므로 지속적인 치료가 요구된다는 것이 일반적으로 받아들여지고 있다(이 책 제2장과 제4부 참조). 대부분의 아동은 최소한의 개입만을 필요로 하고 대부분 짧은 시간 내에 정상적인 개인적·사회적 기능을 회복한다. 이러한 경우에 심리교육, 위기 개입, 예방 전략 그리고 단기치료를 통합한 개입은 초기의 고통을 완화하고, 사회적 지지를 형성하고, 적응적 대처기술을 강화한다.

발달적 외상

Bessel van der Kolk(2005)는 만성적인 방임이나 학대와 같은 복합적 외상 사건을 경험한 아동을 설명하기 위해 발달적 외상 장애(Developmental Trauma Disorder, DTD)를 제안했다. DTD는 아동의 정서조절, 신경학적 기능, 그리고 자기개념에 대한 만성 외상의 영향을 주장하기 위해 고안된 개념이다. 발달적 외상은 아동의 창의적 표현에 참여하거나 놀이하는 능력을 파괴시키고(Tuber, Boesch, Gorking, & Terry, 2014), 따라서 이러한 어린 내담자들이 감각 기반의 치료적 개입에 이르는 것조차 어렵게 만든다. 발달적 외상을 경험하는 아동들은 초기에는 대인관계 폭력과 방임의 반복되는 경험 때문에 신뢰하는 치료사와 같이 있을 때조차도 종종 경계심을 가진다. 만성 외상 스트레스는 아동들의 자기 긍정적인 애착경험과 감각 회복을 방해하고 자기 치유 능력을 압도한다(Malchiodi & Crenshaw, 2014). 대부분은 잘 발달된 적응적 대처전략을 가지고 있고, 그러한 전략들은 아동의 상상력, 학습 적응력 그리고 정서적 친밀감을 보호한다(Lieberman & Knorr, 2007). 공식적으로 DSM-5의 범주 안에는 들어 있지 않지만 도움을 주는 전문가들은 아동 내담자를 평가할 때, 반복적인 학대, 방임, 폭력 혹은 전쟁, 유기, 위탁돌봄과 같은 발달적 외상의 관점을 활용한다.

외상의 신경생물학

외상의 신경생물학에 대한 보다 많은 이해를 통해 현재는 외상 반응들이 심리적(마음) · 신체적(몸) 경험 모두가 포함된다는 것이 폭넓게 받아들여진다. 외상을 입어 왔던 아동들을 돕기 위해서 뇌가 어떻게 구성되어 있고, 몸과 마음이 외상 사건에 어떻게 반응하는지를 이해하고 외상의 신경생물학적 지식을 가지고 치료를 하는 것은 아주 중요하다. 이 장은 외상이 뇌에 미치는 영향과 인간의 심리에 대한 심층적인 설명을 하려고 하는 것은 아니다. 이런 자료는 최근 폭넓게 사용되며, 최근 많은 저서에서 다루어지고 있다. 이 장의 취지는 외상을 경험한 아동들을 위한 창의적 개입에 대한 소개로서 트라우마 중재에 관계된 주요 개념들의 개괄을 제공하는 것이다.

삼위일체 뇌

인간의 뇌는 뇌간, 변연계, 신피질의 세 가지 기본 부위로 구성되어 있다. 뇌간은 진화적 관점에서 보면 가장 먼저 발달한 곳이며, 뇌에서 가장 오래된 영역으로 반사, 심혈관계, 성적 흥분 등 기본적인 기능을 관장하는 부분이다. 소뇌는 뇌간과 연결되어 운동신경, 감정, 인지 기능을 조정한다. 뇌간과 소뇌는 파충류의 뇌와 유사하다고 하여 '파충류의 뇌'라고 불린다(Levine & Klein, 2007).

변연계는 해마, 편도체, 시상하부로 구성되어 있으며 뇌간을 둘러싸고 있다. 변연계는 '감정의 뇌'라고 불리는데, 충동, 욕구, 감정의 출처이기 때문이다. 변연계의 주요 기능은 자기 보호, 투쟁, 동결 반응, 또는 도피 반응, 그리고 암묵기억 — 내용과 감각을 연결시키는 학습된 연상 — 을 포함한다. 어떤 의미에서 변연계는 감정적 의미에 대한 경험을 평가하고 이러한 경험에 반응하는 방법을 개인이 시간을 두고 학습하는 것이라고 할 수 있다.

피질과 신피질은 '생각하는 뇌'로 불리는데 추리, 의사소통, 계획이 일어나는 뇌 영역이기 때문이다. 이곳은 언어와 의식의 수용, 생각하는 것뿐만 아니라 생각, 행동, 감정에 대해 생각할 수 있는 능력을 담는다. 뇌의 이 부분에 의해서 중재되는 더 복잡한 기능들에도 불구하고, 더 낮은 레벨의 뇌 부분 또한 행동과 반응에 중대한 영향을 미친다.

변연계의 반응이 개인이 위협적인 상황에 대면했을 때 스스로 가동성을 가지고 작동하지만, 그것이 생산적인 방식으로 활용되지 않을 때 외상 반응이 일어나는 것으로 여겨지고 있다. 본질적으로, 신체적 학대, 재앙, 테러 혹은 다른 고통스러운 일을 경험한 아동은 '생존 모드'에 돌입할 수 있다. 다르게 말하면, 주로 투쟁, 동결반응, 도피에 쓰이는 에너지가 확장되지 않고 감정적 활동이 신경계에 갇혀 소멸되지도 방출되지도 않는다는 것이다(Levine, 2012). 외상 스트레스의 경우, 신경계가 활발히 활동 중이더라도 아동은 정상 기능과 행동 반응 발달에 분열과 장애를 경험할 수 있는데, 예를 들면, 감정 폭발, 순응하지 않는 행동, 심리적 마비, 인지장애, 또는 성격 요인과 스트레스의 유형과 정도에 따라 다른 반응이 있을 수 있다.

마크는 현재 지역 정신 병동에서 치료를 받고 있는 8살 아이이다. 마크는 심각한 신체적 학대, 성적 학대, 방치, 그리고 긴 시간 동안 여러 위탁가정에서 살아온 이력을 가지고 있다. 마크는 충동조절능력이 떨어지는데, 교실이나 놀이치료실에서 다른 친구들과 자주 다툼을 벌이고, 물건을 훔치고, 불을 지르며, 약간의 스트레스에도 쉽게 눈물을 흘리는 경향이 있다. 마크는 하나의 게임이나 장난감에 1분 이상 집중하는 것을 힘들어하고, 두려움을 유도하는 상황에 심리적 마비와 철회, 얼어붙고 움직이지 않는 반응을 보인다. 마크는 또한 전반적 발달이 느리고, 나이보다 훨씬 더 어린 아이 같이 행동하며 사람을 4세 수준으로 그린다(그림 1.1).

뇌가 반복적인 외상경험에 어떻게 반응하는지는 현재 마크가 타인과 그의 환경에 반응하는 방식을 통해 설명될 수 있을 것이다. 마크는 그의 정서적 반응을 조절할 수 없기 때문에 거의 자기 통제를 하기 어렵다. 그의 행동은 주변 환경에서 지각된 위협에 따른 것이며, 때때로 동결반응(심리적 마비, 철회), 싸움(다투는 것)을 포함하는 생존반응일 수 있으며, 그것은 두려움, 공포 혹은 무기력을 유발한다. 마크는 그의 인지적 · 사회적 기능에 영향을 미치는 여러 해 동안의 고통에 의해 학습장애를 가질 수도 있다. 마크와 대조적으로 건강하고 회복 능력이 있는 아동들은 문제해결 기술과 가능

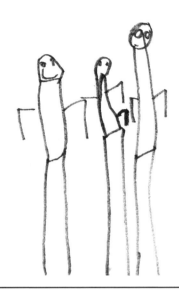

그림 1.1   마크(8세)가 그린 사람

한 사회지지 자원을 활용하고 스트레스 상황을 극복하기 위해 다른 자원을 이용할 수 있다. 반면 외상 스트레스 반응을 가진 아동들은 건강한 형태의 기능을 쓸 수 없으며, PTSD 증상으로 발전하거나, 다른 감정 장애로 이어질 수 있다.

마음과 몸의 연결

몸이 감정을 반영한다는 것은 널리 인정되고 있는 사실이다. 슬픈 표정이나 행복한 얼굴을 보거나 마음속으로 행복한 얼굴 또는 슬픈 사건이나 그와 연관된 것을 생각할 때 대뇌의 거울영역이 활성화되며, 이러한 감정들은 다양한 호르몬 변화와 심혈관, 신경학적 영향과 연결되어 있다(Sternberg, 2001). 사실 감정의 생리학이란 매우 복잡해서 뇌는 의식적인 정신이 밝힐 수 있는 것보다 더 많은 것을 알고 있다(Damasio, 2000, 2011). 즉 사람들은 무엇이 감정을 유발하는지 의식하지 못한 채 자기 감정을 나타낸다.

외상 사건의 경우, 위기와 연관된 감각경험(예 : 이미지, 촉각, 소리, 냄새)은 학습된 연상과 연결되고 유사한 다른 일련의 자극을 만나면 다시 나타나게 된다. 예를 들면, 마크는 다른 친구들 사이에서 불안함을 느끼면 자동적으로 통제할 수 없는 화

를 내는 반응을 보인다. 이는 그를 학대하던 누나와의 예전 관계를 말해 주는 부분이
다. 마크가 어른에게 위협을 느끼면, 그는 극도로 예민한 상태가 되어 몸이 신체적 폭
력이나 학대 혹은 체벌에 대비하는 것처럼 움직이지 못한다. 마크가 겪었던 유사한
외상적 사건들은 마음뿐 아니라 몸에도 피해를 준다는 것이 일반적인 견해이다. 심
각한 외상 후에는 "몸이 기억한다"(Levine, 2012; Rothschild, 2000). 그리고 van der
Kolk(1994)의 고전인 책 제목에서도 감정적 경험에 대해 "몸은 기억한다"라고 기록하
고 있다.

기억 저장

뇌가 외상적 사건들에 의해 어떠한 영향을 받는지를 이해하는 데는 기억의 저장방식
이 중요하다. 요컨대, 기억에는 외현적 기억과 암묵적 기억의 두 가지 종류가 있다.
외현적 기억은 의식적인 기억으로 사실, 개념, 관념으로 구성되어 있으며, 생각하고
느끼는 것을 설명하기 위한 언어적 접근이 가능한 기억이다. 외현적 기억은 정보, 이
성, 의미를 만드는 의식적 처리과정을 가능하게 하며, 개인의 경험에 대한 감각을 만
들고 정의하는 것을 돕는다.

암묵기억은 감각적ㆍ정서적 요소를 저장하고 신체의 학습된 기억과 연관이 있다.
자전거를 타는 것은 암묵적 기억의 좋은 예이며, 사건의 시간적ㆍ순서적 세부사항을
서술하는 것(자전거에 올라타서, 공원으로 페달을 밟는다)은 외현적 기억의 예이다.
암묵기억에는 언어가 존재하지 않는다. 감각이 기억이다—우리가 보는 것, 듣는 것,
후각과 촉각, 맛을 보는 미각은 그 경험의 암묵적 저장고가 된다.

많은 외상 전문가들은 외상후 스트레스 반응이 암묵적 기억이 외현적 기억으로부
터 제외될 때 나타날 수 있는 결과라고 믿는다(Rothschild, 2000). 즉 개인은 정서나
감각이 각성되어 있을 때는 외상기억에 접근할 수 없다는 것이다. 게다가 일반적으
로 언어(외현적 기억의 기능)는 고통스러운 사건을 경험한 외상 생존자에게는 접근하
기 어렵다. 특히 언어를 통제하는 뇌 영역인 브로카 영역이 영향을 받는데, 이것은 외
상진술(trauma narrative)과의 연결을 어렵게 만들고, 경험을 언어화하고 확인하는 데
장애를 유발한다(van Dalen, 2001). van der Kolk는 개인이 외상 사건에 대해 말하려
할 때, "말로 표현하는 것(verbalization)에 문제가 생기고… 브로카 영역이 폐쇄된다"

(Korn, 2001, p. 4)는 사실을 알아냈다.

이처럼 외상에 대해 말하는 것이 불가능해지는 것은 인간의 생존 반응과 연관이 있다. 겪은 일을 다시 떠올리기 너무나 고통스러울 때, 뇌는 말 그대로 외상에 대해 말하는 것을 불가능하게 하는 것으로 개인을 보호한다. 외상은 신체 감각과 이미지로 저장되기 때문에 언어를 이용해 쉽게 소통하는 것은 불가능하지만 창의적 예술, 놀이, 다른 경험적 활동과 접근법을 통하면 가능하다(Malchiodi, 2012a).

외상경험 아동을 위한 창의적 예술치료와 놀이치료

아동의 외상 반응에 관한 생리학적 지식뿐만 아니라 창의성, 상상력, 핵심적인 자기표현을 이용하는 다양한 치료 접근법을 이해하는 것도 중요하다. 창의적인 접근 방법들은 모래상자 요법이 포함된 놀이치료, 시 치료, 사이코드라마, 연극치료, 무용/동작치료, 음악치료, 미술치료 영역을 통해 형식을 갖춰 왔다. 각 분야는 60년 이상 모든 연령, 특히 아동을 대상으로 심리치료와 상담에 적용되어 왔다. 미술, 음악, 무용, 연극, 시 치료는 그들의 뿌리가 예술과 창의성 이론에서 왔기 때문에 **창의적인 예술치료**라고 부른다(National Coalition of Creative Arts Therapies Associations, 2014). 이러한 치료법들과 치료에서 자기표현을 활용하는 다른 방법들을 또한 **표현치료**라고 부른다(Malchiodi, 2005, 2013, 2014). 표현치료는 심리치료, 상담, 재활 또는 의학에서 미술, 음악, 연극, 무용/동작, 시/글쓰기, 독서치료, 놀이 그리고/또는 모래놀이를 이용하는 것으로 정의한다. 그리고 표현치료는 종종 **통합적**이라고 불리기도 하는데 이런 경우는 치료를 위해 의도적으로 연합하여 사용할 때이다. 각각의 접근법은 다음과 같이 정의된다.

- **미술치료**는 상담, 심리치료 그리고 재활에서 개입의 중재로 시각적 예술재료들을 사용하는 것이다. 모든 연령의 개인, 가족, 집단에서 사용된다(Edwards, 2004; Malchiodi, 2012b).
- **음악치료**는 건강이나 교육에 어려움을 겪고 있는 개인을 위한 것으로 정신적 · 육체적 · 인지적 · 사회적 기능의 긍정적인 변화의 효과를 위한 지시된 음악의 사용

이라고 규정한다(American Music Therapy Association, 2014; Wheeler, 2015).

- 연극치료는 증상 완화, 감정과 육체의 통합, 그리고 개인의 성장을 위한 치료 목적을 이루기 위해 연극의 과정, 결과물 그리고 연합을 체계적이며 계획적으로 이용하는 것이다. 이 접근법은 의뢰인이 문제를 해결하고, 카타르시스를 느끼며, 스스로의 내적 경험의 깊이와 넓이를 확장시키며, 장면의 의미를 이해하며, 역할 간에 융통성이 증가하는 동안 개인적인 역할을 관찰할 자신의 능력을 강화시키기 위해 스스로의 이야기를 말하도록 돕는 적극적인 접근법이다(National Association for Drama Therapy, 2014).

- 무용/동작치료는 몸과 마음이 상호 연관되어 있다는 전제를 기반으로 개인의 감정적 · 인지적 · 신체적 통합을 확장시키는 과정으로써 움직임을 심리치료적으로 이용하는 것으로 정의된다. 무용/동작치료는 감정, 인지, 신체 기능, 행동의 변화에 영향을 미친다(American Dance Therapy Association, 2014).

- 시 치료/독서치료는 시 그리고 다른 형태의 문학을 개인의 성장과 치유를 위해 의도적으로 사용하는 것을 기술하는 용어다.

- 놀이치료는 대인관계 과정을 확립시키기 위한 이론적 모델을 체계적으로 사용하며, 훈련된 놀이치료사가 놀이의 치유 효과를 이용해 내담자의 심리적 장애를 예방하고 해결할 수 있게 도우며, 최적의 성장과 발달을 성취할 수 있게 돕는다(Crenshaw & Stewart, 2014; Webb, 2007).

- 모래놀이 치료는 심리치료의 창의적 형태로 모래상자와 상당히 많이 수집된 모형을 사용하여 내담자가 완전히 새로운 틀 안에서 자신의 정신의 깊은 층까지 탐색하는 것을 가능하게 한다. '모래 사진' 시리즈를 구조화함으로써 내담자는 자신의 심리 상태를 통합하고 표현할 수 있게 도움을 받는다.

- 통합적 접근법은 둘 또는 그 이상의 표현치료법을 포함하는데 자각을 촉진하고, 정서적 성장을 격려하며, 다른 이와의 관계를 강화시킨다. 이 접근법은 치료회기 내에서 다른 치료 양식을 합치는 것과는 구분된다. 통합적 치료법은 다양한 성향의 방법에 기반을 두는데, 예술을 치료로서, 심리치료로, 그리고 전통적 치유로서 사용하는 다양한 지향을 기반으로 한다(Estrella, 2005; Knill, Levine, & Levine, 2005).

몇몇 임상가들이 미술, 무용/동작, 음악, 드라마 치료법을 놀이치료로 정의했지만 (Lambert et al., 2007) 창의적 예술치료와 표현치료가 놀이치료의 단순한 부분집합이 아님을 분명히 하는 것이 중요하다. 창의적 예술치료와 표현치료는 정신건강과 보건 분야에서 구분된 접근법으로서 오랜 역사를 가지고 있다. 예술 활동이 때때로 놀이의 형태를 띨 수 있지만 아동에게 놀이의 범위 너머에 있는 그림, 음악, 춤과 같은 매체를 이해하고 이를 통해 자신을 표현할 것을 격려한다. 간단하게, 예술치료는 예술에 대한 지식과 심리치료와 상담의 원리를 통합했기 때문에 놀이치료와 다르다.

위에 언급된 분야들과 접근법 외에도, 많은 치료사들은 외상 개입의 일부로서 이완을 강화하는 활동을 통합한다. 이완 기술은 음악(이 책 제4장 참조), 동작 또는 작품 활동 등의 창의적 요소를 포함하는 경우가 많다. 심상유도(guided imagery)나 시각화, 명상, 요가, 그리고 다른 스트레스 감소 방법들 또한 외상 사건을 경험한 아동에게 사용된다(Murdock, 2013; Willard, 2010).

미술, 음악, 그리고 무용/동작치료와 놀이와 같은 다른 창의적 개입이 때때로 말로 하지 않는 치료로 잘못 불려 왔다. 그러나 생각과 감정의 언어적 소통은 대부분의 상황에서 치료의 중요한 부분이다. 사실 대부분의 치료사들은 이러한 방법을 심리치료 접근법 내에서 통합하여 사용하는데, 정신역동적, 인본주의적, 인지적, 발달적, 체계적, 서술적, 해결 중심, 그리고 다른 접근법들을 포함한다. 예를 들어 이 책에서 아동과의 치료를 묘사한 치료사들은 아동과의 치료를 촉진하기 위해 구체적인 틀을 활용하고, 외상 개입에서 가장 실제적인 최신 지식을 기반으로 하고 있다. 특히 치료법의 일부로 언어적 소통과 자기표현에 중점을 둔 연극치료, 창의적 글쓰기, 시 치료, 독서치료와 같은 창의적 개입들도 있다.

외상을 경험한 개인을 위한 창의적 개입의 독자적인 특성들

외상과 창의적 치료에서 이제는 고전이 된 논문에서 Johnson(1987)은 외상과 연관된 장애를 치료하는 데 있어 창의적 미술치료가 독특한 역할을 하는 것을 목격하고, 충격적 사건을 경험한 개인은 언어적 표현에 어려움을 겪는다고 언급했다. 그는 심리적 외상을 입은 아동과 정신 질환과 발달 지연을 가진 개인, 그리고 신경병적 장애나 언어장애가 있는 노인들에게 창의적 미술치료가 효과적인 치료법이라는 것을 강조했다. Johnson은 신경생물학, 정신의학, 심리학계에서 외상이 언어를 관장하는 뇌 영역에 심각한 영향을 미친다는 것을 확인하기 위해 10년 앞서 이를 관찰했으며, 이는 외상에 연관된 장애의 외현적·암묵적 기억의 역할이 완전히 밝혀지기 전이었다.

제한된 언어능력을 가진 어린 외상 생존자들 또는 생각을 말로 표현할 수 없는 사람들에게 언어가 아닌 미술, 음악, 움직임, 놀이를 통해 표현하는 것은 치료에 있어 소통의 주요 수단이 된다. 미술, 놀이, 음악, 움직임, 또는 다른 양식을 포함하는 창의적 개입들은 치료에서 독자적인 관점을 더해 준다. 왜냐하면 창의적 개입은 외상 치료에 사용되는 언어적 치료에서 발견되지 않는 몇 가지 명확한 특징을 가지고 있기 때문이다. 이러한 치료들은 또한 '뇌가 작동하는 방식에 기반한'(Badenoch, 2008) 치료법으로 외상적 경험이 뇌에 어떤 영향을 미치는지에 관해 우리가 알고 있는 것과 접목이 가능하다. 이러한 접근법에는 '뇌가 작동하는 방식'의 특징들이 포함되어 있지만 (1) 외현화, (2) 감각 처리과정, (3) 우반구 우세, (4) 각성 감소와 정서 조절, (5) 관계적 측면을 촉진하기 위한 능력에는 제한이 없다.

외현화

외상 개입에서 외상 기억과 경험의 외현화는 완화와 회복의 과정에서 중요하게 고려된다. 모든 치료는 각각의 본질과 목적에 따라 내담자를 괴로운 생각, 감정, 경험을 표면화하는 과정에 참여하도록 장려한다. 창의적인 개입은 치료와 외상 개입의 중요한 부분으로 한 가지 혹은 그 이상의 양식을 통해 외현화를 촉진한다. Gladding(2012)은 상담에서 예술의 사용은 외현화 과정을 촉진하고, 표현적 방식들은 사람들로 하여금 그들 스스로를 다르게 경험하는 것을 허락한다. Terr(1990)의 초기 연구에 의하면 아동은 자신의 외상경험을 놀이를 통해 반복적으로 정화하고, 행동을 수정한다.

시각적 방법, 놀이 활동, 움직임이나 다른 방법을 통한 외현화는 현재부터 과거에 이르는 외상경험을 바꾸는 데 도움이 된다(Collie, Backos, Malchiodi, & Spiegel, 2006). 예를 들면 미술치료에서 외상 기억은 대상이나 이미지로 제작된 작품이나 창의적 제작과정을 통해 외현화될 수 있다. 그림, 움직임, 시를 통한 자기표현은 과거의 경험과 관련될 수 있지만, 이것은 창의적 표현이 어떻게 외상을 외현화하는가에 대한 단지 하나의 이점에 불과하다. 사실 외상 개입에서 창의적인 예술 혹은 표현치료를 사용하는 대부분의 치료사들은 문제가 되는 기억의 반복이나 생생한 감정의 정화적 소통을 촉진하기보다는 외상경험을 담기 위한 다른 상응하는 표현방법과 미술, 음악, 놀이 능력을 활용한다. 본질적으로, 아동 내담자는 감정과 지각을 위한 저장소로 창의적 자기표현을 사용하도록 지지받는다. 그것은 정서적 보상, 갈등의 해결 그리고 안녕감의 결과를 가져오고 치료과정 동안 전환될 수 있다. 외상경험 후 언어적 소통이 제한될 때 외현화의 다른 몇몇 형태는 이미 외상완화 방법으로 받아들여진 접근법이나 인지-행동과 같은 언어적 치료와 더불어 사용될 수 있다.

감각 처리과정

외상 개입의 많은 접근에서 치료사는 치료를 하는 동안 어떤 지점에서 개인에게 외상 진술 — 외상이 생겼을 때 무슨 일이 생겼는지, 그리고 사건에 관련된 감정에 대한 이야기 — 을 탐색하도록 격려한다. 목표는 외상을 입은 개인이 고통스러운 과정을 처리하고, 혼란스러운 행동, 생각 그리고 감정의 변화를 돕고, 궁극적으로는 안정을 찾는 것이다. 그러나 아동과 언어로 외상 이야기를 표현하는 것은 발달상의 이유로 항상 가능한 것은 아니다. 그리고 이전에 언급된 바와 같이 외상 기억을 설명할 때 심각하게 외상을 겪은 환자에게 언어적 접근은 쉽지 않다. 많은 경우에 대인관계의 폭력을 경험한 어린 아동에게 외상 사건을 직접적으로 재연하고 묘사하게 하는 것은 역효과를 낳는다.

표현적이고 창의적인 예술치료들은 심리학에서 '행동' 혹은 '경험적인' 치료로 정의되었다(Weiner, 1999). 왜냐하면 그것은 개인의 문제를 탐색하고, 생각과 감정을 전달하는 행동지향적 방식이기 때문이다. 미술과 음악을 만들고 춤과 연극, 창의적 글쓰기와 놀이의 모든 형태는 참여적이고 감각적이며, 내담자가 그 활동에 에너지를 쏟게 한다. 예를 들면, 가장 단순한 감각일지라도 미술을 만드는 것은 배열하고, 만지고, 접착하고, 붙이고, 색칠하고, 형태를 만드는 등의 다른 많은 유형의 경험을 수반한다. 모든 창의적인 방법은 내담자가 능동적으로 참여하도록 장려하는 것에 초점을 맞추며, 치료과정에서 참가자의 역량을 강화한다.

창의적 치료는 개인이 생각, 느낌, 기억 그리고 지각을 탐색하게 하는 촉매를 제공할 뿐 아니라 시각적이고, 촉각적이고, 후각적이고, 청각적이고, 평형감각적이고, 고유의 감각적인 경험을 제공한다. 창의적인 활동은 소통의 강화가 필요한 아동의 외상에 치료적 개입을 할 때 언어적 치료와 함께 사용될 수 있다. 예를 들어, 그림을 그리는 것은 여러 가지 경로로 감정적으로 힘든 사건에 대한 언어적인 표현을 촉진한다. 이는 불안을 감소하고, 아동이 치료사와 함께 편안함을 느끼도록 돕고, 기억 회상을 증가시키고, 이야기를 조직화하고, 아동이 언어적 인터뷰보다 더 자세한 것을 말하도록 자극하는 방식으로 이루어진다(Gross & Haynes, 1998; Lev-Weisel & Liraz, 2007).

외상처럼 정서적으로 강렬한 경험은 대뇌변연계에 감각적 현실로 남아 있게 된다. 외상 사건에 대한 감각기억의 처리와 표현은 성공적인 치료적 개입과 해결을 이뤄 내는 데 필요하다(Rothschild, 2000). 행위지향적인 활동들은 사건에 관련된 변연계의 감각기억을 자극한다. 그리고 그것은 명시기억과 암묵기억의 가교 역할을 돕는다. 왜냐하면 뇌는 외상경험의 모든 요소—무엇이 일어났고, 그것에 대한 감정적 반응, 그리고 경험에 대한 공포와 두려움—를 저장하기 위해 이미지를 창조하기 때문이다(Malchiodi, 2012a; Steele & Malchiodi, 2012). 기억이 언어적으로 연결되지 못하면 그것을 설명할 언어가 없는 상징적 수준으로 남게 된다. 요컨대 기억을 회상하고 의식화하기 위해서는 기억이 상징적 형태로 표면화되어야 한다.

많은 외상 전문가들은 이러한 감각 표현이 견딜 만한 외상적 내용의 표현과 이야기를 점진적으로 노출하게 해 준다고 믿는다. 이것은 환자들이 회피를 극복하도록 돕고, 비교적 치료과정을 빠르게 진행시킨다(Collie et al., 2006). 적극적인 참여와 창의적인 방법을 통한 점진적인 감각의 노출은 정서적 무감각을 줄이는 데 도움을 주며, 이것은 PTSD를 가진 아동으로 하여금 능동적으로 상상하고 실험하고 혹은 사건을 재구조화하고, 자기표현을 통해 원하는 변화의 수준을 연습하게 한다. 창의적 방식은 촉각적인 재료를 다루고, 놀이를 하고, 움직이고 혹은 신체적인 변화를 만드는 여러 경험을 포함한다. 표현치료에서 상상의 역할은 이 책을 통해 세밀하게 설명되었다. 그러나 이러한 치료들의 본질은 아동이 새로운 소통방식과 '되어 보기(pretend)'를 수반하는 감각활동의 대담한 시도들을 통해 이전에 가졌던 생각에서 벗어나도록 돕는 데 있다.

우반구 우세

애착 분야에서 초기 삶에서 일어나는 관계가 뇌 발달에 영향을 미치며, 안정적 애착이 필수적이라는 사실이 널리 받아들여지고 있다(Perry, 2009). 신경가소성은 뇌가 새로워지는 능력으로 어떤 경우에는 결손을 보상하기 위해 스스로 재연결되는 뇌의 능력이다. 뇌의 가소성은 유년시기에 더 크게 영향을 미치는데, 이 사실은 유아기에 애착뿐 아니라 정서조절, 대인관계 기술, 그리고 인지를 강화하는 중재의 중요성을 강조한다.

　뇌의 우반구는 특히 어린 아동과 보호자 사이의 초기 상호작용 기간 동안 활성화된다. 초기 상호작용이 긍정적일 경우 안정적인 애착관계와 건강한 정서조절은(Schore, 2003) 내적 작동 모델[2](the internal working model; Bowlby, 1988/2005)에 저장된다. Siegel(2012)과 Schore(2003)의 주장에 의하면 보호자와 아이의 상호작용은 우측 뇌가 중재하기 때문에 유아기 동안 우측 피질은 좌측보다 더 빨리 발달한다.

　Siegel은 우반구의 결과물은 감정과 사건을 묘사하는데, 시각적 이미지의 사용과 그림 그리기와 같은 '언어에 기반하지 않는 방식'으로 나타나게 된다고 하였다. 창의적 예술치료는 뇌를 전체적으로 활성화시키는데 이는 경험의 비언어적 측면과 소통, 감각, 공간 지각 관련해서 우반구가 우세하게 작용한다는 실질적인 증거에 기반한다(Malchiodi, 2014). 요컨대 외상에 대한 최근의 생각은 일반적으로 좌−우뇌 통합적 접근이 아동기 외상에 효과적임을 지지하며(Teicher, 2000), 미술이나 놀이와 같은 감각기반의 치료적 개입은 우반구를 우세하게 사용하는 개입이기 때문에 언어를 기반으로 하는 개입보다 더 효과적일 수 있음을 지지한다(Klorer, 2008).

각성 감소와 정서 조절

어린 내담자의 각성이나 과각성의 감소는 외상 개입의 중요한 목표이다. 대인관계 안에서 폭력을 경험한 아동은 특히 저각성(hypoarousal)(해리 상태)과 과각성 그리고 정서조절에서 문제의 위험이 있다. 암묵수준에서 이러한 아동들의 세계관은 종종 안전의 결핍과 유기의 감정에 관련되어 있다. 안전하게 머물기 위해 그들은 종종 위협으

---

2) 역주 : 자기 자신과 타인에 대한 인지적 표상을 의미한다.

로 감지되는 사람에 대해 분노로 반응하거나 성인들과 관계를 끊는다. 왜냐하면 그들은 보호자로부터 아동을 버리거나 고통을 주는 것을 배웠기 때문이다.

이런 이유에서 외상 개입의 대부분의 형태는 정서조절에 초점을 두고, 스트레스 감소, 안전감의 회복으로 시작한다. 예를 들어 미술치료와 음악치료는 신체이완을 활성화시키는 데 사용될 수 있다. 그리고 스트레스를 줄여 준다. 폭력적인 환경을 가진 아동과 함께 진행한 초기 치료에서 나는 미술과 다른 표현적 활동이 완화 기능을 가짐을 배웠다. 각성적 영향과 외상을 경험한 아동은 불안 또는 외상후 반응에 의해 고통을 겪을 때 자연스럽게 이러한 감정들을 불러일으킨다(Malchiodi, 1990). 창의적 예술치료들은 일반적으로 개인이 활동성을 찾도록 도움을 주고 긍정적인 감각 경험을 자극하는 데 효과적이다. 그것은 시간이 지나도 연습될 수 있고, 압도된 정서에 대한 자기조절을 위한 실질적인 자원이 된다.

외상 개입에서 긍정적인 사건에 관련된 기억을 회상하는 것을 통해 기억은 재구성되고, 실질적으로 부정적인 사건을 분리하는 것은 외상후 스트레스를 줄이는 데 도움이 된다. 특히 '기억하고 있는 안녕감(remembered wellness)'의 감각경험은 안전함과 관련되어야 한다.

즐거운 시간에 대한 그림을 그리는 것 혹은 위로가 되는 음악을 듣는 것, 익숙한 노래와 이야기, 리듬과 같은 단순한 활동은 감각 기억과 긍정적인 순간을 상세하게 끌어내는 이미지의 능력 때문에 효과적이다(Malchiodi, Riley, & Hass-Cohen, 2001). 음악치료(Wheeler, 2015)와 미술치료(Malchiodi, 2013)는 혈압, 심장박동, 호흡과 같은 자율신경계 반응을 감소시키는 것으로 나타났다.

대인관계 측면

대인관계와 관계된 신경생물학(Siegel, 2012; Badenoch, 2008 참조)은 애착연구, 신경생물학, 발달과 사회심리학의 여러 개념들을 아우르는 중요한 이론을 언급했다. 이것은 삶의 전반을 통해 스트레스에 어떻게 반응하고, 우리의 정신이 세상을 어떻게 인식하고, 사회적 관계가 우리의 뇌를 어떻게 발달시키고 형성하는지에 대한 개념을 기반으로 한다. 간단히 말해서, 모든 심리치료와 상담은 개입의 결과가 치료자와 내담자 사이의 중요한 관계를 바탕으로 하기 때문에 관계적 접근이라 할 수 있다.

창의적인 예술치료는 본질적으로 관계적 치료이다. 왜냐하면 이러한 치료들은 치료사와 개인 사이의 감각에 기반해서 역동적이고 능동적으로 연관되어 있기 때문이다. 모든 창의적 예술치료는 반영, 역할극, 상연, 공유, 보여 주기 그리고 목격하는 것을 포함하는데 이는 치료에서의 관계적 접근방식들이다(Malchiodi, 2005, 2012b, 2014). 이 방식들은 뇌를 새롭고 보다 생산적인 형태로 재형성하게 하는 것으로 언어가 우세해지기 전의 초기 관계 상태를 재현하는 데 도움이 될 수 있다(Malchiodi, 2012a; Riley, 2002). 게다가 목격자(치료사)가 직접 과업을 완수하려고 하는 아동의 노력에 집중하고 그러한 노력을 지지하고 조율하는 존재로 적절하게 있어 줄 때 보호자와 아동 사이의 신경생물학적 관계가 모방적으로 경험된다. 어떤 아동들에게는 긍정적이고 조율된 목격자가 함께하는 반복적이고 자기보상적인 경험을 하는 것이 발달적 외상을 회복하는 데 중요하다(Perry, 2009).

모든 창의적인 예술치료가 관계를 강화시키는 목적으로 사용될 수 있긴 하지만, 무용/동작치료는 신체에 초점을 맞추므로 관계를 다루는 데 가장 자주 사용된다. 예를 들어, 반영하기(mirroring)는 개인과 치료사 사이의 관계를 강화하고 정립하는 데 일반적으로 사용된다. 반영하기의 목표는 동작, 자세, 얼굴 표정 그리고 몸짓의 모방이 아니라 임상가와 내담자 사이에 이해와 연결감을 갖는 것이다.

반영하기는 아동과 양육자 사이에서 일어나는 몸짓, 동작, 얼굴 표정을 통한 안정적인 애착을 자연스럽게 불러일으키는 비언어적이고 우반구적인 의사소통 형태이다(더 많은 정보는 이 책 제8장 참조). 또한 미술, 음악, 그리고 연극치료에도 관계적인 측면이 분명히 있다. 미술치료에서 치료사는 재료들의 제공자(양육자)이며, 창조적인 과정을 지지하고, 참여자들이 시각적인 자기표현을 촉진하도록 활동해야 한다. 음악치료도 음악을 만드는 상호작용을 통하여 비슷한 경험을 제공한다. 또한 음악치료는 악기를 동시에 연주하면서 협력이 이루어졌을 때 사회적 관계와 소통을 돕는 잠재력이 있다. 마지막으로 연극치료는 역할극과 반영하기, 그리고 재연(enactment)을 통하여 관계를 형성하기 위한 다양한 감각적 방식들을 제공하고, 외상의 통합을 지원하고 스트레스를 줄이기 위해 종종 여러 창의적 예술과 놀이를 포괄적으로 사용한다.

결론

외상 치료에서 창의적 개입을 적용하는 것은 이 책에 기술된 사례와 적용을 통해서 엄청난 잠재력을 가진다. 일반적으로 치료에서의 창의적인 활동은 아동들에게 많은 혜택—창작과 작업, 발명의 즐거움, 놀이와 상상, 자기표현을 통한 자기 가치의 강화 —을 제공한다. 창의적인 미술치료, 놀이치료, 그리고 외상을 경험한 아동을 위한 다른 신체 움직임에 중점을 둔 접근법들이 통합되는 데는 또 다른 이유가 있다. 외상을 겪은 어린 아동들에게 창의적인 표현은 (1) 형태, 이미지, 이야기, 음악 그리고 다른 미술 형식 안에 외상 자료들을 담아낼 수 있는 방식을 제공한다. (2) 무시무시한 침투적 기억들에 대한 통제감을 제공한다. (3) 치료 안에서의 적극적인 참여를 격려한다. (4) 정서적 무감각을 줄인다. (5) 과각성과 과도한 스트레스 반응의 감소를 높인다. 언어적 기법들이 아동의 외상기억을 개선하는 데 실패할 때, 미술, 놀이, 음악, 또는 동작은 외상경험에 연관된 감각들과 감정들을 재연하는 데 필요한 수단을 제공할 수 있다. 이어지는 장들에서는 다른 창의적인 활동이 외상을 경험한 아동의 치료적 개입에 사용될 때, 이러한 접근법들이 어떻게 정서적 복구, 안정 그리고 회복을 용이하게 하는지를 상세히 설명할 것이다.

참고문헌

American Dance Therapy Association. (2014). What is dance therapy? Retrieved January 23, 2014, from *www.adta.org/about/who.cfm*.

American Music Therapy Association. (2014). Music therapy makes a difference: What is music therapy? Retrieved January 22, 2014, from *www.musictherapy.org*.

American Psychiatric Association. (1987). *Diagnostic and statistical manual of mental disorders* (3rd ed., rev.). Washington, DC: Author.

American Psychiatric Association. (2013). *Diagnostic and statistical manual of mental disorders* (5th ed.). Arlington, VA: Author.

Badenoch, B. (2008). *Being a brain-wise therapist: A practical guide to interpersonal neurobiology.* New York: Norton.

Bowlby, J. (2005). *A secure base.* New York: Routledge. (Original work published 1988)

Collie, K., Backos, A., Malchiodi, C., & Spiegel, D. (2006). Art therapy for combat-related PTSD: Recommendations for research and practice. *Art Therapy: Journal of the American Art Therapy Association, 23*(4), 157–164.

Crenshaw, D. A., & Stewart, A. L. (Eds.). (2014). *Play therapy: A comprehen-*

sive guide to theory and practice. New York: Guilford Press.

Damasio, A. (2000). *The feeling of what happens.* New York: Harcourt.

Damasio, A. (2011). *Self comes to mind: Constructing the conscious brain.* New York: Vintage.

Edwards, D. (2004). *Art therapy.* London: Sage.

Estrella, K. (2005). Expressive therapy: An integrated arts approach. In C. A. Malchiodi (Ed.), *Expressive therapies* (pp. 183–209). New York: Guilford Press.

Gladding, S. T. (2012). Art in counseling. In C. A. Malchiodi (Ed.), *Handbook of art therapy* (2nd ed., pp. 263–274). New York: Guilford Press.

Gross, J., & Haynes, H. (1998). Drawing facilitates children's verbal reports of emotionally laden events. *Journal of Experimental Psychology, 4,* 163–179.

Johnson, D. (1987). The role of the creative arts therapies in the diagnosis and treatment of psychological trauma. *Arts in Psychotherapy, 14,* 7–13.

Klorer, P. G. (2008). Expressive therapy for severe maltreatment and attachment disorders: A neuroscience framework. In C. A. Malchiodi (Ed.), *Creative interventions with traumatized children* (pp. 43–61). New York: Guilford Press.

Knill, P., Levine, E., & Levine, S. (2005). *Principles and practice of expressive arts therapy: Towards a therapeutic aesthetics.* London: Jessica Kingsley.

Korn, M. L. (2001). Trauma and PTSD: Aftermath of the WTC disaster—an interview with Bessel A. van der Kolk, MD. *Medscape General Medicine 3*(4) [formerly published in *Medscape Psychiatry and Mental Health eJournal 6*(5), 2001]. Available at *www.medscape.com/viewarticle/408691.*

Lambert, S. F., LeBlanc, M., Mullen, J. A., Ray, D., Baggerly, J., White, J., et al. (2007). Learning more about those who play in session: The national play therapy in counseling practices project (Phase I). *Journal of Counseling and Development, 85*(1), 42–46.

Levine, P. (2012). *In an unspoken voice: How the body releases trauma and restores goodness.* Berkeley, CA: North Atlantic Books.

Levine, P., & Klein, M. (2007). *Trauma through a child's eyes: Awakening the ordinary miracle of healing.* Berkeley, CA: North Atlantic Books.

Lev-Weisel, R., & Liraz, R. (2007). Drawings versus narratives: Drawing as a tool to encourage verbalization in children whose fathers are drug abusers. *Clinical Child Psychology and Psychiatry, 12*(1), 65–75.

Lieberman, A., & Knorr, K. (2007). The impact of trauma: A developmental framework for infancy and early childhood. *Psychiatric Annals, 37*(6), 416–422.

Malchiodi, C. A. (1990). *Breaking the silence: Art therapy with children from violent homes.* New York: Brunner/Mazel.

Malchiodi, C. A. (Ed.). (2005). *Expressive therapies.* New York: Guilford Press.

Malchiodi, C. A. (2012a). Art therapy and the brain. In C. A. Malchiodi (Ed.), *Handbook of art therapy* (2nd ed., pp. 17–26). New York: Guilford Press.

Malchiodi, C. A. (Ed.). (2012b). *Handbook of art therapy* (2nd ed). New York: Guilford Press.

Malchiodi, C. A. (Ed.). (2013). *Art therapy and health care.* New York: Guilford Press.

Malchiodi, C. A. (2014). Creative arts therapy approaches to attachment issues. In C. A. Malchiodi & D. A. Crenshaw (Eds.), *Creative arts and play therapy for attachment problems* (pp. 3–18). New York: Guilford Press.

Malchiodi, C. A., & Crenshaw, D. A. (Eds.). (2014). *Creative arts and play therapy for attachment problems.* New York: Guilford Press.

Malchiodi, C. A., Riley, S., & Hass-Cohen, N. (2001). *Toward an integrated art therapy mind–body landscape* (Cassette Recording No. 108-1525). Denver: National Audio Video.

Murdock, M. (2013). *Spinning inward: Using guided imagery with children for learning, creativity, and relaxation.* Boston: Shambhala.

National Association for Drama Therapy. (2014). Frequently asked questions about drama therapy: What is drama therapy? Retrieved January 23, 2014, from *www.nadt.org/faqs.html.*

National Child Traumatic Stress Network. (2014). Facts and figures. Retrieved January 4, 2014, from *www.nctsn.org/resources/topics/facts-and-figures.*

National Coalition of Creative Arts Therapies Associations. (2014). Definition of professions. Retrieved January 22, 2014, from *www.nccata.org.*

Perry, B. D. (2009). Examining child maltreatment through a neurodevelopmental lens: Clinical applications of the neurosequential model of therapeutics. *Journal of Loss and Trauma, 14,* 240–255.

Riley, S. (2002). *Group process made visible: Group art therapy.* Philadelphia: Brunner-Routledge.

Rothschild, B. (2000). *The body remembers: The psychophysiology of trauma and trauma treatment.* New York: Norton.

Schore, A. (2003). *Affect regulation and the repair of the self.* New York: Norton.

Siegel, D. J. (2012). *The developing mind: How relationships and the brain interact to shape who we are* (2nd ed.). New York: Guilford Press.

Silva, R. (2004). *Posttraumatic stress disorders in children and adolescents.* New York: Norton.

Steele, W., & Malchiodi, C. A. (2012). *Trauma-informed practice with children and adolescents.* New York: Taylor & Francis.

Sternberg, E. (2001). *The balance within: The science connecting health and emotions.* New York: Freeman.

Teicher, M. D. (2000). Wounds that time won't heal: The neurobiology of child abuse. *Cerebrum: Dana Forum on Brain Science, 2*(4), 50v67.

Terr, L. (1981). Psychic trauma in children: Observations following the Chowchilla school-bus kidnapping. *American Journal of Psychiatry, 138,* 14–19.

Terr, L. (1990). *Too scared to cry.* New York: HarperCollins.

Tuber, S., Boesch, K., Gorking, J., & Terry, M. (2014). Chronic early trauma as a childhood syndrome and its relationship to play. In C. A. Malchiodi & D. A. Crenshaw (Eds.), *Creative arts and play therapy for attachment problems* (pp. 215–226). New York: Guilford Press.

U.S. Department of Health and Human Services, Administration for Children and Families, Administration on Children, Youth and Families, Children's Bureau. (2012). Child maltreatment 2011. Available from *www.acf.hhs.gov.*

van Dalen, A. (2001). Juvenile violence and addiction: Tangled roots in childhood trauma. *Journal of Social Work Practice in the Addictions, 1,* 25–40.

van der Kolk, B. (1994). *The body keeps the score*. Cambridge, MA: Harvard Medical School.

van der Kolk, B., (2005). Developmental trauma. *Psychiatric Annals, 35*(5), 401–408.

Webb, N. B. (Ed). (2007). *Play therapy with children in crisis: Individual, group, and family treatment* (3rd ed.). New York: Guilford Press.

Weiner, D. J. (1999). *Beyond talk therapy: Using movement and expressive techniques in clinical practice*. Washington, DC: American Psychological Association.

Wheeler, B. L. (2015). *Music therapy handbook*. New York: Guilford Press.

Willard, C. (2010). *Child's mind: Mindfulness practices to help our children be more focused, calm and relaxed*. Berkeley, CA: Parallax Press.

윤리, 증거, 외상근거치료와
문화적 민감성

Cathy A. Malchiodi

다른 치료적 접근법과 마찬가지로, 창의적 개입 또한 치료사가 치료 장면에서 이를 효과적으로 적절히 사용해야 한다. 창의적 예술치료와 표현치료는 외상을 경험한 아동을 대상으로 다양하고 유용한 기본적인 기술들을 제공하고 있다. 그러나 이러한 접근방식들은 합리적 근거, 기본적인 원리, 트라우마에 입각한 실제, 실질적 경험에 대한 충분한 이해 없이는 적용되기 어렵다. 수많은 치료사들이 아동과의 작업에서 창의적인 접근법을 직관적으로 사용하고 있어, 치료사들은 이러한 접근법들의 사용에 대한 방대하고 공인된 지식체계가 이미 당연히 존재한다고 여길 수 있다.

치료사들이 창의적 예술치료와 표현치료의 모든 측면을 다 알 수는 없지만, 외상을 다루는 작업에서 이러한 치료를 적용하기 앞서 치료사들이 꼭 알아야만 하는 몇 가지 사항들이 있다. 무엇보다도 중요한 점은 앞서 언급한 개입들을 외상을 경험한 아동들에게 사용할 때 각 표현 양식과 관련하여 특징적인 윤리적 문제들이 발생할 수 있다는 점이다. 또한 이러한 개입을 할 때에는 반드시 증거기반임상에 대한 지식을 갖고 있어야한다. 치료에서 사용되는 놀이, 장난감, 음악, 역할극 소품, 미술 재료를 다룰 때 외상을근거로 한 원칙과 문화적 민감성이 요구되는데, 이는 아동 내담자들과 작업할 때에도마찬가지이며 특히 다양한 배경을 가진 아동들에게 중요한 사항이다. 이 장에서는 외상을 경험한 아동을 대상으로 창의적 예술치료와 표현치료를 활용하는 것에 초점을 맞추어 윤리적 · 문화적 사항, 증거기반임상, 기타 특별한 사안을 살펴보고자 한다.

창의적 예술치료에서의 윤리적 임상 실제

Knill, Levine과 Levine(2005)은 치료에서 사용된 창의적 접근법들이 언어적 기술과 엄격히 구별될 수 있는 분명한 특징을 갖고 있으며, 각각의 접근법도 각기 독특한 특성을 갖고 있다고 보았다. 예를 들어 시각적 표현은 좀 더 사적이고 개인적인 작업, 자기성찰적 탐색에 도움이 되고, 음악은 주로 감각을 자극하고, 함께 노래하거나 악기를 연주하는 것을 통해 개인의 사회화를 이끈다. 또한 무용/동작은 상호작용과 관계형성의 기회를 제공해 준다. 놀이는 다양한 창의적 표현 형식을 갖고 있으며, 좀 더광범위한 개인적 접근 혹은 대인관계적 접근을 포함하기도 한다. 모든 창의적 예술치료와 표현치료는 활동에 따라서 촉각적 · 운동감각적 · 청각적 경험을 다양한 방식으로 활용한다. 창의적 표현들은 각각의 목적과 적용ㅡ치료사, 내담자, 치료 환경ㅡ에따라 치료 작업에서 각기 고유한 특성과 역할을 지닌다.

각각의 다른 예술치료 양식들에는 트라우마를 겪은 아동들에 대한 창의적 개입의적용과 윤리적 실제에 대해 제공하는 정보에 차이가 존재한다. 모든 정신건강 전문가들이 그들의 전문적인 규율에 따라 윤리적 관례를 따르지만, 창의적 예술치료사들과놀이치료사들은 내담자에게 이러한 창의적 접근방식들을 사용할 때 특별히 적용되는윤리적 규준을 갖고 있다(규준과 관련하여서는 책 뒤편 부록에 실려 있는 기관 웹사이트 참조). 치료사들이 윤리적 관례의 내용을 숙지한다면, 이러한 창의적 접근방식을 더욱 잘 적용할 수 있을 것이며, 그들이 사용하고 있는 접근방식의 목적과 특성을더욱 분명히 이해할 수 있을 것이다. 모든 치료 분야의 전 측면을 파악하는 전문가가

될 수는 없더라도, 치료사들은 트라우마와 관련해서 개입할 때 자신이 사용하는 접근 방식에 대한 실전경험과 지식, 이론적 근거를 갖추어야 한다.

창의적 예술치료와 놀이치료에서 강조하고 있는 임상의 중요한 측면들은 상담사, 심리학자, 사회복지사, 그리고 다른 정신건강 전문가들이 갖고 있는 윤리적 관례에서는 찾아볼 수 없는 것들이다. 놀이치료 분야는 치료실 안에서의 아동과 치료사가 관계를 형성하는 본질적 특성으로 인해 치료에서의 '신체적 접촉'에 대한 윤리를 강조하고 있다(Sprunk, Mitchell, Myrow, & O'Connor, 2007). 또한 놀이치료사들은 놀이치료 세션에서 일어날 수 있는 신체적 접촉에 관한 설명을 포함한 사전동의서의 중요성을 강조하고 있다. 더불어 부모나 보호자, 아동에게 놀이치료 중 일어날 수 있는 신체적 접촉의 사례들을 설명할 것을 권장하고 있고, 신체적 안전과 성적 접촉의 경계에 대해 논의가 필요함을 제시하고 있다. 예를 들어, 아동이 '부정적인 신체적 접촉'을 경험하였다는 이유만으로 놀이치료에서의 신체적 접촉을 무조건 배제하지는 않는다. 신체적 또는 성적 학대를 경험한 아동들은 신뢰와 애착을 회복하기 위하여 안전하고 긍정적인 신체적 접촉의 경험이 필요하다.

미술치료사들은 치료에서 예술 표현을 다룰 때 특정 윤리적 사안들에 민감할 것을 강조한다(Malchiodi, 1998, 2012). 세션을 기록한 문서와 음성녹음 또는 비디오 녹화의 비밀을 보장하는 것과 마찬가지로, 미술치료에서는 내담자의 작품이 치료 과정의 기밀사항을 담고 있는 것으로 본다. 즉 치료사는 아동 내담자에게 그리기, 채색 등의 미술 창작활동을 하도록 요청할 때, 내담자의 작품들이 특정 상황에서 어떻게 기록되고 보관되는지, 그리고 원본을 어떻게 유지할 것인지를 반드시 고려해야 한다. 디지털카메라를 통해 사진 복사본을 더욱 손쉽게 저장할 수 있게 되었고, 아동 내담자들이 자신의 작품을 보관할 수 있게 되었다. 하지만 어떤 경우에는 내담자의 작품이 방치되거나 잘못 사용될 수 있기 때문에 (법적 증거를 위해서는 종종) 내담자의 실제 원본 작품을 유지하고 보관하는 것이 필요하다. 모든 경우에 아동들의 미술표현은 치료 기록의 한 부분으로 여겨지며, 부모나 보호자 그리고 아동이 특정 목적을 위해 동의할 때에만 작품을 공유하고 전시할 수 있다. 미술표현의 기록(디지털 혹은 여러 형태)은 주(州)의 법과 기관의 규정, 임상 치료의 최신 규정에 의거하여 보관된다.

마지막으로, 하나 이상의 창의적 예술치료 분야에서 숙련된 치료사라 하더라도, 자신만의 직관이나 투사를 바탕으로 창의적인 표현을 해석하지 않도록 주의해야 한다. 일반적으로 창의적 예술치료사, 표현예술치료사 그리고 놀이치료사들은 내담자 개인의 작품, 움직임, 시적 표현이나 놀이를 해석하려고 애쓰지 않으며, 내담자 자신이 표현의 개인적인 의미를 이해하고 발견할 수 있도록 돕는다. 치료사들은 단지 해석에만 의존하기보다는, 언어적 기술을 사용하여 아동 내담자들이 자신의 감정과 지각을 탐색하도록 돕는다. 다른 형태의 치료에서와 마찬가지로 그들은 아동 내담자들이 자기표현을 통해 소통하려는 바를 경청하고 존중하며, 내담자의 필요와 치료 목표에 가장 적합한 방법을 유연하게 적용한다.

증거와 창의적 예술치료

상담과 심리치료에서 외상을 경험한 아동에게 창의적 개입 방안들을 통해 접근할 때는 기존의 지식과 최신의 정보를 습득해야 할 필요가 있다. 증거기반임상이라는 용어는 특정한 임상적 개입이나 치료에 대해 과학적으로 확립된 지식의 본체를 말한다(Hoagland, Burns, Kiser, Ringeisen, & Schoenwald, 2001). 요컨대 개입이나 치료가 확고히 정립된 것(well established)으로 인정받기 위해서는 그것이 위약(플라시보), 약물, 대체치료보다 더 효과적이거나, 최소한 기존의 다른 치료적 개입방식과 동등한 효과를 지님을 입증하는 두 개 이상의 연구가 이루어져야 한다. 개입이나 치료가 효과적일 수 있음(probably efficacious)이라고 분류되려면, 그것이 위약보다 우월하거나 기존의 다른 방식들보다 효과적임을 최소 하나 이상의 연구로 증명해야 한다. 증거기반임상은 치료사들이 어떤 프로토콜이나 기술이 가장 효과적인지 알 수 있도록 도울 뿐만 아니라, 내담자들이 최신 정보에 기초하여 최상의 치료를 제공받을 수 있도록 돕는다.

미국의 약물남용 및 정신건강서비스청(SAMSHA)은 국가 등기소의 연구자들이 제출한 증거기반 외상 개입에 대한 목록을 작성하였다(NREPP, 2014). 이 목록을 참조하는 치료사들은 이 데이터베이스가 효과적인 접근방식을 선택하는 데 어느 정도의 도움을 주지만 이 프로토콜은 약물남용 및 정신건강서비스청(SAMSHA)이 보증하는 것은 아님을 알아야 한다. 예를 들어, 데이터베이스에 언급된 몇몇 프로토콜은 통제 집단이나 다중 실험(multiple trials)을 포함하지 않은 연구의 결과이다. 외상중심 인지

행동치료(TF-CBT; Cohen, Mannarino, & Deblinger, 2006)는 NREPP의 목록에 속해 있는 한 접근방식으로서, 약물남용 및 정신건강서비스청의 지침에 따라 아동에 대한 외상 개입을 뒷받침하는 강력한 증거를 계속해서 증명해 내고 있다. 외상중심 인지행동치료는 치료방법에서 '예술적 내러티브(artistic narrative)'를 사용하는데, 이것은 아동을 대상으로 하는 이러한 증거기반임상 내에서도 미술적·놀이적 접근방식이 적용될 수 있음을 의미한다.

미술치료, 음악치료, 놀이치료의 일반 임상영역에서는 아직 이들이 (외상 개입 분야에서) 아동을 대상으로 하는 증거기반임상으로 인정될 만큼의 폭넓은 연구가 이루어지지 않은 상태이다. 예를 들어 단기 미술치료에 대한 한 연구는 소아과 환자들의 외상후 스트레스가 유의미하게 줄어들었음을 증명하지 못했다(Schreier, Ladakakos, Morabito, Chapman, & Knudson, 2005). 그러나 아동들은 그림 그리기, 게임, 연극 소품과 장난감, 그리고 역할극과 같은 발달상 적절한 전략을 필요로 하기 때문에 인지행동치료에 기초한 증거기반 외상 치료 개입의 프로토콜 또한 미술이나 놀이의 표현 형태를 어느 정도 포함하고 있다.

창의적 예술치료에 있어 '최상의 임상(best practice)'이란 다른 치료들에 비해 믿을 만한 결과를 보여 주는 접근방식을 구축하기 위한 노력으로 이루어져 왔다. 최상의 임상이 증거기반임상과 다른 점은, 임상적 자료를 임상가의 특정 치료적 적용방법이나 각 분야 내에서 흔히 사용하는 치료방안으로부터 확보했다는 점이다. 트라우마 외의 다른 장애들과 아동 외 대상에 대한 창의적 예술치료의 효과성을 증명하는 연구들은 그리 많지 않다. 그러나 표현치료 내에서 더욱 실증적인 결과들을 만들고자 하는 움직임은 급격히 증가하고 있다. 외상후 스트레스에 관한 국제연합(ISTSS, 2014)은 아동과 청소년에 대한 외상 개입에 있어 창의적 예술치료와 놀이치료가 중요한 역할을 하고 있다고 보았다. 그들이 중점을 두는 바는 이들 치료가 외상후 스트레스를 포함한 스트레스 반응 개선에 있어 감각적인 측면을 지니고 있으며, 비언어적인 처리 방식을 갖고 있다는 점이다.[1]

Gil(2006)은 외상 개입에 관한 최근의 증거기반임상과 이러한 프로토콜 내에서 미

---

1) 역주 : 기관명은 공식적인 번역 명칭이 없어서 임의로 적절히 수정함.

술과 놀이를 사용하는 것과 관련해 중요한 점을 언급하고 있다. 증거기반 접근과 마찬가지로 창의적 예술치료와 표현치료 또한 점진적 노출기법을 사용하며, 외상경험과 관련한 정서적 자료들을 다룬다. Gil은 분명한 목적과 정해진 지시사항을 갖춘 외상중심 인지행동치료(TF-CBT)와 같은 모델들과 달리 표현 활동은 "치료 관계의 맥락 안에서 아동 나름의 방식으로 방어기제를 활용하고자 하는 욕구를 존중하여, 아동에 의해 먼저 시작되거나 임상가에 의해 촉진된다"(p. 102)는 점에 주목하였다. 다시 말해 아동들은 놀이와 미술을 사용하여 자기표현을 할 때 자신만의 속도를 설정하는 것이 허용되는데, 이는 그 과정 속에 적응적인 대처, 트라우마의 본질, 아동 개인의 기질, 문화적 가치, 그 외 다른 요소들을 필요로 하기 때문이다. 창의적인 예술치료 접근은 비지시적인 접근과 지시적 접근을 둘 다 포함하고 있기 때문에 그 영향을 측정하기 어려운 경우가 많다. 그럼에도 이 접근방식들을 사용하는 치료사들은 증거기반임상에 관한 선행연구들을 정기적으로 검토해야 한다.

외상 정보에 입각한 치료

아동과 작업할 때 효과적인 외상 개입 접근방식들이 많이 있는데, 그중에서 몇 가지는 창의적인 예술, 그리고 놀이와 특히 호환적이다. 외상정보에 입각한 치료(trauma-informed practice, TIP)가 그러한 접근방식 중 하나이다. 이것은 (1) 외상 사건에 대해 마음과 몸이 어떻게 반응하는지에 대한 지식을 강조한다. (2) 외상후 증상은 병리적이라기보다는 적응적 대처 전략이라고 인식한다. (3) 가치관과 견해, 질병과 치료에 대한 관점과 관련하여 내담자의 문화적 민감성을 고려한다. (4) 내담자 개개인은 생존자일 뿐만 아니라 '성장하는 사람(thrivers)'(Malchiodi, 2012)이라는 믿음을 유지한다. 외상근거치료는 외상에 대한 개입으로 쓰일 수 있을 뿐만 아니라, 건강을 위협하는 여러 요소를 가진 개인, 집단, 가족을 돕는 시스템, 기관, 조직을 위한 모델로도 활용될 수 있다(Steele & Malchiodi, 2012). 간단히 말해 이것은 여러 가지 감정적 · 대인관계적 · 인지적 · 신체적 어려움을 가진 모든 연령대의 사람들을 돕기 위한 구조(틀)로서 내담자의 강점을 근거 기반으로 삼으며, 회복력을 강화시킨다.

외상근거 표현예술치료(trauma-informed expressive arts therapy; Malchiodi, 2012)

는 외상근거치료를 치료적 개입의 체제로서 활용하는 예술기반 접근의 예라고 할 수 있다. 이 접근방식은 창의적 예술치료가 외상에 대한 암묵기억과 서술기억을 재연결하는데 도움을 주며, 외상후 스트레스의 치료에 유용하다는 점에 근거를 둔다(Malchiodi, 2012). 특히 외상근거 표현예술치료는 스스로 정서를 조절하는 능력을 향상시키고 외상경험에 대한 신체 반응을 완화시킴으로써, 궁극적으로 외상경험을 통합하고 그로부터 회복하도록 한다. 또한 외상근거치료는 적합한 창의적 예술치료와 통합적 개입을 적용함에 있어 표현치료의 연속체(Lusebrink, 2010)와 신경 발달의 측면(Perry, 2009)을 활용하는 신경연속적 접근을 포함하기도 한다. 이 책의 저자들은 내담 아동들이 '창의적인 삶'(Cattanach, 2008)을 회복하고 안전감을 강화하며 숙달의 경험을 통해 강점을 구축하고 회복력을 강화하도록 돕는 외상근거 전략들을 추가적으로 제시하고 있다.

외상근거 표현예술치료 접근의 다음 세 가지 측면은 외상을 겪은 아동들의 효과적인 치료에 필수적인 요소이다 : (1) 감각기반 방식, (2) 외상후 놀이, (3) 문화를 고려한 개입. 외상에 근거한 원칙이나 전략을 사용하지 않더라도 이 세 가지 측면은 모든 창의적 예술치료에 있어 중요한 사항이다.

감각기반 기법

제1장에서 논의된 것처럼, 창의적 접근법은 감각기반 방식(sensory-based methods)을 사용한다. 창의적 접근법은 비언어적 수준의 과정을 촉진하기 위해 촉각, 청각, 지각, 신체적 경험을 이용한다. 감각기반 방식은 내담자가 외상경험의 감각적 측면을 표현하는 것을 지원하며, 스트레스 감소를 통해 과각성을 줄이도록 돕고, 언어로 진술할 수 있는 기억과 진술할 수 없는 기억을 연결하는 데 유용하게 쓰일 수 있다. 창의적 접근법을 사용함으로써 임상가들은 트라우마 증상을 경감시키고 외상 진술을 표현하고 해소하기 위해 미술, 놀이, 음악, 동작, 이야기, 극적 연기(dramatic enactment)를 치료 장면에 적용할 기회를 갖는다.

효과적인 치료를 위해 치료사는 창의적 접근방식이 어떠한 방식으로 아동의 감각 작업을 돕는지, 또한 그 근거는 무엇인지를 분명히 이해해야 한다. 예컨대 창의적 예술치료는 아동이 스트레스에 대한 몸의 반응과 외상 관련 기억들을 알아차리는 것을 돕는 데 유용하다. 아동에게 몸의 윤곽선을 색, 모양, 선으로 표현함으로써 '어느 부분에서 두려움, 걱정, 분노, 혹은 슬픔을 느끼는지' 표시해 달라고 요청하는 것은, 아동이 침습적인 기억이나 고통스러운 사건에 반응하는 방식을 알아차리는 과정을 시작하도록 돕는다. 유사하게, 아이는 감정과 소통하기 위해 소리나 악기를 사용할 수도 있고, 감정을 동작으로 표현할 수도 있다. 치료사는 자기표현의 촉진자로서 역할을 하고, 공감적이며 내담자에게 자신을 맞추어 가는 사람들로서 아동이 창의적인 방식을 통해 두려움, 걱정, 화, 슬픔을 변형시키도록 돕고, 감각 경험을 통해 자신만의 치유적 반응을 알아차리도록 돕는다. 아동과의 이러한 감각 작업은 지시적이기도 하고 비지시적이기도 하므로, 치료사는 다양한 매체를 유연하고 민감하게 적용함으로써 트라우마를 다루면서 겪게 되는 도전에 직면할 준비를 해야 한다.

트라우마 관련 증상들이 어떤 이들에게는 심리적 마비와도 같은 침습적인 기억, 불안, 과도한 각성을 포함하기 때문에 감정과 경험을 단계적으로 조금씩 표현하는 기술이 필수적이다. Rothschild(2000), Levine(2012), 그리고 다른 이들은 이것을 적정(titration)이라고 일컬었는데, 이는 외상에 근거하여 내담자를 돕는 절차로서 고통스러운 정서, 기억, 사고를 조금씩 천천히 표출시키는 것을 말한다. Rothschild는 적정을 탄산수가 든 병을 흔들고 난 후 탄산수를 아주 천천히 나오게 하려고 병뚜껑을 조심스럽게 돌려 따는 것에 비유하였다. 만약 이것이 제대로 이루어진다면, 탄산이 빠져나오는 소리만 아주 작게 들릴 것이고, 액체는 흘러나오지 않을 것이다. 하지만 뚜껑을 너무 빨리 열어 버리면, 병 안에 있던 탄산수가 터져 나올 것이다. Rothschild의 비유는 치료사가 내담자가 문제가 되는 감정과 기억을 올바른 속도로 안전하게 표출하도록 돕는 개입을 일관적으로 제공해야 한다는 점을 효과적으로 설명해 준다.

창의적 접근법을 사용할 때 적정 원칙(titration principle)을 적용하는 것은 재료, 소품, 장난감, 이야기, 음악, 동작을 이해하고, 그것들을 아동의 요구와 증상에 맞게 활용할 수 있는 방식을 조율하는 것과 관련이 있다. 특히 재료나 도구, 기법이 자기 진정(self-soothing)이나 정동 조절, 경험 수정(corrective experiences)으로 이어져 생산적일 수도 있으나, 고통에 이를 정도로 비생산적일 수도 있음을 아는 것이 중요하다. 예를 들어, 큰 종이와 물기가 많은 물감은 자유로운 놀이와 표현의 경험을 제공할 수 있지만, 외상을 겪은 아동은 구조와 안전성, 일관성을 필요로 하기 때문에 적절하지 않을 수 있다. 음악과 소리를 사용하는 경우에는 리듬, 정서, 그리고 내용이 어떻게 회기의 속도에 영향을 주고 이완을 증진시키는지, 혹은 어떻게 긍정적인 정서를 자극하는지 이해하는 것이 매우 중요하다. 마찬가지로, 장난감과 소품은 특정한 목적을 위해 선택되어야 하며, 외상을 경험한 아동이 어떻게 반응할지에 대한 지식을 근거로 해야 한다. 만약 치료사가 자신이 사용하고자 하는 창의적 방법에 대한 경험의 정도나 준비도가 낮다면 아이들이 위안과 회복을 얻도록 하는 점진적이고 적절한 도움을 제공하지 못할 것이다.

표현적인 방법은 창의적 활동이 지닌 촉각적 · 신체적 · 청각적 · 후각적 · 시각적 측면으로 인해 외상 진술의 형태나, 암시적 경험의 형태로 외상 기억의 흐름을 자극할 수 있고 실제로 자극하기도 한다. 예를 들어, 형제자매인 네 명의 아동들로 이루어진 미술치료 집단에서 제일 어린 6살 아이가 플라스틱 물병에 자신의 붓을 씻으려고 했는데 우연히 물병을 엎질러 물이 사방으로 흘렀다. 불안을 유발하는 상황에 아이는 순간 얼어붙었고 치료사가 어떻게 반응하는지 눈치를 살폈다. 이때 다른 아이 두 명은 의자에서 뛰어내려 문 쪽으로 달려갔다(도피반응). 네 번째 아이는 책상 밑으로 숨어서(도피), 조용히 지켜보고 있었다(동결). 이 아동들이 물을 쏟은 장면과 소리에 반응한 방식은 마치 집에서 누군가 우연히 저녁 식탁에 우유를 쏟았을 때 체벌받을 것을 각오한 것과도 같았다. 쏟아진 물병은 공포와 불안에 대한 암묵적 기억을 자극하였고, 과각성과 일상적인 탈출(escape routines), 기타 생존을 위한 신체적 전략(예 : 책상 밑으로 숨거나 문으로 달려가는 것) 등과 같은 반응을 이끌어 냈다. 이 가정에서 각 아동은 언어적 · 신체적 학대를 가하는 어른들의 보복 가능성에 의해 위협을 받을 때 자동적으로 생존에 기반을 둔 반응들을 발달시켜 왔다.

창의적 표현은 적응적인 대처기술을 연습할 수 있는 방법이 되기도 하며, 안전함과 안정성, 애착, 자존감을 긍정적으로 경험하는 길이 되기도 한다. 많은 아이들은 안전한 환경과 기회가 주어지면, 즐거움을 추구하거나 자신을 진정시키기 위해 직관적으로 창의적 표현을 사용한다. 어떤 아동들은 끌어안기 좋은 장난감(촉각)을 통해 위안을 찾고, 또 어떤 아동들은 밝은색의 습자지/박엽지, 반짝이, 물감(시각)을 통해 위안을 얻기도 한다. 또한 다른 아동들은 춤이나 움직임에 긍정적으로 반응하거나 음악을 창작하고 듣기도 한다. 특정 상황에서는 치료사가 아동으로 하여금 긍정적인 자기

표현의 방식을 경험하도록 직접적인 접근법을 사용하기도 한다. 예를 들어 동물을 위한 안전한 장소를 만드는 것(Malchiodi, 2006)과 같은 작업에서는, 아이들에게 플라스틱이나 부드러운 소재의 작은 장난감 동물을 제시하거나 선택하게 한다. 그리고 나서 상자 등의 재료를 가지고 동물이 필요한 모든 것을 가질 수 있고 안전하다고 느낄 수 있는 장소를 만들도록 격려한다. 상상을 통해 장난감 동물을 보호하고 안전한 장소를 만들어 줌으로써 아동은 보호와 양육의 문제를 탐색할 수 있으며, 감각적이고 실제적인 방식으로 문제를 다루어 볼 수 있다. 필요한 경우에는 치료사의 도움과 자극이 제공된다.

마지막으로, 창의적 접근법의 감각적 특성은 아동에게 보편적인 자기 진정의 경험을 하게끔 하는데, 리듬감 있는 움직임, 소리, 촉각, 시각적 즐거움, 상상력, 환상이 이에 해당된다. 상상력과 공상은 아동이 첫 번째로 취할 수 있는 적응적 대처기술이다. 아동은 상상력을 활용함으로써 무슨 일이 일어났고, 무엇이 순간적으로 그들의 주의를 다른 곳으로 돌렸는지에 대해 더욱 흥미로운 이야기를 구성할 수 있다. 미술작업과 놀이, 연극, 음악, 이야기, 동작은 아동이 이러한 활동에 몰두하는 동안만이라도 두려움과 걱정, 슬픔에서 빠져나오도록 돕는다. 즐거운 활동을 하며 자신을 잊는 경험은 이완된 기분과 자기 만족을 이끌어 내고 긍정적인 감각을 강화한다. 그러나 앞서 외상후 놀이 부분에서 설명한 바와 같이, 비생산적이고 경직된 방식으로 활동에 몰두하여 나중에 기분이 더욱 나빠지는 것은 결국 아동에게 도움이 되지 않는다. 외상을 겪은 아동에게 활동을 제시할 때, 치료사는 이러한 표현적 개입에 대한 어린 내담자의 반응을 계속 관찰해야 하고, 이러한 개입이 정서적 문제의 해소 및 궁극적인 회복에 꼭 필요한 감각적 경험을 제공하고 있는지 지속적으로 재평가해야 한다는 도전을 받는다.

외상후 놀이와 미술표현

로사는 7살 때 엄마, 남동생과 함께 폭력피해 여성과 아동을 위한 쉼터로 왔다. 로사의 어머니인 타샤는 열다섯 살이었을 때 로사를 낳았고, 당시 로사의 생물학적 아버지는 그들을 버렸다. 불행히도 그 후 7개월 동안 로사는 약물 중독과 이웃 간 폭력, 가난이 만연한 중서부 대도시의 공영주택에서 살았다. 게다가 타샤와 로사는 타샤가 데려오는 여러 명의 남자친구들에게 신체적 학대를 당했다. 아동보호 서비스는 로사가 몇 차례 성적인 학대를 당했다고 보고했으나, 학대의 종류나 세부내용에 대해서는 명확히 밝히지 않았다. 사회복지단체와 법 집행부는 로사와 어머니가 가정폭력에 수차례 노출되었으며 그때마다 로사는 신체적 가혹행위를 당하거나 목격했다고 기록하였다.

로사가 5살이었을 때, 타샤가 더 이상 집세를 낼 수가 없어 그들은 노숙자가 되었다. 초등학교에 입학하고 몇 년간 이리저리 떠돌아다니고 혼란스러운 삶을 살았던 로사는 매년 학교에 출석하는 날이 몇 달밖에 되지 않았다. 그러던 중에 타샤는 아들을 낳았는데 그 아들의 생물학적 아버지 역시 가족을 버렸고, 계속되는 가난과 노숙, 가정폭력, 유기로 인한 스트레스가 날로 커졌다. 그러자 로사는 점점 더 불안해졌고, 관계를 회피하고, 무언가에 사로잡히기 시작하였다. 다행히도, 타샤는 본인이 더 이상 가족의 상황을 혼자서 감당할 수 없다는 것을 깨달아 가정폭력 전화상담 서비스에 전화를 걸었고 가족들은 지역 쉼터로 이송되었다.

로사는 학교상담사들에게 제한적인 도움을 몇 번 받기는 했지만, 그녀가 겪은 다양한 외상 사건의 문제를 개선하기 위한 정기적인 유형의 치료는 아니었다. 그즈음 로사는 회피, 과각성, 그리고 그녀와 어머니가 겪은 수차례의 학대 기억의 재현 등 PTSD의 전형적인 증상을 다수 나타내기 시작했다. 로사는 더 이상 밤에 잠을 잘 수 없었고, 자주 악몽을 꾸었으며, 엄마와의 분리에 대한 두려움 때문에 학교공포증을 보였다. 남동생이 태어나면서 스트레스는 더욱 악화되었고, 어머니가 동생에게만 주의를 기울이고 로사에게 소홀할 때 더욱 공격적인 태도를 보였다.

복합 외상을 겪은 많은 아동들처럼, 로사 또한 치료 초기에 작품과 놀이에서 반복되는 이야기를 표현했다. 몇 차례 회기를 거치면서, 로사는 다음과 같은 그림 속 이야기를 자발적인 내러티브와 관련지었다.

"한 남자가 어린 소녀를 야구방망이로 때리고 있어요. 가끔은 손으로도 때려요. 그 남자는 아이의 엄마도 때려요. 엄마랑 아이는 달아나려고 하지만 남자는 여전히 방망이로 그들을 때리고 있어요. 굉장히 세게 때려서 아이는 얼굴을 다치고 엄마한테도 피가 묻었어요. 아이와 엄마는 화장실로 도망가서 문을 닫았어요[그림 2.1]. 아이는 남자가 들어올까 봐 정말 무서워하고, 얼굴을 다쳐서 피가 나고 있어요[그림 2.2]. 엄마가 아이를 병원으로 데려가서 얼굴에 밴드를 붙였어요. 아나는 **9** 살이고 **3** 학년입니다.
나는 **9** 살이었고 당시 **나는 다쳤습니다**.
이건 나를 그린 그림입니다.

그림 2.1   가정폭력 중 '어린 소녀와 엄마'에게 '일어난 일'에 대한 로사의 그림

이는 여전히 너무나 두려워하고 있어요."

로사는 '무슨 일이 일어났는지'에 관한 중요하고 개인적인 이야기를 즉각적으로 미술 작품과 연관시켰다. 하지만 그녀는 미술과 놀이를 통해 자신의 이야기를 하는 것만으로는 안정되지 않았다. 심각한 외상 경험에 영향을 받은 많은 아동들처럼, 로사는 반복적이고 침습적인 사고를 통해 자주 사건을 재경험했다. 또한 그녀는 미술표현이나 놀이를 통해 외상적 사건을 재현했다. 로사의 경우, 그녀의 이야기는 자신이 경험한 사건에 대한 구체적인 것이었으나, 다른 아동들의 경우에는 이러한 주제들이 구체적이지 않거나 외상 사건과 상징적으로 관련될 수 있다. 미국의 멕시코 연안지역 허리케인 카트리나의 생존 아동 중 일부는 피규어를 사용한 모래놀이를 통해 홍수로 침수된 미니어처 마을을 만들었다. 반면, 어떤 아동들은 괴물 혹은 전쟁 장면을 모래상자에 구성하기도 하였다.

이것은 **내 얼굴** 에 일어난 일입니다.

그림 2.2   로사가 다치고 나서 그린, '어린 소녀'의 얼굴을 표현한 자화상

외상후 놀이(posttraumatic play)와 외상후 미술표현(posttraumatic art expression)은 심각한 정서적 트라우마나 상실을 경험한 아동들이 사용하는 주요 적응적 대처 전략이다. 외상후 놀이라는 용어는 단일 사건이나 만성적인 트라우마로 고통을 겪은 아동들에게 흔히 일어나는 반복적인 기억과 재현을 모두 설명하기 위해 사용된다. Terr(1979, 1990)는 처음으로 이 용어를 외상 사건을 경험한 아동들과의 놀이 활동을 설명하기 위해 사용하였는데, 이는 외상 사건과 관련된 정서 문제의 해결을 지칭하는 것은 아니다. 즐거움, 만족스러운 표현, 문제해결, 배움으로 이르는 일반적인 놀이와는 대조적으로, 외상후 놀이는 해결로 이어지지 않은 채 종종 불안을 유발하고, 압박감을 주며, 반복적이고, 융통성이 없다. 예를 들어, 아이는 계속해서 장난감 집을 부

수려 할 수 있고, 토네이도로 인해 경험한 대대적인 파괴를 설명하기 위해 반복적으로 "집이 쿵!!"이라고 말할 수도 있다. 이런 유형의 놀이를 하는 아동의 경우, 외상 사건을 통제하기가 불가능하고, 놀이를 통해 정서적 이완을 경험하기 어렵다. 치료 초반 몇 주 동안 로사는 두려움과 불안의 완화를 필요로 하였지만, 그것을 얻기보다는 특히 신체적 학대나 테러를 포함한 가정폭력의 잔인한 사건에 대한 이야기를 비생산적으로 반복하였다. 이러한 행동 또한 로사의 절망감, 그리고 자신의 상황이 해결되고 구조되리란 믿음의 부족을 나타내었다. 로사가 초기에 그린 그림에서는 어느 누구도 '상처'와 '피'로부터 그녀와 엄마를 구해 주지 못했다. 이 단계에서 개입할 때에는 로사에게 무슨 일이 있었고 그에 대해 무엇을 느꼈는지 대화하는 것이 중요하지만, 그녀의 미술표현은 정체되고 막혀 있었으며 비생산적이어서 양육자나 다른 성인의 도움 없이는 외상 기억을 해소하기에 적합하지 않았다.

　Gil(2006)은 '정체된 외상후 놀이(stagnant posttraumatic play)'와 그녀가 정의 내린 '역동적 외상후 놀이(dynamic posttraumatic play)' 사이의 차이점(표 2.1 참조)을 요약하여 제시했다. Gil에 따르면 정체된 형식의 외상후 놀이에서 아동은 다시 외상을 겪거나 해리와 과각성, 절망감과 무력감을 여전히 경험하게 된다. 반면 아동이 역동적 외상후 놀이를 할 때에는 더욱 융통성이 있고 치료사와 자유롭게 상호작용하며, 자신의 이익을 위해 더욱 적극적인 역할을 수행한다. 또한 정서적인 이완을 더 많이 경험한다. 이러한 놀이는 적응을 독려하고 외상 반응을 해소하는 데 기여한다. 두 가지 유형의 놀이가 지닌 차이점은 미묘하지만, 오랜 시간 공을 들여 관찰하면 구별이 가능하다. 외상을 겪은 아동의 놀이, 미술, 기타 표현적 작업을 관찰하는 모든 치료사에게 있어서 이러한 차이점을 감지하는 것은 중요하다. Gil이 언급한 바와 같이 어떤 아동이 긍정적인 해소에 어려움을 겪는 것은 그가 조금 더 직접적이고 목적이 분명한 개입을 필요로 한다는 신호이기 때문이다.

　놀이는 움직임과 극적 연기, 이야기를 포함하여 수많은 형태의 자기표현을 아우르기 때문에 치료사는 건강한 놀이 활동과 외상후 놀이의 차이점을 면밀히 이해해야 한다. 놀이와 마찬가지로 미술표현 또한 융통성 없고 반복적이며 트라우마에 대한 해결되지 않은 이야기를 담고 있을 가능성이 있다. 모든 사례에서 마주하는 도전은 창의적 접근을 통해 아동이 자신을 위로할 수 있는 교정적이고 생산적인 경험을 할 수 있

표 2.1 역동적 외상후 놀이와 정체된 외상후 놀이의 차이점

역동적 외상후 놀이	정체된 외상후 놀이
• 정서경험이 가능해짐	• 정서가 위축된 상태로 유지됨
• 신체의 경직성이 감소되어 유연해지는 것이 분명해짐	• 신체적 경직성이 유지됨
• 놀이와의 상호작용이 다양해짐	• 놀이와의 상호작용이 제한적임
• 임상가와의 상호작용이 다양해짐	• 임상가와의 상호작용이 제한적임
• 놀이가 변화하거나 새로운 요소가 추가됨	• 놀이가 정확히 똑같게 유지됨
• 놀이가 다른 장소에서 시행됨	• 놀이가 같은 장소에서 시행됨
• 놀이에서 새로운 물체를 포함함	• 놀이가 특정 물체에 제한됨
• 주제가 달라지거나 확장됨	• 주제가 유지됨
• 결과물이 달라지고, 건강해지며 더욱 적응적인 반응이 나타남	• 결과물이 고정적이고 비적응적임
• 놀이의 경직성이 차차 덜해짐	• 놀이의 경직성이 유지됨
• 놀이 후의 행동은 해방감이나 피로를 나타냄	• 놀이 후의 행동이 경직되고 긴장된 모습을 보임
• 치료 세션 밖에서 보이는 증상은 처음과 같거나 심해질 수 있으나 이후 감소함	• 치료 세션 밖에서 보이는 증상은 변화가 없거나 증가함

주 : From Gil(2006, p. 160). Copyright 2006 by The Guilford Press. Reprinted by permission.

도록 어떻게 도울 수 있을지에 관한 것이다. 창의적인 활동은 그것이 늘 긍정적인 해결책으로 연결되지만은 않기 때문에 신중하게 선택할 필요가 있다. 이 과정에서 치료사들은 아동을 돕기에 적합한 창의적 접근과 언어적 접근을 둘 다 행할 수 있도록 준비되어야 한다. 이때 외상 기억을 강화시키지 않는 선에서 아동이 감정과 경험을 탐색하도록 돕는 놀이와 기타 표현 방식을 활성화시키는 데 목표를 두어야 한다. 이 과정은 이완과 자기 위로 능력을 증진시키고, 문제해결을 돕고 외상 진술을 재구성할 수 있도록 창의적인 활동을 제공함으로써 아동들이 외상 기억을 변형시키도록 적극적인 도움을 준다.

외상 개입에서 문화적 민감성

외상근거치료는 치료사가 개입방식을 선택하고 치료를 설계할 때, 특히 내담자와 소통함에 있어 문화적으로 민감할 것을 요한다. Sue와 Sue(2012)는 문화적 능숙함(cultural competence)이란 내담자가 지닌 문화와 기술, 지식, 절차를 인식함으로써 개인에게

효과적인 서비스를 제공하는 것이라고 정의한다. 아동을 대상으로 하는 외상 개입에서 문화적 능숙함은 어린 내담자들의 외상 반응에 문화가 어떠한 영향을 미치는지에 대해 아는 것을 포함한다. 이는 인종과 문화적 적응의 정도, 거주지(지방 혹은 도시), 지역(미국 북부 혹은 남부), 가족, 확대가족, 동료, 사회경제적 지위(SES), 성별, 발달, 종교, 영적 소속 등 다양한 요인에 기반하며 제시한 것들 외에 기타 요인들도 포함한다. 국립 소아청소년 트라우마 스트레스 네트워크(NCTSN, 2014)에서는 어떤 문화를 바람직한 규범이나 행동으로 인식하는 것, 즉 '문화적 정체성'을 아동기 외상 치료에 영향을 주는 요인이라고 언급하였다. 문화적 요인은 외상 사건에 노출되는 빈도에도 영향을 미칠 수 있다. 예를 들어 소수민족 아동이나 청소년은 트라우마에 노출될 위험이 높다(NCTSN, 2014). 재난은 소수민족이나 개발도상국의 아동들에게 더욱 큰 위험을 초래할 수 있는데, 그 이유는 사회경제적 그리고 정치적 조건이 더 심각한 증상을 초래할 가능성을 높이기 때문이다. 요약하자면, 치료에 참여하고 자신을 드러내는 것에 대한 아동의 가치관과 문화적 선호는 여러 가지 측면이 복합적으로 작용하여 결정된다.

다양성의 이슈와 세계관은 문화적 배경과 경험에 근거하여 아동이 장난감과 소품, 놀이를 인식하는 방식에 영향을 준다. Gil과 Drewes(2005)는 치료 안에서 이루어지는 아동의 놀이에 문화가 구체적으로 어떤 영향을 미치는지에 대해 설득력 있는 관점을 제시한 소수의 학자들 중 하나이다. 그들은 치료사가 놀이 활동, 장난감, 소품을 활용함에 있어서 다양성의 이슈를 고려하여 효과적으로 개입하기 위한 몇 가지 확실한 방법이 있다고 언급하였다. 이에 따르면 실제로 치료에 놀이를 사용하고자 하는 치료사는 발달과 성별, 문화적 다양성에 적합한 장난감과 소품 컬렉션을 조직화하여 갖춰야 한다. 예를 들어, 동물 장난감은 문화권마다 그 형태가 다양하고 독특한 문화적 의미를 지니고 있으므로, 그 문화에서 전형적인 형태의 동물 모형을 제공하는 것이 중요하다. 마찬가지로 책, 인형, 게임, 소품을 고를 때에도 다양성의 이슈를 고려해야 한다. 예를 들어 Kao(2005)는 아시아 문화에서 가장 전통적이면서 선호되는 장난감들은 사회적인 것, 지적인 것, 계절적인 것, 신체적인 것, 내기와 관련된 것, 이렇게 다섯 가지 범주로 명확히 나눌 수 있다고 보았다.

치료사는 다양한 문화권 아동들의 창의성을 지지하고 양성할 수 있는 미술 재료를 구비해야 한다. 예컨대 아동들의 다양한 피부톤에 적합한 크레용, 마커, 점토를 구비해 놓아야 한다. 사진 콜라주에 사용하는 매체는 다양한 인종과 가족 형태, 라이프 스타일, 신념을 포함하는 등 여러 문화의 다양성을 반영해야 한다. 천, 털실, 비즈 등 공예매체는 직물 짜기나 보석 만들기, 전통적인 바느질 같은 작업에 경험이 있는 아동을 자극하는 데 도움이 될 수 있다(Malchiodi, 2005).

일반적으로 아동의 자기표현은 그가 속한 공동체에서 무엇에 노출되었는지에 의해 영향을 받으며, 미디어 또한 자기표현에 영향을 준다(Malchiodi, 1998, 2005). TV, 영화, 비디오게임, 인터넷과 소셜 미디어, 출판물은 매우 중요한 문화적 요소로서 아동이 스스로를 바라보는 관점에 강력하고 직접적인 영향을 미친다. 이미지와 스토리를 접하는 가장 강력한 경험은 미디어에 노출되는 것이다. 아동들이 미디어를 통해 받아들이는 이미지와 스토리는 그들에게 중요한 영향을 미친다. 최근 수년간 가장 기억에 남는 일들 중 하나는 2001년 9월 11일에 일어난 사건이다. 세계무역센터 건물에 비행기가 부딪히는 장면을 반복하여 시청한 아동들은 수 주, 수개월 동안 그림과 놀이에서 그 이미지를 재연하였고, 외상적 상실로 인해 매우 심각한 영향을 받은 경우에는 수년간 재연이 이루어졌다(Malchiodi, 2002; TEDxOverland Park, 2012). 특정 사건뿐만 아니라 TV, 영화, 인터넷 또한 아동의 언어, 행동, 세계관, 그리고 옷 입는 방식과 패션에 강력한 영향을 미친다. 이러한 영향력은 아동이 그린 그림 속에 나타난 만화 캐릭터나 유명한 영화배우, 음악가, 영화, TV, 비디오게임 줄거리에서 드러난다. 고학년 아동이나 청소년은 그래피티와 갱의 상징, 문신 아트 등 또래 집단의 문화적 관습에 영향을 받을 수 있다(Riley, 1999).

문화를 민감하게 고려한 창의적 개입을 실시함에 있어서 아동을 대하는 치료사들은 창의적 표현을 유연하게 이끌어 내야 한다. 미술, 음악, 움직임, 그리고 놀이는 언어보다 다소 우회적인 의사소통 수단을 제공하며, 언어적 소통이 어려울 때에는 창의적 접근방법이 선호될 수 있다. 그러나 이는 특정 방식이나 활동이 모든 경우에 있어 문화적으로 적합하다는 것을 의미하지는 않는다. 사실 창의적인 접근방식은 아직 문화적인 틀 안에서 충분히 검토되지 않았다. 아동에게 이러한 접근 방법을 사용하는 정신건강 전문가는 외상을 겪은 내담자들의 창의적 예술치료와 표현치료의 임상적 적용에 문화적 요소가 어떠한 영향을 미치는지 지속적으로 평가해야 한다.

다수의 문화는 개인이 자신의 감정을 속에 담아 두거나 조절하길 기대하는데, 이는 감정이나 개인적 경험을 나누는 것이 미성숙을 나타내는 것이기 때문이다. 예를 들어 어떤 아동들에게는 ("뭐든 네가 원하는 걸 그려 보라"거나 "상상을 통해 즉흥적으로 몸을 움직여 보라"는 등의) 비지시적인 접근이 위협적일 수 있고 침입으로 인식될 수도 있다. 또한 신뢰를 형성하거나 창의적 표현을 위한 안전한 환경을 설정하는 데 방해가 될 수도 있다. 이러한 아동들은 이미지를 베껴 그리며 안전감을 누리는 것을 선호할 수 있고, 춤동작을 배우고 노래를 연습하고, 이야기를 들으며 근원적인 무언가를 만들어 내는 것에 익숙할 수도 있다. 미술, 음악, 춤을 경험하는 데 있어 이전의 것들을 선호하는 문화의 경우 특히 그러하다. 개인의 선호는 아동이 지닌 존엄성의 한 부분으로서 존중하고 이해해야 한다. 이를 통해 아동이 긍정적인 성취 경험을 얻거나 자존감이 향상될 수 있기 때문이다.

아동 내담자에게 창의적인 접근방식을 사용할 때에는, 아동이 선호하는 것과 그의 가치, 부모나 양육자, 다른 가족 구성원의 세계관을 주의 깊게 살펴야 한다. 예를 들어, 학령기 아동을 둔 부모는 놀이나 장난감, 미술, 소품의 사용에 대해 궁금해할 수 있고, 자유로운 표현을 외상으로 인한 증상을 개선하는 기술로 오해할 수도 있다. 성인 가족 구성원들은 왜 놀이나 미술을 주된 방식으로 사용하는지 충분히 이해하기 어려울 수 있으며, 이러한 양식의 사용이 시시하거나 검증되지 않았다고 느낄 수 있다. 혹은 단순히 개인적이거나 문화적인 이유로 이러한 창의적인 개입을 불편하게 느낄 수 있다. 가족들은 종종 아동이 금세 나아질 수 있는지를 궁금해하며, 심지어 정서적인 고통이 빨리 좋아지지 않으면 치료사를 무능하다고 여길 수 있다. 아동의 부모나 양육자는 보통 자녀의 외상 증상을 치료하는 데 관여되어 있기 때문에, 문화적으로 민감하고 외상근거 개입을 실시할 수 있는 치료사라면 부모나 양육자가 앞으로 사용할 창의적 개입을 이해할 수 있도록 도와야 한다. 치료사는 부모나 양육자가 아동에게 어떠한 변화를 기대하는지 물어봐야 하며, 이때 그들의 견해와 관점, 그들이 원하는 개입의 결과를 존중해야 한다. 창의적 개입을 포함하여 어떤 치료에 참여하든지 모든 아동과 가족은 존중받길 원하며, 자신의 문제와 선호에 대해 치료사가 들어 주기를 원한다. 또한 자신의 견해가 치료사에게 중요하고 가치 있게 수용되길 원한다.

외상근거치료에 있어서 문화를 고려한 창의적인 방식을 사용하는 치료사들은 아동이 자신의 경험을 평가하고 사건에 대처하는 방식을 이해하고자 할 때, 생물학적 · 심리적 · 사회적 · 문화적 관점을 고려한다. 또한 치료사들은 창의적인 표현을 개입의 수단으로 사용함에 있어 발달적 요인과 아동의 능력과 선호를 고려한다. 마지막으로 치료사들은 활동과 목표를 선택할 때 아동 내담자의 위험성과 탄력성을 평가하고, 그 선택은 문화적 측면에 바탕을 둔다.

결론

윤리적이고 증거에 기반한, 트라우마에 적합한 창의적인 개입을 사용하는 치료사들은 외상을 경험한 아동들과 효과적이고 유익한 작업을 할 수 있는 특별한 위치에 서 있다. 창의적인 접근법을 사용하는 임상가들 또한 외상후 놀이와 미술, 이와 유사한 표현을 읽어 낼 수 있도록 지속적인 학습이 필요하다. 이를 통해 창의적 예술치료와 표현치료의 감각적 측면을 포착할 수 있게 되고 문화적인 민감성을 유지할 수 있다. 또한 치료와 외상 반응, 창의적 개입에 관한 다양한 관점을 존중할 수 있게 된다. 이러한 개념을 배우는 것은 성공적이고 효과적인 치료의 토대를 놓을 뿐만 아니라, 전문가들이 아동 내담자들에게 제공할 수 있는 치료 기술의 범위를 넓혀 주는 지속적인 과정이라고 볼 수 있다.

참
고
문
헌

Cattanach, A. (2008). Working creatively with children and families: The storied life. In C. Malchiodi (Ed.), *Creative interventions with traumatized children* (pp. 211–225). New York: Guilford Press.

Cohen, J. A., Mannarino, A. P., & Deblinger, E. (2006). *Treating trauma and traumatic grief in children and adolescents*. New York: Guilford Press.

Gil, E. (2006). *Helping abused and traumatized children: Integrating directive and nondirective approaches*. New York: Guilford Press.

Gil, E., & Drewes, A. A. (Eds.). (2005). *Cultural issues in play therapy*. New York: Guilford Press.

Hoagland, K., Burns, B., Kiser, L., Ringeisen, H., & Schoenwald, S. (2001). Evidence-based practice in child and adolescent mental health services. *Psychiatric Services, 52*(9), 1179–1189.

International Society for Traumatic Stress Studies. (2014). Guideline 17: Creative arts therapies for children. Retrieved January 22, 2014, from *www.istss.org/AM/Template.cfm?Section=PTSDTreatmentGuidelines&Template=/CM/ContentDisplay.cfm&ContentID=2337*.

Kao, S. C. (2005). Play therapy with Asian children. In E. Gil & A. Drewes (Eds.), *Cultural issues in play therapy* (pp. 180–194). New York: Guilford Press.

Knill, P., Levine, E., & Levine, S. (2005). *Principles and practice of expressive arts therapy: Towards a therapeutic aesthetics*. London: Jessica Kingsley.

Levine, P. (2012). *In an unspoken voice: How the body releases trauma and restores goodness*. Berkeley, CA: North Atlantic Books.

Lusebrink, V. (2010). Assessment and application of the expressive therapies continuum. *Art Therapy: Journal of the American Art Therapy Association, 27*(4), 166–170.

Malchiodi, C. A. (1998). *Understanding children's drawings*. New York: Guilford Press.

Malchiodi, C. A. (2002). Editorial. *Trauma and Loss: Research and Interventions, 2*(1), 4.

Malchiodi, C. A. (2005). The impact of culture on art therapy with children. In E. Gil & A. A. Drewes (Eds.), *Cultural issues in play therapy* (pp. 96–111). New York: Guilford Press.

Malchiodi, C. A. (2006). *The art therapy sourcebook* (2nd ed.). New York: McGraw-Hill.

Malchiodi, C. A. (2012). Art therapy in practice: Ethics, evidence and cultural sensitivity. In C. A. Malchiodi (Ed.), *Handbook of art therapy* (2nd ed., pp. 42–51). New York: Guilford Press.

National Child Traumatic Stress Network. (2014). Culture and trauma. Retrieved January 22, 2014, from *www.nctsn.org/resources/topics/culture-and-trauma*.

National Registry of Evidence-Based Programs and Practices. (2014). Home page. Retrieved January 22, 2014, from *http://nrepp.samhsa.gov*.

Perry, B. (2009). Examining child maltreatment through a neurodevelopmental lens: Clinical applications of the neurosequential model of therapeutics. *Journal of Loss and Trauma, 14*, 240–255.

Riley, S. (1999). *Contemporary art therapy with adolescents*. London: Jessica Kingsley.

Rothschild, B. (2000). *The body remembers*. New York: Norton.

Schreier, H., Ladakakos, C., Morabito, D., Chapman, L., & Knudson, M. M. (2005). Posttraumatic stress symptoms in children after mild to moderate pediatric trauma: A longitudinal examination of symptom prevalence, correlates, and parent–child symptom reporting. *Journal of Trauma and Acute Care Surgery, 58*(2), 353–363.

Sprunk, T. P., Mitchell, J., Myrow, D., & O'Connor, K. (2007). Paper on touch: Clinical, professional, and ethical issues. Retrieved February 16, 2007, from *www.a4pt.org/download.cfm?ID=9971*.

Steele, W., & Malchiodi, C. A. (2012). *Trauma-informed practice with children and adolescents*. New York: Taylor & Francis.

Sue, D. W., & Sue, D. (2012). *Counseling the culturally diverse: Theory and practice* (6th ed.). New York: Wiley.

TEDxOverland Park. (2012). Art therapy: Changing lives, one image at a time: Cathy Malchiodi at TEDxOverlandPark. Retrieved from *www.youtube.com/watch?v=yHu6909NTTc*.

Terr, L. (1979). Children of Chowchilla. *Psychoanalytic Study of the Child, 34*, 547–623.

Terr, L. (1990). Childhood trauma: An outline and overview. *American Journal of Psychiatry, 148*, 10–20.

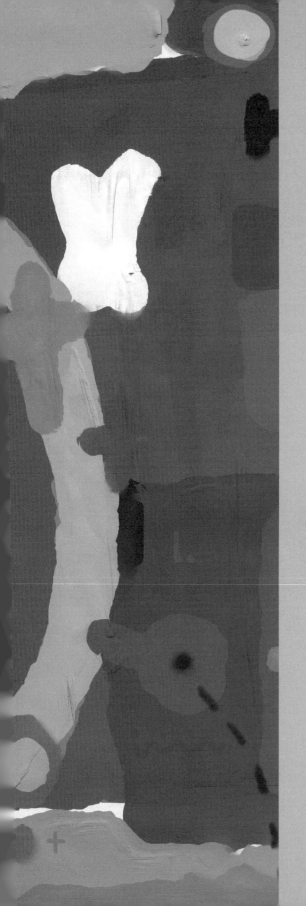

제2부

아동과
청소년을 위한
적용

외상 아동의 EMDR과 미술치료

Madoka Takada Urhausen

이 장은 미술치료와 안구운동 민감소실 재처리과정(eye movement desensitization and reprocessing, EMDR)을 결합함으로써 트라우마를 가진 아동들에 대한 혁신적인 접근방식을 제시한다. 최근 수년 동안 EMDR은 전쟁 참전 용사들, 자연 재해나 인재를 겪은 사람들을 비롯하여 트라우마를 입은 성인에게 선호되어 온 치료로 알려져 있다(APA, 2004; Chemtob, Tolin, van der Kolk, & Pitman, 2000; U.S. Department of Veterans Affairs and U.S. Department of Defense, 2010; van der Kolk, 2008). 미국 약물남용 및 정신건강서비스청(SAMHSA)은 EMDR의 효과가 노출과 민감소실에 기초한다고 언급하였다.

그러나 외상 아동들에 대한 명확한 EMDR 실행법의 개발은 아동이라는 대상과 관련된 여러 변인 때문에 어려움을 겪어 왔다. 다양성과 관련한 주제에는 발달단계의 변화, 사회문화적인 관점에서 본 트라우마의 개념, 서로 다른 환경과 지지체계, 지배적인 많은 동반 문제들이 포함되어 있다. 가장 최근에는 미국에서 널리 활용되는 여러 증거기반임상 중 하나인 'managing and adapting practice'(MAP, www.practicewise.com)가 EMDR을 웹기반 데이터베이스에 추가하면서 Ahmad, Larsson, Sundelin-Wahlsten(2007), 그리고 Kemp, Drummond, Mcdermott(2010)의 연구의 치료방안을 참조하여, EMDR이 외상후 스트레스 장애(PTSD)를 지닌 아동들에게 "도움이 되는 더 나은 치료"라고 언급하였다.

만약 당신이 아동을 대상으로 한 EMDR과 미술치료에 대해 적절한 훈련을 받지 않은 상태라면(이 책의 제2장에서 Malchiodi가 언급한 "창의적 예술치료에서의 윤리적 임상 실제" 참조), 이 장에서 아동들에게 적용할 수 있는 EMDR 기법을 배우는 것은 적합하지 않다. 미술치료와 EMDR을 훈련하는 데 도움이 되는 자료들은 이 장의 맨 마지막과 부록의 "트라우마 관련 자료" 부분에 제시되어 있다. 이 장은 삶을 위협하거나 극도로 고통스러운 사건을 포함하여 트라우마를 경험하거나 목격한 아동들에게 이 접근방식들을 심리치료적으로 활용하기를 원하는 독자들을 위해 쓰였다.

EMDR과 트라우마의 해결

EMDR은 종종 인지적이고 노출 치료로 알려져 왔지만, 내담자의 강점에 기반한, 정신역동적이며 인본주의적인 접근방식이기도 하다. 이것은 인지적 왜곡과 그것이 자기 개념에 미치는 지속적인 증상을 다루며, 외상적 결과로 일어나는 적응된 지각, 태도, 행동 양식을 다룬다. 또한 EMDR은 의미 있는 사건 기억과 관련된 정서적·감각적 상태에 접근하기 위해 양쪽 뇌를 자극(bilateral stimulations, BLS)하는 방식이 특징적이다. EMDR의 핵심 가정은 자연적인 치유를 막는 요소들이 제거되거나 그 부정적인 효과가 감소된다면, 모든 사람은 자신을 치유할 수 있는 능력이 있다는 것이다. 각 사람 안에 내재된 이러한 회복력의 근거는 Shapiro의 AIP(Adaptive Information Processing) 모델에 기초하며(Shapiro, 2001, 2011; Tinker-Wilson & Tinker, 2011), 이 이론은 근래의 신경생물학 연구에 의해 정당성을 인정받아 왔다. Shapiro(1995, 2001; Shapiro & Laliotis, 2011)의 가정에 의하면, 좌·우뇌의 각기 개별적인 기억들을 통합함으로써 사람들은 트라우마의 부정적인 영향을 더 받지 않으면서도 외상 사건에 관한 개인적인 경험을 연결하고 재구성한다는 것이다.

민감소실과 재처리과정은 처리되지 않은 외상 기억으로 인해 깊이 새겨진 자신에 대한 부정적 신념들과 연관된 일련의 표적들에 접근하는 것을 돕는다. 양뇌 자극은 주로 안구운동의 형태로 이루어지며, 손바닥이나 어깨, 무릎 등의 신체 부분을 가볍게 두드리거나 번갈아 가며 자극을 주는 장치를 내담자가 손에 잡고 있도록 하거나, 또는 번갈아 나오는 소리를 들려주는 것으로 이루어진다. 또한 EMDR은 괴로운 기억이 재활성화되는 동안 필요한 내적인 자원을 마련하기 위해 마음챙김에 몰두함으로써 지금-현재에 집중할 것을 강조한다. 여기서 자원은 내담자를 일정 수준 편안하게 해 주는 대상이나 선호하는 감각 양식뿐만 아니라 내담자의 긍정적 특성과 보유 기술, 지지적인 관계, 꿈, 영감 등과 같은 개인의 강점이나 보호요인들에 해당한다. 이러한 자원들은 자기 조절에 유용한 수단으로 여겨진다. 신중하게 디자인된 양뇌를 자극하는 치료방안은 내담자가 이완된 상태에서 고통스러운 기억에 안전하게 재접근할 수 있도록 돕는다. 이 치료의 목적은 신피질의 실행 기능을 최적화하여 사고와 감정, 감각을 객관적으로 관찰함으로써 파편화되고 왜곡된 경험들의 재인식을 돕는 것이다. 이렇게 현재와 과거의 경험에 둘 다 집중하게 하는 것은 내담자가 심리적·신체적 재활성화로 인해 쉽게 극복할 수 없었던 기존의 부정적인 신념에 질문을 던지게끔 하여 인지적 재구성을 하도록 이끄는 것이다.

외상 아동 치료에 EMDR 적용하기

아동에게 EMDR을 적용하는 것은 최근에 실행되기 시작했다. 그리고 연구자이자 임상가인 Adler-Tapia와 Settle(2008), Gomez(2011, 2013), 그리고 Parnell(2013)은 EMDR을 아동에게 적용할 때 표준 치료원안[1]을 변형해야 한다고 주장하였다. Adler-Tapia와 Settle은 아동과 함께 작업하는 다른 치료사들보다 EMDR의 여덟 단계의 표

---

1) 역주 : EMDR의 창안자 Francine Shapiro는 〈안구운동 민감소실 및 재처리〉(1995)에서 EMDR 치료의 여덟 단계 치료원안을 소개하였다. 이는 ① 병력 청취, ② 준비, ③ 평가, ④ 민감소실 (desensitization), ⑤ 주입(installation), ⑥ 신체 감각 점검, ⑦ 종결, ⑧ 재평가로 이루어진다.

준 치료원안을 더욱더 면밀히 따르는 편이다. 이들의 치료 지침(Adler-Tapia & Settle, 2008)에서는 "놀이치료, 미술치료, 모래놀이 등 치료사가 보기에 내담자의 자기표현에 유용하다고 생각되는 다른 여러 분야의 접근방식들을 활용하라고 권장한다"(p. ix). 예술표현을 활용하는 것은 EMDR 치료안을 활성화시킨다는 점에서 실용적이면서도 효과적이다. 또한 예술표현의 활용은 감각, 정서, 인지의 통합을 위해 증상적 행동에 합리적인 목소리를 제공하려는 EMDR의 의도와, 그것의 실제 작동 모델과 완벽한 시너지 효과를 이루게 한다. 특히 트라우마를 경험한 사람들에게는 연령을 막론하고 감각적인 통합이 회복의 중요한 요소라고 할 수 있다. 감각의 통합은 트라우마에 대한 신체 반응을 스스로 통제하는 데서 오는 안도감을 증대시킨다(Levine, 2002).

감각 작업에 기초한 외상근거치료

트라우마 사건에 대한 아동의 반응은 양육자의 반응, 애착의 안정성, 지지체계의 활용 가능성, 고유의 회복력과 같은 여러 경감 요인에 의해 좌우된다(Perry, 1999). 그러나 신체적 증상은 이와 관계없이 아동들에게 매우 빈번히 일어난다(Levine & Kline, 2007; Malchiodi, 1990; Rothschild, 2000). 공포와 불안에 압도된 몸이 과각성되고 긴장함으로써 나타나는 신체적 전조증상은 기질적 질병으로 진단 내려질 수 있다. 아동들은 과도하게 각성되거나 해리를 경험하게 되기도 한다. 아동은 해소되지 않은 트라우마로 인해 얼어붙거나, 싸우거나, 도망가거나, 화를 내며 동요하는 상태를 오갈 수 있다(Levine, 1997). EMDR은 이러한 만성적이고 조화롭지 못한 경험들을 조율하고자 한다. 그래픽 이미지를 사용하는 것은 아동들이 시간 순서에 대한 감각을 회복하고 그 외 비언어적인 암묵기억을 되살리도록 돕는다(Gantt & Tinnin, 2008).

EMDR은 외상 아동들의 경험을 다차원적으로 바라보는 것에 중점을 두고, 그들의 독특한 표현을 트라우마를 극복하려는 시도로 인정한다. 이에 EMDR은 아동이 각기 치료에 반응하는 속도, 그리고 그들이 감각과 정서, 사고에 자유로이 접근하는 방식을 존중한다. 또한 감각 조절의 어려움은 외상 기억의 고통을 최소화하려는 생존 전략으로 간주한다. 이러한 견해는 다미주신경이론(polyvagal theory; Porges, 2011)과 맥락을 같이한다. 이 이론에 의하면, 신경 조절 시스템은 스트레스를 일으키는 사건에 대한 적응적 대처 전략으로서 신체와 물리적 경험의 다양한 기능을 조직화하는 위계를 신경층(neural platform) 내에 형성한다. 내담자에게 다양한 자원을 제공할 때 내담자에게는 외상 사건을 재맥락화하고 통합할 기회가 생겨난다. 마음과 몸의 통합이 트라우마를 효과적으로 해소하는 데 가장 중요하다. Perry와 Szalavitz(2006)는 전통적인 인지치료의 접근방식인 '하향식' 접근과 반대되는 개념인 '상향식' 접근을 적용할 것을 권한다. 예술치료는 아동들이 미술 재료와 신체 움직임, 그리고 이를 경험하는 환경을 선택함으로써 구체적인 방식으로 여러 감각에 접근하도록 한다. 미술치료와 결합된 EMDR은 Steele과 Malchiodi(2012)가 지지하는 외상근거치료(TIP)와 관련이 있다. TIP는 생존자들의 안전과 선택, 통제를 우선시하고 감각에 기반한 방법론과 협력을 통해 그들을 돕는다. 이 두 가지 방법론을 결합하는 것의 가치는 치료사가 각 아동의 특수한 경험과 요구에 맞게 개입하는 능력에 달려 있다.

애착 작업, EMDR, 그리고 미술치료

자신에 대한 부적응적인 신념과 비지지적인 환경은 아동 내담자의 자연스러운 치유과정을 방해한다. 치료에 있어서, 치료사가 아동의 주 양육자와 그 환경에 대한 긍정적 관계를 형성하는 것이 필수적이다. 따라서 아동과 양육자 둘 다 강한 치료적 동맹을 맺는 것은 아동의 정서적 안정을 위해 더욱 필수적이며, 이는 트라우마를 재처리하는 과정보다도 우선시된다. 치료사는 EMDR 개입을 촉진하는 동안 교정적인 경험을 제공하는 것을 목표로 한다. EMDR은 치료사가 자신을 활용하여 내담자에게 매우 가깝게 다가가는 치료 절차이다. 내담자에게 직접 양측성 자극을 실행하며, 종종 신체 접촉을 하기도 하고, 얼굴 표정의 미묘한 차이, 내담자의 신체적·정서적·감각적 반응에 지속적으로 집중해야 한다.

Parnell(2013)은 EMDR의 효과성은 관계적인 속성에 크게 의존하며, 내담자의 진행 과정을 지지하고 그 과정을 견딜 수 있도록 얼마나 조화로운 환경을 제공하고 있는지에 달려 있다고 보았다. Siegel(1999, 2011)은 신경과학 연구, 그리고 애착이 뇌의 구조적 발달에 끼치는 영향에 주목하는 최근 경향을 토대로 사람들과의 관계 속에서 작업하는 것이 치유를 이끄는 뇌의 변화에 중요하다고 언급하였다. Siegel은 Parnell의

EMDR기반 접근을 애착중심 EMDR이라고 새롭게 칭하였다. 왜냐하면 Parnell의 이론은 애착을 강화하고 자원을 형성하는 것을 강조한다는 점에서 전형적인 EMDR 치료방안과는 차이가 있기 때문이다.

Gomez(2013)는 전반적인 정서조절장애를 보이는 아동의 애착과 해리 증상, 복합외상을 EMDR로 다룰 것을 강조하였다. 그녀는 초기 평가와 사례 개념화의 방식으로 아동의 애착 손상 정도를 측정함으로써 더 나은 결과를 얻고자 하였다. Korn(2011)은 애착양식을 과잉규제와 과소규제를 결정하는 요인으로 보았다. 예컨대 그녀는 불완전한 애착이 어떻게 자기 조절의 어려움과 정서적·신체적 반응 수준 조절의 장애로 나타나는지를 다루었고, 아동의 개인적 문제와 관련되었을 때 아동이 높은 각성 상태와 낮은 각성 상태를 오가면서 신체적인 반응을 어떻게 경험하는지를 논하였다. Korn은 Fosha(2003)의 메타프로세싱(metaprocessing) 개념에 동의한다. 이 개념은 내담자가 치료사와의 관계와 자기 내부에서 일어나는 변화에 주목하고 관찰하면서 자신에게 일어나는 과정 자체를 성찰하는 능력이다. 애착중심 개입의 관계적 속성(dyadic nature)은 정서조절을 돕고 트라우마에 취약한 감각을 줄인다(Fosha, 2003; Schore, 2003).

치료사는 기회가 될 때마다 아동의 양육자와 지속적인 관계를 맺는 것이 바람직하다. 지지체계를 공고히 하는 것은 아동과 작업할 때 또 하나의 중요한 과제가 되기 때문에 치료는 아동과 보호자의 요구(need)에 맞추어 진행되어야 한다. Lovette(1999)는 아동의 가족 내에 해소되지 않은 트라우마가 존재하거나 가정환경이 불안정할 때 아동에게 EMDR을 사용하는 것은 비효과적이고 적합하지 않다고 말한다. 입양을 전문적으로 연구한 Dausch(2013년 10월 개인서신에서 언급)는 아동에게 치료를 제공하기 전 양부모에게 첫 6개월 내에 EMDR을 제공하는 것이 좋다는 것을 입증하였다. 그녀는 이 치료 방식이 입양 아동의 치료를 공고히 할 수 있다고 주장했는데, 이는 아동의 부모가 치료에서 발생하는 도전들을 견디게 해 주고 부모 자신이 자극받지 않으면서 아동의 치료에 참여할 수 있게 되기 때문이다. 또한 Dausch는 치료를 경험한 부모들이 아동의 양측성 자극을 지지한다고 보고하였다. 이는 안정적인 애착을 강화하기 위한 적절하고 능숙한 치료방법이다.

애착중심치료의 관점에서 EMDR을 통해 내담자의 경험을 목격하고, 경청하고, 이해해 주고, 내담자의 개인적인 외상 진술과 치유 과정에 개입하는 과정에서 서서히 구축된 치료적 연결(therapeutic connection)의 수준은 미술치료를 동반한 트라우마 작업과 유사한데 이는 미술치료가 내담자의 표현이 은유와 상징을 통해 드러나는 장을 제공하기 때문이다. "은유는 우뇌의 언어이며" 치유를 효과적으로 돕는다(Gomez, 2013). Riley(1997) 또한 은유가 미술치료의 기본적인 도구로 사용되는 중요한 요소라고 언급하였다. Landgarten(1981)은 시각을 사용하여 내담자와 소통하는 미술치료사들을 위해 독창적이고 포괄적인 미술치료 개론서를 저술했다. 나는 애착중심의 관점에서 EMDR과 미술치료를 시행하는 치료사들은 자신의 전(全)존재를 사용하여 내담자의 말에 귀를 기울여야 한다는 점을 덧붙이고 싶다.

EMDR의 기법 : 아동에게 친근한 접근방식

EMDR 치료사들은 아동의 과거력에 대해 철저히 조사한 후, 도움이 될 만한 은유를 활용함으로써 양측성 자극의 방법을 준비한다. 기차 타기, 영화 보기와 같은 은유가 자주 사용되는데, 아동들이 인식하고, 보고하고, 재처리할 수 있는 이미지와 사고, 감각이 함께 제시된다. 어떤 아동들은 자동조종장치만을 이용하여 스마트폰상에서 정보를 휙 넘기는 은유를 사용할 때 더 잘 이해하기도 한다. 그림책 또한 아동들에게 EMDR 절차를 설명하는 데 유용하게 사용되며, 독서치료로 기능하기도 한다(Gertner, 2008; Gomez, 2007).

대처기술을 기르고 자원을 갖추는 것이 준비 단계에 있는 사항이다. Korn(2011)은 행동/숙달, 감각운동, 관계/애착과 이미지의 다양한 영역을 소개하였으며, 여기서부터 기억과 경험이라는 내담자의 자원을 끌어낼 수 있다고 보았다. 이 중에서도 이미지 영역은 인간 경험의 영적이고 상호적인 측면을 모두 다루기 때문에, 아동들이 그들의 환경에서 쉽게 접할 수 없는 자원을 제공할 수 있다. 아동이 안전한 장소라는 자원에 다가가지 못할 때에는 이야기와 음악, 꿈속의 상징, 영적인 관련성(spiritual connections)을 통해 이미지 영역을 탐색함으로써 긍정적인 경험을 불러일으킬 수 있다. TV나 아동과 관련된 매체에서 나오는 것들을 확인하는 것도 도움이 된다. 최근의 EMDR 임상가들 중에서도 특히 트라우마를 겪은 아동을 치료하는 임상가들은 자원을 활용하는 것이 연령에 상관없이 유용함을 입증하였다(Gomez, 2013; Korn, 2011; Parnell, 2013). 아동친화적인 EMDR이 점차 발전하면서 아동에게 안정감과 양육, 든 든한 지지를 제공하는 예술 과정도 EMDR에 포함되기 시작하였다.

자원은 자극에 대한 자율신경계의 반응을 강조하고 해리 없이 개입을 유지하게끔 하는데, 아동이 이러한 자원을 익숙하게 사용하게 되면 자신이 선호하는 감각 양식 을 선택해 스스로 양측성 자극을 실행하는 법을 배울 수도 있다. 치료적인 놀이도구 도 활용 가능하다. 예컨대 공작용 점토를 양손에 들고 번갈아 가면서 꽉 쥘 수도 있 고, 버터플라이 허그를 하면서 교차한 팔을 천천히 번갈아 가며 두드릴 수도 있다. 이 때 천천히 뛰는 심장박동의 속도에 맞추어 두드리는 것도 좋다. 왼손과 오른손을 번 갈아 가며 느린 속도로 부드럽게 핑거페인팅을 할 수도 있다. McNamee(2003, 2004) 와 Talwar(2007) 같은 미술치료사들은 트라우마 환자들과 작업할 때 양측성 자극을 촉진하기 위해 손을 번갈아 가며 그림 그릴 것을 제안하였다. 그러나 나의 경우에는 반복적으로 그리는 과정은 중단했을 때 산만하고 방해가 되었다. 자유연상 과정은 매 우 빠르게 진행이 되는데, 이러한 중요한 과정이 틀어지게 되어 민감소실이나 재처리 에 기여할 수 없게 된다.

다음으로, 아동에게 적합한 치료 과정을 제공하고자 구체적인 평가 절차를 거쳐 '표적 기억(target memory)'의 범위를 좁힌다. EMDR 절차는 표현적 미술 기반 평가 에도 적합하며, 초기 질문들은 다음과 같다. "그 사건을 생각할 때 어떤 이미지가 떠 오르니?" "그 이미지를 떠올렸을 때 몸의 느낌은 어떠니?" 고통스러운 특정 기억을 그림으로 걸러 내고, 외상 기억에 의해 촉발된 신체적 · 정서적 반응을 말로 표현하게 하는 것은 아동이 목표(타깃)로 삼은 문제 영역을 인식하는 데 도움이 된다.

그런 다음 아동이 자신에 대한 부정적인 인지(negative cognitions, NC)와 긍정적인 인지(positive cognitions, PC)를 알아차리도록 그 과정을 도와주는 것이 좋다. (이것은 아동이 자신이 스스로에 대해 믿는 바를 말한다.) 척도를 통해 측정되는 정서, 사고, 신체적 감각에 공감함으로써 마음챙김이 활성화된다. 성인용 질문 척도는 너무 어린 아동이나 인지적 문제가 있거나 혹은 외상 기억을 통합하지 못하는 청소년에게는 지 나치게 추상적이고 혼란스러울 수 있다. 이때는 미술표현과 같은 비언어적인 수단이 바람직하며, 시각적 차트를 사용함으로써 부정적 · 긍정적 척도를 실행하고 관찰할 수 있다. 공포 사다리(fear ladder)나 감정 온도계, 다양한 얼굴 표정을 여러 색으로 나타낸 통증 척도를 사용함으로써 아동에게 자신의 고통 수준을 알아차리는 법을 알려주는 것이 이 단계에서 도움이 된다. 예컨대 아동은 가짜 나무늘보를 그리다가 치타를 그리고, 어두운색을 쓰다가 밝은색을 사용하며, 불분명한 형태를 그리다가 완전히 채워진 원을 그리는 등 의욕적으로 변화하는 모습을 보인다. Gomez(2013)는 아동의 상태를 표현하고 관찰하기 위해 반대되는 동물 이미지를 활용하였다. 예컨대 아동은 "기린처럼 키가 크고 자신감이 있을 수 있지만, 반대로 쥐처럼 작고 보잘것없을 수도 있다."

가장 간단한 시각적 척도의 예로 주관적 고통지수(subjective units of disturbance, SUD)가 있다. 이것은 무서워하는 표정에서 용감한 표정까지, 슬픈 표정에서 행복한 표정에 이르기까지 5개의 원모양 얼굴 표정으로 이루어진 검사지이다. 또한 인지타당도(validity of cognition, VoC)를 측정하기 위해 파이 차트나 하트 모양의 윤곽선을 사용하기도 한다. 이것을 다양한 색으로 칠함으로써 아동이 자신에 대해 느끼는 긍정적인 감정이 얼마나 사실에 가까운지 그 정도를 기술할 수 있다. 외상 기억과 관련하여 불편감을 느끼는 몸의 부위를 찾아보는 것도 평가의 일부분이다. 이는 그림이나 만들기 작업을 통해 쉽게 촉진될 수 있으며, 이후 감각의 변화를 재평가함으로써 달라진 점을 반영할 수 있다. 끝으로 치료사는 아동들이 쓰는 언어를 사용함으로써 그들에게 맞추어 나갈 수 있는데, 아동과의 대화는 흔히 은유를 통해 이루어진다.

Parnell(2013)은 아동에게 EMDR을 적용하면서 인지적인 전략 중 상당 부분을 삭제하였는데, 본 과정에 들어가기 앞서 척도 질문지를 작성하거나, 아이가 좋아하는 긍정적 인지를 확인하는 작업이 이에 해당된다. 그녀는 절차를 이렇게 수정함으로써 내담자들이 좌뇌의 인지적 활동에 영향을 받지 않고 우뇌의 기억과 연결될 수 있다고 설명한다. 그러나 몸을 탐색하는 마지막 단계는 삭제하지 않았는데, 그것은 아동이 어떻게 효과적으로 변화하고 양측 두드림을 통해 자원을 입력하는지 관찰하기 위해서이다(Parnell & Phillips, 2013).

민감소실 단계를 준비하면서 앞으로 처리할 표적 기억에 집중할 수 있는 전략을 개발하는 것이 매우 중요하다. 미술표현은 아동이 양측성 자극을 통해 기억을 처리하는 동안 구체적인 이미지를 갖고 있게 해 준다. Schmidt(1999)는 아동이 그림과 연관 있는 감정에 머무른다는 것을 발견하였고, EMDR과 그림 그리기를 함께 실시할 때 외상 문제를 빠르게 해결할 수 있음을 알게 되었다. 예컨대 드로잉은 외상 장면의 가장 안 좋은 부분을 반영하고 관련된 기억들을 이끌어 내기 때문에 사실상 전면적으로 제시할 수 있다. 그러나 치료 과정이 성공적으로 이루어지기 위해서는 괴로운 사건에 대한 고통을 감내할 수 있는 한계를 넘어서지 않게 함으로써 아동이 계속 치료의 끈을 놓지 않도록 주의해야 한다. 아동은 민감소실과 재처리과정에 앞서 자신의 지지체계와 강점, 대처기술을 검토한다. 또한 앞서 경험한, 자원을 제공하는 양측성 자극 활동(BLS activities)을 강화함으로써 신체에 대한 통제감을 높인다. 미술 작업은 기초적인 기법으로 기능할 수 있다. 때때로 아동이 고통을 어느 정도까지 느낄 수 있는지 그 한계를 적절한 범위 내에서 설정하기 위해 힘든 감정들을 미술로 담아내게 할 수 있다. Caulfield(2013년 9월 개인서신에서 언급)는 EMDR 세션을 진행할 때 막막한 기분을 표현한 내담자에게 분노를 담을 수 있는 그릇을 그려 보라고 하였다. 그러자 내담자는 어두운색의 크레용으로 집의 윤곽을 그렸으며, 크레용을 힘 있게 그어 그 모양을 가득 채웠다.

아이가 외상 기억에 노출되어도 고통을 잘 참아낼 수 있을 것이라 판단되면, 치료사는 양측성 자극을 통한 민감소실과 재처리과정으로 넘어갈 수 있다. 외상 장면에서 느껴지는 감정, 인지, 감각, 이에 따른 변화를 다루기 위해 양측성 자극 방식을 선택하여 여러 세트로 시행한다. 이것의 목표는 아동 내담자가 고통스러운 기억과 감각을 소화하고 통합하여 표적 기억을 성공적으로 해소하도록 돕는 것이다.

제반응과 엮어내기 개입

정화반응(abreaction, 除反應)은 감정을 방출하기 위해 외상 사건이나 상호작용을 회상하는 것을 의미한다. 이것은 가끔 카타르시스의 한 종류로 여겨지기도 한다. 치료사들은 주의를 기울여 다양한 '엮어내기 개입(interweave)' 기술을 사용해야 하는데, 이 기술을 통해 종종 민감소실 단계에서 제반응을 경험하거나 어려움을 명백히 호소하는 아동을 도울 수 있다. 이 책의 맥락에서 개입이라는 용어는 개인의 경험에 대해 이전과는 다른, 때로는 반대되는 생각들을 함께 엮어 보는 것을 의미한다. 개입에는 여러 가지 유형이 존재한다. 예컨대 인지적인 개입은 사실적인 정보를 이끌어 냄으로써 통찰을 높이고 그것이 외상 기억과 통합되도록 한다. "너와 비교했을 때 가해자는 얼마나 크니?" 혹은 "그 사건을 막아 내기 위해 네가 할 수 있었던 일은 없었니?"라고 묻는 것은 안 좋은 일이 일어난 것에 대해 아동의 잘못이 없다는 것을 새롭게 깨닫도록 해 준다. 개입 과정 중에는 이전의 준비 단계에서 아동이 그렸던 기초 이미지를 꺼내어 놓거나, 그림을 보면서 호흡을 하게 하는 것, 조금 더 느린 양측성 자극 세트를 실시하는 것, 버터플라이 허그를 실시하는 것이 효과적이다. 종종 아동들은 치료사가 개입하지 않아도 이러한 종류의 자기인식을 확인하고 수용하기도 한다. 주로 치료사들은 내담자가 부정적인 사고나 고통스러운 반응을 반복해서 보일 때, 혹은 증상이 반복적으로 나타나서 '숨 막히는 느낌(stuckness)'을 갖는다는 것이 확인되었을 때에만 개입을 실시한다. 개입의 목적은 역동을 변화시키고, 지속적인 제반응에서 벗어나 안도감을 느끼게 하는 것이다.

복합 외상을 가진 아동은 관계적인 방식을 사용하여 지지적인 태도로 다가가는 추가적 개입에 특히 잘 반응하는 편이다. 치료사가 스스로를 잘 활용하고, 내담자에 맞추어 자신을 조율하며 공감을 기울일 때 치료 과정에서 신뢰가 형성된다. 정화반응이 완전히 나타나기 전에 치료사들은 양측성 자극의 수준을 조정(속도를 조절하거나 방식을 바꾸기)함으로써 내담자의 반응 속도를 배려하여 고통을 완화시킬 수 있다. 예컨대 자신을 위로할 수 있도록 돕는 감각지향적 양측성 자극은 민감소실 단계에 앞서 내담자가 다시 자원에 집중하게 하는 데 효과적이다. 예컨대 애완동물 혹은 치료동물 같이 부드러운 것을 어루만지거나, 위안을 주는 대상을 만들어 볼 수 있고, 이에 치료사의 두드림(tapping)이 혼합될 수도 있다.

주입과 종결

EMDR의 주입(installation) 단계에서는 지난 단계에서 얻은 긍정적인 산물을 더욱 향상시킴으로써 기억 네트워크의 문제를 적응적으로 해결한다. 내담자가 안정을 찾으면서 이러한 자원들이 계속 구축되어 간다(Korn & Leeds, 2002). Gomez(2013)는 주입 단계에서 실행 가능한, 발달적으로 적합한 활동들을 언급하였는데, 이는 새롭게 받아들인 긍정적 인지의 힘을 강화한다. 노래 부르기 등 기타 창의적인 방식이 그 예이다. 주입 다음으로는 주로 신체 탐색과 종결, 그리고 재평가가 이루어진다. 이 과정에서 치료사는 아직 해결되지 않은, 민감소실이 필요한 표적 기억들을 계속해서 평가하고 처리한다. 재평가는 간단한 편이다. 아동에게 안전한 장소를 그리게 한 후 (Zaghrout-Hodali, Ferdoos, & Dodgson, 2008), 준비 단계에서 그렸던 본래의 안전한 장소와 비교하는 것이다.

사례

EMDR에 참여한 트라우마 생존자들은 해소되지 않은 트라우마가 일으킨 역기능적 불안과 우울 증상으로부터 쉽게 회복되었음을 자주 보고한다. 그들은 치료관계의 맥락 안에서 재노출을 경험함으로써 개선되는 경험을 한다. 같은 방식으로 미술치료에 참여한 아동 외상 생존자들도 치료사가 미술표현에 나타난 이야기를 진심으로 이해하려고 애쓰는 모습을 보며 위안과 안도감을 느꼈음을 자주 보고한다(Tanaka & Urhausen, 2012). 미술치료와 EMDR을 함께 실행함으로써 인지치료만으로는 가능하지 않은 다양한 방식의 접근이 가능하다. 치료사가 이러한 접근방식을 적용할 때 매우 중요한 것은 내담자가 지닌 애착 양식이다.

앞으로 제시되는 여러 사례는 EMDR과 결합한 미술치료의 활용에 대해 설명해 준다. 첫 번째 사례는 단일 사건 외상에 대한 것이고, 두 번째 사례는 복합 외상과 관련되어 있다. 마지막으로 과거의 외상 사건을 다루는 아동들과의 집단 작업의 사례를 제시하였다. 치유의 여정을 통해 신뢰라는 최고의 선물로 나를 존중한 내담자들의 비밀을 보장하면서도 이 글을 교육적인 목적으로 사용하기 위해 가명과 변경된 정보를 사용하였다.

알렉스의 사례 : 양육자와 관계 맺기

11살 소년 알렉스는 라틴계와 백인계의 두 문화적 전통을 가진, 경미한 자폐성향을 지닌 아이로, 집과 학교에서 관계에 영향을 미치는 변덕스러운 기분과 행동 때문에 아버지가 심리치료를 의뢰하였다. 아버지는 알렉스가 사회적으로 고립되어 있으며,

"사람들 주위를 배회하고 있고, 모든 이들이 그를 적대적으로 대하는 것처럼 행동한다"고 말했다. 아버지가 가장 걱정했던 것은 알렉스가 불안한 정서를 보여 준 것과 이복동생들이 그를 '괴롭혔다'는 이유로 그들에게 공격적인 언어를 사용하는 것이었다. 알렉스의 아버지와 새어머니는 이러한 그를 엄격하게 대하며 행동을 고쳐 보려고 하였다. 결국 알렉스는 잊힌 듯한 기분이 자주 들었고 욕구도 계속해서 좌절되었다. 또한 영어를 쓰지 않는 새어머니가 자신을 판단하는 것에 대해 이의를 제기하면서, 그녀에게 대놓고 적대적인 태도를 취하였다. 이러한 행동이 아버지를 매우 화나게 하였고 새어머니와의 사이도 멀어지게 하였다.

전해 들은 바에 의하면, 알렉스는 네 살 전까지 어머니, 그리고 어머니의 남자친구와 함께 살았으며, 그를 "새아버지"라 불렀다. 알렉스의 친부모가 별거한 후 친아버지는 재혼하였고, 알렉스가 재혼 가정에 합류하기 이전에 이미 두 명의 이복형제들이 있었다. 알렉스는 끊임없이 친어머니를 걱정하였고 그녀를 만나는 것을 원하면서도 그 태도가 일관적이지는 않았다.

이러한 복잡한 가족력과 심리사회적인 개인사 때문에 나는 평가 단계 동안 친부와 친모가 각기 이룬 두 가족 구성원들을 만나서 가족 내 역동과 그들의 강점, 자원을 발견하는 데 많은 시간을 들였다. 이 과정에서 가족 구성원들의 열린 대화를 촉진시키기 위해 전적으로 미술치료를 사용하였다. 가족 구성원들은 서로 다른 언어를 사용하거나 발달 단계도 각기 달랐는데, 미술기반의 상호작용은 이들이 느끼는 소통의 어려움을 없애 주었다. 이 과정에서 알렉스의 아버지는 가족 내 통역사이자 중재자로서의 역할을 했다. 알렉스의 친어머니도 초대하였지만 여러 가지 사정으로 참석할 수 없었다.

확실하지는 않았지만, 알렉스의 아버지는 아들이 그의 친어머니와 '새아버지' 사이에서 가정폭력에 노출되었을 것이며, 새아버지가 아마도 알렉스를 학대했을 것이라 의심하고 있다고 했다. 치료사인 내가 보기에 알렉스는 사회적 상호작용의 모든 영역에서 갈등을 겪고 있음이 분명했다. 그가 과거의 트라우마를 처리하기 위해서는 지지적인 가정 환경을 만들어 주는 것이 급선무라고 보았다. 다행히도 알렉스의 아버지가 아들의 치유를 위해 노력하기 시작하였고, 아들과 함께하는 추가적인 세션에 자주 참석하기로 하였다.

알렉스는 학교에서도 친구들이 의도적으로 그를 괴롭히며, 선생님도 자신의 필요를 채워 주지 못한다고 인식하였다. 알렉스는 사람들이 자신이 싫어하는 행동을 할 때 느끼는 무력감과, 그에 대한 자신의 집착에 대해 이야기하며 괴로워하는 모습을 보였다. 알렉스는 자신을 '괴롭히는 아이들'에 대해 말하곤 했지만, 아버지가 학교 선생님과 이야기했을 때는 알렉스에게 못되게 굴거나 공격적으로 대하는 특정 친구들이 존재하지 않았다는 것을 확인할 수 있었다. 오히려 선생님은 알렉스가 사회적인 단서를 잘 읽어 내지 못하고 무례한 말을 하여 다른 사람들에게 상처를 준다고 하였다. 내가 선생님과 이야기해 본 결과 알렉스는 특정 인물들에 대한 신념이 확고하며, 흑백논리로 인해 나이에 적합한 사회적 기능이 제대로 발달되지 못한 것으로 판단되었다. 선생님은 알렉스가 타인의 감정에 대한 직관적인 이해가 부족하며, 의사소통에 있어 나이에 적합한 발달 단계를 거치지 못하는 것으로 보았다. 또한 알렉스는 두통을 호소하였고 긁어서 생긴 상처들을 보여 주었으나 선생님이 보기에는 상태가 경미한 것이었다고 보고하였다. 그는 비록 타인의 정서적 표현을 경청하는 데 어려움을 겪었으나 상대에게 계속 주의를 기울일 수는 있었으며 몇몇 미술 작품에도 참여하기 시작하였다. 그가 관심을 보인 작품은 "여름을 재밌게 보내기"라는 문구가 쓰여 있는 이복형제의 콜라주였다.

어머니가 빠진 치료 상황에서도 알렉스의 아버지는 아들을 사랑하고 수용함에 있어 뛰어난 능력을 보여 주었고 이러한 부분이 나의 용기를 복돋았다. 알렉스의 아버지는 가족 내의 적극적인 '해결사' 역할에서 벗어나게 되면서 자신의 양육 환경을 평가할 수 있게 되었고, 아들이 어린 시절에 겪은 애착 손상의 원인이 무엇인지를 궁금해하였다. 알렉스가 트라우마를 극복하도록 돕는 과정 속에서 알렉스가 아버지인 자신에 대해 나타내는 공격성을 목격하고 경험하게 되었을 뿐만 아니라, 자신의 양육기술이 개선되어야 할 필요를 인정하게 되었음에도 불구하고 그는 아들의 회복 과정을 지지하였다. 그는 자신이 자녀들에게 가장 큰 지원군임을 확신하게 되었으나, 알렉스가 자신과 살면서 경험한 것에 대해 그린 그림에 대해서는 몹시 놀라며 고민하는 모습을 보였다(그림 3.1 참조).

나는 알렉스가 치료 내에서 자유롭게 표현한 감정과 생각을 아버지가 계속해서 지지할 수 있도록, 알렉스의 아버지에게 정기적 상담과 코칭을 제공하였다. 알렉스의 아버지는 반영적 경청(reflective listening)을 배우고 알렉스의 언어적·비언어적 표현에

그림 3.1

귀를 기울이는 등 상호작용의 질을 높이기 위한 구체적인 기술을 연마하였다. 트라우마를 다루기 전 꽤 많은 미술치료 회기를 거치고 부모의 지지를 얻음으로써, 알렉스는 고통이 찾아올 때 의지할 수 있는 구체적이고 신뢰할 만한 자원들을 갖게 되었다. 알렉스가 가정과 학교에서 주기적으로 일어나는 일들에 대해 불평할 때, 아버지는 이야기를 듣는 과정 속에서 '경청할 수 있는 근력'을 기를 수 있었고 아들의 필요에 맞게 적절한 수준의 조언을 할 수 있는 능력도 개발할 수 있었다. 예컨대 어떤 회기에 알렉스는 눈 주변에 다크서클을 그렸는데, 선생님이 반 아이들 전원 앞에서 그에게 면박을 준 후 며칠 동안이나 잠을 자지 못했기 때문이라고 하였다. 알렉스의 아버지는 이에 대해 적절한 답변을 해 줄 수 있었고 선생님을 만나 보겠다고 약속하였다.

치료를 시작한 지 4개월이 지난 후 알렉스는 새아버지로부터 어떻게 신체적으로 학대를 당했는지 구체적으로 이야기하였다. 알렉스의 아버지는 매우 혼란스러워 보였으나 차분한 태도를 보이며 알렉스에게 지금은 그가 안전한 상태이며 더 이상 학대받는 일은 없을 것이라고 말해 주었다. 또한 가능한 어느 누구도 그를 해치도록 내버려 두지 않을 것이라고 말해 주었다. 알렉스의 요청에 따라 나는 그들이 지켜보는 가운데 아동 학대가 의심된다는 보고서를 작성하였고, 이로써 알렉스는 책임감 있는 어른이 자신의 편에서 행동을 취하는 새로운 경험을 더욱 잘 받아들이게 되었다.

다음 회기에 알렉스의 아버지는 곧 추수감사절이 다가옴을 언급하면서 알렉스가 과거를 놓아 버리고 현재를 살아갈 수 있길 바란다고 하였다. 그는 그 자신이 알렉스의 학대 사건을 알게 되면서 느낀 충격과, 이 과거의 짐을 나누어 지고 있음을 알렉스에게 설명해 주었다. 그는 몹시 후회하고 있었으나 알렉스가 학대를 받을 때 자신이 그 자리에 없었다는 것에 대한 죄책감을 기꺼이 수용하고자 하였다. 또한 알렉스가 늘 분노를 느끼며 살아온 것이 얼마나 힘들었을지 이해한다고 아들에게 말해 주었다. 알렉스는 가족이 행복하길 바라는 아버지의 소원을 그의 표정과 미술표현에서 느낄 수 있었으며, 이에 대해 자신만의 미술표현으로 반응하였다. 본인도 가족의 행복을 위해 아버지 곁에서 함께 노력하고 싶은 소망을 그림에 표현하였다. 아버지가 먼저 알렉스의 고통을 담아 주는 '그릇'으로 기능할 수 있게 되고 협력적으로 문제를 해결하는 방식을 제시할 수 있게 되자, 알렉스는 내 사무실 안에서 달콤한 차를 마시기도 하고 아버지의 손을 잡으며 안전한 장소를 확인하기도 하는 등 긍정적인 자원들을 발견하기 시작하였다(그림 3.2).

알렉스는 또 다른 유용한 기술들도 습득하였는데, 점진적인 근육 이완 방법을 배웠으며 양육자에게 올바른 태도로 구체적인 도움을 청하는 방법도 알게 되었다. 또한 여러 종류의 양뇌 자극을 '즐겁게' 경험하기도 했는데 이는 눈동자를 번갈아 가며 움직이거나, 왼쪽과 오른쪽 귀에 짤깍거리는 소리를 듣는 것, 무릎을 가볍게 두드리는 것, 손바닥에 번갈아 가며 자극을 주는 진동부저를 쥐고 있는 것 등이었다. 이러한 과정은 긍정적인 자원을 주입하는 작업과 함께 더욱 활성화되었으며, 민감소실 단계를 준비하는 동안 그의 안정감을 강화하였고 위로를 주는 대상에 즉각적으로 다가갈 수 있게 도와주었다.

알렉스가 처리할 목표가 설정되었는데, 알렉스는 조심스럽게 접근하면서도 즉각적으로 '새아버지'에게 신체적으로 폭행당한 사건을 그렸다(그림 3.3). 자원(그림 3.2)을 그릴 때는 색을 사용하였지만 고통스러운 사건을 그릴 때에는 색을 사용하지 않았다. 비록 사이즈가 매우 작고 분명한 세부묘사가 부족하지만, 그는 마치 눈으로 보는 것처럼 사건을 생생하게 경험했다고 하였다. 알렉스는 불쾌한 듯 인상을 찌뿌리며 그림을 바라보았다. 그림에 나타난 특징을 살펴보면, 그려진 사람은 반쯤 가려져 있으며 종이의 왼쪽 구석 밑바닥에 장면의 윗부분만 표현되어 있다. 이것은 마치 도깨비상자(jack-

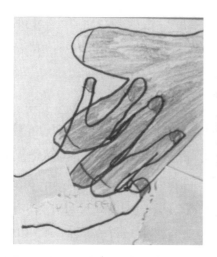 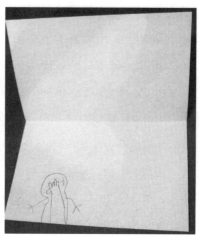

그림 3.2   **그림 3.3**

in-the-box)처럼 아무 때나 위로 튀어오를 수 있는 것처럼 보인다. 알렉스는 그리기를 마친 후 종이를 반으로 접어 그림을 확실히 덮으려 하였으나, 나에게는 필요할 때마다 그림을 열어 볼 수 있도록 허락해 주었고 사건에 대해 생각해 보도록 하는 것도 허용해 주었다. 전반적으로 볼 때, 그림에 나타난 두 가지 형태는 희미하면서 고르지 않고 불안한 동선으로 그려졌으며, 나중에 똑같이 다시 그리기는 어려워 보였다.

　양뇌 자극을 받으며 알렉스는 다른 이미지들을 떠올리기 시작하였다. 알렉스는 엄마의 화장품을 가지고 놀다가 부당하게 혼났던 적을 기억하였다. 알렉스는 4~5살 정도였을 무렵 '새아버지'와 단둘이 남겨 놓고 집을 나서는 어머니에게 마음을 닫기 시작하였다. 알렉스가 기억하기로 그의 어머니는 아들이 겪어야 했던 학대에 대해 이야기를 듣고도 '아무것도 하지 않는' 존재였다. 이미지를 떠올렸을 때 알렉스가 가장 힘들었던 점은 '부당하다'는 생각이었다. 알렉스는 스스로를 '불필요하고 사랑받을 가치가 없는 존재'로 인식하는 부정적 신념을 갖고 있으며, 그와 동시에 자신을 '사랑과 돌봄을 받을 만한 사람'으로 여기고 싶어 한다는 것(긍정적 신념)을 확인하였다. 인지 타당도 점수(VoC)는 1~7점 중 1점으로서 긍정적인 신념을 완전히 거짓으로 받아들이고 있음을 알 수 있었다. 이미지를 보았을 때 확인한 감정은 '두려움'이었으며, 주관적 고통지수(SUD)는 1~10점 중 7점으로 매우 높은 수준의 고통을 나타내었다.

신체를 탐색하는 동안 알렉스는 여전히 고통을 느끼고 있었으며, "얼굴이 아프고, 등 전체에 통증을 느낀다"고 보고하였다. 그는 혼란스러운 감각 기억에 접근하였는데, 그것은 마치 벽에 부딪혀 박살나는 느낌, 강력한 힘에 의해 반복적으로 눌리는 느낌과도 같았다. 나는 양측성 자극을 계속 진행하면서 알렉스가 마음의 눈으로 바라본 새로운 이미지들에 나타난 변화를 확인하여, 또 다른 고통스러운 기억들이 나타나지는 않는지 판단하였다. 알렉스는 양측성 안구운동(bilateral eye movement)을 따라갈 수 있었으며, 학대의 세부적인 기억들을 회상하였다. 그의 공포는 대부분 감각적인 반응으로 나타났다. 처음에는 불안감을 느꼈으나 그것이 분노로 바뀌었고 아버지가 자신을 보호할 수 있음을 알고는 안도감으로 바뀌었다. 치료 후반부에 가서는 어린 자신에게 가해자가 한 행동이 잘못되었다는 것을 받아들이게 되었고, 학대를 당한 것은 자신의 탓이 아니라는 것도 수용하였다.

알렉스가 복수하고 싶다는 마음을 반복적으로 표현했을 때, 인지적 개입(cognitive interweave)을 수행하도록 도움을 주었다. 이로써 그는 민감소실을 거치며 사건에 대한 정서적인 거리를 성공적으로 확립할 수 있었고 스스로를 잘 조절하는 듯 보였다. 그에게 제공한 인지적 개입은 가해자 크기와 어린아이였던 자신의 크기를 비교하는 것이었다. 가해자에게 괴롭힘을 당하는 내용의 이전 그림을 다시 보도록 권했을 때 알렉스는 '이제는 그 일이 모두 끝났기 때문에' 더 이상 괴롭지 않다고 보고하였다. 알렉스의 아버지가 준비 단계에서 했던 위로의 말들 중 일부를 받아들이고 내재화한 것이다. 학대 기억에 대한 인지적·신체적·정서적 반응은 좀 더 큰 그림으로 흡수되었고 과거 사건을 둘러싼 기억으로 통합되어 그 순간 더 이상 알렉스에게 중요한 의미를 지니지 않는 듯했다. 주관적 고통지수는 0까지 떨어졌다. 일련의 양측성 자극을 통해 그가 사랑과 돌봄을 받고 있다는 긍정적 인지를 주입하자 인지타당도 점수는 7점을 기록하였고, 이는 그가 긍정적 인지를 완전히 사실로 받아들이고 있음을 의미하였다. 마침내 신체 탐색에서도 본래의 이미지(그림 3.3)가 더 이상 그를 활성화시키지 않는 것으로 드러났다. 마치 '빛과 좋은 느낌'이 머리 꼭대기에서 나와 몸 전체로 퍼지는 것 같다고 보고하였다.

그 후 알렉스가 부정적인 생각들을 다시 보고하였을 때 EMDR 회기를 몇 번 더 진행하였다. 예컨대 지갑을 잃어버렸는데 다른 사람이 훔쳤을 것 같고 아버지는 이에 대해 무관심한 것 같다는 생각이었다. 그의 부정적 인지는 "아무도 나를 도우려 하지 않기 때문에 나는 외롭고 무력한 사람이다."라는 것이며 그가 인식한 감정은 슬픔과 외로움이었다. 긍정적 인지는 "사람들은 날 걱정해 줘. 난 외롭지 않아."라는 생각이 었다. 그리고 나서 그는 긍정적인 인지를 처음으로 경험했던 시기를 즉각 회상했고, 본래의 외상 사건을 떠올려 양측성 자극을 통해 재처리할 수 있었다(그림 3.3).

이와 같은 사후 EMDR 세션에서 알렉스는 전보다 빠른 속도로 회복하였으며 문제 를 창의적으로 해결하는 모습을 보여 주었다. 그는 미소를 보였으며, 생각과 감정을 자신만의 방식으로 명확히 설명하였고 자신이 통제할 수 없는 어려운 상황에 대해 더 이상 칭얼대며 불평하지 않았다. 이로써 그의 자아강도가 눈에 띄게 좋아졌음을 알 수 있었다. 자세도 곧아졌으며 일정한 필압으로 그림을 그렸다. 알렉스는 글씨체가 형편없었고 가위와 같은 특정 도구를 사용하기 어려워했기 때문에 작업 기술에 지속 적인 개선이 필요했지만, 미술 활동을 통해 개인적인 표현에 숙달하게 되었다. 어느 날 그는 영화 한 편을 보고 크게 감동을 받았다고 했다. 아버지와 아들이 장애물을 함 께 극복하는 영화였다. 알렉스는 영화의 줄거리를 이야기하면서 역경에도 불구하고 행복하고자 노력하는 주인공의 그림을 시리즈로 그렸다. 우리는 천천히 양측성 자극 을 수행하였고 영화와 관련된 긍정적인 감정들을 주입시켰다. 알렉스가 그만의 도전 을 통해 얻은 성취를 개인화한 것이 분명했다.

휴일을 보내고 돌아온 알렉스는 친구, 가족들과 잘 지내고 있으며 행복하다고 보고 하였다. 미술 작업에서 그는 한 무더기의 사람모양을 오려 낸 후 압정을 사용해 그것 들을 한데 모았다. 가장 위에 놓인 형태에는 본인의 이름을 썼으며 이를 사방으로 흩 어진 나머지 사람모양들과 연결하였다(그림 3.4). 이러한 미술표현은 알렉스가 자신 의 여러 측면을 통합한 것으로 해석할 수 있고, 자신을 더 커다란 사회 체계의 일부분 으로 통합시킨 것이라고 볼 수도 있다. 또한 이제는 치료를 종결할 때가 되었음을 나 타내기도 하였다. 정서조절능력을 높이고 학교와 가정에서의 문제 행동을 감소시키 고자 하는 6개월간의 치료 목표를 달성하였다. 5년 후에 만난 알렉스의 아버지는 아 들이 학교에서 '뛰어난' 수행을 보이고 있으며 아버지로서 아들이 매우 자랑스럽다고 이야기하였다.

그림 3.4

벤의 사례 : 정체성의 회복

치료 당시 17살이었던 벤은 나를 만나기 이전에 6개월간 다른 임상가에게 치료를 받았었다. 그는 이전의 치료사에 대해 "나와는 잘 통하지 않았던… 그냥 대화만 했던" 사람이라고 설명하였다. 벤은 고등학교 고학년이 되면서 큰 스트레스를 받으면서 생모와 결별하는 중이었다. 그는 자신의 어머니가 정신적으로 불안정하다고 하였다. 그는 6개월 전 자신이 게이임을 밝혔으며, 생모와 커플이었던, 자신의 또 다른 어머니인 토리, 그리고 그녀의 동성 파트너가 사는 가정으로 이사하였다. 벤은 생모, 그리고 토리 사이에서 태어난 외동아들이었으며, 그 둘은 벤이 아주 어릴 때 헤어졌다. 헤어지기 전 그 둘이 함께 살았을 때 인공수정으로 벤을 갖게 된 것이다. 두 사람이 헤어진 후 벤은 게이 공동체 내의 레즈비언 대모와 여러 레즈비언 후견인들에 의해 공개적으로 양육되었다. 그리고 그는 당시 다른 주에서 살고 있었던 생부와 막 연락이 닿은 상태였다. 벤과 작업을 시작했을 때 그는 초조한 기분과 불안, 그리고 강박 성향을 나타냈다. 그는 자신의 외모에 집착하고 있다고 했으며, 다른 사람들이 자신에 대해 어떻게 생각할지를 끊임없이 생각하고, 자신의 과거와 현재에 대하여 갖는 특유의 부정적인 생각에 사로잡혀 있다고 하였다. 또한 10년 전 9/11 테러리스트가 세계무역센터를 공격하는 시뮬레이션 영상을 많이 본 후 비행에 대해 공포를 느낀다고 하였다.

벤은 생모가 그의 앞에서 정서적인 폭발을 반복적으로 일으켰으며, 우울증 에피소드를 겪다가 병원에 여러 번 입원한 적도 있다고 털어놓았다. 어려서부터 벤은 어머니가 여러 번의 자살시도 끝에 결국 스스로 목숨을 끊을 것이란 두려움 속에 살았고, 실제 그녀가 자살을 시도하는 모습도 목격하였다. 또한 벤의 보고에 따르면, 그는 친구들에게 지속적으로 괴롭힘을 당하고 있으며 어머니의 지지(support)도 일관적이지 않았다. 벤의 어머니는 지능은 매우 높으나 공감능력은 낮다고 전해 들었다. 자신만의 성정체성을 갖고 도전적인 삶을 살았음에도 내적으로는 동성애를 혐오하는 듯했으며, 이러한 자기부정을 벤에게 투사하였다. 벤이 어렸을 때 그를 경멸하는 듯한 호칭으로 불렀다고 한다. 당시에 그를 맡아 준 양육자들과의 관계는 '좋은 편'이었다고 한다. 친어머니와는 계속 연락을 유지하고 있었으며, '여전히 엄마를 사랑하고는 있지만' 그녀의 변덕을 더 이상 받아 주기는 싫다고 하였다. 그는 독립하길 간절히 원했지만, 미래에 대해 걱정하기도 하였다.

벤의 기본적인 기능은 괜찮은 편이었으며 학업적으로도 뛰어난 수행을 보였다. 그럼에도 늘 매우 불안해 보였고 압박적인 언어로 말했으며 긴장이 되면 시선을 회피하였다. 또한 친구나 가족이 아닌, 본인이 생각한 범위 밖의 사람들과 어울릴 때에는 불안한 모습을 보였다. 그는 너무 불안하지 않으면 좋겠고, 자신을 의식하고 싶지도 않다고 말했다. 또한 매우 감성적이고 예술적이기도 하였다. 그는 자신이 다른 사람들과는 좀 다른, 특별한 존재라고 여겼으며, 이러한 생각은 그가 평가 과정에서 그린 자유화 중 하나에 잘 나타나 있다(그림 3.5). 벤은 평소에 자신이 영리하고 성숙하며 친절하다고 생각했지만, 그림에서는 자신을 비난하고 있었다. 그는 틈이 날 때 낙서를 하거나 그림 그리는 것을 좋아했고, 그림을 그릴 때에는 최고의 컨디션을 보여 주었다. 자신에게 편안함을 느끼는 듯했고 스스로 검열하는 행동을 멈출 수 있었으며 미적인 결정을 할 때에도 자신감이 있었다. 그는 첫 회기를 콜라주로 시작하였는데, 작품에 복잡하게 나열된 이미지는 그의 여러 자아 상태를 반영하는 듯했다(그림 3.6). 내 눈에 가장 두드러졌던 것은 눈이 잘려 나간 채 울고 있는 아기 이미지와 타인의 시선을 받으며 오로지 그림만 그리고 있는 턱수염 난 노인이 대비되는 모습이었다. 노인은 아기의 깨어진 심장 위쪽으로 피가 흐르는 붓을 쥐고 있었다.

미술 작업을 하는 동안 벤의 정서는 제한적이었지만, 작품을 완성할 때마다 편안함을 느끼는 듯했다. 우리는 회기를 시작할 때 보통 자신을 점검하는 그림을 그렸으며, 그림을 그리며 생겨난 이슈를 논의하였다. 이처럼 벤은 갈등 영역을 다룰 때 자신

그림 3.5   그림 3.6

을 지지해 주는, 안정시켜 주는 감각 활동을 할 수 있게 되었다. 가끔씩 그는 자신의 기분과 어울리지 않는 표현으로 공간의 많은 부분을 채우고 싶어 하기도 했으며(그림 3.7), 치밀한 조감도 작품에서는 그의 대처 방식이 나타나기도 했다. 환경을 통제하고자 하는 요구가 벤으로 하여금 청사진을 그리게 한 것으로 보인다(그림 3.8). 이러한 그림 작업은 그를 압박하는 여러 세부사항과 시각적 이미지를 분류하고 단순화할 수 있도록 도왔다.

벤이 스트레스에 반응하는 방식은 자신의 감정과 감각적 자극에 대한 지나친 통제와 불충분한 조절 사이를 오가고 있었고, 인지적으로 볼 때는 집착과 해리를 오가는 모습을 보였다. 그는 학교에 무엇을 입고 갈지 결정하기 어려워서 등교 준비에 상당히 시간이 걸린다고 하였다. 뇌를 그린 작품(그림 3.9)에는 정체성에 대한 불안, 성적인 긴장감, 강박적이고 혼란스러운 생각들에 대한 염려가 드러나 있다. 나는 벤에게 그림을 그리는 동안 촉발 요인을 탐색하라고 제안하였다(그림 3.10). EMDR 이론에 따르면, 과거, 현재, 미래로 이동하는 세 갈래의 접근 중에서 가장 고통스러운 초기의 기억을 가장 먼저 표적으로 삼게 되며, 과거의 사건이 충분히 해결되면 현재의 증상들도 완화될 것으로 기대한다(Shapiro, 1995, 2001).

벤의 촉발 요인이 모호하고 압도적이었기 때문에 현재의 관심사를 먼저 다루어 긴장감을 낮춘 후 그와 유사한 고통 수준의 최초 기억을 물어보는 '백 플로트(float back)' 방식을 활용하는 것이 좋다고 보았다. 그는 어린 시절 내내 괴롭힘을 당하고 상처받은 경험이 매우 많았기 때문에 특정한 한 사건을 기억해 내기가 어려웠다. 또한

그림 3.7

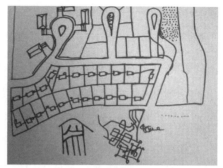

그림 3.8

그림 3.9

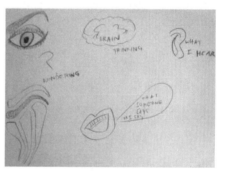

그림 3.10

충동성을 더 잘 다루기 위해 정신과 약물을 복용하기 시작했다. 그는 약물에 적응하면서 약간의 불안감을 겪기도 했는데, 그러는 가운데 더 간단한 미술 작업을 선호하였으며, 흥미로운 문구에 대해 이야기하였다. 때로는 자신이 좋아하는 문장을 생각해 왔고, 미술 작업을 통해 그것을 깊이 생각해 보기도 하였다. 나는 계속 비조건적이고 긍정적인 태도로 벤의 마음에 맞추었으며 세션에 구조를 더하고 인지적인 자원을 제공하고자 했다. 어느 날 벤은 감명을 받았던 라틴어 문구를 가져왔는데(그림 3.11), 'a posee ad esse'라는 글귀였고 이것은 '가능성이 현실로(from possibility to reality)' 또는 '할 수 있다는 것(being able to be)'을 뜻한다. 이는 벤의 자기실현 동기가 높다는 것을 나타내었다. 이는 그가 스스로를 확장하려는 도전을 받아들임으로써 치료 과정 내에서 또 다른 도약을 할 준비가 되어 있음을 보여 주었다.

벤은 EMDR을 두려워하였으나 그의 양육자들은 비행에 대한 공포를 점검해 보라고 그를 격려하였다. 다음 달에 그의 아버지를 만나기 위한 여행이 예정되어 있었기 때문이었다. 벤은 아버지를 두 번째로 보는 것이었고 그와 만나는 것을 고대하고 있었지만 비행기 사고를 걱정하고 있었다. 벤이 초기에 그린 미술 작품은 자원에 대한 은유가 풍부하게 드러나 있었다. 자신의 지혜롭고 자애로운 모습을 표현하였으며, 연약하지만 삶의 아름다움을 누릴 자격이 있는, 아기같이 아름답고 순수한 모습도 보여주었다(그림 3.6). 또한 벤은 가장 좋아하는 계절, 그리고 하루 중 가장 좋아하는 시간을 그가 머물 만한 안전한 장소로 활용하였다(그림 3.12). '미술 평가(art review)'를 통해 그의 정신 상태를 전반적으로 재평가하고 상상 속의 비행기 사고에 대한 현재의 주관적인 고통지수를 알 수 있었다.

벤은 이전에 그렸던 그림을 다시 보면서 움직임에 대한 충동을 느끼고 있다고 이야기하였다. 안과 밖을 들락거리거나 주변을 돌고 싶고, 자리를 옮기고 싶다고 하였는데, 이러한 논의는 앞으로 나아가기 위한 실질적인 행동으로써 완성하는 것이 가치있다는 데 있다(그림 3.13). 초기의 EMDR은 주로 비행기 공포를 다루었지만, 나중에는 자신을 가치 없다고 여김으로써 최악의 결과 앞에 무력감을 느끼게 하는 부정적인 신념에 대한 것으로 이어졌다. 또한 어머니와의 불안정한 애착에 대한 암묵적 기억으로도 이어졌다. 그는 어머니가 9/11 테러 후 TV 앞에 붙어 앉아 있었고 자신이 무서워할 때 아무것도 해 줄 수 없었던 것을 기억했다. 9/11에 대한 간접적 트라우마와 지속적인 관계적 트라우마, 그리고 어머니의 정서적 불안정성이 그의 불안함을 심화시켰고

그림 3.11   그림 3.12

 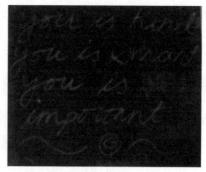

그림 3.13   그림 3.14

세상은 그를 안전하게 지켜 줄 수 없다는 신념을 강화시켰다.

　EMDR 치료를 끝낸 후 벤은 자신이 겪고 있는 인생의 특정한 시기를 시적으로 통찰하게 되었고, 사계절에 대한 개념을 갖게 되었다. 그는 인생에서 가장 어려웠던 시기를 겨울이라고 이름 붙였다. 벤이 자신의 미래에 대한 낙관적인 관점을 받아들인 것으로 보였는데, 그는 인생에 여러 계절이 순환하고 있음을 이해하였고, 자신 또한 좋은 날씨와 보상을 누릴 자격이 있다고 생각하였다. 이러한 방식으로 벤이 자신에 대해 더욱 편안함을 느끼면서 그동안 나타내던 범불안 증상도 눈에 띄게 감소하였다. 자신에 대한 타인의 기대에 덜 신경 쓰게 되었으며, 가끔 사람들과 갈등을 겪긴 했지만 또래의 아이들이 같은 문화 내에서 겪는 갈등 수준을 벗어나지는 않았다.

　회기 내에서 EMDR 자극을 주기적으로 활용하며 1년 정도 미술치료를 진행한 결과 벤은 치료를 종결하기로 결정하였다. 열여덟 살이 된 후 벤은 고등학교를 졸업하였고 친밀한 관계도 형성하였으며, 자신의 직업에 대해서도 중요한 결정을 하게 되었다. 그가 이루고자 했던 개인적인 목표는 자신의 필요와 욕구, 강점에 적합한 것이었다. 그는 마지막 미술 작품을 만들면서 재미있게 본 영화의 문구를 장식하였다(그림 3.14). 이것은 자기 수용과 "나는 가치 있어"라는 긍정적 신념을 반영하였다. 치료가 종결되고 2년 후에 벤을 다시 만났을 때 그는 직업상 이루고자 하는 목표가 꾸준히 발전하고 있으며 주변 사람들의 지지도 변함이 없다고 하였다. 그는 더 이상 비행을 두려워하지 않았고, 무엇보다도 긍정적인 정서를 보여 주는 것을 주저하지 않았다. 또한 그의 삶에 진정으로 만족한 모습을 보였다. 그는 스스로 결정권을 가지며 계속 '앞으로 나아가고' 있었다.

자연 재해로 고통받는 아동들과 함께한 집단 벽화 작업

2013년 봄, 후쿠시마의 한 초등학교에 방문할 수 있는 좋은 기회를 갖게 되었다. 일본은 2011년 지진과 쓰나미 재앙으로 피해를 입었다. 자연 재해 이후 그 지역 주변의 원자력 발전소 두 곳이 폭발하면서 방사능 유출에 대한 위험이 증가하였다. 쓰나미 생존자들은 해안 마을을 떠나 임시 거처로 피하거나 그 지역을 완전히 떠났다. 마을 학교의 교장은 학교 상담사와 나를 고용하여 학기를 새로 시작하는 행운의 날을 기념하는 협동 벽화를 그리도록 허락해 주었다. 당시 일본에는 벚꽃이 만발하는 봄이 다가오고 있었는데, 이때 떠오르는 이미지는 아이들과 어린 학생들이 새로운 교복을 입은 채 예쁜 벚꽃잎이 색종이 조각처럼 떨어지는 길을 걷는 장면이었다. 벚꽃은 실로 하늘이 내려 준 축복이었다. 벚꽃 시즌은 짧았지만 아이 어른 할 것 없이 모두가 바라는 시간이었다. 마을에 쓰나미가 닥치자 학생들의 집과 벚꽃나무들이 뿌리채 뽑히고 파괴되었다. 재해가 일어나고 1년 후 학교를 다시 열었으나 아이들을 맞아 주는 나무는 그곳에 존재하지 않았다. 아이들은 편도 1시간씩 버스를 타고 학교에 출석하였다. 등록한 학생 수는 1/3로 줄어들었고 학교는 사기 저하로 힘들어하였다. 또래 관계와 등교 거부 때문에, 또한 행동적 · 정서적 어려움을 호소하여 학교기반 상담을 요청받은 아이들이었지만, 건강상의 이유로 제한한 야외활동을 더 하고 싶어 하였으며 놀고 싶어 하는 건강한 욕구도 여전히 갖고 있었다.

Oras와 de Ezpeleta, Ahmad(2004)의 연구는 난민 어린이들에게 EMDR을 활용하는 것을 다루었다. 본래 집단 벽화를 여러 가족들에게 제안하였으나 이 행사가 아침 의식 직후 오후에 이루어졌기 때문에 몇몇 부모들은 이동하기가 어려웠다. 따라서 참석한 학생 수보다 보호자들 수가 적었다. 구체적으로는 5~12살 사이의 학생 11명이 벽화 그리기에 참여하였으며 어른 6명도 직접적으로 참여하였다. 일본에 대규모의 지진이 일어난 후 지역 주민들은 기념으로 벚꽃나무를 심는 의식을 행했다(Ohnogi, 2010). 나 또한 지역 공동체의 치유 의식으로 기능할 수 있는, 문화적으로 적합하고 의미 있는 활동을 해 보려 하였다. 나는 감각자극을 통해 나무에 관한 긍정적인 기억과 범문화적인 건강의 느낌을 건드리고자 벚꽃나무 이미지를 제시하였다. 아이들이 나무의 생명력을 확인할 수 있도록 살아 숨 쉬고 팽창하는 나무의 움직임을 제시하였다. 나뭇가지가 뻗어 있으며 뿌리는 땅에 단단히 박혀 있는 어린 나무였다. 이러한 동작과 이미지를 제공하면서 버터플라이 허그의 형태로 양측성 자극을 수행하였다.

[버터플라이 허그(Butterfly hug)는 Lucinda Artigas가 동료들과 멕시코 아동들을 대상으로 EMDR 인도적 지원 프로그램을 할 때 소개한 것으로, 그 이후로 허리케인과 홍수, 기타 자연 재해의 생존자들을 돕기 위해 사용되어 왔다. 버터플라이 허그와 그림 그리기를 결합한 방식은 현재 EMDR 임상가들에게 널리 알려져 있으며, 많은 대상에게 동시적으로 접근하는 것이 필수적인, 재해를 극복하는 치료장면에 특히 적합하다(Artigas, Jarero, Mauer, López Cano, & Alcal, 2000; Gertner, 2008)].

벽화 그리기를 시작하기 위해 자원자들은 바닥의 캔버스 위로 넓게 퍼져서 나무모양의 윤곽선을 형성하였다. 수줍어하는 학생들은 학교 상담사가 시범을 보이며 이끌어 주었고, 아이들은 빠르게 적응하여 스스로 나무가 되어 보았다. 핑거페인팅을 할 때에는 원한다면 비닐장갑과 깨끗한 비옷을 착용할 수 있게 함으로써 마음껏 어지럽혀 보도록 격려하였다(그림 3.15). 아동들은 두 손을 사용하여 페인팅에서 느껴지는 촉감을 탐색하기 시작하였다. 어떤 아동들은 크고 납작한 붓을 사용하였으며, 물감을 뚝뚝 흘리면서 크게 붓질을 하였다. 나는 EMDR의 구성요소를 계속 활용하면서 벚꽃나무를 자주 회상하게 하여 지금-여기의 감각적 활동과 과거 기억에 둘 다 관심을 두게 하였다.

이후 1시간 반 동안 벽화 작업은 수차례 변화를 거쳤다. 어떤 학생들은 자발적이고 감각지향적인 색칠놀이에 참여하였다. 내가 특별히 관찰했던 한 소녀는 해변가에서 젖은 모래를 가지고 놀 듯한 손에서 다른 손으로 물감을 쏟고 있었으며, 매우 몰입한 듯이 보였다. 아이는 회색으로 작은 '무지개'를 그렸는데 표현이 쓰나미 홍수와 비슷해 보여서 주목하게 되었다. 나는 아이의 작품을 인정해 주었고 핑거페인팅을 계속하도록 격려하였다. 아마도 외상 기억에 기초한 표현이었을 것이며 이 아이의 표현이 집단 벽화의 한 부분에 기여하였다.

학생들은 활동 과정과 만들어진 결과에 만족하였다. 활동을 마친 후 작품의 제목을 붙여 보라고 하자 매우 열정적으로 "우리 ○○학교의 벚꽃나무"라는 제목을 지었다

그림 3.15

(그림 3.16). 제목을 붙임으로써 활동을 종결하고 학생들의 흥분을 가라앉힐 수 있었다. 끝으로, 함께 모여 조용히 작품을 감상함으로써 활동 중에 경험한 긍정적인 느낌들을 마음에 새길 수 있었다.

　벽화 집단에 참여한 후쿠시마 학생들 중 11명은 다중 재처리과정에 참여하였다. 처음에는 이미지를 제시하였으며, 나중에는 긍정적인 기억들을 회상하게 하는 버터플라이 허그와 함께 양측성 자극을 실시하였다. 마지막으로는 미술치료에 신체적으로 적극 참여하였다. 모든 학생의 건강한 모습이 인상적이었지만 한 여학생이 특히 눈에 띄었다. 처음에 그녀는 다른 아이들을 지배하거나 스스로를 고립시키고, 가끔은 다른 아이들의 미술표현을 무시하는 경향을 보여 집단 작업에 어려움을 겪는 듯 보였다. 아이는 지금 이 순간 색칠하는 것과 해변가에서 놀던 기억 두 가지 모두에 동시적으로 관계를 맺음으로써, 다른 아이들과 더욱 잘 어울릴 수 있었다. 아이가 집단 작업에 다시 참여하면서 상실이 내재되어 있는 나무, 그리고 벚꽃나무 이미지에 집중하게 되었고, 이 과정에서 부교감신경이 활성화되어 이상적으로 잘 조절된 상태를 갖게 되었다.

그림 3.16

결론

EMDR의 의도는 단순히 노출치료를 통해 내담자들을 촉발 자극에 휩쓸리게 하는 것이 아니라, 몸과 마음에 저장된 조각나고 왜곡된 기억들을 재인식함으로써 삶에 대한 새로운 도식과 자기 개념을 개발하여 현실에서의 변화를 성취하는 것이다. EMDR은 적은 수의 회기로도 트라우마를 빠르게 해소할 수 있는 효율성을 갖고 있다는 점이 독특하지만, 규준이 되는 프로토콜은 기초적인 지도만을 제공한다. 반면 미술이라는 구성요소는 양측성 자극을 향상시키고 감각적 통합을 촉진시키기 위한 성공적인 전략들을 제공한다. Steele과 Malchiodi(2012)가 언급하였듯이, 외상근거치료에서는 탄력성을 높이기 위한 내담자의 욕구에 끝까지 집중해야 한다. 특히 트라우마를 겪은 아동들과 작업할 때에는 EMDR과 미술치료의 신중한 사용이 요구된다.

참
고
문
헌

Adler-Tapia, R., & Settle, C. (2008). *Treatment manual: EMDR and the art of psychotherapy with children.* New York: Springer.

Ahmad, A. Larsson, B., & Sundelin-Wahlsten, V. (2007). EMDR treatment for children with PTSD: Results of a randomized controlled trial. *Nordic Journal of Psychiatry, 61,* 349–354.

American Psychiatric Association. (2004). *Practice guideline for the treatment of patients with acute stress disorder and posttraumatic stress disorder.* Arlington, VA: Author.

Artigas, L., Jarero, I., Mauer, M., López Cano, T., & Alcal, N. (2000, September). *EMDR and traumatic stress after natural disaster integrative treatment protocol and the butterfly hug.* Poster presented at the EMDRIA Conference, Toronto, Ontario, Canada.

Chemtob, C. M., Tolin, D. F., van der Kolk, B. A., & Pitman, R. K. (2000). Eye movement desensitization and reprocessing. In E. B. Foa, T. M. Keane, & M. J. Friedman (Eds.), *Effective treatments for PTSD: Practice guidelines from the International Society for Traumatic Stress Studies* (pp. 139–155, 333–335). New York: Guilford Press.

Fosha, D. (2003). Dyadic regulation and experiential work with emotion and relatedness in trauma and disorganized attachment. In M. F. Solomon & D. Siegel (Eds.), *Healing trauma: Attachment, mind, body, and brain* (pp. 221–281). New York: Norton.

Gantt, L., & Tinnin, L. W. (2008). Support for a neurobiological view of trauma with implications for art therapy. *Arts in Psychotherapy, 36,* 148–153.

Gertner, K. (2008). *Butterfly hug: An explanation of EMDR for children.* Fort Morgan, CO: Author.

Gomez, A. M. (2007). *Dark, bad day go away.* Phoenix, AZ: Author.

Gomez, A. M. (2011, August). *Repairing the attachment system through the use of EMDR, play, and creativity.* Lecture presented at the EMDRIA conference, Anaheim, CA.

Gomez, A. M. (2013). *EMDR therapy with adjunct approaches with children.* New York: Springer.

Gomez, A. M. (2013, November). *Complex PTSD, attachment, and dissociative symptoms: Treating children with pervasive emotion dysregulation using EMDR therapy* [Webinar]. Phoenix, AZ.

Kemp, M., Drummond, P., & McDermott, B. (2010). A wait-list controlled pilot study of eye movement desensitization and reprocessing (EMDR) for children with post-traumatic stress disorder (PTSD) symptoms from motor vehicle accidents. *Clinical Psychology and Psychiatry, 15,* 5–25.

Korn, D. L. (2011, August). *EMDR and the treatment of complex PTSD.* Workshop presented at the EMDRIA pre-conference, Anaheim, CA.

Korn, D. L., & Leeds, A. M. (2002). Preliminary evidence of efficacy for EMDR resource development and installation in the stabilization phase of treatment of complex posttraumatic stress disorder. *Journal of Clinical Psychology, 58*(12), 1465–1487.

Landgarten, H. B. (1981). *Clinical art therapy: Comprehensive guide.* New York: Routledge.

Levine, P. (1997). *Waking the tiger.* Berkeley, CA: North Atlantic Books.

Levine, P. (2002). *In an unspoken voice: How the body releases trauma and restores goodness.* Berkeley, CA: North Atlantic Books.

Levine, P., & Kline, M. (2007). *Trauma through a child's eyes: Awakening the ordinary miracle of healing—infancy through adolescence.* Berkeley, CA: North Atlantic Books.

Lovette, J. (1999). *Small wonders: Healing childhood trauma with EMDR.* New York: Free Press.

Malchiodi, C. A. (1990). *Breaking the silence: Art therapy with children from violent homes.* New York: Brunner/Mazel.

McNamee, C. (2003). Bilateral art: Facilitating systemic integration and balance. *Art Psychotherapy, 30,* 283–292.

McNamee, C. (2004). Using both sides of the brain: Experiences that integrate art and talk therapy through scribble drawings. *Art Therapy: Journal of the American Art Therapy Association, 21*(3), 136–142.

Ohnogi, A. J. (2010). Using play to support children traumatized by natural disasters: Chuetsu earthquake series in Japan. In A. Kalayjian & D. Eugene (Eds.), *Mass trauma and emotional healing around the world: Rituals and practices for resilience and meaning-making: Vol. 1. Natural disasters* (pp. 37–54). Santa Barbara, CA: Praeger.

Oras, R., de Ezpeleta, S. C., & Ahmad, A. (2004). Treatment of traumatized refugee children with eye movement desensitization and reprocessing in a psychodynamic context. *Nordic Journal of Psychiatry, 58*(3), 199–203.

Parnell, L. (2013). *Attachment-focused EMDR: Healing relational trauma.* New York: Norton.

Parnell, L., & Phillips, M. (2013, August). *Resource-tapping with EMDR.* San Francisco: R. Cassidy Seminars.

Perry, B. D., & Azad, I. (1999). Posttraumatic stress disorders in children and adolescents. *Current Opinion in Pediatrics, 11,* 310–316.

Perry, B. D., & Szalavitz, M. (2006). *The boy who was raised as a dog: And other stories from a child psychiatrist's notebook—what traumatized children can teach us about loss, love, and healing.* New York: Basic Books.

Porges, S. W. (2011). *Neurophysiological foundations of emotions, attachment, communication, and self-regulation.* New York: Norton.

PracticeWise. (2014, Spring). *PracticeWise Evidence Based Services Database.* Satellite Beach, FL: Author. Available online at *www.practicewise.com.* (Restricted site for subscribers only)

Riley, S. (1997). Social constructionism: The narrative approach and clinical art therapy. *Art Therapy: Journal of the American Art Therapy Association, 14*(4), 282–284.

Rothschild, B. (2000). *The body remembers: The psychophysiology of trauma and trauma treatment.* New York: Norton.

Schmidt, S. J. (1999, March). Resource-focused EMDR: Integration of ego state therapy, alternating bilateral stimulation and art therapy. *EMDRIA Newsletter, 4*(1), 8–26.

Schore, A. N. (2000). Attachment and the regulation of the right brain. *Attachment and Human Development, 2*(1), 23–47.

Schore, A. N. (2003). Early relational trauma, disorganized attachment, and the development of a predisposition to violence. In M. F. Solomon & D. Siegel (Eds.), *Healing trauma: Attachment, mind, body, and brain* (pp. 107–167). New York: Norton.

Shapiro, F. (1995). *Eye movement desensitization and reprocessing: Basic principles, protocols, and procedures*. New York: Guilford Press.

Shapiro, F. (2001). *Eye movement desensitization and reprocessing: Basic principles, protocols, and procedures* (2nd ed.). New York: Guilford Press.

Shapiro, F., & Laliotis, D. (2011). EMDR and the adaptive information processing model: Integrative treatment and case conceptualization. *Clinical Social Work Journal, 39*, 191–200.

Siegel, D. J. (1999). *The developing mind: How relationships and the brain interact to shape who we are*. New York: Guilford Press.

Siegel, D. J. (2011, August). *Mindsight and the power of neural integration in healing*. Keynote address presented at the EMDRIA conference, Anaheim, CA.

Steele, W., & Malchiodi, C. A. (2012). *Trauma-informed practices with children and adolescents*. New York: Routledge.

Talwar, S. (2007). Accessing traumatic memory through art making: An art therapy trauma protocol (ATTP). *Arts in Psychotherapy, 34*, 22–35.

Tanaka, M., & Urhausen, M. T. (2012). Drawing and storytelling as psychotherapy with children. In C. A. Malchiodi (Ed.), *Handbook of art therapy* (2nd ed., pp. 147–161). New York: Guilford Press.

Tinker-Wilson, S. A., & Tinker, R. H. (2011, August). *EMDR cases on the cutting edge of neuroscience*. Lecture presented at the EMDRIA conference, Anaheim, CA.

U.S. Department of Veterans Affairs and U.S. Department of Defense. (2010). *VA/DoD clinical practice guideline for the management of post-traumatic stress*. Washington, DC: Authors. Retrieved from *www.oqp.med.va.gov/cpg/PTSD/PTSD_cpg/frameset.htm*.

van der Kolk, B. A. (2008, January). *Trauma, attachment, and the body*. Lecture presented at Meadows conference, Universal City, CA.

Zaghrout-Hodali, M., Ferdoos, A., & Dodgson, P. W. (2008). Building resilience and dismantling fear: EMDR group protocol with children in an area of ongoing trauma. *Journal of EMDR Practice and Research, 2*(2), 106–113.

참고자료

EMDRIA (EMDR International Association)
www.emdria.org

AATA (American Art Therapy Association)
www.arttherapy.org

아동 · 청소년을 위한
음악과 애도 작업

Russell E. Hilliard

음악은 수 세기 동안 치유의 원천이었고 인류는 감정과 생각을 표현하고 유대감을 발달시키기 위해 음악을 강력한 매개체로 활용해 왔다. 말은 종종 인간의 감정의 폭과 깊이를 전달하는 데 실패하지만 음악의 요소(멜로디, 하모니, 리듬)는 언어표현이 너무 제한적일 때 우리를 도울 수 있다. 애도는 가장 복잡한 정서경험 중 하나이다. 애도 중에 있는 사람은 보통 슬픔, 분노, 죄책감, 공포, 거부, 낙담, 그리고 안도 같은 수많은 감정을 경험한다. 애도하는 성인들은 보통 사별의 고통으로부터 벗어나기 위해 분투하는데, 그 경험은 삶과 죽음의 순환 원리에 대한 이해의 수준 때문에 아동과 청소년에게는 훨씬 복잡할 수 있다(Doka, 2003). 음악은 창조적 도구이며, 정서표현의 한 형식을 제공하고, 아동들에게 죽음의 개념에 대한 기본적인 교육의 이해를 돕는다(Hilliard, 2001; Wheeler, 2015).

음악치료는 건강과 관련된 직업으로 자리 잡아 왔다. 미국음악치료협회(AMTA; http://musictherapy.org)는 음악치료를 "공인된 음악치료 프로그램을 수료하고 가격을 갖춘 전문가에 의한 치료적 관계 안에서 개인의 목표를 달성하기 위한 증거기반의 음악적 · 임상적 개입"으로 정의하고 있다. 음악치료는 자격을 갖춘 음악치료사가 실행하고 음악치료사들은 적절한 교육과 경험으로 그들의 임상에서 음악을 사용함으로써 다른 전문가들을 지원한다. 음악의 사용이 음악치료 그 자체는 아니지만, 상담전문가, 사회복지사, 심리학자, 그리고 다른 의료계 전문가들은 음악이 그들의 영역구체적 개입을 지원할 수 있다는 것을 알 수 있다.

슬픔에 빠진 아동 · 청소년에 대한 상담가들의 음악적 개입의 사용에 관한 문헌은 아주 소수이지만 문헌에서는 상담가들이 불치병 환자들에게 제공한 음악적 개입의 사용에 대해 언급하고 있다. Brown(1992)은 자신의 논문에서 불치병 환자들에게 12년 이상 음악을 제공한 건강관리를 '음유시인'이라고 불렀다. 그는 "나는 음악치료협회의 준회원이지만, 결코 전문 치료사는 아니다."(p. 13)라고 말했다. 그리고 "나의 작업에서 치료로서 음악의 정의는 변화를 위한 양육관계의 맥락에서 적용된 음악의 사용이다."(p. 15)라고 하였다. Brown은 사례를 통해 그의 노래와 기타 연주가 어떻게 내담자들의 변화를 가져왔는지 말하고 있다. 그는 의사소통을 촉진하고 사람들의 마음을 열게 하는 수단으로 오디오 테이프를 듣는 것을 제안했다. 그는 감정과 경험을 전달하기 위한 곡을 쓰게 했고, 이완을 증진하기 위해 음악적 심상, 표현과 사회화의 수단으로 공연을 권했다. Brown은 전문치료사의 고도의 전문화된 훈련을 인지하였지만, 모든 돌봄 전문가에게 그들의 환자, 내담자들과 음악을 사용하도록 격려한다.

Lochner와 Stevenson(1988)은 상담가들처럼 전문적으로 훈련된 그들의 역할에서 불치병을 앓는 환자들에게 어떻게 음악을 사용했는지 설명하고 있다. 그들은 자신들이 치료사가 아니라고 인정하지만 저자들은 치료에 음악을 사용하는, 전문적으로 훈련된 치료사와 상담가 사이의 구별을 분명히 하지는 않았다. 그들은 Lochner에 의해서 작곡된 음악이 어떻게 치료에 사용되었는지 보고하고 있다. 종종 음악은 치료사와 내담자의 의사소통을 열게 한다. 한 사례에서 음악은 암 투병 중인 스무 살의 남자 환자가 Lochner의 "친구여, 나는 너를 사랑한다" 노래를 들은 후에 죽음에 임박한 그의 감정을 나누도록 이끌었다. 또 다른 경우에서 Lochner는 가족들과의 이별을 곧 경험하게 될 그의 환자에 대한 자신의 감정을 작곡했다. 그 환자는 40세의 난소암 환자였는데, 심리치료에서 그녀 자신의 감정을 다루고 있었고 그녀의 감정을 자신의 가족들과 나누기를 원했다. Lochner는 "내 곁에 머물러 줘"라는 노래를 쓰고 환자의 허락하에 가족에게 노래를 불러 주었다.

　가족들은 환자가 무엇을 느끼고 있었는지 알아차리고 서로 끌어안고 울었다. 음악은 가족들 간의 인식을 증가시키는 수단으로 제공되었고 더 높은 결속을 만들어 낸다. 저자들은 상담가들이 불치병 환자들과 비극적인 질병을 가진 개인들과 작업할 때 사용했던 음악 목록을 제시하는 것으로 마무리를 했다.

　음악은 아동과 청소년을 위한 창의성의 중요한 형태이다. 그것은 다양한 의학적 요구에 의하여 치료적으로 사용되었다. 사별을 경험한 19명의 아이들을 대상으로 한 연구에서 음악치료는 슬픔의 증상들을 현저히 감소시키고 참가자들에게 다양하고 건강한 대처기술을 가르쳤다(Hilliard, 2001). 음악치료는 2001년 9월 11일의 비극으로 인한 슬픔과 외상을 경험하였던 아동과 청소년들을 위해서 전통적인 언어치료의 대안 형식으로 사용되었다(Gaffney, 2002). 음악치료는 소아를 위한 건강 돌봄 서비스에서 일상적인 의료 절차를 거치는 동안 기분전환을 제공하고 정신적인 지지를 전하고 입원 아동들과 청소년들의 발달적 요구를 제안하기 위해 사용되었다(Robb, 2003). 음악치료는 아동 호스피스에서 불치병 환자들과 그들의 가족이 예상되는 애도의 감정에 잘 대처하도록 돕는 데 큰 역할을 했다(Hilliard, 2003; Pavlicevic, 2005). 이 장은 사례와 샘플 회기 계획을 통해, 청소년들의 애도 작업에서 음악을 기본으로 한 개입과 음악치료의 사용을 설명하고 있다.

음악 그리고 애도 작업

이 장에서는 인지행동 음악치료 모델의 회기 형식과 계획에 대해 설명하고 있다. 인지행동 음악치료는 다양한 내담자에게 사용되고 있고 매우 효과적이고 효율적인 치료 양식으로 입증되고 있다(Standley, Johnson, Robb, Brownell, & Kim, 2004). 이 철학에서 "원치 않는 행동과 증상은 완화되고, 치유를 방해하는 믿음은 수정되고 재평가된다. 그리고 외상적 기억은 또 다른 외상 사건들의 전조가 아닌 아동의 삶의 정상적인 한 부분이 되도록 재구성한다"(Gaffney, 2002, p. 58). 아동과 청소년의 인지행동 음악치료는 행동 수정, 감정 표현과 인식, 애도의 이성적 이해를 강조하고 인지적 재구조화와 재정비를 돕는 동안 인지적 왜곡에 맞설 수 있다(Hilliard, 2001, p. 296).

내담자의 발달 단계에 대한 인식은 치료의 필수요소이다. 아동의 발달 단계는 상실을 극복하고 이해하는 데 중요한 역할을 한다. 아동들(4~5살)은 죽음의 영속성에 대해 아직 명확하게 이해하지 못하기 때문에 죽은 사람이 돌아올 거라고 생각하는 것이 일반적이다. 이 연령대의 아동들은 마술적 사고를 하고 죽음을 나쁜 행동에 대한 처벌처럼 생각하며, 헤어짐에 대한 두려움을 가질 수 있다. 특히 초등학생들(6~11살)은 사랑하는 사람이 죽었을 때, 특히 고인의 죽음을 인정할 수 없을 때 죄책감과 후회를 느낀다. 마술적 사고를 하는 이 나이대의 아동들은 죽음을 의인화(예 : 그것을 괴물처럼 본다)하고, 사실을 이해할 수 있고, 죽음에 대한 높은 불안을 가진다. 청소년들(12~20살)은 그들의 슬픔을 내면화하거나, 약물과 음주를 하는 방식의 건강하지 못한 대처를 할 수 있다. 혹은 성인의 죽음 개념을 받아들이거나, 무분별한 행동을 하면서 죽음에 저항할지도 모른다(Doka, 2003). 그러므로 내담자의 발달 단계에 따른 적절한 음악적 개입의 활용은 대단히 중요하다.

치료사는 내담자의 발달 단계뿐만 아니라 내담자의 강점과 문제 영역, 소통방식, 학습 방식 그리고 종교적 배경과 음악의 역사, 선호하는 음악의 스타일이나 장르를 생각해야 한다. 특히 많은 경우에 치료사들은 소아건강관리와 특수교육에서 표준화된 음악치료 평가를 사용한다(Chase, 2004; DeLoach-Walworth, 2005). 의료적(medical) 음악치료 연구에 대한 메타분석에 의하면 가장 효과적인 음악적 개입으로 라이브 음악을 들고 있다. 그러나 녹음된 음악을 사용하는 환경이 음악이 없는 환경보다 더 긍정적 효과를 나타내었다. 가장 긍정적인 효과를 보여 주었던 음악은 환자가 선호하는 음악을 사용하는 것이다. 이런 자료들을 근거로 했을 때 가장 좋은 음악적 개입은 환자가 선호하는 라이브 음악을 활용하는 것이다(Dileo & Bradt, 2005; Standley, 2000; Standley & Whipple, 2003). 그러므로 애도하는 아동과 청소년들이 선호하는 음악유형을 알아내는 것은 음악치료 평가에서 중요한 요소이다.

음악치료 평가에 따라서 치료사는 치료계획의 과정과 회기의 구성을 시작한다. 여기에 설명된 많은 작업은 호스피스 유가족 센터의 후원 아래 아동과 청소년 유가족

그룹들에게 시행되었다. 회기의 형태는 내담자들의 나이와 상관없이 일정하게 유지되었다. 오프닝으로 시작된 각 회기는 내담자들에게 집단참여에 대한 동기를 부여하고, 방어적이거나 조심스러운 감정들을 줄이는 것을 돕도록 계획되었다. 그룹의 오프닝 경험에는 드럼 치기, 노래하기, 또는 음악과 동작이 있다. 오프닝 경험에 이어, 치료사는 간단한 토의를 하도록 격려하고 각 내담자의 감정 상태를 알아보고, 내담자들은 그들이 지금 어떻게 느끼고 있는지를 공유했다. 집단의 중요한 부분은 그날의 주제였다. 이 주제는 집단의 형태나 내담자의 나이에 따라 다양했지만, '추도식, 분노에 대한 대처(또는 슬픔) 그리고 기억'을 포함하고 있다. 내담자들은 보통 주제에 따른 그룹 활동을 하는 동안 격렬한 감정을 공유하기 때문에 치료사는 기분을 북돋아 주고 창조적인 음악극을 할 수 있는 클로징을 촉진하였다. 이 클로징 경험들에는 즉흥연주와 네임댓튠(Name That Tune) 또는 뮤지코폴리(Musicopoly, 모노폴리의 음악버전)와 같은 음악 놀이가 있다.

여기에서 설명되고 있는 음악과 애도 작업은 호스피스 프로그램들과 관련된 유가족 센터에서 활용되었다. 음악치료는 다양한 세팅, 즉 가족 회기, 개인 회기, 시간이 한정되어 있는 학교 유가족 집단, 아동·청소년 애도 캠프 그리고 유가족 센터에서 유가족 집단을 위해 열렸다. 음악치료를 활용한 가족 치료 회기는 죽음에 따른 아동들의 애도과정을 도울 뿐 아니라 사랑하는 사람의 예상된 죽음에 대처할 수 있도록 도움을 주었다. 가족 치료 회기는 전형적으로 가정환경 안에서 진행되고 형제와 같은 다양한 가족 구성원을 포함한다. 음악은 가족들에게 각각의 사람들의 발달 단계에 맞는 세대 간의 치료 활동에 참여할 기회를 제공한다. 슬픔과 상실에 대한 개인 음악치료 회기는 필요에 따라 집 또는 유가족 센터에서 진행될 수 있다. 특히 개인 음악치료 회기는 그룹에 참여하는 것을 불안해하거나 이에 확신이 없는 아동·청소년에게 유용하다. 게다가 개인 치료는 복잡한 애도나 임상의 과정에서 다양한 욕구를 경험하는 내담자들에게 필수적이다.

회기가 정해진 학교 집단은 슬픔과 상실에 중점을 둔 교육과정으로 안내하고 지속성을 유지하는 것을 돕는 데 유용하다. 학교생활을 하는 동안 아동과 청소년들은 8주 동안 일주일에 하루 1시간 학교에 있는 집단에 참여한다. 이 집단의 구조는 사별센터에서 흔히 진행되는 개방집단(open group) 형태와는 다르다. 개방집단은 내담자들의 필요에 따라 참여하게 되므로 참석이 일정하지 않다. 그리고 회기들은 체계적인 교육 과정을 따르기보다 화제나 주제에 의해 정해진다. 음악을 활용하는 아동과 청소년의 슬픔 캠프는 전국에 걸쳐 있는 호스피스에서 제공된다. 내담자들은 여러 소집단을 통해 순환되고 종종 음악치료는 이러한 집단에게 제공된다. 또한 음악은 애도 캠프의 추도식이나 폐회식처럼 대집단에서 사용된다.

음악 기법

다양한 음악치료 기법은 애도 작업에 사용된다. 이 기법들의 대부분은 라이브 음악을 사용하지만 라이브 음악이 가능하지 않는 곳에서는 녹음된 음악으로 대체할 수 있다. 여기에 제시되는 음악 기법들은 모든 연령층의 아이들을 위하여 적절하게 조정될 수 있다.

드럼 연주는 아동과 청소년들에게 인기 있는 기법이다. 청소년들과 함께 드럼을 칠 때 잊지 말아야 할 중요한 요소는 나이에 알맞은 리듬악기를 사용하는 것이다. 젬베와 봉고 같은 리듬악기는 대부분 동네나 온라인 음악 소매점에서 적정가격에 구입할 수 있다. 다른 인기 있는 리듬악기들뿐만 아니라 패들드럼, 핸드드럼, 그리고 탬버린은 모든 연령대의 아동이 즐길 수 있다. 어린 아동들은 밝은 색깔 또는 만화 캐릭터가 있는 드럼을 좋아한다. 또한 부르고 응답하는 방식의 그룹 드럼 연주 경험(Stevens, 2003; Wajler, 2002)과 같은 다양한 방법이 있으며, 여기서 조력자는 짧은 리듬을 연주하고 그룹 참여자들은 뒤에서 연주한다. 이와 같은 상호적인 패턴은 각 집단원들이 원래의 리듬을 연주하고 이어서 연주되는 것을 들을 수 있는 기회를 다 가질 때까지 돌아가면서 진행된다. 치료사에 의해서 주도되는 경험에 대한 짧은 토론은 듣고 응답하는 방식의 대화와 유사하다.

조력자(facilitator)는 부르고 응답하는 방식의 드럼 연주에서 집단원들이 원하는 리듬, 방식, 그리고 역동을 연주하는 동안 안정된 박자를 유지함으로써 즉흥연주를 촉진할 수 있다. 조력자는 그룹을 반으로 나눌 수 있고, 안정된 리듬과 즉흥연주를 번갈아 가며 할 수 있다. 강약법(세게/여리게)과 속도(빠르게/느리게)를 탐색하고 동작(걷기, 연주 시작을 높게 혹은 아래로 내려가는)을 드럼 연주 경험에 더할 수 있다. 집단원의 이름을 리듬으로 드럼 연주하는 것은 흥미를 유발하는 음악 경험이 될 수 있고, 멤버들의 다양한 이름을 연주하는 것은 다양하고 불규칙적인 리듬을 익히면서 폴리리듬(polyrhythm) 경험을 만들어 낼 수 있다. 예를 들어, 낸시 미들턴의 이름을 연주로 연습하고 리듬 안에서 이름을 말하면서 드럼을 배울 수 있다(즉 낸-시 미-들-턴). 그룹이 연주를 하고 함께 이름을 말하고, 이름을 말하는 목소리를 점점 작게 하면서 드럼 소리만 들리게 한다. 작은 집단에서 여러 이름을 선택하는 것은 연주의 풍부한 폴리리듬을 창조한다. 이와 같은 방식의 드럼 연주 경험은 집단과정의 처음과 끝에 상당히 유용하다. 그것은 집단의 응집력을 만들어 낼 수 있고, 우울 증상이 있는 내담자들에게 동기부여를 할 수 있고, 과잉활동 내담자들에게는 감정을 배출할 수 있는 기회를 제공한다. 그리고 함께하는 것에 대한 인식을 일깨운다.

즉흥리듬 연주는 감정 표현과 인식을 위해 적절히 사용될 수 있다. 집단원들은 그들이 느끼는 것을 연주할 수 있고 다른 멤버들은 그 감정을 추측할 수 있다. 이 과정을 촉진하기 위해 때때로 방 뒤쪽에 있는 테이블이나 바닥 위에 다양한 악기를 놓고 집단원들은 악기로부터 얼굴을 돌리고 있거나, 연주할 내담자가 악기를 고르고 연주할 때 눈을 감을 필요가 있다. 이 방법은 집단원들이 주의 깊게 귀를 기울일 수 있도록 해서 다른 행동을 하는 것을 줄이고, 자의식이 강한 내담자들이 표현적이고 창조적으로 연주할 수 있도록 돕는다. 자유연주 또한 치료사가 내담자들이 만든 음악에 간단히 응답할 때 악기와 함께 사용할 수 있다. 이 두 경우 모두, 내담자들은 자신의 감정을 인식하고 표현할 수 있다. 이는 애도 작업의 목표 중 하나이다.

잘 알려진 노래를 부르는 것은 그들의 음악적 선호도를 통하여 서로 알아 가며 집단의 응집력을 발달시키는 것을 도울 수 있다. 또한 내담자들이 고인을 생각하며 선택한 노래들은 그들이 어떻게 느끼는지를 반영하는 노래로 감정 상태를 말해 준다. 그리고 내담자들은 고인을 기억하기 위해 고인이 가장 좋아하는 노래를 녹음한 것을 가져오도록 요청받을 수도 있다. 내담자들은 녹음된 노래와 함께 노래할 수 있으나, 치료사들은 주로 기타나 피아노 반주와 함께 라이브 음악을 사용한다.

음악과 미술 기법의 결합은 아동들의 독창성을 기르는 데 유용하다. 곡에 맞추어 애도에 대한 콜라주 작업을 하는 것처럼 이 같은 활동들을 활용할 수 있는 다양한 방법이 있다. 치료사는 녹음된 짧은 마디의 다른 유형의 음악을 가져오고, 음악이 연주

될 때 내담자들은 큰 도화지에 자유롭게 그림을 그린다. 음악이 바뀔 때마다 내담자들은 오른쪽으로 자리를 옮기고, 이전에 그 자리에 앉았던 내담자가 그린 그림 주변에 그리기 시작한다. 각 음악의 일부분을 들은 후에, 내담자들은 그림에 대한 짧은 토론을 진행한다. 작업의 결과물은 내담자들의 애도 경험을 바탕으로 한 콜라주이다. 이 활동 역시 라이브 음악이나 다양한 음악 양식 혹은 발췌곡으로 즉흥연주를 하거나 치료사의 연주를 활용할 수 있다.

애도하는 아동과 청소년들이 좋아하는 또 다른 음악과 미술 작업은 CD 표지를 제작하는 것이다. 치료사는 내담자들에게 그들의 애도 경험을 반영하는 노래 제목의 시리즈를 만들 것을 권한다. 치료사는 "당신이 사랑하는 사람이 죽은 걸 처음 알았을 때 어떻게 느꼈는지", "추도식에서 당신이 어떻게 느꼈는지", "…당신이 사랑하는 사람과의 관계를 어떻게 보았는지", "…당신이 사랑하는 사람을 생각했을 때 지금 어떻게 느끼고 있는지" 등의 지시를 할 수 있다. 내담자들은 도화지에 노래 제목을 쓴 다음 그것을 음반의 표지로 꾸밀 것을 지시받게 된다. 노래의 제목을 논의하는 동안 손에 악기를 가지고 노래가 어떻게 소리 날지 보여 줄 것을 요청하는 것이 도움이 된다. 이 같은 활동 방식은 감정에 관련된 언어표현을 촉진하고 내담자들이 더 쉽게 언어 상담에 참여할 수 있도록 돕는다.

음악 독서치료는 음악 기법과 이야기 읽기 활동이 결합된 것으로 학업 수행을 촉진하고(Register, 2001, 2004) 외상경험 후의 상담을 위해 음악치료 영역에서 사용된다(Altilio, 2002). 이 기법은 이야기를 읽는 것을 좋아하는 어린 아동들에게 주로 사용하지만 청소년들에게도 사용할 수 있다. 청소년들은 자신의 애도에 관련된 이야기나 시를 쓰거나 혹은 이야기나 시에 음악을 추가하는 것도 가능하다. 어린 아동들은 기존에 있던 슬픔과 상실에 관한 아동의 책에 음악을 더하고, 다음과 같은 다양한 책을 이용할 수 있다 : *Lifetimes: A Beautiful Way to Explain Death to Children*(Mellonie, 1983), *The Tenth Good Thing about Barney*(Viorst & Blegvad, 1971), *The Memory String*(Bunting & Rand, 2000). *Grateful: A Song of Giving Thanks*(Bucchino & Hakkarainen, 2006)는 아동들이 슬픔에 잘 대처하고 상실(loss)과 휴일(holiday)에 대해 감사함을 가지도록 돕는 데 유용한데, 그것은 상실에도 불구하고 감사함을 다루기 때문이다. 또한 Art Garfunkel의 원곡을 녹음한 CD가 포함되어 있다.

음악 독서치료를 활용하는 치료사들은 보통 이야기 읽기를 같이 하기 위해 원곡을 작곡한다. 책 읽기를 잠깐 쉬는 동안 치료사와 내담자들은 노래를 부르고 이 노래는 책에서 가르치고 있는 교훈을 강화한다(치료사는 유사한 효과를 위해서 원곡 대신에 율동적인 구호를 선택할 수 있다). 또한 치료사는 이야기에서 반복적으로 등장하는 주요 캐릭터와 활동을 인지한 다음 이러한 캐릭터들과 활동들을 악기로 정하게 된다(예 : 바니＝마라카스, 가르랑거리기＝셰이커). 동화 활동을 하는 동안 캐릭터의 이름이나 동작이 나올 때마다 해당 캐릭터나 동작을 가진 내담자는 정해진 악기를 연주한다. 이 기법은 참여를 증가시키고 이야기에 집중하도록 한다. 애도와 상실에 관한 책들은 집단원들의 경험에 대한 토론의 기회를 제공하고 애도의 과정을 정상화할 수 있게 돕는다. 음악적 요소들은 알게 된 교훈을 이해하는 것을 돕고 활동 참여의 기회를 제공하며 듣는 기술을 촉진시킨다.

노랫말 쓰기는 아동과 청소년들의 정서적 욕구를 표현하는 데 성공적으로 사용되어 왔다(Hilliard, 2001; Keen, 2004). 노래나 랩의 노랫말 쓰기는 아동과 청소년들이 그들의 슬픔을 표현하고 건강한 대처능력을 발견하고 고인이 된 이들을 기억하는 것을 돕는 유용한 도구이다. 대개 어린 아동들은 노랫말을 이끌어 낼 수 있도록 도움을 줄 구조가 필요하다. 치료사는 체계적인 방식으로 노래의 각 소절을 발전시키기 위해 어린 아동들의 슬픔의 과정에 대해 질문을 할 수 있다. 질문에는 "당신은 추도식에서 어떻게 느꼈습니까?", "고인에 관해 당신이 기억하고 있는 것은 어떤 것이 있습니까?" 그리고 "당신은 당신의 분노(슬픔, 또는 다른 감정들)를 어떻게 표현합니까?" 등이 있다. 이 같은 질문들에 대해 노랫말이나 랩으로 답을 한다. 노랫말을 쓰는 것은 내담자에게 리듬 구조를 쉽게 제공하기 때문에 용이하게 사용된다. 치료사의 역할은 내담자가 제공한 리듬 구조에 적합한 노랫말을 쓰는 것이다. 때때로 노랫말을 바꾸거나 더 짧은 가사로 줄이는 것이 필요하다. 치료사는 다양한 음조, 강약, 그리고 양식처럼 음악적 요소를 선택할 수 있게 함으로써 내담자가 자신의 음악을 노래 가사에 맞추기 위해 작곡하는 것을 돕는다. 예를 들어 다른 인기 있는 노랫말 쓰기 활동은 블루스 양식의 음악 구조를 제공하고 내담자들은 즉흥적으로 그것 위에 노래를 부르도록 격려한다.

노래 가사를 분석하는 것은 죽음에 대한 이해를 돕고 정상감(normalcy)을 제공하며,

내담자들에게 애도에 대한 교육을 하고, 그들의 정서를 표현하고 인식할 수 있게 도와준다. 치료사들은 보통 기타를 이용해서 노래를 이끌어 가거나 피아노 반주 그리고 노래 가사를 분석하는 토론을 이끌 수 있으며, 또한 녹음된 음악을 사용할 수 있다. 슬픔, 외로움, 또는 분노와 같은 감정적 내용을 다루는 다양한 아동들의 노래가 있으며, 그것은 아동들의 사별 그룹 안에서 좋은 효과가 있다. Peter Alsop는 죽음, 죽어 감, 애도와 상실에 대처하는 아동들을 위해 많은 노래를 썼다. 그의 비디오테이프 *When Kids Say Goodby*(1996)와 녹음 음반 *Songs on Loss and Grief*(1995)는 아동들이 그들의 애도 감정을 이해하는 것을 돕는 노래들을 포함하고 있으며 또한 죽음에 대한 기본적인 교육 개념을 제공한다(예 : 자는 것과 죽음의 다른 점). 이들 중 하나를 연주하는 것은 아동들의 요구에 대한 논의와 상담의 기회를 제공한다. 청소년들은 종종 집단에 자신의 슬픔의 감정과 반응을 표현한 기록을 가지고 올 수 있다. 하지만 때때로 치료사는 걸러지지 않은 언어(graphic language)로 인해 다른 이들이 불쾌해지는 것을 보호하기 위해 내담자들에게 녹음된 편집본을 가지고 오도록 요청하는 것이 필요하다.

Orff-Schulwerk은 아동들은 하면서(doing) 배운다는 개념을 가진 Carl Orff의 음악교육에 접근했다. 이 접근에서 아동들은 다양한 음악적 개념을 배우고 연주, 노래, 움직임을 통해서 음악을 경험한다. Orff-Schulwerk가 사용한 다양한 악기는 실로폰, 멜로폰, 철금, 리코더, 드럼, 그리고 다른 리듬악기들을 포함한다(Colwell, Achey, Gillmeister, & Woolrich, 2004). Orff-Schulwerk 접근방식을 기반으로 애도하는 아동들을 위한 교육과정이 개발되어 경험적으로 검증되었다(Hilliard, 2007). 이 교육과정에서 아동들은 가사 쓰기, 즉흥연주, 악기 연주 그리고 음악에 따라 움직이는 활동에 참여한다. 모든 음악은 사별에 관련된 문제들을 기본으로 하고 아동들은 음악적 대화에 참여함으로써 치료 목적을 달성하게 된다.

세션 계획

이 치료 계획은 가족이 사망한 3~6살 아동 집단을 대상으로 음악을 기반으로 한 치료 사례이다. 이것은 8회기 중에 3회기 세션에 해당하며, 라이브 또는 녹음된 음악을 활용하여 45분 동안 진행되었고, 그룹은 5~8명으로 구성되었다.

세션 주제 : 잠과 죽음을 구별하기

목적

어린 아동들은 자는 것과 죽음 사이의 차이점에 대해 혼란스러워할 수 있다. 특히 부모님 또는 후견인이 "지금 할머니는 쉬고 계시는 거야."라고 말하는 것으로 마치 자고 있는 것 같은 상황을 만들어 내어 죽음을 설명한다. 때때로 아동들은 죽음과 자는 것을 구분할 수 없고, 삶에서 사랑했던 사람이 자고 있거나 침대로 가는 시간이 올 때의 두려움 또는 불안을 경험하게 된다. 이 세션은 아동들이 자는 것과 죽음 사이의 차이점을 이해할 수 있도록 돕는 것이다.

목표

1. 자고 있는 상황에 대해서 불안, 두려움 줄여 주기
2. 자는 것과 죽음을 구별하기
3. 기본적인 죽음 준비 교육 개념 이해하기
4. 효과적인 대처능력 훈련하기

준비물

- 다양한 리듬악기
- '내가 자고 있는 동안'이라는 노래 가사(*Stayin' Over Songbook*; Alsop, 1994) 또는 *Song on Loss and Grief*에서 나온 Peter Alsop의 녹음된 노래
- 치료사 반주를 위한 기타 또는 피아노 또는 녹음된 음악 재생장치

절차

1. 오프닝 경험 : 리듬악기(에그쉐이커가 이 나이대의 집단에 좋다)들을 돌림으로써 동작을 경험하고 리듬을 자극하며, 아동들이 자리에 서서 악기를 흔들도록 격려한다. 그다음 각 아동들은 다른 아동들과 마주 보고 악기를 흔드는 동작을 추가한다. 모든 아동이 리드하는 기회를 가질 때까지 계속한다. 만약 아동들이 계속 소극적으로 행동할 경우에 셰이커 리듬의 "Shake My Sillies Out" 또는 "She'll Be Comin' Round the Mountaion"과 같은 가장 인기 있는 아동 노래를

추가한다. 음악과 셰이킹 리듬이 느려지기 시작하면 더 부드럽고 더 느리게 연주하면서 바닥에 앉아 아동들을 리드하기 시작한다. 아동들이 원 안에 잘 앉으면 음악을 멈춘다. 치료사는 악기들을 모으기 위해 아동들에게 원 안으로 악기를 전달할 것을 지시한다. 이것은 과제 외 행동을 줄이는 데 도움을 줄 것이다.

2. Peter Alsop의 노래 "While I'm Sleepin'"을 연주하고 코러스 "While I'm sleepin', I'm alive. My heart's beatin', deep inside. I keep breathin', soft and slow. How do I do it? Well, I don't know."를 따라 부른다. 이 음악의 각 절은 자는 것이 죽음과 어떻게 다른지에 대한 예를 제공하고 이 논의에 대한 혼란과 불안, 두려움을 회복시킨다.

3. 잠과 죽음의 차이점은 무엇일까, 또는 사람이 잘 때 사람의 심장은 뛰는가, 죽었을 때는 어떨까와 같은 구체적인 질문들을 물어봄으로써 노래 가사에 대한 짧은 토론을 이끌 수 있고, 각 아동은 자는 것과 죽음 사이의 차이점을 확인하게 된다. 토론의 마지막으로 좋은 방법은 "만약 네가 자는 것과 죽음이 어떻게 다른지 설명할 수 있다면, 너는 무엇이라고 말할 것 같니?"라고 물어보는 것이다.

4. 악기들을 다시 나눠 주고 다양한 리듬으로 연주한다. 질문하고 응답하는 방식은 유용하고 필요에 따라 동작을 추가하는 것은 과제 외 행동 감소에 도움이 된다. 음악이 다시 느려지고 조용해지기 시작하면 아동들을 앉은 자세로 있도록 하고 악기들을 모은다.

5. 가장 흥미로운 악기들을 여러 사람이 보도록 돌린다(예 : 레인스틱 또는 오션드럼). 그 악기는 말하는 악기라고 설명하고 당신이 "멈춰" 할 때, 누구든지 그 악기를 가지고 있는 사람은 말을 한다. 각 아동에게 "네가 특별하게 생각하는 누군가가 죽으면 어떻게 할 거야?" 또는 "누가 너에게 죽음에 대해 말해 준 적이 있어?"와 같은 질문을 한다.

6. 마무리 단계로 노래하고 즉흥리듬 연주와 동작을 하도록 격려한다. 이러한 활동들은 아동의 기분을 좋게 하고, 고양된 분위기에서 집단을 마무리한다.

위와 같은 치료 계획은 음악을 기반으로 한 청소년 사별 집단의 영향을 받은 것이다. 개방적인 형식을 이용하고 집단은 사별센터에서 한 달에 두 번 만나고 음악 세션은 매 만남 시 계획된다. 이러한 치료 계획은 이 집단 유형에서 경험하는 전형적인 음악 기반의 예이다.

세션 주제 : 애도의 랩

목적

청소년들은 시간이 지남에 따라 애도 감정이 변화하는 것과, 슬퍼하던 사람들 중 대부분이 자신의 경험을 다루어 내면서 기분이 나아지기 시작한다는 사실을 받아들이기 힘들어할 수 있다. 이 활동은 그들의 슬픔이 시간이 흐르면서 어떻게 변화하는지 보기 위한 것으로 내담자들에게 유용할 수 있다. 이 활동은 그들이 이러한 변화들을 인식하고 자신의 과정을 존중할 수 있도록 고안되었다.

목표

1. 감정을 확인하고 표현하기
2. 고인의 기억을 재회상하기
3. 공동 지원에 참여하기
4. 효과적인 대처기술 훈련하기

준비물

- 다양한 리듬악기
- 환자가 좋아하는 라이브 또는 녹음된 음악
- 치료사 반주를 위한 기타 또는 피아노 또는 녹음된 음악 재생장치
- 슬픔과 관련된 활동지와 연필
- 큰 종이 또는 화이트보드와 마커

절차

1. 오프닝 경험 : 준비된 원 안에 내담자가 있고 내담자가 좋아하는 음악을 재생한다. 내담자들은 음악이 나오는 동안 중간 크기의 두 개의 부드러운 폼볼(foam balls)을 서로 주고받는다. 랜덤으로 주기적으로 음악을 멈추면 공을 가지고 있

는 2명의 내담자들은 이전 집단 이후로부터 그들의 시간이 어떻게 가는지와 현재의 애도 과정에서 그들이 어떻게 느끼는지를 공유한다. 모든 사람이 경험을 공유할 때까지 이 활동을 계속한다.

2. 조용한 배경음악이 흘러나오고 각 내담자들은 연필과 준비된 활동지로 다음과 같은 질문에 답한다. 가능한 주어진 질문들을 최대로 완성할 수 있도록 한다.

"당신의 사랑하는 사람은 당신이 감사함을 느끼기 위해 당신에게 무엇을 가르쳐 주었나요?"
"당신의 사랑하는 사람의 죽음을 알았을 때 당신은 어디에 있었나요?"
"당신이 죽음에 대해 먼저 알았을 때 당신의 감정은 어땠나요?"
"당신은 어떻게 그 감정을 표현하거나 다루었나요?"
"당신이 현재 사랑하는 사람에 대해 생각했을 때 어떠한 느낌이 드나요?"
"사랑하는 사람과의 기억 중에서 가장 기억에 남는 일은 무엇인가요?"

3. 내담자들이 편안함을 느낀다면, 활동지의 질문에 대한 응답들에 관해 간단히 대화하도록 이끈다.

4. 이 대화에 이어 활동지의 응답을 랩으로 바꾸기 위한 활동지가 제공된다. 드럼을 기본 리듬으로 이용하고 연주한다. 내담자들에게 활동지에 적힌 응답 가운데 하나를 선택하여 랩으로 첫 번째 라인을 완성하도록 요구한다. 대부분 청소년들은 랩을 쓰는 것을 쉽게 수행하지만 때로는 그들에게 설득 또는 제안이 필요하다. 만약 환자들이 과제를 잘 수행하지 않거나 또는 그들의 가사가 적절하지 않을 경우에 이러한 지침이 필요할 수 있다.

5. 화이트보드 또는 큰 종이에 랩을 작성한다. 집단의 마지막에 각 내담자들은 복사될 더 작은 종이에 랩을 쓴다.

6. 미무리 경험에서는 봉고 드럼을 주위에 나눠 주고, 내담자기 믿을 수 있고 그다음 집단까지 슬픈 감정을 공유할 수 있을 만큼 그들이 믿을 만한 최소 한 사람을 알아내기 위해 내담자들에게 질문한다.

사례 예시

재키는 4살의 유럽계 미국인 여자아이로, 아버지가 끔찍한 사고로 사망한 후 아동 사별 프로그램에 의뢰되었다. 토요일 오후, 그녀의 아버지가 새로운 정원용 장비를 가지고 집에 도착했을 때, 그녀는 옆집 이웃의 뜰에서 놀고 있었다. 그녀의 아버지는 잔디 깎는 장비가 집에 도착하자 장비를 트레일러에서 내리던 도중에 그만 쓰러져 사망에 이르렀다. 재키는 아버지의 갑작스런 죽음을 목격하였고, 격심한 충격 상태를 경험하였다. 아동심리학자는 애도과정에 있는 다른 아동들과 함께 참여하는 기회를 가질 수 있도록 사별 집단에 그녀를 의뢰하고 개인 상담을 위해서 관찰을 했다.

음악치료 평가를 하는 동안, 재키의 어머니는 재키가 밤에 수면 문제가 있고, 의존 수준이 높다고 말했고, 유치원에서는 부주의함이 늘었고 두통과 위장장애 같은 신체적 통증을 호소하기 시작했다고 보고하였다. 재키는 방문평가를 하는 동안 치료사와 함께 라이브 음악 경험에 참여하면서 창의적이고 열정적으로 리듬악기를 가지고 자유로운 음악놀이를 하였다.

그녀의 아버지에 관해 질문했을 때 그녀는 움츠러들었고 위축되기 시작했고, 슬픈 감정을 나타내며 그에 관해 말하지 않았다. 재키를 위한 치료목표에는 죽음에 대한 기본적인 교육적 개념(예 : 최종적 죽음)의 인식을 증진시키고 구분하는 것이 포함되었다. 그리고 감정을 표현하고, 명확히 하며 수면 문제와 엄마에 대한 과잉의존을 감소시키는 것, 대처기술을 발달시키고 그녀의 아버지와 함께한 행복한 시간을 기억하게 하는 것이다.

초기에 재키는 조용하고 소심하고 내성적이었지만, 치료사와 치료사의 동료들을 존중했으며 매우 공손했다. 재키가 자신의 생각과 느낌을 표현하기 시작할 만큼 편안함을 느끼기까지는 여러 주가 걸렸지만 이후 세션에서는 아주 잘 표현하고 참여하기 시작하였다. 재키는 자신의 경험에 관해 말하기도 전에 이미 음악적으로 자극을 받아 음악적 대화에 쉽게 참여하였다. 재키는 오르프교수법의 음악을 경험하거나 즉흥적 리듬을 연주하면서 악기를 선택하는 것을 즐겼다. 연주하는 동안 재키는 미소 짓거나 킥킥거리고 웃으며 자신의 동료들과 함께 나누었다. 재키에게 이러한 경험은 집단의 다른 아동들과 치료사들과 함께 치료적 신뢰감을 발전시키는 데 도움을 주었다.

시간이 지나면서 재키는 자신의 고통스러운 경험을 나누기 시작했고, 즉흥적인 음악에 따라 그녀의 아버지의 죽음에 관한 슬픈 감정을 표현하였다. 아동들 중 한 명이 재키에게 그녀의 아버지가 어떻게 죽었는지 물어보았고 재키는 망설임 없이 일어난 일을 집단에 말하였다. 이것은 재키가 실제적 사건을 인정한 첫 번째 순간이었다. 재키는 "나는 나쁜 꿈을 꾸고 있다고 생각했어. 하지만 그는 집으로 돌아오지 않았어."라고 말했다. 그 즉시 재키는 앞에 놓인 실로폰으로 우울한 멜로디를 즉흥적으로 연주하기 시작했다. 재키는 아버지의 죽음에 대한 자각을 표현하였고 그가 돌아오지 않았다는 것을 기억해 낼 수 있었다. 음악은 그녀의 슬픈 감정을 집단에서 언어로 공유한 후 대처할 수 있도록 도와주었고, 음악적 대화를 통한 참여는 그녀의 생각과 감정을 집단에서 언어로 나눌 수 있을 만큼 충분히 안전한 느낌을 주는 데 도움이 되었다.

다음 음악치료 세션에서 재키의 표현이 증가하기 시작했고, 그녀의 아버지의 죽음에 관련된 그녀의 기억, 가족의 영혼의 믿음, 그리고 어머니의 슬픔에 대한 그녀의 반응(그녀는 어머니의 울음을 목격하고는 불안해지기 시작했다)에 대한 이야기를 공개했다. 그녀는 종종 즉흥적 음악활동을 이끌거나 도움을 요청했다. 재키의 어머니는 재키에게 밤새 잠을 이루지 못하는 문제는 남아 있지만, 재키의 증상(슬픔, 수면장애, 과잉의존, 신체적 증상)이 개선되기 시작했다고 보고했다.

그녀의 어머니는 재키가 호기심 어린 마음으로 그룹에 와서 즐기고 난 후, "집단원의 밤인가요?"라고 종종 물었다고 보고했다. 이것은 집단에서의 지지적이고 인정받는 기분을 느끼며 다른 이들과 친구가 될 수 있는 집단원이 보이는 일반적인 반응이다. 집단의 주제가 비록 감정적으로 무겁지만 음악적 경험은 기분을 고양시키고 심지어 기쁨의 기회를 주며, 밝음을 제공한다.

타이론은 13살의 아프리카계 미국인 남자아이로 어머니의 사망 이전에 음악치료에 참여하게 되었다. 그의 어머니는 HIV/AIDS로 진단받은 후 집에서 호스피스 서비스를 받았다. 그리고 서비스의 일환으로, 치료사는 환자의 죽음에 앞서 환자와 가족을 방문했다. 타이론은 그의 어머니의 음악치료 세션에 몇 번 참여했다. 때때로 그 치료사와 타이론은 그의 어머니 없이 함께 만났다. 그리고 이 세션은 타이론에게 어머니의 임박한 죽음에 대처하는 데 중요한 도움을 주었다. 타이론은 기타를 배우길 원했고 치료사는 기본적인 여러 가지 코드를 가르쳐 주었다. 타이론의 음악치료는 그의 어머니를 위한 치료 팀의 전체적인 계획의 일부분이었다. 타이론의 치료목표는 그의 어머니와 함께하는 의미 있는 경험을 확인하고, 감정표현과 건강한 대처기술을 익히는 것을 포함하였다.

어머니의 증상을 집에서 관리하기 어렵게 되자, 그녀는 호스피스의 환자 시설에 입원하였다. 타이론의 어머니가 사망하자, 그는 입원 환자 시설에 있는 치료사의 치료실에 찾아가서 그녀의 사망을 알렸다. 타이론의 정서는 단조로웠고 그의 눈은 초점이 없어 보였다. 그는 울지 않았다. 그의 감각은 둔해졌다. 그는 구석에 있는 기타를 집어 들고는 D코드로 그의 어머니에 관한 음악을 연주하기 시작했다. 연주하고 노래하는 동안 그의 눈에 눈물이 맺히기 시작했고 그 눈물은 격렬한 흐느낌으로 이어졌다. 그가 눈을 감고 흐느끼며 연주하는 것은 분명 카타르시스를 느끼게 하는 경험이었다. 그의 흐느낌이 줄어들었고 노래하는 것을 멈추자 마침내 기타 연주도 멈췄다. 음악과 카타르시스적인 경험 이후, 그는 지친 기색을 드러내며 그의 어머니와 삶에 대해 말하기 시작했다.

타이론은 개인 음악치료에 참여하기로 했고 마침내 청소년 사별 집단에 참여하는데 찬성했다. 그룹에서 그는 개방적으로 그의 동료들과 참여하고 라이브 음악 대화를 통해 비언어적으로 그의 감정을 표현하는 것을 선호하기 시작했다. 음악은 타이론에게 어머니의 죽음 이전에 그의 어머니와 함께했던 경험에 의미를 부여하고, 종종 사별 집단에서 그의 동료들과 이러한 경험들의 기억을 공유했다. 일반적으로 그의 감정을 언어로 논하는 것은 저항을 불러일으켰으므로 감정을 표현하는 수단으로 음악적 경험을 사용하곤 하였다. 치료 세션 밖에서도 타이론은 그의 기분을 바꾸기 위해 음악을 사용했고 그것은 그가 슬픔을 극복하는 데 도움을 주었다. 그는 가끔 MP3 플레이어 없이 집을 떠났고 종종 동료들과 함께 좋아하는 음반을 사서 그룹에서 공유하곤 하였다.

결론

음악치료는 아동과 청소년이 외상 경험과 슬픔과 상실의 감정에 대처할 수 있도록 돕는 데 효과적으로 사용되어 왔다. 음악치료에 대한 연구 자료들은 애도 행동과 정서를 가진 아동에게 음악치료가 사별과 관련된 증상을 감소시키기 위한 치료 지원으로 효과적임을 말하고 있다(Hilliard, 2001). 또한 아동과 청소년들이 2001년 9월 11일의 충격과 비극을 극복하는 데 도움을 주었다(Altilio, 2002). 비록 음악치료가 면허가 있는 치료사에 의해 가장 효과적으로 실행되고 있지만 다른 정신건강 전문가들도 실제로 임상에서 음악을 사용하는 것이 그들의 치료적 개입을 도울 수 있다는 것을 알게 되었다. 상담자는 아동과 청소년을 돕기 위해 라이브 음악 대신에 녹음된 음악을 사용하는 새롭고 창조적인 방법을 탐색할 수 있다. 치료사들이 사용하는 다양한 음악 기법들은 언어상담 세션에 도움이 된다. 그러한 기법들은 서정적인 분석과 미술 활동의 배경음악으로 사용되는 것도 포함한다. 상담자와 치료사가 함께 작업할 때 내담자는 두 분야에서 제공하는 전문지식을 통해 이익을 얻는다. 상호 간의 정보를 공유하는 것은 아동·청소년들이 이해하고 있는 세계—창의성과 놀이의 세계—안에서 치료적으로 잘 접근하는 데 필수적이다.

참고문헌

Alsop, P. (1994). *Stayin' over songbook for kids, parents and teachers.* Minneapolis, MN: Moose School.

Alsop, P. (1995). *Songs on loss and grief.* Minneapolis, MN: Moose School.

Alsop, P. (1996). *When kids say goodbye: Helping kids with sad feelings.* Minneapolis, MN: Moose School.

Altilio, T. (2002). Helping children, helping ourselves: An overview of children's literature. In J. Loewy & A. Hara (Eds.), *Caring for the caregiver: The use of music and music therapy in grief and trauma* (pp. 138–147). Silver Spring, MD: American Music Therapy Association.

Brown, J. (1992). When words fail, music speaks. *American Journal of Hospice and Palliative Care, 9*(2), 13–17.

Bucchino, J., & Hakkarainen, A. (2006). *Grateful: A song of giving thanks.* New York: HarperCollins.

Bunting, E., & Rand, T. (2000). *The memory string.* London: Clarion Books.

Chase, K. M. (2004). Music therapy assessment for children with developmental disabilities: A survey study. *Journal of Music Therapy, 41*(1), 28–54.

Colwell, C. M., Achey, C., Gillmeister, G., & Woolrich, J. (2004). The Orff approach to music therapy. In A. Darrow (Ed.), *Introduction to approaches in music therapy* (pp. 103–124). Silver Spring, MD: American Music Therapy Association.

DeLoach-Walworth, D. (2005). Procedural support for music therapy in the healthcare setting: A cost-effectiveness analysis. *Journal of Pediatric Nursing, 20*(4), 276–284.

Dileo, C., & Bradt, J. (2005). *Medical music therapy: A meta-analysis and agenda for future research.* Cherry Hill, NJ: Jeffrey Books.

Doka, K. (2003). *Living with grief: Children, adolescents, and loss.* Washington, DC: Hospice Foundation of America.

Gaffney, D. (2002). Seasons of grief: Helping children grow through loss. In J. Loewy & A. Hara (Eds.), *Caring for the caregiver: The use of music and music therapy in grief and trauma* (pp. 54–62). Silver Spring, MD: American Music Therapy Association.

Hilliard, R. E. (2001). The effects of music therapy-based bereavement groups on mood and behavior of grieving children: A pilot study. *Journal of Music Therapy, 38*(4), 291–306.

Hilliard, R. E. (2003). Music therapy in pediatric palliative care: A complementary approach. *Journal of Palliative Care, 19*(2), 127–132.

Hilliard, R. E. (2007). The effects of Orff-based music therapy and social work groups on grieving children. *Journal of Music Therapy, 44*(2), 123–138.

Keen, A. W. (2004). Using music as a therapy tool to motivate troubled adolescents. *Social Work in Health Care, 39*(3–4) 361–373.

Lochner, S. W., & Stevenson, R. G. (1988). Music as a bridge to wholeness. *Death Studies, 12,* 173–180.

Mellonie, B. (1983). *Lifetimes: A beautiful way to explain death to children.* London: Banton.

Pavlicevic, M. (2005). *Music therapy in children's hospices.* London: Jessica Kingsley.

Register, D. (2001). The effects of an early intervention music curriculum on prereading/writing. *Journal of Music Therapy, 38*(3), 239–248.

Register, D. (2004). The effects of live music groups versus an educational children's television program on the emergent literacy of young children. *Journal of Music Therapy, 41*(1), 2–27.

Robb, S. L. (2003). *Music therapy in pediatric healthcare: Research and evidence-based practice.* Silver Spring, MD: American Music Therapy Association.

Standley, J. M. (2000). Music research in medical treatment. In D. Smith (Ed.), *Effectiveness of music therapy procedures: Documentation of research and clinical practice* (3rd ed., pp. 1–64). Silver Spring, MD: American Music Therapy Association.

Standley, J. M., Johnson, C. M., Robb, S. L., Brownell, M. D., & Kim, S. (2004). Behavioral approach to music therapy. In A. Darrow (Ed.), *Introduction to approaches in music therapy* (pp. 103–124). Silver Spring, MD: American Music Therapy Association.

Standley, J. M., & Whipple, J. (2003). Music therapy in pediatric palliative care: A meta-analysis. In S. Robb (Ed.), *Music therapy in pediatric healthcare: Research and evidence-based practice* (pp. 1–18). Silver Spring, MD: American Music Therapy Association.

Stevens, C. (2003). *The art and heart of drum circles.* Milwaukee, WI: Hal Leonard.

Viorst, J., & Blegvad, E. (1971). *The tenth good thing about Barney.* New York: Atheneum.

Wajler, Z. (2002). *World beat fun: Multicultural and contemporary rhythms for K–8 classrooms.* Miami, FL: Warner Brothers.

Wheeler, B. L. (Ed.). (2015). *Music therapy handbook.* New York: Guilford Press.

대규모 테러와 폭력에 대한
개입으로서의 미술치료

Laura V. Loumeau-May
Ellie Seibel-Nicol
Mary Pellicci Hamilton
Cathy A. Malchiodi

이번 장은 대규모 폭력이 아동에게 미치는 영향을 살펴보고 미술치료를 통해 외상적 애도를, 슬픔을 겪은 아동의 대처기술과 회복력의 향상을 돕는 것에 초점을 맞추고 있다. 대규모 폭력은 정치적 폭력(테러활동 포함), 길거리 폭력에의 지속적 노출, 대규모 단일 총격사건으로 구성된다. 대규모 트라우마는 자연 재해로 생길 수도 있지만, 이번 장에서는 대규모 테러와 비테러 대규모 폭력처럼 사람에 의한 대규모 트라우마를 중점적으로 다룰 것이다. 그리고 대규모 폭력의 두 가지 강력한 단일 사건의 예―2001년 9월 11일(9/11)의 테러 공격과 2012년 12월 14일(12/14)의 코네티컷 주 뉴타운의 학교 총기난사―를 통해, 사건에 영향을 받은 아동들의 치료의 필요성을 강조하고, 어떤 구조로 임상적 개입이 진행되는지 설명한다. 이번 장은 미술치료 개입이 대규모 테러와 폭력에 의한 트라우마 회복에서 어떻게 창의성 역할을 뒷받침해 주는지 보여 준다.

대규모 테러와 대규모 폭력

테러는 아동에게 생명과 재산을 잃은 것을 넘어 그들의 삶과 세계관을 극적으로 변화시킨다. 9/11 테러는 미국 역사상 최악의 대규모 테러리스트의 공격으로 3,051명의 아동과 청소년이 부모를 잃었다. 부모를 잃지 않은 아이들 조차도 영향을 받았다. 수천 명이 집이나 학교에서 직접 테러를 목격했고, 수만 명이 뉴욕 월드트레이드센터의 붕괴를 TV로 지켜봤다.

총기난사는 동일 사건이나 같은 시기에 4명 이상의 사람이 총에 맞는 것으로 정의된다. 2012년 12월 14일, 샌디훅초등학교에서 20명의 아동과 6명의 어른을 포함한 총 26명이 총에 숨지는 사고가 발생했다. 이러한 폭력적 행동의 결과로, 아동들이 목숨을 잃거나 가까스로 탈출하면서 친구나 선생님이 죽는 장면을 직접 목격하는 트라우마로 인해 충격을 받았다. 대규모 폭력에 영향을 받은 사람들은 자신을 표적이 된 집단의 일부로 인식할 수도 있는데, 예를 들면 샌디훅초등학교, 컬럼바인고등학교, 버지니아테크 총기난사, 보스톤 마라톤 폭탄 테러, 9/11 테러, 또는 불만을 품은 직원이 과거의 직장으로 돌아가 벌인 사건의 생존자들의 경우와 같다. 다른 경우에는 총기난사를 무작위적인 것으로 인식하기도 하는데, 2011년 7월 콜로라도 주 오로라의 영화관 총기난사 사건의 경우, 생존자들은 잘못된 시간과 잘못된 장소에 있었다고 느낄 수 있다.

대규모 테러에 의한 트라우마는 지역사회나 국가처럼 큰 집단에 가해진 것으로 다른 대규모 트라우마 형태와는 범위, 원인, 의도가 다르다. 테러리즘은 가정학대나 무차별 폭력처럼 대인관계적인 사건이라기보다 더 사회적이고 의도적이다. 테러의 궁극적 목표는 신체적·경제적 파괴를 넘어선 심리적인 것으로 목표 대상이 된 집단의 사기를 꺾는 것이다. 대규모 테러는 또한 사람과 재산 손실의 규모가 특징적이다. 목표물은 주로 안전한 장소로 여겨지는 상징적인 공공장소이기 때문에 파괴는 광범위한 공포를 조성한다. 미국의 9/11 테러처럼, 테러의 파급효과는 더 큰 사회체제로 영향을 미치고 손실을 통제하고 보수하기 위해 자원의 대량 동원이 초래된다(Doka,

2003). 예를 들면, 공격을 당한 국가에 대한 생각이 사건 후에도 몇 달 동안 지속되며, 트라우마로 인한 공포가 사회 전체에 퍼지는 것이다.

이와 대조적으로, 소규모로 반복되는 사건으로 이루어진 테러 행위는 대규모 테러와는 다르게 경험된다. 고립된 차, 지하철, 그리고 자살 폭탄 테러가 간헐적으로 일어나는 지역사회에 사는 사람들은 지속적으로 극도의 예민한 상태를 경험한다(McGeehan, 2005). 테러는 일반적으로 제한된 규모와 임의적 표적에 발생한다. 그 누구도 언제 혹은 어디에서 다음 사건이 발생할지는 모른다. Kalmanowitz와 Lloyd(2005)은 "폭력이 계속되고 퍼져 나갈 때마다 개인의 내부 세계, 정체성, 가치관, 신념 및 역사의 불가분한 일부를 형성하고, 현재의 일부분에 영향을 미칠 뿐만 아니라 개개인이 어떻게 될지를 알려 준다."(p. 15)라고 이야기하였다. 정치적 폭력은 지역의 정체성을 대표하는 유물이나 상징적 구조물이 파괴되었을 때, 그 사회의 문화적 기억에 영향을 미친다. 서양 경제의 세력이자 자유무역, 권력의 상징인 월드트레이드센터의 트윈타워가 테러를 당했을 때가 이러한 경우이다.

많은 도심 지역의 주민들은 산발적인 테러와 비슷한 형태로 되풀이되는 길거리 폭력에 노출되어 있다. 이러한 환경에서 살고있는 아동과 10대 청소년들은 다른 사람들로부터 자기 자신, 친구, 사랑하는 사람들이 정기적으로 폭력의 위험에 노출되는 경험을 하게 된다. McGeehan(2005)은 그들의 내적인 반응은 예측할 수 없는 테러 활동을 지속적으로 경험하고 있는 사람들의 반응과 흡사하다고 하였다. 더불어 가정폭력 또한 주로 산발적으로 일어나거나 경고되지 않으며 자기 자신과 보호자에게 위험을 가져다준다는 점에서 산발적 테러와 유사하다.

마지막으로, 대규모 테러와 대규모 폭력 사건에 대한 미디어의 보도가 너무 광범위하고 만연해 있어 단·장기적 개입을 복잡하게 만든다. 9/11 테러의 영향과 실제 공격에 대한 보도는 전례가 없을 정도였고, 급성스트레스 반응과 관련이 있다(Silver et al., 2013). Allen, Tucker, Pfefferbaum(2006)은 1995년 오클라호마 시티에서도 같은 현상이 있었다고 말한다. 9/11 테러의 경우, 비통해하는 가족들은 그들의 사랑하는 이들이 트윈타워와 펜타곤에 비행기가 충돌하여 살해당하는 장면에 매일 재노출되었다. 트라우마 사건의 반복된 재생은 침습적이었고 잠재적으로 다시 트라우마를 입을 수 있는 경험이었다. 이에 많은 사람들은 TV를 끄거나, 신문 배달을 중단하는 것으로 반응했다(Rathkey, 2004).

대규모 트라우마와 폭력에 대한 아동과 청소년의 반응

아동과 청소년은 대규모 트라우마와 폭력을 포함하는 트라우마 사건들을 겪은 후에 심리적 스트레스를 경험한다. 재해도 지속적이고 해로운 영향을 그들에게 남길 수 있는데, 아동이 TV에서 대규모의 외상 사건을 보거나, 부모나 친구가 외상 사건에 대해 이야기 나누는 것을 듣는 것만으로도 두렵고, 그들은 두려움, 혼란스러움, 불안을 느낄 수 있다. 또한 아동은 트라우마에 대해 어른과는 다르게 반응할 수 있는데, 어떤 아동들은 즉각적으로 반응할 수 있는 반면, 다른 아동들은 몇 주, 몇 달 후에야 힘든 시간을 겪고 있다는 신호를 드러내기도 한다. 이러한 변수로 인해 치료를 위한 노력이 어려워질 수 있다.

아래에 언급하는 반응은 아동이나 청소년이 사건 직후 스트레스를 경험할 때 보이는 정상적인 반응이다. 만약 이러한 행동이 2~4주 이상 지속되거나, 나중에 갑작스럽게 나타난다면, 그것은 증상을 극복하고 완화하기 위한 개입이 필요하다는 것을 알려 주는 것일 수 있다. 다음의 정보는 국립 소아청소년 트라우마 스트레스 네트워크(NCTSN, 2014)에서 요약한 것이다.

학령기 이전 : 5살 이하

아주 어린 아동들은 대규모 트라우마 이후 잠자리에 오줌을 싸는 등의 퇴행이 있을 수 있다. 아동들은 낯선 사람, 어둠, 괴물을 두려워하고, 안전하다고 느끼는 곳에 머물고 싶어 할 수 있다. 놀이나 그림에서 외상 사건을 반복적으로 묘사하고, 무슨 일이 있었는지 말할 때는 과각성 상태가 될 수 있다. 식습관, 잠버릇이 바뀔 수 있고, 어떤 아동들은 설명할 수 없는 통증을 호소할 수도 있다. 공격적이거나 해리적인 행동, 과잉행동, 언어장애, 반항 행동을 보일 수 있다. 영아와 2살 이하의 유아는 외상사건이 일어나고 있음을 이해할 수 없지만, 트라우마가 일어나고 있다는 것을 이해할 수 없지만 자신의 보호자가 속상해하는 것을 안다. 그들은 보호자의 감정을 모방하거나, 아무 이유 없이 울고, 사람을 피하고, 장난감을 가지고 놀지 않을 수 있다. 3~5살의 학령기 이전 아동은 변화와 상실에 적응하는 데 어려움을 겪거나 어른에게 더욱 의존적일 수 있다.

아동에서 청소년기 : 6~18살

아동과 청소년은 더 어린 아이들이 보이는 트라우마 반응과 동일한 반응을 일부 보일 수 있다. 어린 아동들은 종종 부모나 보호자로부터 더 많은 관심을 받기를 원하고 숙제를 안 할 수도 있다. 아동들은 학교에 가는 것을 두려워하고 친구들과 함께 시간을 보내지 않을 수 있다. 집중하지 못하고 전반적으로 학교생활이 형편없을 수 있다. 어떤 아동들은 명확한 이유 없이 공격적으로 행동할 수 있고, 부모나 보호자에게 먹여 달라고 요구하거나, 옷을 입혀 달라고 하는 등의 자기 나이보다 더 어린 아이처럼 행동할 수 있다.

11~19살 청소년은 발달단계로 인해 많은 신체적·정서적 변화를 경험하기 대문에 트라우마에 대처하는 것이 더 어려울 수 있다. 10대 후반 청소년은 자신이나 보호자에게 보이는 자신의 반응을 부정한다. 나이가 있는 아동이나 청소년은 자신들이 어른처럼 트라우마나 재난에 반응하지 못한 것에 대해 무력감과 죄책감을 느낄 수 있다. 이들은 "난 괜찮다"고 판에 박힌듯이 말하거나, 속상할 때 침묵하는 것으로 반응할 수 있다. 무엇이 그들을 감정적으로 힘들게 하는지 명확히 할 수 없기 때문에 신체적인 통증을 호소할 수도 있다. 어떤 아동들은 집이나 학교에서 논쟁을 벌이거나, 규칙과 같은 구조나 권위에 저항할 수 있다. 또한 이들은 음주나 마약 등의 위험한 행동에 연루될 수 있다.

아동기의 외상적 애도

어린 시절 외상적 애도(traumatic grief)는 아동에게 중요한 대상이 죽고 난 후 아동이 그 경험을 충격적이라고 인지하는 경우에 발생한다. 그 죽음은 갑작스럽거나 예상하지 못한 경우(폭력이나 사고에 의한 것이어서)이거나 또는 예상한 경우(지병이나 다른 원인으로)일 수 있다(NCTSN, 2014). 아동기의 외상적 애도의 구별 가능한 특징은 트라우마 증상이 사별의 전형적 과정을 겪어내는 아동의 능력에 방해가 된다는 것이다. 트라우마와 애도의 증상을 복합적으로 경험하는 것이 너무 심각하여 죽은 사람에 대한 생각이나 상기시키는 어떠한 것도 — 심지어 행복한 것도 — 그 사람이 어떻게 죽었는지에 대한 생각, 이미지, 기억으로 이어질 수 있다.

복합 외상적 애도(complex traumatic grief)은 만연하고 광범위한, 장기간 노출된 다양한 외상적 사건에 아동이 노출된 경우를 설명할 때 사용되었다(NCTSN, 2014). 복합 외상적 애도는 갑작스럽거나 끔찍한 환경이나 아동이 죽음에 대해 인식하고 있었을 수 있는 예상된 의학적 상태였다고 하더라도, 충격적이고 예상치 못하거나 끔찍한 것으로 아이에게 영향을 미친다. 비록 이 용어가 대인관계에서의 폭력과 관련된 내용을 지칭하지만, 아동의 삶에서의 과거와 영구적인 외상사건을 대규모테러와 폭력에 대한 그들의 반응을 복잡하게 만들 수 있다. 특히 만성적 학대나 방치는 보호자와 아동의 관계에 영향을 미치는데, 그때 아동들은 위기 시에도 보호자는 도와주지 않고, 의지할 수 없는 사람이며, 아동의 회복을 돕는 데 필요한 사회적 지지와 안전을 제공해 줄 수 없는 것으로 인식할 수 있다.

트라우마의 요인은 사별을 복잡하게 만들 수 있다(Rando, 2003). 애도 경험이 트라우마와 결합되면, 안전 및 감정을 조절하는 것과 같은 트라우마의 목표와 필요한 것들을 다루는 것이 애도작업보다 우선되어야 한다. 이는 오클라호마 시티나 보스턴 마라톤 폭탄 테러, 9/11 테러 피해자의 아동들 같은, 심각한 폭력으로 의한 상실을 경험한 아동과 그리고 콜로라도의 컬럼바인고등학교나 코네티컷의 샌디훅, 또는 보스턴 마라톤에서와 같은 지역사회 폭력과 학교 총기난사, 폭탄 테러의 생존자들에게 적용되는데, 이러한 사건에서 트라우마에 노출된 정도는 다양하다. 샌디훅에서 어떤 아동들은 자신의 선생님과 친구들의 죽음을 목격했다. 다른 아동들은 이를 소리를 통해 목격하였고, 학교 안에 감금당하는 경험을 했으며, 잇달아 소방서로 대피하고 그들 부모의 얼굴에서 공포와 두려움을 보았다. 이와 대조적으로, 9/11 테러 희생자의 아동은 다른 형태로 안전에 대한 상실감을 경험했다. 이들은 주 양육자를 잃었고, 국가 전체에 곧 위험이 닥칠 것 같은 느낌을 경험했다. 트윈타워가 붕괴되는 이미지와 TV 방송은 위험한 느낌과 부모가 살해당하는 것을 반복해서 보는 경험을 강화시켰다.

미술치료, 대규모 트라우마 그리고 대규모 폭력

창의적 표현은 공공의 비극에 의한 영향을 치유하는 중요한 역할을 한다(Bertman, 2003). 예술은 사회가 비극적 사건을 처리하도록 돕고, 위안을 준다. 또, 예술은 발생한 일에 저항하고 항의하도록 돕는다. 또한 위로하고 철학적 · 정치적 · 정신적 질문을 표현한다. 자발적인 공적 · 개인적 작품 활동은 9/11 테러, 오클라호마 시티 폭탄 사건, 보스톤 마라톤 폭탄 사건, 컬럼바인과 샌디훅의 총기난사 사건 같은 대규모 단일 폭력 사건의 회복 과정을 시작하도록 도움을 주었다. 9/11 테러 이후 뉴욕 시 주변에는 즉각적으로 몇몇 추모공간이 만들어져, 벽은 사진과 사랑과 추억의 징표들로 덮였고, 소방서와 군대는 아동들이 선물로 보낸 작품으로 가득 찼다. 즉석에서 만든 추모공간은 2012년 샌디훅초등학교 총기난사 사건 이후에도 재빨리 만들어졌다. 이러한 사건 후의 공공의 추모식은 희생자를 사랑하는 사람들뿐 아니라 사회 구성원들 마음의 치유를 위해서도 필요한 것이었다(Benke, 2003).

대규모 테러와 폭력에 대한 미술치료의 치료적 모델 측면에서는 지금까지 비교적 적은 수의 연구들만이 미술 기반 개입의 가이드라인을 제공한다. 인간이 초래한 재난을 겪은 아동들의 문제(needs)를 다루는 데 사용되는 미술치료이론은 없다. Carr와 Vandiver(2003)는 재난 후 응급 보호소에서 아동들과 함께 작업할 때에는 반구조화된 활동과 제한된 미술 재료가 더 적절할 수 있음을 강조하였다. 외상근거 치료에서, 미술기반 접근은 대규모의 위기상황에서 안정감과 연결감을 효과적으로 증대시키는 탄력성과 강점을 제공한다. 다른 연구들은 소아 재난 생존자가 미술치료를 통해 치료를 받는 수가 증가한다고 보고한다(Goodman, 2014; Hussain, 2010).

일반적으로, 예술작업은 아이들로 하여금 대규모 재난의 영향으로부터 거리를 둘수 있는 방법이며 창의적 표현을 통해 적응적인 대처기술과 자기역량 강화를 촉진하는 것으로 여겨진다. 이 책의 다른 장에서 설명한 대로, 미술치료는 아이들의 사고와 감정을 연결하는 데 도움이 되고, 긍정적 기운으로의 통로이자 즐거운 활동이고, 미술재료와 창의적 표현을 통한 자기위로의 힘을 활용할 수 있게 한다. 대규모 테러, 폭력, 혹은 상실의 사건 이후의 예술의 창조는 아동들로 하여금 자신의 경험을 이해하는 방법과 슬픔을 표현하는 방법을 제공하며, 자신의 치유 과정에 능동적인 참여자가 될 수 있게 돕는다. 본질적으로 미술치료는 아동들이 생존자로서 그들 자신을 보는 방법을 제안하고, 최종적으로는 '성장하는 사람(thrivers)'으로 볼 수 있게 한다 (Malchiodi, 2012).

트라우마 치료에서 현재 최적의 임상과 미술치료의 통합

다음의 사례는 우리가 미술치료, 트라우마 치료, 애도 치료 분야에서의 우수 사례를 적용하여, 대규모 테러와 폭력을 겪은 아동들을 치료할 때 미술치료를 어떻게 이용하는지 실제로 보여 준다. 사례에는 샌디훅초등학교 생존자들과 9/11 테러로 부모를 잃은 아동들에게 제공된 조기 개입과 개인 및 집단 치료가 포함되어 있다.

샌디훅초등학교 학생들과의 미술치료를 이용한 조기 개입(Ellie Seibel-Nicol)

급성 외상후 증상은 주로 대규모 외상후 5주 안에 발생한다. 만성 외상후 스트레스, 그리고 그와 관련된 장애는 외상후 2~3달 후에 진단하게 된다. 급성이나 '주변외상성 (peritraumatic)' 단계에서 치료사들은 증상을 평가하고 심리교육을 제공하며, 외상 관련 증상을 줄이기 위한 대처 전략을 소개해 주고, 증상의 상태를 점검한다(Marans & Epstein, 2013). 이 단계에서의 행동 변화는 트라우마에 대한 반응으로 간주된다.

트라우마로 인한 급성 단계에서, 치료는 안정감을 재확립하고 자기조절 증가를 위한 감정의 정상화에 초점을 맞춘다. 샌디훅초등학교 총기 난사에 대한 대응으로서, 이러한 요구들을 해결하고자 미술치료 집단이 제안되었다. 많은 트라우마 전문가들과 프로토콜은 트라우마 생존자를 치료할 당시 집단 치료에 반대하였다. 우려점은 한 명의 집단원이 부주의하게 다른 집단원의 감정적 반응을 일으킬 수 있다는 우려에서였다. 트라우마를 겪은 개인들이 모여 있는 그 어떤 집단이든 외상근거 접근을 사용하여 외상을 입은 사람들을 치료하는 치료사의 능력은 매우 중요하다. 그러나 집단 치료는 대규모 폭력에서의 생존자들에게 중요한데, 이는 집단의 참여자들이 다른 사람의 경험과 동일시하는 능력을 가지고 있어 별로 고립되었다고 느끼지 않게 되기 때문이다. 집단 구성원은 서로에게 아주 깊은 공감을 느끼면서, 서로에게 효과적인 대처 전략을 배울 수 있고, 다른 이와 그들에게 도움이 되는 것을 나눌 기회도 얻을 수 있다. 많은 경우 다른 사람을 도울 수 있다는 것은 회복력을 구축하고 성장을 촉진할 수 있음을 의미한다.

샌디훅 총기난사의 아동 생존자를 위한 집단을 돕기 위해서는 각 아동이 노출된 특정 자극을 알아내는 것이 중요했다. 예를 들어, 장내 방송 설비가 켜져 있어 학교 안에 있던 모든 사람이 비명소리와 총성을 들었거나 어떤 생존자는 야생동물이 건물에 들어왔다고 믿거나 망치 소리를 들었다고 생각했다. 다른 생존자는 총성을 구분했고, 어떤 생존자는 대학살 전체를 목격했다.

총기난사 사건으로부터 대략 3주 후에 집단이 시작되었고, 3개월간 주 단위로 지속되었다. 참가자에게는 집단이 왜 만들어졌는지에 대해 매우 확실한 내용을 서술하여 설명하였다. 치료의 목표는 아동들이 경험에 대한 감정을 표현하고 탐색할 수 있는 안전한 환경을 조성하는 것을 포함하는 한편 그러한 감정에 대한 통제감과 인내하는 능력을 향상시키는 것이었다. 몇몇 아동들은 총기난사와 자신이 들은 이야기, 그리고 지역사회에 떠도는 많은 오해에 대해 말하고 싶어 했다. 나는 자진해서 이야기하고자 한 그들에게 고마워하면서도 그 이야기로 넘어가기 전에 기다려 주길 부탁했는데 해야 할 다른 집단 과제가 있었기 때문이다.

이러한 아동들은 집단에 들어가기 전에 걸러지긴 했지만, 난 단 한 명의 아동이라도 다른 아동의 이야기를 듣고 영향받지 않도록 확실히 해야만 했다. 나는 집단 규칙을 만드는 일에 아동들을 참여시켰다. 이 규칙에는 때리지 않기, 놀리지 않기, 상호 존중하기 등이 포함되어 있었다. 마지막 규칙은 총기난사에 대한 부분을 이야기하는 것이다. 이것은 집단 구성원들이 사건에 대해 말하는 것을 원치 않으면 강요할 수 없으며, 다른 구성원이 사건에 대해 말하는 것이 듣기 힘들어지면, 아동들은 그 논의를 중단하고 싶을 때 사용하기로 미리 정해 놓은 핵심 단어를 사용할 수 있는 규칙을 정했다. 각 구성원들이 중단을 위한 핵심 단어들을 제시하고 투표를 통해서 하나를 정했다. 이러한 간단한 단계와 지시사항으로 집단의 목적을 공고히 하고, 안전을 위한 규칙을 세웠다. 더불어 모든 참가자에게 치료 속도를 통제하고 자기조절을 할 수 있는 권한이 주어졌다.

나는 각 집단의 시작과 끝에 감각 위주의 다양한 규칙적인 절차를 정했다. 예를 들어, 다음 집단을 시작하기 위해 각 아동은 점토를 제공받았다. 지시사항은 손을 등 뒤로 하여 찰흙을 보지 않고 무엇인가를 만드는 것이었다. 그다음 우리는 만든 것을 보지 않고 오른쪽에 있는 사람에게 넘겼다. 그리고 각 집단 구성원은 자신이 넘겨받은 것이 무엇인지 추측하였다. 점토의 부드러운 감촉은 만지면 위안을 주고, 그 유연성은 효과적인 스트레스 완화제로 작용한다. 이것은 주의 깊은 활동에 해당하며 공동작업은 집단을 하나로 묶고, 차분하게 하며, 보다 깊이 있는 집단 치료를 할 수 있는 분위기를 조성한다.

몇몇 아동들은 학교 총기난사 사건에 대해 이야기하지 않기 때문에 집단이 좋았다고 했고, 집에서는 그에 대해 이야기하고 싶지 않다고 했다. 이러한 특정 집단은 자신의 경험을 소화하고 사건에 대한 생각과 감정을 표현할 안전한 장소를 제공하며, 다음 집단 치료 때까지 아이들을 내버려 둔다. 아동들에게 이 집단은 본질적으로 신성한 안아 주는 공간(holding space)이 되었다. 아동들은 집단이 그들 자신만의 특별한 '전용 클럽'인 것처럼 느꼈다.

샌디훅초등학교 학생들과의 집단미술치료(Mary Pellicci Hamilton)

무지개 물고기 프로젝트

트라우마에 노출된 아동 집단과 치료를 진행할 때는 "안전한 공간을 그리세요"와 같은 천편일률적인 방식이나 덮어 놓고 지시하는 것을 넘어 확장하는 것이 중요하다. 치료는 상징적 · 감각적 · 은유적인 내용을 통해 가능한 가장 안전한 느낌을 주고 안정된 기분을 촉진하고 제공하기 위해 고안되어야 한다. 대부분의 경우, 트라우마를 겪은 아동들은 주변의 어떤 대상을 안전으로 개념화시킬 능력이 없을 수 있다. 치료사들은 아동 내담자들이 자신의 안전한 느낌을 향상시키고 최대한 안전하게 느낄 수 있는 감각적 요소를 알아낼 수 있게 도와야 한다. 이러한 과정은 자율권을 격려함으로써 상처받기 쉽고 두려운 감정을 정상화하는 데 도움이 된다.

무지개 물고기 프로젝트(The Rainbow Fish Project)에는 4~7살의 뉴타운 아동들을 대상으로 한 독서 프로그램과 창의적 예술치료가 포함되어 있다. 비극의 초기 여파로 인해 많은 가족들이 외부의 사건을 상기시키는 것들을 피해서 집에만 머물러 있었는데도 불구하고, 이 프로그램에는 미리 등록한 스물여섯 가족과 추후의 예약 없이 온 가족까지 많은 사람들이 참석했다. 프로그램은 여러 이야기를 하는 시간으로 시작했는데, 공동 조직자인 Amber Kemp-Gerstel 박사의 *The Rainbow Fish*(Pfister, 1992) 낭독
도 포함되어 있었다.

*The Rainbow Fish*는 기부를 통한 훌륭한 지지와 우정을 발견하는 것을 위주로 한 어
린이를 위한 동화이다. 이 이야기는 특별히 해당 프로그램을 위해 선택되었고 창의적
은유, 상징적인 내용으로 각색하여 트라우마 노출의 초기 단계 동안 적절하게 적용했
다. 독서 후에 이야기를 기반으로 한 치료적 예술 활동을 한다. 아동들에게 종이판에
금속 비늘을 겹겹이 붙여 자신만의 무지개 물고기를 만들게 했다. 이 집단이 총기난
사 3주 후에 열렸기 때문에 보호와 억제에 관한 의사소통에 초점을 맞췄다. 충격적인
사건을 꺼내기보다는 아동들을 물고기 비늘의 보호 기능을 중심으로 창의적인 은유
와 집단 논의를 이용할 수 있도록 이끈다. 한 참가자는 포식자를 막기 위한 방어 체계
로 유인용 눈을 가진 가자미과의 물고기를 만들어 냈다(그림 5.1 참조). 그가 설명하
기를, 가자미과 물고기는 바다의 바닥에 숨어서 포식자를 피하고 선천적인 유인법과
생존 자질을 갖췄다고 했다. 대부분 아동의 미술 작품 활동 과정은 오려 낸 금속성 종
이로 두껍게 덧댄 아플리케[1] 비늘을 만드는 것으로 이루어진다. 비늘은 물고기의 몸
통을 꾸미는 것뿐 아니라 지느러미와 꼬리에도 묵직한 갑옷처럼 붙였다. 다른 아동들
은 다양한 색의 매직펜에 끌리거나 매직펜과 오려 낸 아플리케 조합에 끌렸다.

줄거리에서 나온 은유적 교차로서 참가자들에게 자신의 반짝이는 물고기 비늘 중
하나를 동료 참가자에게 주도록 격려하는데, 이는 집단 구성원 간에 사회적 지지를
받는다는 느낌을 향상시키고, 지역사회와 힘을 공유하였다는 것을 뜻하는 제스처이
다. 개인이 통제할 수 있다는 것을 알리기 위해 참가자들에게 자신의 물고기를 바다
벽화에 붙이도록 선택지를 제공했는데, 많은 참가자들이 숙고하며 자신의 물고기를
벽에 붙였다. 벽화에 물고기를 붙일 개인적 위치와 자리를 고르는 데 많은 고민과 생
각을 하였다. 어떤 사람들은 함께 그룹을 이룬 반면, 또 다른 사람들은 주변을 살피는
것처럼 벽화 꼭대기에서 배회하였다. 흥미로운 것은 각 물고기는 같은 방향으로(왼쪽
에서 오른쪽으로) 헤엄치는 방식으로 배치되었는데, 아마도 지역사회의 회복력과 희
망에 대한 무의식적인 집단적 합의였을 것이다.

---

1) 역주 : 천조각을 덧대거나 꿰맨 장식.

그림 5.1   7살 남자 참가자에게 자신의 무지개 물고기에 유인용 눈을 추가해 안전기제를 포함하는 것은 필수적인 것이었다. '바다 아래에 숨는 것'으로 포식자를 피한다. 물고기 이미지는 Marcus Pfister의 허락하에 사용하였다.

치료의 마지막에 어떤 아동들은 자신의 물고기를 집단 벽화에 남겨 두는 것을 허락하는 것으로 결정했고, 다른 아동들은 작품을 집으로 가져가는 것을 선택했다. 아동들에게 자신의 작품을 치료사에게 안전하게 맡기는 것에 대한 선택지를 주는 것은 중요한 치료적 개입인데, 이는 작품을 통해 확장된 자신이 치료사의 보호공간에 머물게 되었음을 의미하기 때문이다. 많은 경우에 아동 트라우마 생존자들은 자신의 예술 작품을 자신이 신뢰하는 안도와 보유의 장소인 치료실에 놓고 가길 선호한다. 작품을 두고 간다는 선택은 작품이 외상적 사건과 관련된 취약한 감정을 자극할 때 가장 많이 발생하는데, 이는 아동이 무의식적으로 감정 전이의 관계를 수용하고, 관리하고, 조절하고 싶어 하는 것이다. 치료의 성장 시기 동안 내담자는 자신의 작품을 가지고 싶어 하고, 집으로 가져가고 싶어 할 수 있다. 이러한 치유의 과정은 외상후 회복의 척도로서 내담자에게 안내되고 해석될 수 있다.

무지개 물고기 프로젝트의 미술치료 지침은 뉴타운의 아동들이 자신의 부모와 형제자매와 함께 작업하도록 함으로써 안전과 보호의 개념을 전달했다. 치료는 안전한 물리적 환경과 자기표현, 그리고 부모의 참여와 공동체 강화를 도왔다.

뉴타운 사건을 함께한 아동들

샌디훅초등학교의 한 아동 집단은 Kids Share Workshop(2013)을 통해 2주에 걸친 창의적 글쓰기와 미술치료 프로그램에 참가했다. 창의적 · 치유적 글쓰기 주제는 책 만들기 워크숍에서 안전과 자기표현 그리고 공동체와의 소통을 강화하는 것을 목적으로 개발되었다. 다층구조의 상징적 주제로 시간여행하는 슈퍼히어로, 보물섬 찾기, 강화된 안전을 보장하는 왕국, 역량강화, 승리, 탐험이 포함되었다. 샌디훅 학생들은 자신의 두려움, 소망, 갈등을 이러한 은유와 상징적 주제를 사용하여 탐색하였다. 아동들은 종이 공예 작업과 같은 미술 작업 안에서 자신의 변신을 경험했다. 워크숍은 아동들에게 샌디훅 사건 4개월 후에 자신의 감정을 미술과 글쓰기로 표현하도록 돕기 위해 안전하고 구조화된 환경과 창의적 경험을 제공하였다.

샌디훅초등학교의 1학년과 2학년 학생 집단은 "친절 왕국(The Kingdom of Kindness)"을 만들었다(그림 5.2). 아동들 중 몇몇은 총격 후 첫 번째 대응반의 보호를

그림 5.2 샌디훅초등학교 1, 2학년 학생들이 만든 "친절 왕국"에서는 여러 가지 주제가 드러났는데, 권력과 통제, 안전과 보안, 영원한 삶, 마법적 환상, 축복 가득한 행복이 포함되어 있다.

받고 학교를 빠져나오며 충격적인 장면들을 목격했다. 한 아동은 자신의 형제와 어머니가 외상에 직접 노출된 것과, 자신은 청각과 후각적 노출에 의해 간접적으로 외상을 입는 고통을 겪었다. 여러 주제에 관련된 아동들의 글쓰기와 미술 작품들은 상징적 이미지를 드러냈는데, 권력(왕/여왕/돈/금/초콜릿 동전), 보호를 위한 경계(초인종/꽃으로 둘러쌓인 성/물고기/선생님), 자신의 환경에 대한 보안과 통제(멀리 떨어진 성/악어가 있는 해자/방어막)(그림 5.3), 풍부한 마법의 환상을 통한 탈출(말하는 동물/분홍 날개가 달린 사자/유니콘/왕족 토끼/마법의 정원), 죽음의 부재(특별한 약/모두의 영원히 삶), 그리고 행복(카나리아/무지개와 햇빛 왕좌/광채/국가 지정 행복의 날)이 있었다. 다음 글은 총격 사건의 결과에 노출된 샌디훅초등학교 학생 중 한 명의 글쓰기에서 인용한 것이다. "친절 왕국은 가장 살기 좋은 곳이다. 왜냐하면 모두가 행복하고 안전하기 때문이다. 이것은 우리를 보호하는 방어막 덕분이다. 이 보호막은 모든 나쁜 것들이 왕국으로 들어오지 못하게 막아 준다. 친절 왕국에서는 모두가 특별한 약을 마셔 늙지 않는다. 친절 왕국에서는 모두가 영원히 산다. 말하자면, 모두가 영원히 행복하게 산다."

그림 5.3   여러 겹의 보호막이 성을 보호하기 위해 적용되어 있다. 큰 악어와 물고기가 성의 해자를 둘러싸고 있다.

글쓰기 주제를 발전시키기 위한 집단 활동 중에, 아동들은 다양한 물건이 숨겨진 상자에서 감춰 둔 물건을 골라잡았다. 흔히 볼 수 있는 칠판지우개가 선택되었다. 논의가 전개될수록 원상복구의 두려움과 소망이 "두렵고 나쁜 기억을 지우자"는 것으로 드러났다. 집단 구성원들은 "나쁜 사람 지우기. 적들이 우리 왕국에 오면, 우리는 그들을 지울 수 있다"는 것에 함께 동의했다. 아동들은 임의로 선택한 물건을 창의적으로 활용하며 자신의 두려움과 연약함을 이겨 내고 자율권과 승리를 얻었다.

샌디훅초등학교 학생들에 대한 미술치료 개입과
외상중심 인지행동치료(Ellie Seibel-Nicol)

샌디훅 총기난사 사건 이틀 전, 한 어머니가 치료를 위해 삼 형제 중 둘을 데리고 나에게 왔다. 첫째 아들은 오랫동안 정서장애를 앓아 왔고 치료 경력도 있었다. 작은아이는 어머니를 걱정시킬 만한 행동을 보이기 시작했었다. 어머니는 샌디훅초등학교 1학년인 막내 아들, 오웬을 위한 사회적 기술 집단에 대해 물어보았다.

총격 당일, 오웬은 같은 반 친구 절반 이상과 선생님이 살해당한 교실에 있었다. 총이 오웬의 머리를 겨누었을 때 총이 작동하지 않았다. 다른 아동이 "뛰어!"라고 소리질렀고 오웬은 그 아동과 함께 교실 밖으로 나가, 죽은 교장선생님을 지나서 정문을 향해 달렸다. "진저브레드 만들기 날"을 위해 학교로 오던 학부모를 만날 때까지 길을 따라 달려 내려갔고, 학부모가 아동들을 멈춰 세워 무슨 일이 일어난 것인지 묻고, 경찰에 연락하고 난 뒤 운전하여 경찰서로 데려다주었다.

2시간 후, 오웬의 어머니는 경찰서에서 그와 재회했고, 치료를 예약하기 위해 전화했었다. 그러나 그녀는 아직까지도 자신이 전화했던 일을 기억하지 못한다. 치료회기에 나타난 오웬의 초기 그림은 충동적이고 혼란스러운 모습으로 그려졌다. 많은 그림들이 점으로 표현된 숭숭 뚫린 그림이었다(그림 5.4). 그는 학교에 와서 선생님, 교장선생님, 친구들, 그리고 가장 중요한 자신의 여자친구를 죽인 나쁜 사람에 대해 이야기했다. 그는 학교 정문의 깨진 유리 조각을 그렸고, 총알구멍처럼 생긴 점들이 박혀 있는 진저브레드맨을 그렸다.

오웬의 어머니는 총격 사건 전의 오웬을 철없고, 행복하고, 짓궂고, 때때로 요구가 많은 어린 소년이라고 설명했었다. 오웬은 잘 먹고 혼자서도 잘 놀았었다. 총격 이

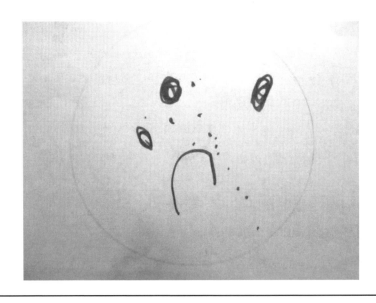

그림 5.4　　오웬의 그림 중 하나인 "진저브레드맨"에 점이 흩뿌려져 있다.

후, 오웬은 짜증을 잘 내고 요구가 많아졌으며, 식욕이 줄고, 어머니나 형(둘째 형)과 함께 자고 싶어 하고, 쾅 소리가 나거나 문을 쾅 닫는 소리에 반응을 보인다고 보고했다. 오웬은 충격 사건 당일에 관한 일을 물으면 경직되었지만 그 사건에 대해 끊임없이 생생하게 이야기했다. 이러한 증상은 몇 달간 지속되었다.

　　오웬이 첫 미술치료 집단에 참석한 후, 집단은 그에게 적절한 선택이 아니라고 결론 내렸다. 그의 행동이 집단의 다른 부정적인 영향을 줄 수 있다는 판단에 의해서였다. 그는 주 단위의 개인미술치료를 시작했다. 오웬은 미술작업과 놀이과정에서 충격적인 충격 사건 당일을 재현하면서 과각성 상태에 머물렀다. 하루는, 매직마커 상자를 사용하고 있을 때, 반복적으로 두 개의 펜을 세워서 다른 펜으로 세워 놓은 펜을 계속 넘어뜨렸다. 그가 말하길, 세워 놓은 펜은 나쁜 사람의 다리이고, 이것들을 넘어뜨리면 그 나쁜 사람을 넘어뜨리는 것이라고 했다. 충격 당일에 그 교실에 있던 아동으로서, '나쁜 사람의 다리'는 그의 눈높이에서 그가 보았던 것이다.

　　오웬은 구조하는 상상을 놀이로 꾸몄는데, 이것은 아마도 생존자의 죄책감에서 나온 듯하다. 그에게 치료시간이 끝날 때가 되어 간다고 말해 주자 오웬은 펜을 집어 상자에 넣으며, "제가 지금 나쁜 사람을 감옥에 넣고 있어요."라고 말했다. 오웬은 파괴와 혼란의 이미지에 관한 그림과 점토 만들기를 통하여 충격 사건 당일을 재연하는 것에 머물러 있었다.

외상초점 인지행동치료(TF-CBT; Cohen, Mannarino, & Deblinger, 2012)는 치료를 구조화하기 위해 미술치료와 결합해서 실행되었다. TF-CBT는 예민한 외상적 개입을 인지행동 전략과 통합한 프로토콜이다. 이것은 학대당하거나, 충격적인 것을 목격하거나, 학교 총기난사와 같은 대규모 트라우마와 관련된 아동들에게 사용된다. TF-CBT는 애착 이론, 발달신경생물학, 가족 치료, 역량강화 치료, 인본주의 치료를 통합한다(Epstein, 2013). TF-CBT의 목표는 트라우마에 대한 아동들의 부정적인 감정과 부정적 행동 반응 감소, 학대나 트라우마와 관련된 인지적 왜곡 바로잡기, 그리고 보호자에게 지지의 기술과 아동들에게 적절하게 대응할 수 있는 기술을 제공한다.

심리교육, 이완훈련, 감정조절의 초기 단계는 점진적 노출과 기술발달에 관한 것이 전부이다. 좀 더 개인적인 수준의 특정 트라우마는 나중에 다룬다. 감정조절 단계에서 오웬은 그의 감정을 어떻게 알아내고, 참고, 조절하고, 통합하는지 배웠다.

오웬이 자신의 감정을 어떻게 알아내는지에 관해 배웠던 한 가지 방법은 주어진 색인 카드 크기의 종이와 펜을 이용한 게임으로, 감정을 표현하는 얼굴을 각 종이에 그리고 그가 그릴 수 있는 만큼 최대한 많은 감정을 알아내도록 하였다.

그에게 얼굴 아래에 맞는 단어를 쓰도록 요구했다. 오웬과 나는 그림들을 책상에 펼쳐 놓았다. 게임은 실제 일어난 일을 이야기하는 것으로, 이야기를 하는 사람이 이야기를 하는 동안 경험했던 감정이 올라올 때마다 '감정 칩(feeling chip, 포커 칩)'을 종이 위에 올려놓는다. 그 감정의 강도를 나타내기 위해 한 번에 한 개 이상의 칩을 놓을 수 있다. 어떻게 게임을 하는지 아동에게 보여 주기 위해 치료사가 먼저 시작한다. 필요하면 치료사는 아동에 관한 이야기를 할 수 있다. 그 후 아동은 실제 일어난 일을 말하면서 경험한 각 감정을 인식하고 감정의 강도를 매기기 위해 칩을 사용한다. 이야기가 트라우마에 관련된 이야기일 필요는 없다.

그러나 이 게임을 한 후, 오웬과 같은 아동들은 그가 겪은 트라우마를 다른 아동이 겪었을 때 그 아동이 어떤 기분이었을지, 그 아동의 감정이 얼마나 강렬했을지, 그 아동이 어떻게 그 감정을 관리하고 조절할 수 있을지 인식하는 것이 가능하다. 이것은

그림 5.5   샐리는 바닥보다 높이 있는 침대에서 안전하게 웃고 있는 자신을 그렸다. 그녀의 강아지는 행복한 표정으로 옆에 있지만, 손이 닿지 않는 거리에 있다.

TF-CBT의 점진적 노출 요소의 일부이다.

　샐리 역시 총격 당시 샌디훅초등학교 1학년 학생이었다. 그녀는 총성을 들었는데 마치 폭탄이 터지는 소리라고 생각했다. TF-CBT와 미술치료가 개인적으로 실행되었다. 샐리는 데이지반의 많은 친구들을 총격으로 잃었고, 그중 한 소년은 매우 친한 친구였다. 그녀는 복합적 트라우마 애도를 경험할 가능성이 높았다. 그녀가 심리교육, 이완훈련, 감정조절의 몇몇 초기 모듈을 마친 후, 샐리는 총격 1년 전에 가족이 키우던 죽은 강아지 사진을 가져오기 시작했다. 그녀는 강아지 그림을 그려도 되는지 물었다(그림 5.5). 총격과 연관된 샐리의 애도는 다른 이야기로 대체되었다. 그녀에게는 강아지에 대해 이야기하고 기억하는 것이 친구들에 대해 슬퍼하는 것보다 더 안전했다. 이해할 수 있는 것은 그녀는 친구들에 대해 슬퍼할 준비가 되어 있지 않았다는 것이다. 왜냐하면 그들을 생각하면 아직 트라우마 반응이 일어나기 때문이었다.

　치료에서의 심리교육과 이완기술을 통해, 샐리는 총격 당일 그녀가 어떤 감정을 느꼈는지를 보여 주는 그림을 그렸다(그림 5.6). 그림에서 그녀는 소리를 지르고 있고,

그림 5.6   12월 14일에 자신이 느낀 몸 안에 있던 것에 대한 샐리의 묘사

심장은 빨리 뛰었으며, 복통이 있었다. 머릿속에는 그녀의 강아지가 있었고, 팔과 다리 안에 줄을 그려서 경직된 뼈를 묘사했다. 미술과 긴장 풀기 기법 같은 진정 활동을 이용하는 방법을 기억하면서 샐리는 극한의 감정을 견디고 다루는 것이 더욱 가능해졌다. 복합 트라우마 슬픔이 다루어질 때쯤, 샐리는 총기난사 사건으로 잃은 친한 친구를 그리는 것이 가능해졌다(그림 5.7).

그림 5.7   12월 14일에 잃은 친한 친구를 그린 샐리의 그림

9/11 테러로 사별한 아동의 외상적 애도 작업(Laura Loumeau-May)

9/11 희생자의 가족은 트라우마를 직접적으로 경험하진 않았지만, 트라우마의 간접적인 경험은 끔찍한 사건을 지속적이고도 생생하게 보도한 미디어에 의해 강화되었다. 사랑하는 사람이 어떤 고통을 겪었는지 아는 것과 모르는 것이 사체의(혹은 그 일부) 부재로 인해 강화되고 사건에 대한 상상력의 원인이 되었다. 동시에 국가가 트라우마에 과민하게 반응하였고 그것은 슬픔에 빠진 희생자 가족들의 외상적 충격을 고조시켰다.

9/11로 가족을 잃은 31개 가족은 대부분 뉴저지 퍼래머스의 Journeys Program of Valley Home Care라는 기관의 서비스를 받았는데, 나는 여기에서 희생자 가족의 아동들과 4년이 넘는 시간 동안 함께했다. 제공된 서비스에는 지역사회 워크숍, 첫 2년간의 가족 추모 이벤트, 개인미술치료, 그리고 연령대에 맞는 지속적 집단 치료가 있었다. 초점은 치료 초기 단계의 트라우마에 관련된 목표에서 애도를 처리하기 위한 치료의 초기 단계로 전환하는 것이었다.

초기 목표 : 트라우마 받아들이기

테러리스트 공격 후 처음 몇 달간 미술치료 프로그램에 들어간 아동들은 두려운 이미지를 표출하고, 나누고 싶은 욕구와 감당하기 힘든 생각들을 방어하려는 욕구가 합쳐진 모습을 보였다. 치료의 첫 단계 동안 심리적 안정성과 구조가 제공되었는데 이는 미술표현에서 숙달과 안전을 위한 기회를 제공하기 위함이었다. 우리는 아동들이 정서를 드러나게 하는 동안 아이들의 견뎌 내는 모습을 관찰하면서 카타르시스를 위한 수용적이고, 개방적이고, 지지적인 분위기를 만들었다. Kalmanowitz와 Lloyd(2005)는 트라우마의 개선에서 기억하는 것과 잊는 것의 중요성에 대해 논의했다. 트라우마적 경험을 기억하고 이야기할 수 있는 것은 인정하는 것이며 치유하는 것이지만, 너무 일찍 많은 것을 기억하는 것 또한 마음을 압도할 수 있다. 그러므로 치료사는 주의하는 것이 연습되어 있어야 한다. 아무리 숙련된 치료사라 할지라도 기억이 언제 어떻게 떠오를지 조절하는 것이 늘 가능한 건 아니다. 그러므로 표현을 유도할 때 너무 일찍 이야기하는 것을 조장하기 전에 내담자의 방어를 존중하고 취약성을 인지하는 것이 중요하다. 세심하게 선택된 미술재료와 지시사항이 감정을 자제할 수 있는 구조와 표현을 위한 자극과 동시에 제공될 수 있다.

'안아 주는 환경(holding environment)'이 안전하게 확립되었을 때, 트라우마의 목적은(Rando, 1996) (1) 아동들에게 자기위로와 조절하는 법을 가르치고, (2) 감정을 이해하고 표현하는 것을 돕고, (3) 건강한 방어기제를 알아내 개발하고, (4) 무기력에 대처하는 것에 숙달되고, (5) 목격하거나 상상한 트라우마를 회상하고 이야기하며, (6) 기억이나 현재의 두려움과 관련된 불안을 관리하는 것을 포함한다. 유도된 이미지나 음악, 그리고 안전 상자 만들기와 같은(Cohen, Barnes, & Rankin, 1995) 기법은 안전하게 담아 주는 것(containment)과 위로를 주었다. 그림, 찰흙 작업, 멀티미디어 콜라주, 스크래치보드는 분노와 같은 좀 더 어려운 감정 표현을 위한 에너지를 방출하도록 만들었다. 스토리보드, 인형극, 모래놀이의 사용은 문자로 표현되거나 상징적인 이야기를 끌어내었다.

개인적으로 만들어진 이야기들은 아동들에게 다소의 통제를 주었다. 많은 아동들이 트라우마의 상징적 형태를 제공했다. 10살 소녀가 만든, 해변에 자신의 집을 지은 '작고 파란 아저씨' 이야기를 담은 스토리보드가 있다(Loumeau-May, 2008). 이 이야기에서 그의 집은 거대한 해일로 인하여 바다로 휩쓸려 가 파괴되었다. 2년 후, 섬에 혼자 남은 작고 파란 아저씨는 두 개의 야자나무 사이에서 여전히 최대한 큰 소리로 "도와주세요"라고 외치고 있었다. 이 이야기에서 파랑은 슬픔, 산소 부족으로 인한 죽음, 또는 공기로 증발하는 과정에 대한 언어적 은유일 수 있다. 들려준 이야기는 재앙에 압도당한 고립된 사람에 대한 것이다. 해일은 폭풍같이 쏟던 눈물에 지친 경험과 아버지를 죽인 갑작스러운 공격을 상징할 수 있다. '집'은 건물과 공격 이전의 그녀가 알던 가정생활 모두를 나타낼 수 있다. 2년이라는 기간의 선택은 트윈타워와 예상된 슬픔의 기간 모두를 나타내는 것일 수 있다. 그녀의 이야기에서의 풍부한 은유로 인하여, 그 아동은 외상 사건에 대한 직접적인 대립 없이 심리적 과정에 대한 논의를 가능하게 했다.

창의적 접근법은 아동들과 10대 청소년의 막혀 있던 감정 방출을 돕는 데 쓰였다. 한 멀티미디어 경험은 Wallace(1990)의 티슈 페이퍼 콜라주 기법을 뉴에이지 음악을 듣는 것과 Pablo Neruda의 시 "외로움(Loneliness)"(1970)의 읽기를 결합해서 활용하였다. 시를 인쇄한 구절은 콜라주에 포함되도록 제공하였다. 이러한 지시사항의 목표는 티슈 페이퍼를 공격적으로 찢는 것을 활용하여 불협화음의 음악을 증대시키고, Neruda의 비통함으로 감정을 자극하여 억눌리고, 불안하고, 피상적이었던 감정들을 방출시키는 것이었다. 애매모호한 음악은 티슈 페이퍼에 풀을 바르는 진정 과정과 서서히 나타나는 색상의 화려함과 한데 섞여, 고통을 표현하는 것과 억제하는 기회를 제공했다. '밥'이 만든 콜라주(그림 5.8)는 공격당한 장소로 달려가는 소방차를 묘사하려고 했는데, 폭발하는 물체의 조각으로 분명하게 특징지어졌다. 밥은 "on that day(그날)", "so sudden(너무나 갑작스럽게)", "not happening(사실이 아니야)", "not knowing(몰랐어)", "I have no idea(무슨 일인지 모르겠어)" 등의 많은 시 구절을 콜라주에 붙였는데, 이는 그의 충격과 혼란을 나타내었다. "bleeding(피 흘리는)"의 티슈 페이퍼의 색상 효과는 빌딩에서 내뿜던 노랗고 주황색의 불꽃을 생생하게 전달한다. 콜라주 그 자체가 충격, 고통, 파괴와 혼란의 시각적 카타르시스이다.

정기적인 치료 과정이 끝나 갈 즈음에는 "애도의 길(The Road of Grief)"이나 "전과 후(Before and After)" 같은 그림의 은유적 지시사항들은 변화를 측정하고, 각 아동이 사건을 어떻게 인지하고 있는지 확인하고, 대응기술이 얼마나 향상되었는지 보기 위해

그림 5.8　　멀티미디어 접근법으로, 얇은 종이 콜라주, 뉴에이지 음악, 시의 결합이 밖의 갇혀 있던 감정 분출을 도왔다.

제안되었다. 2002년 6월 말이 다가오면서, 아동들에게 9/11 자체에서 가장 힘든 부분으로 기억하는 것과 지금 가장 힘든 것을 반영하는 '전과 후' 이미지를 그릴 것을 권했다. 여러 명이 기억하는 사건의 익숙한 공격 자체의 이미지와 현재의 힘든 일 때문에 가정에 생긴 변화를 그렸다(그림 5.9). 한 8살 소녀는 9월 11일 교실에 있던 자기자신을 그렸는데, 선생님이 공격에 관해 알려 줄 때 아버지를 생각하고 있는 그림이다.

종이의 다른 쪽은, 9개월 후 자신이 소프트볼 게임을 하고 있는 모습을 그린 것으로, 자신이 지금 잘하고 있는 것을 아버지가 자랑스러워할 것이라고 말했다. 그림에서 커다란 구름에 폭발 같은 구멍이 겹쳐져 있는데 그곳은 공과 배트가 만나는 곳으로 파란 하늘의 거대한 비행기 실루엣과 닮아 있다. 이 그림은 대처기술과 남아 있는 트라우마 기억을 동시에 반영하는데, 그녀는 아직 트라우마 기억을 직접적으로 다룰 준비가 되어 있지 않았다. 프로그램에서의 활동을 통하여 공격을 연상시키는 침투나 파열의 비슷한 이미지가 많은 아동들의 작품에서 나타났다.

그림 5.9　　한 8살 소녀는 소프트볼 게임에서 그녀가 자신의 성공적인 타격을 강조하기 위해 그린 구름 모양이 비행기와 닮았다는 것을 깨닫지 못했다. 총알구멍의 이미지가 그림에 무의식적으로 나타났던 오웬의 그림과 비슷하게, 비행기와 건물이 관통당하거나 반으로 잘린 이미지가 9/11에 영향받은 아동들의 작품에서 끈질기게 계속되었다. 이 이미지는 내용(자신을 활동적이고 역량강화된 모습으로 묘사함)과 형식적 요소(두 번째 그림에서 사람모양을 발달상으로 더욱 성숙하고 크게 묘사할 뿐만 아니라 공간과 색상도 더욱 가득 차게 사용함)와 남아 있는 충격적 기억의 영향을 나타낸다.

사별 치료 목표 : 죽음의 실제 경험하기

트라우마에 대한 반응으로 초기 슬픔의 특징 중 하나는 무감각인데, 상실의 감정이 끔찍한 꿈일 뿐이라고 생각하는 것이다. 그것이 지나고 나면, 상실의 현실은 너무나 충격적일 수 있다. 공격 이후 2년째에 아동들은 부모의 죽음의 충격적 측면을 더 직접적으로 다루는 것을 천천히 시작했다. 더 어린 아동들은 실제로 무슨 일이 일어난 것인지 완전히 알게 되었다. 많은 아동들이 공격과 죽음에 대한 구체적인 질문들을 탐색하기 시작했다. 프로그램의 아동과 10대 청소년은 두려운 기억을 피하기 위해 긍정적인 기억들을 붙잡고 싶어 했다. 그러나 그것도 점점 하기 힘들어져 갔다. 미술치료 개입은 변화를 시험해 보고, 지속된 구조화된 죽음의 회고를 제공하고 불편한 감정, 추억 작업, 삶 회고에 대한 깊은 수용에 집중했다.

　　그다음으로 삶의 순환에 대한 토론을 이끄는 것으로, 유목, 상어 이빨, 뼈, 호박, 규화목 등 자연의 물체를 보고, 만지고, 조사하는 도입 기법으로 활기 넘치던 의견 교환은 짧게 끝났는데, 그건 한 아동이 "쥐라기 공원"(Kennedy & Molen, 1993)을 기억하고 흥분하여 호박 안에 DNA가 있을지도 모른다고 주장했기 때문이었다. 이것이 어머니가 트윈타워 안에서 돌아가신 다른 아동 '애나'의 기억을 자극했다. 그녀는 아버지가 '엄마의 DNA를 주기 위해' 엄마의 빗을 맨해튼으로 가져가야 했던 이야기를 집단에 들려주었다. 구조 요원들은 나중에 어머니의 일부분을 찾았다. 집단은 누구의 부모를 찾았고 누구를 찾지 못했는지에 대한 노트를 비교하기 시작했다. 그들은 왜 '일부분'만 찾을 수 있었는지 알고 싶어 했다. 집단은 비행기, 불, 붕괴, 그리고 어떻게 모두가 안에 갇혀 버렸는지에 대해 자신이 기억하는 것을 나누기 시작했다.

지금까지 이 주제를 피해 왔던 아동들은 자신이 아는 것과 생각한 것을 말하기 위해 서로 끼어들 정도였다. 갑자기 이들은 자신이 들은 끔찍한 사실을 이야기 나누고, 다른 아동들도 비슷하게 무서운 생각과 불쾌한 기억을 품고 있는지 알아낼 방법이 필요했다. 각 아동들은 이제 자신이 알지 못하는 것들을 상상으로 채웠다. 나중에 그린 그림에서 이들은 테러리스트의 공격을 재현하는데, 단순히 TV에서 본 것뿐만 아니라 공격받는 동안 자신의 부모가 겪었을 일에 대해 상상했던 것을 재현했다. 이들은 모두 트윈타워에서 무슨 일이 있었는지 알고 있었지만, 누구도 각자의 부모님에게 무슨 일이 있었는지는 알 수 없었다. 이들은 자신의 부모가 뛰어내렸을지 궁금했고, 부모님이 어떻게 죽었을지, 마지막에 부모님이 어떤 생각과 감정이었을지 궁금해했다. 미술 재료를 건네주며, 무슨 일이 있었을지 생각한 것을 그리거나, 기분 좋아지는 것을 그리거나, 혹은 둘 다 그릴 것을 권유했다. 모두 타워의 윤곽을 그렸고, 여러 명이 빌딩 중간을 뚫고 솟은 불길이 번진 계단과 그 안에 갇힌 사람들을 작은 막대모양으로 그렸다. 모든 아동은 이러한 이미지를 예전에 생각했었지만 하지 않으려 했다고 말했다. 이들은 집에서 이것에 대한 이야기를 하기 싫어했는데 그 이유는 너무 무서웠고, 이것이 남은 부모를 슬프게 하기 때문이라고 했다. Steele(2003)은 어른들이 그들의 아이들이 트라우마에 힘들어할 것을 너무 두려워한 나머지 트라우마에 대한 생각을 회피하도록 부추긴다고 말했다.

외상을 경험한 아동들은 준비가 됐을 때 자신의 이야기를 할 수 있게 해 주어야 하며 본인의 내적인 경험을 들여다볼 필요가 있다. 공격 당시 6~8살이었던 소녀들이 자신의 이미지를 외현화하고, 대답할 수 없는 질문을 묻는 용기를 가지기까지 1년이 넘게 걸렸다. 트라우마를 직면하는 것과 함께, 이 집단은 사별의 두 가지 중요한 측면에 대해 솔직히 말하기 시작했는데, 그 두 가지는 죽음에 대한 이들의 인지적 이해와 부모님의 곤경에 대한 공감이다.

희생자의 많은 아동들이 밝힌, 그들에게 있어 상실의 순간을 공격 그 자체가 아닌, 어머니나 아버지의 시체가 확인되었음을 알리기 위해 경찰이 집에 도착한 순간이라고 했다(Freeman, 2005). 예를 들어, 밥이 첫 1년간 콜라주에 생생하게 묘사한 충격은 2년 후 죽음을 인정했을 때에 그가 그림에서 묘사한 외로움과 대조된다. 검정 종이와 오일 파스텔을 선택한 이 소년은 자신의 방 침대 끝에 혼자 앉아 있는 모습을 그렸다. 그림에서의 큰 침대는 팔을 껴안고 침대 위에 앉아 있는 소년을 작아 보이게 만들었다. 소년의 뒤에 열려 있는 창문 두 개와 벽의 달력, 천장의 조명만이 방의 공허함을 깨트렸다. 밥은 자신이 창밖을 내다보고 경찰차가 자신의 집에 멈춰 서고 경찰관들이 도착하는 것을 봤지만, 그들이 왜 왔는지 알기 때문에 자신의 방에 남아 있는 모습을 묘사했다. 사랑하는 사람의 시신을 찾은 다른 사람들처럼, 밥은 경찰이 온 그 순간까지 아버지가 잔해 속에서 찾은 물과 음식으로 연명하며 갇혀 있을지도 모른다는 희망을 가지고 있었다고 말했다. 자신이 경찰차를 보기 전까지는 아버지의 죽음을 인정할 수 없었다. 상실의 현실은 방 안에 혼자 앉아 있는 그를 휘몰아쳤고, 그는 그 말을 들을 필요가 없었다.

트라우마나 사별을 경험한 사람들은 수면장애의 경향이 있다. 다른 아동은 자신과 아빠가 공격 당시 트윈 타워 중 하나에 있었던 꿈을 꾸었다(그림 5.10). 아동과 아버지 둘 다 안전하게 탈출에 성공했지만, 아버지는 다른 사람을 구하러 다시 들어갔다. 이는 1993년 월드트레이드센터 공격 이전 테러리스트 공격에서 아동의 아버지가 실제로 했던 일이다. '도널드'가 밖에서 안전할 때 아버지는 무너지는 건물 안에 있었다. 도널드는 자신의 꿈을 이야기해 주었고, 나중에 많은 주저함과 어려움 끝에 그림을 그렸다.

도널드의 그림에서의 검정 마천루는 보라색 하늘을 배경으로 윤곽을 드러내고 있다. 빨간 십자모양의 계단이 불타는 듯이 타워 내부를 가득 채웠다. 아래로 내려오면서 불타는 계단은 빨강과 검정에 대비되어 깜빡이는 불꽃 같아 보이는 세 개의 작은 노란색 형상이 그려져 있다. 위의 하늘 역시 불타는 듯한 노랑으로 표현되었다. 도널

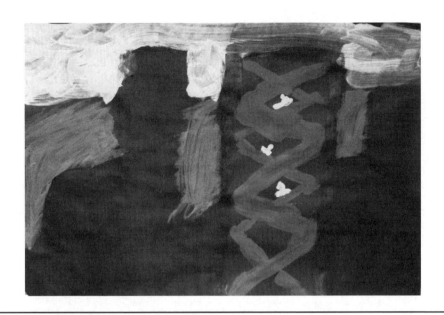

그림 5.10   많은 아동과 청소년들이 타워에 갇혔을 때 부모님의 경험을 상상한 그림을 그렸다. 사건을 재현해 결과를 바꾸려고 노력했지만 실패한 꿈에 근거한 이 그림에서 도널드는 아버지의 죽음의 공포를 재창조했다. 9/11 공격 2년 후, 두려움 이미지를 외현화하고 꿈으로 소화함으로써 도널드는 감정적으로 트라우마를 대면할 수 있었다. 이것은 뒤이은 슬픔을 다루는 작업에 더욱 깊이 참여할 수 있게 했다.

드는 자신을 다시 빌딩 안에 그렸다. 그는 아버지의 용기에 대해 말했다. 그는 불타는 건물에 다시 들어가는 것은 상상에서라도 용기가 필요하다고 재확인했다. 그는 아버지가 느꼈을 것을 자신도 경험해 보았다. 아버지를 향한 사랑으로 그 건물에 갇히는 상상으로 두려움에 직면했다. '생존자의 죄책감'에서뿐만이 아니라 아버지와 다시 만나고 싶은 갈망이 그를 그 건물로 다시 들어가게 했다. 그러나 상상에서조차 그는 일어난 일을 바꿀 수 없었다. 그는 아버지가 몇 년 전 했던 것처럼 구조에 영향을 미칠 수 없었다. 현실을 바꿀 수 없다는 무력감을 감지할 수 있었다. 밥처럼 도널드와 DNA를 논의했던 어린 아동들은 아버지의 죽음이라는 트라우마를 대면하고 슬픔에 대한 더 깊고 의식적인 탐색을 시작했다.

최종 목표 : 연결 보존하기

세 번째 해가 끝날 때쯤 많은 아동들은 강렬한 슬픔이 줄어들었고, 자신이 다른 누구도 이해하지 못할 경험을 공유한 특별한 집단의 구성원이라는 것을 알게 되었다. 그들은 삶을 '원래대로 복구'하고 싶어 했다. 그들의 시각은 변해 갔다. 이 시점에서 미술이 지향한 것은 수정된 세계관, 돌아가신 부모와의 이전 관계를 돌아보는 것, 그리고 부모를 기억하고 내면화하는 방법에 집중하는 것이었다.

2004년 봄, 트윈타워를 대체하는 것에 대해 논란이 된 계획의 첫 번째 선택을 공식화하고 발표했다. 몇몇 아동과 청소년은 계획에 찬성했고, 몇몇은 반대했다. 애나가 말하길, "우리 부모님이 거기서 돌아가셨으니, 그곳은 신성한 땅이에요"라고 했다. 이 신성한 땅이라는 개념은 프로젝트에 적절한 주제를 제공했다. 그들은 자신들의 추모 디자인을 구성하고 만들었다(Loumeau-May, 2008). 아동들과 치료사들이 제공한

그림 5.11 애나가 아동에서 10대로, 또 어른이 될 자신의 성장을 긍정적으로 시각화한 추모 퀼트. 미술치료 인턴 Tamara Bogdanova가 정리했다.

화판 디자인에 집단 퀼트(그림 5.11)가 미래를 꿈꾸고 추모하기 위한 방법으로 제공되었다. 애나는 자신이 아동에서 10대로 또 어른으로 성장하는 모습을 자랑스럽게 묘사했다.

　기억의 힘은 트라우마와 상실 모두를 처리하는 데 중요하다. 사별 과정에서 기억은 죽은 이를 놓지 않는 상징적 방법이다. 이는 사랑과 관계의 인내를 증명하는 것이다. 그것은 단지 사랑하는 이의 실제 존재만이 아니라, 죽음에 의해 헤어지게 된 대상 사이에 있었던 모든 일의 연결을 구성한다. 슬픔을 다루는 작업은 붙잡는 것과 보내는 것 사이의 춤과 같다. "누군가 그들에 대한 이야기를 할 수 있을 때까지 그 사람은 살아 있다"는 미국 원주민의 지혜를 상기시켰다. 어린 아동들은 발달 단계 때문에 많은 것들을 기억하지 못한다. 한 어린 아동이 이것을 가슴 사무치게 깨달았다. "전 두려워요. 왜냐하면 내가 크면 아빠를 기억하지 못할 것 같거든요"(Payson, 2002). 트라우마의 아주 초기단계에서 부모의 폭력적인 죽음의 이미지는 부모의 살아 있을 때의 건강한 모습을 기억하게 해 주는 능력을 방해한다. 도널드의 초기 콜라주가 보여 준 것처럼 그가 반짝이는 두꺼운 종이를 잘라 만든 얼굴 없는 상태로 윤곽만 그려진 이미지는 본인일 수도, 아버지일 수도 있다고 했다. 그는 공격 후 얼마간, 죽기 직전의 아버지 얼굴이 기억나지 않았다고 말했다(Loumeau-May, 2011). 희생자의 아동들은 자신의 애도의 외상적인 측면을 작업하고 처리하는 것을 계속하는 과정에서, 부모님의 초상화를 그리는 데 부모님의 사진을 사용하도록 권유받았다. 부모의 얼굴 이미지를 재현하고 눈여겨보는 것은 슬픔을 견디고 즐거움을 다시 경험하는 작업을 통해 감정의 깊이를 경험하게 했다.

　삶과 슬픔을 돌아보는 활동은 프로그램에 남은 청소년들이 자신의 삶에 재투자하고 새로운 관심을 찾았다는 것을 보여 주었지만, 부모님과의 애착을 유지하는 방법으로서 적극적으로 애도하는 것은 최종적인 도전이었다. 부모님의 안 보이는 측면을 나타내는 자화상은 내면의 힘을 발견할 수 있게 도와주었다. 도널드가 꿈을 그림으로 그리기 이전의 많은 미술 작품들은 회고적이고 이상적이었다. 그의 힘 센 척을 놓고 헤어짐의 고통과 슬픔을 제대로 느끼는 용기 있는 도약을 마침에 해냈다. 아버지와 더욱 깊이 재연결할 수 있게 되기 전에 아버지와의 분리에 대해 충분히 경험할 필요가 있었다. 지금은 트라우마와 상실을 모두 소화할 수 있게 되었고 매우 다른 본인

–아버지 초상화도 그릴 수 있게 되었다.

도널드의 프로젝트는 영화 "라이온 킹"(McArthur & Schumacher, 1994)에서 라피키가 심바에게 '네 안에 살고 있는' 아빠를 찾기 위해서는 내면을 들여다보라고 말하는 장면에서 영감을 받아 초상화 작업과 결합한 것이다. 도널드는 '네 안에 살고 있는' 자신의 초상화를 반으로 나눴다. 그는 아빠의 얼굴을 한쪽에, 자신의 얼굴을 다른 쪽에 그렸다. 그는 아버지와 자신이 함께 좋아했던 다양한 스포츠 팀을 상징하는 줄무늬로 초상화를 둘러쌌다(Freeman, 2005). 아빠 없는 삶에 적응하기 위해 애쓸 때도 도널드는 아버지와 많은 부분의 동일시에 대해 이야기했다. 그 내용에는 그가 나이 들어가는 것, 관심사, 그의 아버지처럼 수학과 같은 비슷한 학문적 강점의 발달 같은 것이 있다. 그는 아빠가 자기 안에 산다는 것을 깊이 깨닫기 시작했다. 그가 지키려는 기억, 같은 이름과 비슷한 외모뿐만 아니라, 아빠에게 배운 것과 앞으로 어떤 사람으로 성장하고 있는지 등 아버지와 지신이 연결되어 있는 방식을 통해 깊이 깨닫게 되었다. 이 성장은 아버지가 도널드에게 가르친 것이자 아버지의 죽음에 대처하며 키워온 힘의 견고한 토대에서 온 것이었다.

결론

Abu Sway, Nashashibi, Salah, Shweiki(2005)는 트라우마를 겪은 가족들과 함께 치료한 작업에 대한 논의에서 "자기표현 수단으로서 예술의 힘은 위협을 주지 않으면서, 자기 안에 깊이 뿌리박힌 고통을 드러나게 하는 데 있다"(p. 159)고 했다. 예술은 아동이 온전함과 통제를 얻을 때까지 아동에게 실험해 볼 수 있는 안전한 과도기의 공간을 제공한다. 트라우마와 애도를 치료함에 예술을 사용하는 것은 대규모 폭력에서 살아남은 아동들과의 작업을 통해 인정받게 되었다. 직접적으로는 샌디훅초등학교 사건과 간접적으로 9/11 테러로 부모를 잃은 아동들이 있다. 이 치료적 작업은 공격에 의한 트라우마와 개인적 상실 두 가지 모두를 다룸으로써 아동을 도와야 해서 두 배로 도전적이게 된다. 그림 그리기와 다른 미술양식의 사용은 아동들을 자신의 치유에 적극적으로 참여할 수 있도록 했고(Steele & Raider, 2001), 미술치료는 충분한 자기표현이 가능하도록 안전한 수단을 지속적으로 제공했다.

이 장에서 설명된 사례들은 미술치료가 대규모 트라우마와 폭력에 영향받은 아동들의 회복력과 회복을 미술치료가 임상적으로 어떻게 증진시키는지에 대한 예를 설명하는 데 초점을 맞추었다. 미술치료를 적용하는 치료사는 반드시 아동이 반응하는 트라우마의 독특한 측면을 평가하고 구체적 요구에 따라 수정이 반드시 필요하다는 것을 기억해야 한다. 더불어 아동 개개인의 욕구를 충족시키기 위해서는 아동의 트라우마 사건에 대한 민감성, 임상 발표, 대응 기제, 지지 자원에 대한 파악은 필수이다. 슬픔을 다루는 작업을 시작하기 전에 안전을 확립하고, 감당하기 힘든 트라우마 감정과 기억을 수정하기 위한 내면의 힘을 키우는 것은 필수적이다. 단기 트라우마에 관련된 목표는 위의 임상사례에서 설명된 바와 같이, 자기조절, 트라우마 진술의 은유적 탐색, 그리고 적용할 수 있는 대처 기법에 대한 것들을 포함한다. 9/11의 영향을 받은 아동들을 도왔던 장기 사별 치료 목표들은 삶의 내·외적 변화를 인정하고 적응하기, 자기성장 평가하기, 충분한 애도 경험하기, 부모의 내면화, 그들을 위해 기념물 만들기가 있다. 애도와 트라우마 치료의 핵심은 개방적이고 지지적인 환경을 제공하고 목격하는 치료사의 역할이다. 트라우마를 경험한 아동들과 작업하는 치료사는 그들의 고통을 참아 낼 수 있어야 하며, 충분히 존재하고 있어야 하며, 그들의 경험을 인정하고 고립감이 감소될 수 있도록 도와야 하며, 용기와 회복력을 강화시켜야 한다.

마지막으로 이러한 사건을 치유함에 있어서 사회의 역할은 존경받아야 하며, 치료에 포함되어야 한다. 의미는 행동을 취하게 될 때 비로소 알게 된다. 사고의 조치(action thought), 선택, 태도, 행동은 비극을 의지와 의미로 변화시키며, 이는 힘을 강화시킨다. 우리는 자선사업, 봉사활동, 지지, 헌신, 추모공원과 프로그램, 행진, 입법조정의 행동을 통해 목격했다. 예를 들어, 맨해튼에서 9/11을 추모하는 상징인 9/11 기념 연못은 트윈타워의 흔적이 있는 자리에서 잃어버린 사랑하는 사람을 기리는 것이다. "샌디훅의 약속"에서 "사랑을 택하세요"의 슬로건은 회복 과정 초기에 채택되었는데, '이것은 분노가 아닌 사랑, 믿음, 희망'의 태도를 갖고, 힘을 실어 주는 생각, 의식적인 선택을 가지고, 목적의식이 있는 의미중심적 삶으로 이끌고자 하는 뉴타운 지역사회의 의도를 드러냈다(Make the Sandy Hook Promise, 2012).

추모와 행동을 통해, 개인과 집단은 고통을 의미와 희망을 찾는 바람직한 방향으로 승화시켰다. Seligman, Reivich, Jaycox, Gillham(1995)은 자선사업을 통하여 자기 자신보다 큰 뜻을 지지하는 것이 긍정을 촉진한다고 하였다. 이 장에서 논의되었던 사건들처럼 고통으로부터 의미를 창조하기 위한 탐색은 대규모 폭력에 대한 사회의 반응으로 반복적으로 나타나고 있다.

참고문헌

Abu Sway, R., Nashashibi, R., Salah, R., & Shweiki, R. (2005). Expressive arts therapy healing the traumatized: The Palestinian experience. In D. Kalmanowitz & B. Lloyd (Eds.), *Art therapy and political violence* (pp. 154–171). London: Routledge.

Allen, J. R., Tucker, P., & Pfefferbaum, B. (2006). Community outreach following a terrorist act: Violent death and the Oklahoma City experience. In E. K. Rynearson (Ed.), *Violent death, resilience and intervention beyond the crisis* (pp. 311–334). New York: Routledge/Taylor & Francis.

Benke, D. (2003). A healing ritual at Yankee Stadium. In M. Lattanzi-Licht & K. Doka (Eds.), *Living with grief: Coping with public tragedy* (pp. 191–201). Washington, DC: Hospice Foundation of America.

Bertman, S. (2003). Public tragedy and the arts. In M. Lattanzi-Licht & K. Doka (Eds.), *Living with grief: Coping with public tragedy* (pp. 203–217). Washington, DC: Hospice Foundation of America.

Carr, M., & Vandiver, T. (2003). Effects of instructional art projects on children's behavioral responses and creativity within an emergency shelter. *Art Therapy: Journal of the American Art Therapy Association, 20*(3), 157–162.

Cohen, B., Barnes, M., & Rankin, A. (1995). *Managing traumatic stress through art: Drawing from the center.* Baltimore: Sidran Press.

Cohen, J. A., Mannarino, A. P., & Deblinger, E. (2012). *Trauma-focused CBT for children and adolescents: Treatment applications.* New York: Guilford Press.

Doka, K. (2003). What makes a tragedy public? In M. Lattanzi-Licht & K. Doka (Eds.), *Living with grief: Coping with public tragedy* (pp. 3–13). Washington, DC: Hospice Foundation of America.

Epstein, C. (2013). *Child and parent trauma-focused cognitive-behavioral therapy.* New Haven, CT: Yale Childhood Violent Trauma Center, Yale Child Study Center, Yale University School of Medicine.

Freeman, V. (2005, October). Between trauma and transformation: The alchemy of art therapy. *Alternative Medicine,* pp. 43–48.

Goodman, R. F. (2014). Talking to kids about their art. Retrieved January 20, 2014, from *www.aboutourkids.org/articles/talking_kids_about_their_art.*

Hussain, S. (2010). Images of healing and learning: Art therapy for children who have survived disaster. *American Medical Association Journal, 12*(9), 750–753.

Kalmanowitz, D., & Lloyd, B. (2005). Art therapy and political violence. In D. Kalmanowitz & B. Lloyd (Eds.), *Art therapy and political violence* (pp. 14–34). London: Routledge.

Kennedy, K., & Molen, G. (Producers), Crichton, M. (Writer), & Spielberg, S. (Director). (1993). *Jurassic Park* [Motion picture]. Universal City, CA: Universal Pictures.

Kids Share Workshops. (2013). BerylMartin, IN: Kids Share Workshops and Publishing.

Loumeau-May, L. V. (2008). Grieving in the public eye: Art therapy with children who lost parents in the World Trade Center attacks. In C. A. Malchiodi (Ed.), *Creative interventions with traumatized children* (pp. 81–111). New York: Guilford Press.

Loumeau-May, L. V. (2011). Art therapy with traumatically bereaved children. In S. Ringel & J. Brandell (Eds.), *Trauma: Contemporary directions in theory, practice and research* (pp. 98–129). Thousand Oaks, CA: Sage.

Make the Sandy Hook Promise. (2012, December). Sandy Hook Promise. Retrieved May 29, 2014, from *www2.sandyhookpromise.org/the_promise.*

Marans, S., & Epstein, C. (2013). *Trauma-focused symptom screening and assessment and early trauma-focused mental health intervention strategies.* New Haven, CT: Yale University School of Medicine.

McArthur, S., & Schumacher, T. (Executive Producers), Mecchi, I., Roberts, J., & Woolverton, L. (Writers), & Allers, R., & Minkoff, R. (Directors). (1994). *The lion king* [Motion picture]. Burbank, CA: Walt Disney Studios.

McGeehan, I. (2005). Creativity from chaos: An art therapist's account of art work produced in the aftermath of a bombing in her community, Omagh, Northern Ireland. In D. Kalmanowitz & B. Lloyd (Eds.), *Art therapy and political violence* (pp. 126–141). London: Routledge.

National Child Traumatic Stress Network. (2014). Types of traumatic stress. Retrieved on January 4, 2014, from *www.nctsn.org/trauma-types.*

Neruda, P. (1970). *Selected poems.* New York: Delta.

Payson, J. (Executive Producer). (2002, March 7). *Primetime Thursday: Tender hearts—art helps children of 9/11 express emotions and heal* [Television broadcast]. New York: American Broadcasting System. In J. Rubin (2004), *Art therapy has many faces* [DVD]. Pittsburgh, PA: Expressive Media.

Pfister, M. (1992). *The rainbow fish.* New York: North–South Books.

Rando, T. (1996). Complications in mourning traumatic death. In K. Doka (Ed.), *Living with grief after sudden loss* (pp. 139–159). Washington, DC: Hospice Foundation of America.

Rando, T. (2003). Public tragedy and complicated mourning. In M. Lattanzi-Licht & K. Doka (Eds.), *Living with grief: Coping with public tragedy* (pp. 263–274). Washington, DC: Hospice Foundation of America.

Rathkey, J. (2004). *What children need when they grieve.* New York: Three Rivers Press.

Seligman, M. E. P., Reivich, K., Jaycox, L., & Gillham, J. (1995). *The optimistic child.* Boston: Houghton Mifflin.

Silver, R. C., Holman, E. A., Andersen, J. P., Poulin, M., McIntosh, D. N., & Gil-Rivas, V. (2013). Mental- and physical-health effects of acute exposure to media images of the September 11, 2001, attacks and the Iraq war. *Psychological Science, 24*(9) 1623–1634.

Steele, W. (2003). Using drawing in short-term trauma resolution. In C. A.

Malchiodi (Ed.), *Handbook of art therapy* (pp. 139–151). New York: Guilford Press.

Steele, W., & Raider, M. (2001). *Structured sensory intervention for traumatized children, adolescents and parents: Strategies to alleviate trauma.* Lewiston, NY: Edward Mellen Press.

Wallace, E. (1990). *A queen's quest: Pilgrimage for individuation.* Santa Fe, NM: Moon Bear Press.

트라우마를 겪은 아동의 해리를
신체지도로 치료하기

Bart Santen

해리(dissociation)는 모든 연령대의 사람들이 과도한 스트레스를 다스리기 위해 사용하는 적응적 대처반응이다. 해리는 개인이 심리적 또는 육체적 고통을 느끼지 않기 위해 트라우마 사건을 구획화(compartmentalize)할 때 발생한다. 해리를 일으키는 아동들은 주의력에 공백이 생기는 최면상태를 경험할 수 있다. 그들은 자기 삶의 일부분, 또는 몇 분 전에 일어난 사건을 잊어버린다. 또는 멍한 눈으로 우두커니 바라보기도 한다. 그들은 극적인 기분 변화 또는 성격 변화를 겪거나 자신을 다른 이름으로 부르도록 주장하기도 한다. 이러한 반응들은 그들 자신으로부터 일부분을 분리시키는 것으로 파편화(fragmentation)로 알려진 아이들의 능력을 반영하는 것이다. 문제적인 해리 에피소드를 가진 아동들은 다른 정서적 문제 또는 인지적 문제에 기인한 것으로 볼 수 있는 반응들을 나타낼 수 있다.

외상적 사건을 경험한 아동들은 대체로 우울하거나 자살 사고를 가지며(Hornstein, 1998), 그들이 견뎌 낼 수 없는 경험으로부터 도피하기 위해 해리를 일으킬 수 있다. 트라우마에 의한 상처는 그들의 감정을 느끼는 과정을 차단하기 때문에, 그들은 최면 적 상태로 살아감으로써 생존을 하는 것이다. 그들의 걷잡을 수 없는 불안은 우리에 게 "그 공포가 숨기고 있는 것에 가까이 가지 않도록" 경고한다(O. Fenichel, Rohde-Dachser, 1979, p. 126에서 인용). 하지만 그 저변에 우리는 도움을 요청하는 그들의 외침을 감지할 수 있다. 대상화(encapsulation)로부터 얻을 수 있는 이점은 굉장히 많 을 수 있다. 16살 소녀인 에밀리가 자신의 회복과정에서 진술했듯이(Santen, 2014), "그 경험을 억제하여 숨기면, 그것이 내 머릿속에 있는 어떤 사람의 목소리로 변형된 다. 그런 식으로, 그것을 직접적으로 다루지 않아도 된다. 하지만 결국에는 직면해야 하는데, 그 이유는 그 목소리가 나를 미치게 하고 파멸로 몰아가기 때문이다"(p. 79).

해리를 경험하는 아동들은 자신이 만든 방어적 새장(cage)을 떠나려고 할 때 도움의 손길을 필요로 한다. 하지만 탈출하기 위한 수단을 찾는 것은 어려울 수 있는데, 그 이유는 격렬한 내적 저항 때문이다. 외상에 대한 의식적 기억이 해리로 인해 갇혀 단 절될 때, 이 아동들이 이 기억과 다시 연결될 수 있도록 하기 위해서는 더 낮은 수준 의 의식에서 작동하는 의식의 개입이 필요하다.

이 장은 신체지도 경험(experiential body mapping; Santen, 2007, 2014)을 소개하는데, 이는 포커싱 기법으로(focusing-oriented technique; Gendlin, 1996, 2003) 아동들이 자 기파괴로부터 스스로를 보호할 수 있도록 견딜 수 있는 정도에서, 철저하게 보호된 자 신의 상처에 조금 더 가까워질 수 있도록 하기 위해 고안되었다. 이 접근법은 외상으 로 인한 고통을 견디어 내기 위해 생긴 내면의 풍경을 이미지로 표현해 봄으로써, 아 동들이 외상경험 후 자신의 잠재의식적 생존 전략을 시각화할 수 있도록 돕는다. 그럼 으로써 이들은 외상을 처리하는 시작점으로서 '느껴진 경험'에 재접속할 수 있다.

또한 구조적 해리의 특성을 소개한 후, 물리적 폭력에 얽힌 고통스런 과거에 대해 자신의 '신체적 지식(bodily knowledge)'을 벽을 세워 분리시킨 한 소년의 사례를 통해 신체지도 경험을 설명한다. 이 사례는 그가 기억을 상기시켜 외상을 통합시킴에 있어 신체지도 만들기가 어떻게 도움이 될 수 있는지 보여 준다.

구조적 해리의 특성

구조적 해리(structural dissociation)의 개념은 현재 인정된 해리 이론이다. 핵심 개념은 외상적 사건에 대한 과도한 노출로 인해 인격의 일부가 어린 시절에 통합되지 못함을 강조한다. 이러한 해리상태의 아동들은 특별한 치료 전략이 필요하다.

포커싱[1] 아동 심리치료(Santen, 1993, 1999)에서는 무조건적으로 들어 주는 것과 안정되고 한결같은 환경을 제공해 주는 것이 중요하다. 이 조건들은 그들의 집중능력을 키워 주기 위한 놀이 또는 포커싱 예술치료(focusing-oriented arttherapy)에 참여할 수 있는 기회를 준다(Rappaport, 2009, 2010; 포커싱 예술치료에 대해서는 이 책 제14장 참조). 그러나 구조적 해리를 경험하고 있는 아동들은 두려움에 지나치게 사로잡혀 있어 추가적인 개입 기법이 필요하다. 외상적 기억이나 정서에 접근하는 것을 막기 위해 '수면에 대한 두려움'이 생겨난다(Santen, 2014). 이 반응체계는 지속적으로 활성화되며, 그 결과로 이 아동들은 평안을 가질 수가 없다. 대개 잠재의식적 투쟁 속에서 해리된 부분과 재연결되려는 그들의 욕구는 해리 상태를 유지하려는 욕구와 충돌하여 저지된다. 대부분의 아동은 '폭발하고 확장하고 악화되었다가 다시 처음으로 되돌아가는' 내면의 '무언가'에 대해 이야기한다. 그 '무언가'가 문을 두드리지만, 그것을 대면하면 크게 상처 입을 것만 같다. Ogden, Minton, Pain(2006)에 따르면, "조절할 수 없는 폭포 같은 강한 감정과 신체 감각이 외상을 상기시키는 어떤 것에 의해 촉발되어 몸속에서 끝없이 재현된다"(p. xviii).

아동 해리 체크리스트(Child Dissociative Checklist; Putnam, 1997)에서 높은 점수를 받은 아동들은 내면적 파편화(inner fragmentation)라고 불리는 상태에 고착된다(van der Hart, Nijenhuis, & Steele, 2006). 그들은 외상 기억과 감정을 쥐고 있는 자기 파편들로 또 다른 자아의 위계를 형성한 것이다. 이 "내면의 목소리들은 아동 자신과 타인 모두에게 위협적인 경향이 있다"(Wieland, 2011, p. 8). 많은 아동들은 자신의 제1자아(primary alter)를 불안감을 주는 '내면의 목소리'로 인지하며, 그것이 비하적인 말로

---

1) 역주 : 1960년대 미국의 Eugene Gendlin에 의해 개발된 심리치료 기법으로, 몸의 감각 느낌(felt sence)에 집중하고 이를 수용함으로써 문제를 인식하고 해결로 나아갈 수 있다고 본다.

자신을 깎아내리며 흔히 자살을 종용한다고 보고하였다. 치료를 진행하는 동안 이 목소리는 성취된 것에 대한 아동의 기억을 차단할 수 있고 집중을 흐트러트리는 방식으로 스스로를 드러낼 수 있다.

집중을 방해하는 이는 누구인가? 잘못된 방향으로 이끄는 것은 누구인가? "또 다른 자아, 목소리 또는 마음의 일부가 실재하는지 여부에 대해 논하는 것은 요점을 놓치는 것이다. 이 비유는 이 아동들이 스스로에 대해 어떻게 느끼는지에 대해 강력하게 표현한다"(Waters & Silberg, 1998, p. 136). 해리상태인 아동은 "한 명인 동시에 두 명일 수 있다"(Santen, 2014, p. 88). 아동과 제1자아는 서로 통합된 것으로 지각하면서도, 동결 반응과 노출에 대한 아동의 깊게 숨겨진 양면성을 반영하는 충돌에서는 서로 분리된다. 나는 다른 곳에서(Santen, 1993) 13살 레이첼이 자신을 극단적으로 결탁된 쌍으로 표현한 것에 대해 설명한 적이 있다.

> 두 명의 똑같은 여성이… 함께 묶여 있었다. 그들의 등은 서로 붙어 있었다. 수갑이 그들 스스로를 그리고 서로를 묶어 놓고 있었다. 그들은 바라볼 수 있는 얼굴도 없이 우리를 향하고 있었다. 우리는 그들의 머릿속을 직접 들여다볼 수 있었다. 그들의 생각은 끊임없이 서로 뒤얽혔다…. 레이첼은 그들이 서로를 싫어한다고 설명했다. "그들은 둘 다 어떻게 해야 할지 몰라요. 때로는 그들 사이에 약간의 공간이 있기도 하지만, 그들은 꼼짝할 수가 없어요"(p. 51).

에밀리(이 장 앞부분에서 소개)가 앨리스로 불리는 자신의 제1자아를 만나 볼 수 있도록 허락했을 때, 이 자기 파편은 이 혼란스러운 교착상태를 그녀의 관점에서 말로 표현하였다. 그녀가 나에게 파편적으로 말한 것들을 붙여 보았다.

> "나는 에밀리에게 그녀와 이야기하고 싶지 않다고 말했어요. 처음에 그녀는 어쨌든 내가 말을 해야 한다고 말해요. 그러고서는 내가 비밀에 대해 더 많이 말을 함으로써 그녀를 배신한다고 말하는 거예요. 그리고 나면 엉망진창이 돼요. 만약 당신이 에밀리에게 그 비밀이 무엇이냐고 물어봐도 그녀는 모를 거예요. 그럼에도 불구하고 그녀는 그것을 말해서는 안 된다고 느끼는 거예요. 그녀는 멈추고, 내가 나타날 수 있도록 해요. 하지만 비밀을 알고 있는 내 안의 한 부분은 나타날

수 없어요. 마치 그녀가 이제 내 위치를 점령한 것처럼요. 우리는 위치를 서로 바꿔요. 그녀가 말할 때는 내가 비밀을 지키고, 지금 내가 말하고 있을 때는 그녀가 갑자기 비밀을 지키죠. 그래서 내가 무언가를 말하거나 그녀가 무언가를 말하지만, 결국에는 누가 그것을 말했는지 구분하기 어렵게 돼요. 왜냐하면 우리는 하나이기도 하고 둘이기도 하기 때문이에요. 우리는 이게 어떻게 해결될 수 있는지 정말 모르겠어요. 무언가를 지키고 있는 것이 그것을 그냥 놓아 버리는 것보다 더 쉬워요"(Santen, 2014, p. 88).

언어상담은 이런 소외(alienation)의 상태에서는 그다지 도움이 되지 않는다. 이 아동들에게 그들의 '내면에 있는 사람'과 방어적 창조물 사이의 관계를 재정의할 기회를 주기 위해서는 다른 개입이 필요하다.

신체 윤곽선 그리기, 신체도표와 신체지도

외상적 소재의 표면화를 유도하는 창의적 개입은 심리적 외상을 입은 아동을 도울 수 있는 가능성이 있다(Malchiodi, 2008). 성공적일 경우, 이러한 개입은 아동의 핵심 자아와 그의 방어체계 사이에 더 많은 공간을 만들어 주며, 핵심 자아가 자신의 몸과 그 지혜에 재연결될 수 있도록 하는 시작점을 만들어 준다. 신체지도 경험은 이 가능성을 높여 준다. 아동의 방어체계의 서로 다른 부분들('내면의 목소리들')이 치료 도중에 말하는 것은 그들 스스로 하는 것이다. 하지만 아동은 핵심 자아의 위치에서만 방어체계의 다양한 부분을 성공적으로 그려 낼 수 있다. 왜냐하면 아동의 방어체계를 시각적으로 드러나게 하는 것은 아동이 확실히 그 체계로부터 스스로 벗어날 수 있고 벗어나기를 바라야만 가능하기 때문이다. 이것이 비상사태를 해체할 수 있는 실질적인 첫 단계이다. "눈에 보이지 않는다면 자신을 결박시키는 것을 부숴 버릴 수 없다"(Kafka, Janouch, 1965, p. 51에서 인용). 아동이 그 결박을 바로 볼 수 있을 때, 그 과정은 실제로 그 결박을 부수기 시작한다. 당연하게도, 이 '배반'에 대한 내적 그물망의 초기 반응은 혼란과 광분이다. 신체지도 경험을 통해 방어체계를 발견하여 시각화하는 것에는 용기와 자기 극복이 필요하다.

 몇몇 임상가들이 신체지도 경험과 관련된 접근법을 제시한다. Steinhardt(1985) 는 다양한 정서 문제를 가진 6~13살 아동들을 위한 치료도구로서 신체 윤곽(body outline) 작업을 소개했다. 그녀는 각각의 아동들이 자신의 몸이 충분히 들어갈 수 있을 만큼 큰 종이 위에 아이들을 바닥에 눕히고(또는 벽에 대고 서게 하여) 자기 몸의 윤곽을 따라 그리도록 하였다. "내면적 지각을 반영하기도 하며 정서적 내용을 드러내는, 자기 몸에 대한 외적 지각(external perception)을 그리기 위해"(p. 25) 그들 자신의 선택대로 윤곽을 채워 넣을 수 있도록 하였다. 남아프리카 포커싱 치료사인 Mendel은 Steinhardt와 Solomon(2003)의 영향을 받아, 신체지도를 이용해 아이들이 몸의 윤곽을 따라 그려 느껴진 경험들을 지도화함으로써 '내면적 자화상'을 형성하도록 했다(Mendel & Goldberg, 2012; Mendel & Khumalo, 2006). Mendel(개인적 면담, 2013년 12월 5일)이 설명했듯이,

> 신체적 감각과, 이에 대응하는 그림 속 신체 부위에 이를 표현하는 작업은 느껴진 감각에 시각적 · 경험적 초점을 맞추게 한다. 이 작업을 통해 아이들의 내면 세계는 외현화된 형태로 표현되고 아이들은 이를 목격하게 된다. 이 작업은 아이들이 자신의 여러 부분과 내면세계를 알아 갈 수 있도록 해 준다. 이는 일반적으로 여러 겹의 층위에 계속해서 지도화되어 신체적으로 느껴진 변화로 이어진다.

 이 그림은 신체의 외관에 대한 있는 그대로의 표현에서부터 신체지도 경험과 유사한 시각화까지 다양하게 나타난다(그림 6.1, 6.2 참조).
 이스라엘에서는 포커싱 치료사들(Perlstein & Frohlinger, 2013)이 Kol-Be('내 안에 있는 모든 것' 또는 '내 안의 목소리'라는 뜻의 히브리어)라 불리는 유사한 기법을 고안했는데, Steinhardt(2013)의 신체 윤곽 그리기 기법과 그녀가 모래놀이통의 테두리 진 구역을 사용하는 방식의 조합이다. 치료사들은 아동들에게 성별이나 얼굴 특징이 없는 인체 형태의 표준화된 그림을 제시한다. 아이들은 이 형태 위에 그림을 그리고, 글자를 쓰고 상징으로써 다른 물체들을 더하여 느끼기 과정을 활성화할 수 있다.
 Shirar(1996)는 해리를 경험하는 아동들과의 심리치료에서 '부분적 자아들'을 도표화하는 신체지도의 인지행동적 접근법을 소개했다(Baita, 2011 참조). 그녀는 아동들에게 자신의 내면세계에 대한 그림을 그리도록 하였는데(예 : 아파트로 나뉜 집의 형

그림 6.1 9살 로리의 신체지도(Mendel & Khumalo, 2006)

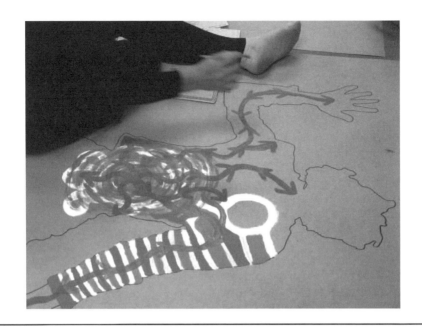

그림 6.2   19살 엘리제의 신체지도(Mendel & Goldberg, 2012)

태로), 자신의 또 다른 자아들이 거주하는 집을 그려 "'내면의 인격 구성원'들의 시각
적 배치"를 얻었다. Shirar가 설명하기를, "그것은 아이가 어떻게 인격과 개별성 또
는 연결성을 개념화하는지 알 수 있도록, 아이와 나 모두를 돕는다"(p. 159). "내면세
계가 그림을 통해 비유적으로 구체화되고 나면, 그 그림은 소통과 협력을 쌓는 내면
의 '구성작업'을 위한 틀이 된다"(p. 159). Baita(2007, 2011) 또한 해리적 부분들의 존
재를 발견해 내기 위해 '내면-외면 테크닉'이라 불리는 그리기 기법을 고안하였다.
그녀는 아이들에게 '양쪽에 원이 그려진 하얀 종이 한 장'을 주고 그들이 '내면의 머
리'와 '외면의 머리'를 그리도록 하였다. 그녀의 목적은 Shirar의 것과 유사하다. "내
면의 부분들뿐 아니라 그들 사이에 존재하는 소통의 유형, 소통의 부족 등을 보여 줌
으로써" 아동이 "내면의 해리 체계에 대한 지도"를 형성하도록 돕기 위함이다(Baita,
2011, p. 61). Potgieter Marks(2011)와 Silberg(2011, 2013)는 유사한 이유에서 아이들
로 하여금 자신의 뇌와 머리를 그리도록 하였다. 이 그리기 기법은 일차적으로 외상
과 해리를 탐구하고 아이에게 설명하는 인지행동적 목적을 우선시한다. 이 그리기 기

법의 우선적 목적은 외상과 해리를 탐색하고 설명하는 인지행동적 목표에 있다.

신체지도 경험

Shirar의 저서(1996)에서 그림을 관찰했을 때, 종이 위에 그려진 몸의 윤곽이 포커싱 작업을 성취할 수 있는 경험적 과정을 담는 용기(container)로도 사용될 수 있겠다는 생각이 들었다. Stone과 Winkelman(1985)은 내가 구현해야 했던 손잡이(포커싱 작업에서는 손잡이가 몸에서 느껴진 초점의 수준을 포착하는 단어, 표현, 또는 이미지이다)에 대한 연결고리를 제공하였다.

그들은 "각각의 하위 인격(sub-personality)은 자기 고유의 에너지를 몸에 생성시킨다. 우리는 그것을 몸에서 느낄 수 있다"(p. 31)고 이야기했다. 이 주장의 타당성은 나에게 아래 설명된 기법을 고안하도록 고무시켰다.

전반적인 지침

- 공간 치우기 : 공간을 치우는 것은 포커싱 작업의 첫 번째 단계로, 몸이 담고 있는 스트레스를 유발하는 정서를 찾고 그것을 옆으로 제쳐 놓는 방법이다(Gendlin, 1996). 신체지도 경험이 이 단계에서 도출된다. 그것은 어떤 '느낌자리(feeling place)'와도 연결하는 것이 어려운 해리를 경험하는 아동들이 그들의 흐릿한 상태에 대응할 수 있는 틀을 주고 몸과의 공명을 획득하도록 한다. 불가피한 저기-밖(out-there, 모습을 드러내는 신체지도)이 아동의 내적 현실의 동력을 반영하고 명확하게 하도록 한다.
- 기본자세 : 포커싱 심리치료에서는 '환영하기'가 감정, 사고 그리고 감각이 떠오를 수 있도록 하는 방법이다. 그것은 그 자체로 수용되고 인정받게 된다(Rappaport, 2009). 내면 밑바닥에서 나오는 것은 숨 막히는 내면의 공격으로부터 보호된다. 그 내용은 당사자와 치료사로부터 환영을 받고 끈기 있게 수용된다. 느껴진 신체적 감각은 인지적 반응보다 더 강조된다.
- 준비물 : 하얀 종이 여러 장(50×70cm), 또는 (선택사항) 신체보다 큰 종이 여러 장, 접착 테이프, 펜과 연필, 색 마커펜(빨강, 파랑, 초록, 노랑).

- 준비과정 : 치료사는 세 장의 하얀 종이(50×70cm)를 붙이거나 인체보다 더 긴 큰 종이 한 장을 준비하여 바닥에 놓는다. 치료사는 (아동의 몸을 따라 그리지 않고) 실제 크기의 인체 윤곽을 그린다. 그리고 아이에게 그 그림 옆에 앉도록 요청한다.

기본 지시사항

1. "이 종이 신체를 손가락으로 천천히 따라 그려 보아라. 가볍게 만져 보아라. 그러면서 너의 몸 중앙에 집중하고 몸에게 물어보아라—이 종이 신체 중 어디에서 '목소리', '두려움의 공간', 또는 '초조하고 불안한 공간'을 찾을 수 있을지. 종이 신체 위 어디에 손가락을 둘 때, 너의 내면을 확인하고 너의 몸이 어떻게 반응하는지 알아차려라. 손가락이 특정 신체부위에 닿았을 때 반응이 오면, 그 부분의 종이 신체에 표시하여라. 다시 손가락을 이동하여 너의 몸이 또 다른 부위에서 신호를 보낼 때까지 돌아다녀 보아라. 찾을 수 있는 모든 부위를 그렸다고 생각될 때까지 계속하여라."

2. "종이 신체에 그려진 부위 중 두 곳을 골라라. 어떤 것을 고를지는 스스로 판단하면 된다. 손가락으로 그 두 지점 사이를 오가며 너의 몸 안에서 나오는 반응이 그들 사이의 경로를 표시하는지 탐색해 보아라 : 직선인지, 구불구불한지. 경로를 찾고 나면, 두 지점 사이의 길을 발견한 대로 그려라. 또한 동일한 방법으로 지도에 스캔된 모든 곳들 사이의 공간을 따라가 보아라. 손가락으로 찾은 추가적인 경로들을 모두 그려라."

3. "발견한 경로 중 하나를 골라 손가락으로 따라가 보아라. 너의 손가락이 길을 따라가는 동안, 너의 몸 안의 반응이 그 길 위에 통행이 있다는 신호를 보낼 수 있다. 일방통행일 수도 있고, 양방통행일 수도 있다. 그럴 경우, 그 방향을 화살표로 그려 넣어라. 손가락으로 각 경로를 동일한 방식으로 따라가 보아라. 손가락이 어떤 방향성을 찾을 때마다 화살표를 그려라."

4. "여기에 네 개의 마커펜이 있다. 각각은 서로 색이 다르다. 뚜껑을 아직 열지 않은 상태에서 하나씩 사용하여라. 지도 위에 스캔된 지점 중 한 곳을 골라 마커펜으로 그 위를 문질러 보아라. 그런 후, 두 번째, 세 번째, 네 번째 마커펜으로

똑같이 작업해 보아라. 이들 중 어떤 색깔의 마커펜이 적당한지 몸이 신호를 보낼 때 그곳을 그 색깔 펜으로 색칠하여라. 확인된 모든 지점을 동일한 방식으로 한 번씩 해 보면서 색을 각각 지정해 보아라. 경로에 대해서도 똑같이 작업해 보아라. 각 경로를 네 개의 마커펜 마개 끝으로 따라 그리고, 몸이 어떤 마커펜이 적합한지 신호를 보내면 그 경로를 해당 색으로 칠하여라. 다른 경로들에 대해서도 똑같이 작업해 보아라."

5. "종이 신체 중 어떤 곳이 공백으로 비어 있는지 확인해 보아라. 손가락으로 그 부근을 다시 한 번 쓸어 보아라. 그동안 그 공백의 부분이 실제로 공백인지, 아니면 이 종이 신체의 부위가 보다 더 깊숙이 숨겨진 장소이거나 숨겨진 경로를 뜻하는지 몸에 물어보아라. 새로운 장소나 경로를 발견하면, 이전에 찾았던 것들과 동일한 방식으로 작업해 보아라."

6. "신체지도 위 경로로 인해 만들어진 삼각형 중 하나를 골라라. 손가락으로 그 삼각형의 표면을 따라 그리며 그곳에 '무언가'가 있다고 몸이 알려 주는지 주의를 기울여 보아라. 한 곳을 찾으면, 이전에 찾았던 장소 및 경로들과 동일한 방식으로 작업해 보아라. 또 다른 삼각형에 대해서도 같은 방식으로 시도해 보아라."

아이에게 무엇이 적합한지에 대한 치료사의 감각에 따라 개인이 신체지도에서 무엇을 찾았는지 명시화하기 위해 언어적 방식과 그림을 이용한 방식을 조합하여 사용할 수 있다.

7a. "그 '무언가'를 바라보아라. 주의를 네 몸 속에 두고 네 안에 이 '무언가'를 묘사하는 단어가 있는지 떠올려 보아라. 적합해 보이는 단어가 발견되면, 몇 번 소리 내어 말해서 그 단어가 여전히 적합한지 아니면 새로운 단어가 떠오르는지 확인해 보아라."

7b. "그 '무언가('블랙홀', '숨겨진 침묵', '핵심', '안에 눌러 담아야 하는 어떤 것' 또는 아동이 찾은 다른 단어들)'를 바라보아라. 큰 공백의 용지에 그 모습 그대로 그것을 확대하여 그려 보아 그것이 실제로 무엇인지, 그것의 핵심에 무엇이 있는지 찾아보아라."

7c. 오려내기(다음 절에서 설명된다)가 신체지도에 사용될 수 있다.

오려내기를 통한 신체지도 탐색

오려내기(cutouts)는 느껴진 감각과 근원적인 외상과의 재접속을 위한 한 단계 도약을 함에 있어 특정한 신체지도의 조각에 새롭게 주목하는 방법이다. 신체지도에서 선택된 부위의 더 심층부를 향한 단계적인 접근을 가능하게 하는 수단으로, 마음속으로 선택한 부위를 명확한 공간으로 더 확대하여 옮긴다. 여기에서 새롭게 떠오르는 그림이 그려진다. 더 심화적인 탐구과정에 기여한다면, 이 치료적 개입은 새롭게 떠오르는 이미지에 대해 각각 반복할 수 있다. 오려내기는 단순히 신체지도에서 선택된 부위를 확대하기 위한 것이 아니다.

'오려내기'를 위해서는, 구획할 수 있는 경계선을 만들어 줌으로써(실제로 종이를 자르는 것이 아니라 그 테두리를 따라 점선을 그림으로써) 빈 종이(50×70cm) 여러 장을 준비한 후 준비된 종이 중 하나를 아동의 신체지도 옆에 두어라. 아동에게 연필을 주고 신체지도 내 한 부분을 선택하여 점선을 이용해 '오려내기'를 행하도록 하라. 아동에게 다음과 같이 지시하라.

> "나는 신체지도 중에 이 부위를 오려 낸다. 이 부분을 바라보아라. 손가락으로 만져 보아라. 너 자신을 비운다고 상상하고 거기에 네가 그린 것을 잊어버려라. 이제 주의를 경계 진 다른 종이, 신체지도 옆에 놓은 종이로 돌려라. 이 비어 있는 종이를 이용해 조금 전에 신체지도에서 오려 낸 부위를 붙여 넣을 수 있다고 상상해 보아라. 그 빈 종이 위를 손가락으로 짚으면서 돌아다녀 보아라. 너의 몸에서 반응하는 곳이 어디인지 주목하고, 그 부분에서 무엇이 떠오르는지 종이에 그려라."

그림에 도입하는 이런 방식은 유용하다고 여겨질 경우 반복하여 작업할 수 있다.

잘못된 길로 유인하는 벽 사이에서 : 하워드의 사례

13살 하워드는 자전거 사고가 있었던 날부터 계속 두통, 하부요통, 그리고 배꼽 주위의 통증으로 힘들어했다. 의학적으로도 설명할 수 없었다. 하워드는 우울해졌고 자학하기 시작했다. 그는 기분변화가 나타났고 머릿속에서 목소리가 들린다고 말했다. 그의 불안수준이 높아지자 그는 학교에 가지 않았다. 그는 '초기 정신증'이라고 불리는 것 때문에 정신병원에서 치료를 받기 시작했다. 언어치료는 그의 자기소외상태에 변화를 미치지 못했다.

신체지도 스캐닝과 탐색
"안에 가둬 놓아야만 하는 어떤 것"

16살의 하워드는 포커싱 심리치료를 위해 내 사무실로 보내졌다. 첫 만남에서 그는 자신의 혼란, 의식을 잃는 것(blackout)과 기억상실에 대해 말해 주었다. 그는 일상적 기능을 저해하는 광범위한 해리증상을 보였다. 나는 그에게 내 소견을 말해 주었다. 이 증상들은 해리상태를 반영하며, 그 상황에 미친 물리적 영향을 찾기 위해 비언어적 방법을 시도하고 싶다고 말했다. 나는 실제 크기의 안이 비어 있는 신체 윤곽을 종이에 그리고 하워드에게 이 신체 윤곽을 향후 탐구를 위한 용기로 사용할 것이라고 설명했다. 하워드는 내 지시를 따랐고, 네 번의 치료 회기 동안 그의 손가락으로 자신의 신체지도를 스캔하였다(그림 6.3 참조).

그가 준비된 것으로 보여, 나는 하워드에게 복부의 연결된 두 개의 삼각형이 가진 공백의 표면을 탐색하도록 하였다. 그의 손가락은 아래쪽 삼각형 중앙에서 한 지점을 발견했다. 그가 이것을 신체 지도에 더하자, 그의 손가락은 이 점과 그 주위의 각들을 연결시키는 경로들을 찾아냈다. 내가 하워드에게 이것을 보면서 떠오르는 단어가 있냐고 묻자, 그는 그것이 '기계'를 떠올리게 한다고 대답했다. 그는 지도의 이 부분을 자세히 보며 말했다. "이 기계는 무언가를 안에 가두고 있어요. 모든 감정이 그 안으로 들어가고 그것이 그 감정들을 잡아 두어요. 하지만 그래서는 안 돼요. 나는 그것을 표현해야 해요. 그 기계는 작동하고 있어서 내 감정들은 계속해서 다시 반복돼요." 하워드가 자신의 주의를 '기계'의 중앙 지점으로 향하게 할 때, 그는 작은 검은색 원을

그림 6.3   하워드의 신체지도

그 위에 그리며 다시 말했다. "이 검은 구멍에는 안에 가둬 놓아야만 하는 무언가가 있어요. 하지만 그것이 무엇인지는 저도 몰라요."

'검은 점'에 진입하기

그다음 몇 달 동안, 나는 몇 단계를 거쳐 점차 하워드를 이 '검은 점' 속으로 안내했다. 일곱 번째 회기에서 하워드는 종이 한 장을 사용하여 그 '안에 가둬 놓아야만 하는 어떤 것'이 있는 곳으로 살짝 들어갔다. 그의 손가락은 흩어진 조각들에 둘러싸인 그 '어떤 것'을 따라 그렸다(그림 6.4 참조).

하워드는 손가락을 통한 탐색작업이 자기 내면의 투쟁을 활성화시킨다고 이야기했다. 그가 나에게 말하길, "이 갈등은 에너지가 굉장히 많이 들어요. 이 작업을 할 때, 무언가를 드러내고 싶어 하는 힘이 점점 커져요. 그리고 내가 격한 감정에 휩싸이게 될 가능성도 커져요. 나는 그에 대해 방어하지만, 무의식적으로 하는 거예요. 점차적으로 나는 그 통제의 끈을 늦추어야만 하겠죠. 우리는 계속해야 해요. 하지만 내가 무엇을 견디고 무엇을 견뎌 낼 수 없는지 항상 아주 주의 깊게 살펴봐야 하지요."

그림 6.4 내면에 가둬 놓아야 하는 어떤 것의 공간

나는 하워드에게 그 갈등을 시각화하도록 요청했다. 그는 밖으로 밀어내는 화살표들을 그렸다. 그것들은 안으로 미는 화살표들과 부딪혔다. 그가 자신이 그린 것을 바라보면서 말했다. "얼마 전까지만 해도 나는 이것이 발생하고 있는 줄 몰랐어요. 그것을 아는 것은 무섭지만, 동시에 안도되기도 해요."

초기 분열을 드러냄

하워드는 그의 또 다른 인격이 외부세계와의 연결을 어떻게 감시하는지 이야기했다. 또 다른 인격은 마치 '주도권을 쥐고 싶어 하는 연장자'같이 그를 따라다녔다.

> "나는 내 몸속에 존재하기도 하고 존재하지 않기도 한다. 내 안의 그가 나로 하여금 내 주위에 아무것도 없고 나 또한 존재하지 않는다고, 오직 그만이 거기에 있다고 믿게끔 한다. 다른 누구도 없을 때면 나는 무력함을 느끼는데, 그가 검은 점이 지배를 하기 때문이다. 그러면 나는 생각하기 시작하고 그는 끈을 잡아당기기 시작하여 내가 생각하는 방식을 통제한다. 내가 무서워할수록 그는 점점 더 커진다. 학교에 있을 때처럼, 내가 무언가를 해야만 하는 상황에도 그를 더 커지게 만든다. 여기에서 발생하는 이런 것은 약간의 혼란을 빚어내고 모든 것을 더 어렵게 만든다. 그는 두려움이 담기는 상자이고, 나는 그것을 여러 필요에 의해 열게된다."

이 시점에서 하워드는 학교를 임시로 휴학하였다. 반년간 우리는 치료 빈도수를 주당 두 번으로 늘렸다. 열다섯 번째 회기에서 하워드는 '어떤 것'의 느낌을 그림으로 그려 색칠했다(그림 6.5 참조). 그것은 쉼 없이 동요하는 느낌을 전달하는 심상으로, 대부분은 벽으로 둘러싸여 있었다. 그는 마치 그를 감시하는 눈처럼, 벽의 양면에 검은 점들을 그렸다.

그다음 회기에서 하워드는 균형감을 주기 위해 그의 그림을 변형시켰다. 그는 벽에 두 번째 벽을 더해 강화시켰고, 검은 '눈들'을 파란색 페인트로 가려 버림으로써 그와 검은 '눈들' 사이에 더 많은 거리를 확보했다. 이 이미지들을 통해 자신을 위한 더 많은 보호막을 형성한 후, 그는 '검은 것'이 자신의 정서적 생활에 어떻게 영향을 미치는지 설명했다. "그 검은 것들은 여기저기 파급되는 말썽꾼이에요."

"내가 혼자일 때면 그는 내 몸을 지배하는 육신이 없는 영혼과 같이 느껴져요. 검은 그것과 같이 있으면 나는 정신이 저 깊은 곳에 있는 몸과 같이 느껴져요. 나와 그는 서로에게 애착을 가지고 있다고 느껴지지는 않지만, 서로 가깝게 느껴져요. 우리는 서로 다른 것을 원하고 있는 듯해요. 그는 모두를 불안하게 만드는 리더와 같아요. 그는 나를 두렵게 만들어요. 그는 흔히 나를 주체할 수 없는 감정에 휩싸이게 만들어요. 파란색은 안정을 줘요. 파란색이 안에서 검정을 막아 두면 감정들이 악화되지 않아요."

이것은 하워드에게 있어 핵심적인 순간이었다. 그가 후에 설명했듯이, 그것이 그의 벽을 상당히 허물어 감정과 접촉할 수 있도록 하였다. 그런 후에는 '어떤 것'이 지나치게 강하게 접촉되었을 때마다 검은 존재가 존재하게 되었다. 신체지도는 그가 '어떤 것'이라고 부르는 것의 존재와 감정이 드러나도록 만들었고 이제 하워드는 조금씩 자신의 방어 층을 드러낼 준비가 되었을 수도 있었다. 내가 그에게 '검은 존재'와 이야기 해 볼 수 있는지 물었을 때, 그는 나에게 직접적인 대답을 하지 않았다. 그는 나

그림 6.5 '어떤 것'의 느낌

에게 '검은 존재'가 자신으로 하여금 자살을 하도록 종용한다고 경고했다. 그는 자살하는 것이 폭로하는 것보다 낫다고 느꼈는데, '죽고 나면 아무 문제도 없기 때문'이었다. 하워드가 말하기를, '검은 존재'는 하워드가 치료과정에 참여함으로써 자신을 배반했다고 비난한다고 했다. "그는 모든 이를 불신해요."

나는 하워드에게 비밀이 있는지 물었다. 그는 그렇다고 대답했다. 그는 '검은 존재'가 자신과 함께 그 비밀이 무덤에 묻히기를 원한다고 말했다. 누군가를 배신해서는 안 되는데, "왜냐하면 그 사람은 위험하기 때문이에요." 하워드는 그가 비밀을 드러낼까 봐 필사적으로 무서워했다. "나는 그 사람도 내가 죽기를 바라게 될 거라고 생각해요." 하워드가 그 말들을 입 밖에 내었을 때, 그는 자신이 그 자리에서 자살을 할까 봐 무서워했다. 이 시점에서 하워드와 나는 치료에서 잠시 휴식을 가졌다. 우리는 정신과 의사와 그의 어머니를 만나 상의를 했고, 두 사람 모두 우리가 치료를 계속해야 한다고 동의했다. 그날 하워드는 자기방어체계의 몇 층을 허물기 시작했다. 마치 여러 층들이 안개 속에서 나타난 것 같았다.

첫 단계로서, 나는 하워드에게 자기 안을 들여다보고 비밀에 관련된 그 어떤 것이든 말할 준비가 된 것같이 느끼는지, 아니면 그림을 통해 거기에 접근하기를 원하는지 물었다. 그는 그림을 택했다. 이어진 몇 시간 동안 그는 자신의 고통스러운 과거와 자신을 연결시키는 그림들을 그렸다. 나는 하워드에게 "비밀과 그 남자"라는 제목의 그림을 그리도록 요청했다(그림 6.6 참조). 그는 12개의 고리를 중앙의 주변에 그리고 '검은 존재'가 바깥쪽 경계 근처에 위치한다고 설명했다. 그는 비밀은 중앙의 둘러싸여 있는 핵에 있다고 설명했다.

오려내기에 진입 : 겹겹의 기억을 되찾다

나는 진입할 첫 번째 오려내기로서 "비밀과 그 남자" 그림에서 벽들 사이 중간 부분에 있는 직사각형 부위를 상세하게 묘사했다. 나는 하워드에게 큰 여백의 종이를 주어 그가 그의 손가락이 찾는 무엇이든 그릴 수 있는 스크린으로 사용할 수 있도록 했다. 그의 손가락은 조용하지만 망설임 없이 새로운 그림을 발견했다(그림 6.7). 그의 그림에서 비어 있는 비밀은 '잘못된 길로 유인하는 벽'과 '방어벽'에 차례로 둘러싸여 있었다. 이 모든 것은 '그 남자'에 의해 바깥에서부터 하나씩 제거되었다.

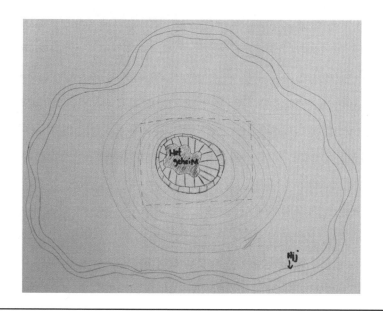

그림 6.6　비밀과 그 남자

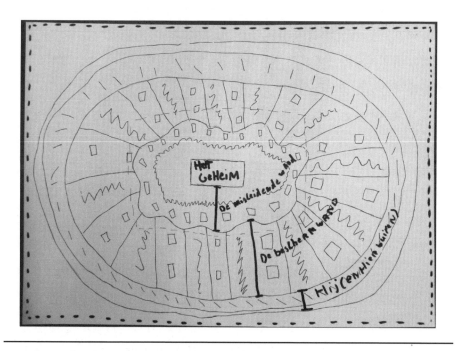

그림 6.7　비밀, 잘못된 길로 유인하는 벽, 방어 벽과 그 남자

만들어진 것에 대해서는 언급을 하지 않고 나는 또 다른 오려내기를 시도했는데, 이번에는 방어벽 너머로 들어갔다. 하워드의 손가락은 그다음 장의 종이를 탐색하며 오려내기가 된 부분이 새롭게 부상할 수 있는 진입로라고 상상하였다. 새로운 그림이 나타났다. 빈 직사각형으로 가득 차 있는 '잘못된 길로 유인하는 벽' 뒤로는 비밀의 공간은 더 이상 비어 있지 않았다. 그것은 동그란 형태를 지니고 있었다. 이 형태들의 절반은 그것을 둘러싸는 선에 의해 서로 붙어 있었다. 하워드는 오려내기를 다시 한 번 시도하였는데, 잘못 유인하는 벽 너머의 구역에 대한 그림이었고, 그의 손가락을 이용해 또 다른 여백의 종이에 다시 나타났다. 잘못 유인하는 벽 너머에는 새로운 벽 ('비밀의 벽')이 나타났다.

하워드는 '비밀의 벽'을 넘어서는 새로운 오려내기를 시도했다. 그의 손가락은 그 다음 종이를 탐색했다. 열 개의 조각이 있는 새로운 그림이 나타났다. 그는 이 조각들을 "비밀이 들어 있는 조각들"이라고 불렀다. "비밀이 들어 있는 조각 5개가 있어요." 라고 하워드가 설명했다. "각각은 비밀의 일부 조각을 가지고 있고 그들 모두는 자신의 복제품을 가져요." 나는 그 주위로 선을 그림으로써, 그리고 복제품들도 똑같이 행하도록 함으로써 '비밀이 들어 있는 조각'을 모으도록 하였다. 그다음 단계로, 그의 손가락이 어떤 복제품이 어떤 조각을 나타내는지 찾아내게 하였다. 그는 점선으로 각 복제품과 비밀이 든 조각을 이었다.

나는 하워드에게 손가락으로 비밀이 든 조각들을 탐색하여 그것이 어떤 특별한 것을 지니고 있는지 감지해 보도록 요청했다. 이런 방식으로, 그는 각 조각들이 특수한 기능을 가짐을 알아차렸다. 그는 그것들을 확대하여 각 조각들을 왼쪽에서부터 각각 종이에 그렸다(그림 6.8). 순서대로 '고통', '감정', '두려움', '기억'을 담고 있었고, 다섯 번째는 그가 "텅 빈 느낌, 깊숙이 숨겨진 곳"이라고 부르는 것을 담고 있었다. 그는 거기에서 '기억의 일부'를 찾을 수 있다고 말했다.

하워드는 똑같은 방식으로 계속 작업을 이어 나갔다. 나는 그가 추가적인 오려내기를 몇 개 시도하는 것을 지도했다. 그는 "기억"이라고 불리는 조각을 오려 냈다. 그는 또한 그가 "기억"이라고 부르는 주위로 나타난 '사슬' 조각을 오려내었고, 그 사슬 너머로도 오려내기를 시도했다. 그의 손가락은 '기억'을 찾아냈다(그림 6.9). 그는 잠시 자신의 마지막 그림을 관찰한 후 이야기했다. "이 이미지들 사이에 선이 있어요. 이

그림 6.8　보유자

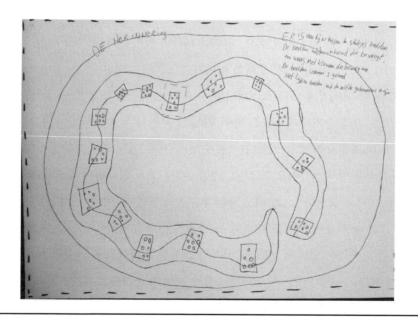

그림 6.9　기억

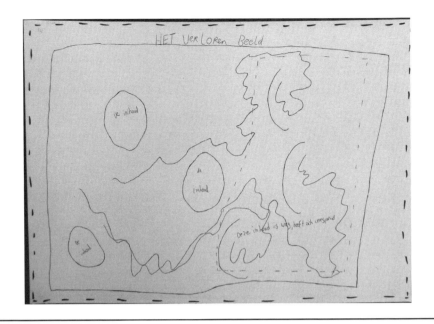

그림 6.10   잃어버린 그림

이미지들은 이야기를 가지고 있어요. 뒤섞인 색들이 있어요. 이미지들이 전체를 구성하고 있어요. 그것들은 한 사건에 대한 이미지인 것처럼 보여요."

하워드는 한 이미지에 대해 오려내기를 시도했다. 이전에 행했던 오려내기와 동일한 방식으로, 그의 손가락이 별도의 종이 위에 그 부위를 두고 탐색하여 그가 "잃어버린 그림"이라고 부르는 것을 찾았다(그림 6.10). "저는 '잃어버린 그림에서 내용이 퍼져 나간' 부분을 오려내었어요." 그는 그것을 손가락으로 탐구하여 나타난 곡선을 '분산된 내용'이라고 불렀다. 그는 이제 물리적 고통을 느꼈다. 이것은 그에게 새로운 것이었다. 그는 어떤 곳에서는 그의 기억 속 내용의 존재를 명확하게 느낄 수 있다고 말했다. 다른 내용들은 없어져 버렸다. 자신의 그림을 손가락으로 만지면 새로운 단어들이 떠올랐다. "누가 저를 더듬었어요. 제가 아는 누군가예요. 같은 학교에 다니는 소년이요. 그가 무언가를 말했어요."

하워드는 휴식을 취했다. 그는 탈진해 있었지만, 안정감을 느꼈다. 같은 날 오후에 그는 자신이 멈춘 곳에서 작업을 다시 이어 나갔다. 그의 손가락이 '분산된 내용'의 오

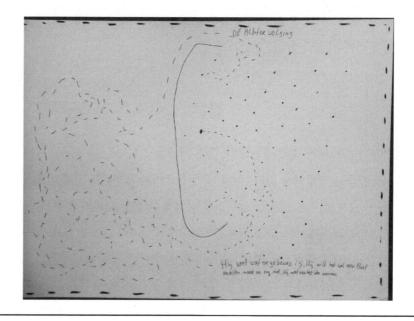

그림 6.11　학대

려 낸 부분을 탐구했다. 그가 오려 낸 부분을 이런 방식으로 접근하자, 새로운 형상이 떠올랐다(그림 6.11). 그는 이것을 "학대"라고 불렀다. 하워드가 이 형상을 손가락으로 만지자, 그는 몇 년 전에 그가 처했던 상황과 관계된 듯한 단어들을 말하기 시작했다. 그는 '검은 형태'가 어떤 일이 벌어졌는지 알고 있으며 그가 나에게 말해 줄 용의가 있으며, 다만 그렇게 하겠다는 생각에 자신이 익숙해져야 한다고 했다.

〈그림 6.11〉을 그린 지 일주일 후, 하워드는 '검은 형태'와 나의 첫 대화를 허용했다. 일련의 대화가 이어지는 동안 이 검은 형태는 나에게 하워드가 몇 번의 사건에서 어떻게 작은 집단에 의해 끔찍한 폭행을 당했는지 알려 주었다. 하워드는 테이프에 녹음된 이 대화를 들었다. 그는 단계적으로 폭행의 구체적인 사항들을 풀어 나가며 발생했던 현실을 점차 수용하였다. 그의 방어체계는 작동하지 않고 조용해졌다. 가해자들을 상징하는 인형을 태워 버리는 의식을 통해 그가 "감정에 휩쓸리지 않고도 격렬한 분노와 두려움의 감정이 살아나도록 허용"하는 것을 도왔다(Levine, 2010, p. 56). 하워드의 분노는 진정되고 그의 정서상태는 상당히 향상되었다. 그의 치료 빈도

수는 시작 후 2년이 지나 끝날 때까지 점차 줄여 나갔다. 그 후로 이어진 시간들은 그의 향상된 상태가 지속되었음을 확인시켜 주었다.

결론

이 장에서는 신체지도가 촉각의 요소와 함께 해리를 경험하는 아동들을 위한 치료적 개입에 유용함을 설명하고자 했다. 만약 내가 치료에서 접하는 아이들에게 손가락으로 자기 몸에 있는 해리적 현상을 탐색하도록 요청한다면, 그 아이들은 침묵했을 것이다. 나의 치료 회기에서는 보통 신체지도가 아이들의 몸이 이미 알고 있는 것으로의 연결 역할을 했다. 이들의 사례는 '앎(knowing)'이 다른 차원에 존재함을 확인시켜 준다. 아직 의식에 들어설 수 없거나 입 밖에 내지 못하는 어떤 것은 그들의 몸이 과거 경험의 서사적 측면과 정서적 영향을 표현할 수 있게 되었을 때 드러났다.

신체지도가 침묵을 깨뜨린 지 8개월 후, 하워드는 그가 시각화한 것을 재검토했다. 나는 그의 말에 놀라움을 금치 못했다. 그의 손가락이 지도 위의 '기계'를 가리킬 때 그는 말했다. "나는 이것들이 네 명의 가해자인 것으로 생각돼요. 그리고 이것이 그들이 안에 가두어 두는 것이에요." 그가 자신의 다른 그림들을 보았을 때, 그는 회상을 통해 어떤 오려내기가 벽을 허물게 했는지, 그래서 비밀을 담은 조각과 그것의 복제의 거리가 가까워질 수 있었는지 알 수 있었다. 그는 과거에 발생한 일에 대한 기억이 명확해졌다. 그가 자기 몸을 올바른 거리에서 올바른 속도 위에 두자, 몸은 그에게 어떤 것을 말해 줄 준비가 되었고, 그는 몸이 자신에게 말해 준 것을 수용할 수 있었다.

몇몇 아동들은 종이 조각을 손가락으로 만지는 것에 대해 신용하지 않는다. '느낌 자리'에 연결하는 것은 그들에게 매우 어려운 일이다. 감정이라는 단어가 양쪽 모두의 경험을 나타낸다는 것은 우연이 아니다. "나는 상처를 받은 것처럼 느끼고 나는 내 손가락으로 느낀다"(Rothschild, 2000, p. 56). 하지만 대부분의 경우 종이를 느끼는 것은 느껴진 경험을 활성화시킨다. 요약하자면, 신체지도는 해리를 경험하는 아동들을 두 가지 면에서 돕는다. (1) 그들을 자신의 감정 및 정서와 재연결시킨다. (2) 그들이 아직 그것을 인지할 준비가 되어 있지 않을 때조차도 외상적 경험과 재접촉하여 다시 들여다보도록 돕는다. 에밀리가 말한 것과 같다(Santen, 2014, p. 89).

"처음에는 거대한 두려움의 거품이 있어요. 다음 순간에 신체지도의 표면상으로는 순수한 감정들에 의해 살짝 강압적으로 무언가를 느끼기 시작하죠. 그 체계를 시각화할 수 있고, 그것이 명확성을 제공해요. 그것이 구조의 윤곽을 그려 내요. 두려움을 생성시키는 어떤 체계가 작동하고 있음을 알아볼 수 있어요. 그러면 보호되고 있는 핵심, 어떤 비밀이 거기에 있음을 알아차릴 수 있어요."

참고문헌

Baita, S. (2007, November). *What's inside my head?: How to explore and explain trauma and dissociation to children.* Paper presented at the annual meeting of the International Society for the Study of Trauma and Dissociation, Philadelphia.

Baita, S. (2011). Dalma (4 to 7 years old): "I've got all my sisters with me": Treatment of dissociative identity disorder in a sexually abused child. In S. Wieland (Ed.), *Dissociation in traumatized children and adolescents: Theory and clinical interventions* (pp. 29–73). New York: Routledge.

Gendlin, E. T. (1996). *Focusing-oriented psychotherapy: A manual of the experiential method.* New York: Guilford Press.

Gendlin, E. T. (2003). *Focusing: How to gain direct access to your body's knowledge* (25th anniversary ed.). London: Rider.

Hornstein, N. (1998). Complexities of psychiatric differential diagnosis in children with dissociative symptoms and disorders. In J. Silberg (Ed.), *The dissociative child: Diagnosis, treatment and management* (2nd ed., pp. 27–45). Lutherville, MD: Sidran Press.

Janouch, G. (1965). *Gesprekken met Kafka.* Amsterdam: Querido. (Dutch translation of *Gespräche mit Kafka*)

Levine, P. A. (2010). *In an unspoken voice: How the body releases trauma and restores goodness.* Berkeley, CA: North Atlantic Books.

Malchiodi, C. A. (2008). Creative interventions and childhood trauma. In C. A. Malchiodi (Ed.), *Creative interventions with traumatized children* (pp. 3–21). New York: Guilford Press.

Mendel, A., & Goldberg, R. (2012, May–June). *Workshop "Mapping bodies: From inside out."* Surface Design Department of the Cape Peninsula University of Technology, Cape Town, South Africa.

Mendel, A., & Khumalo, N. (2006, April–October). *"Learning support group" therapy process.* Presentation given at the Child Guidance Clinic, University of Cape Town, Cape Town, South Africa.

Ogden, P., Minton, K., & Pain, C. (2006). *Trauma and the body: A sensorimotor approach to psychotherapy.* New York: Norton.

Perlstein, A., & Frohlinger, B. (2013, March). *Kol-be: Transforming the implicit into explicit integration of art and focusing.* Lecture presented at the conference "Arch of Arts in Health," Haifa, Israel.

Potgieter Marks, R. (2011). Jason (7 years old): Expressing past neglect and abuse. In S. Wieland (Ed.), *Dissociation in traumatized children and adoles-*

cents: *Theory and clinical interventions* (pp. 97–140). New York: Routledge.

Putnam, F. (1997). *Dissociation in children and adolescents: A developmental perspective.* New York: Guilford Press.

Rappaport, L. (2009). *Focusing-oriented art therapy: Accessing the body's wisdom and creative intelligence.* London: Jessica Kingsley.

Rappaport, L. (2010). Focusing-oriented art therapy: Working with trauma. *Person-Centered and Experiential Psychotherapies, 9*(2), 128–142.

Rohde-Dachser, C. (1979). *Das borderline-syndrom.* Bern: Huber.

Rothschild, B. (2000). *The body remembers: The psychophysiology of trauma and trauma treatment.* New York: Norton.

Santen, B. (1993). Focusing with a dissociated adolescent: Tracing and treating multiple personality disorder experienced by a 13-year-old girl. *Folio: Journal for Focusing and Experiential Therapy, 12*(1), 45–58.

Santen, B. (1999). Focusing with children and young adolescents. In C. E. Schaefer (Ed.), *Innovative psychotherapy techniques in child and adolescent therapy* (pp. 384–414). New York: Wiley.

Santen, B. (2007). Into the fear-factory: Treating children of trauma with body maps. *Folio: Journal for Focusing and Experiential Therapy, 20*(1), 60–78.

Santen, B. (2014). Into the fear-factory: Connecting with the traumatic core. *Person-Centered and Experiential Psychotherapies, 13*(2), 75–93.

Shirar, L. (1996). *Dissociative children: Bridging the inner and outer worlds.* New York: Norton.

Silberg, J. L. (2011). Angela (14–16 years old)—finding words for pain: Treatment of a dissociative teen presenting with medical trauma. In S. Wieland (Ed.), *Dissociation in traumatized children and adolescents: Theory and clinical interventions* (pp. 263–284). New York: Routledge.

Silberg, J. L. (2013). *The child survivor: Healing developmental trauma and dissociation.* New York: Routledge.

Solomon, J. (2003). *How to body map: Instructions of body mapping technique.* Unpublished paper, Cape Town, South Africa.

Steinhardt, L. (1985). Freedom within boundaries: Body outline drawings in art therapy with children. *Arts in Psychotherapy, 12*(1), 25–34.

Steinhardt, L. (2013). *On becoming a Jungian sandplay therapist: The healing spirit of sandplay in nature and in therapy.* London: Jessica Kingsley.

Stone, H., & Winkelman. S. (1985). *Thuiskomen in Jezelf.* Amsterdam: Mesa Verde. (Dutch translation of *Embracing Our Selves*)

van der Hart, O., Nijenhuis, E. R. S., & Steele, K. (2006). *The haunted self: Structural dissociation and the treatment of chronic traumatization.* New York: Norton.

Waters, F. S., & Silberg, J. L. (1998). Therapeutic phases in the treatment of dissociative children. In J. L. Silberg (Ed.), *The dissociative child: Diagnosis, treatment and management* (2nd ed., pp. 135–165). Lutherville, MD: Sidran Press.

Wieland, S. (2011). Dissociation in children and adolescents: What it is, how it presents, and how we can understand it. In S. Wieland (Ed.), *Dissociation in traumatized children and adolescents: Theory and clinical interventions* (pp. 1–27). New York: Routledge.

외상경험 아동을 위한
모래상자에서의 치료적 이야기와 놀이
움직이는 이야기 기법

Susanne Carroll Duffy

얼마나 많은 사람들이 아이들이 무엇을 하고 난 후에 "왜"라는 질문을 해 보았을까? 대부분의 아이들은 "몰라요."라고 대답한다. 아이들은 흔히 왜 했는지를 정말 모른다. 아이들에게 언어는 나중이다. 말이 아이들의 우선적인 언어가 아니라면, 어떤 것이 우선일까? 아이들의 첫 번째 언어는 감각이다. 몸과 감정의 경험을 통해서 세상을 이해한다. 이런 감각적 시작으로부터 아이들은 놀이로 나아가고, 마침내 언어와 놀이를 함께할 수 있게 된다. 트라우마를 겪은 아이들의 경험은 언어의 층에 고착되어 있기 때문에, 언어의 층은 아이들의 경험에 대한 이야기와 외상을 경험한 아이들에게 치유의 질을 열어 준다.

Perry(2006)는 외상을 경험하는 아동은 혼란스럽고 방임하는 환경이나 양육자로 인해 정상적인 뇌 발달에 방해를 받는다고 설명한다. 이러한 발달의 혼란은 심리 안정의 문제를 야기하고, 아동이 의사소통하고, 사고하고, 타인과 관계 맺는 능력을 손상시킨다. Perry는 치료적 개입은 아동의 발달 단계와 맞아야 하며, 반복적이고 재미있게 이루어져야 한다고 말한다. Perry에 의하면, 아동이 좀 더 안정을 찾았을 때 치료는 뇌의 좀 더 복잡한 영역을 목표로 할 수 있다.

이야기, 놀이, 모래상자의 즐겁고 감각적인 측면은 외상을 겪은 아동에게 자기조절, 자기표현과 학습을 경험할 수 있도록 돕는다. 움직이는 이야기 기법(The Moving Stories method; Carroll Duffy, 2014e)은 모래상자를 활용한 치료적 이야기(독서치료)와 모래상자, 놀이치료를 통합하는 창의적 예술치료 도구이다. 이 방법은 외상을 겪은 아이들과 그들의 치료사, 교사, 보호자에게 긍정적 치료 메시지를 전달하고, 아이들의 깊은 감정을 반영할 수 있는—단어를 사용하기 전의 아이들만의 언어로—매력적인 방법을 제공한다. 치료적인 도구로서, 아동 외상 치료의 실존하는 다양한 모델을 통합할 수 있다.

이번 장에서는 모래상자라는 무대에서 만들어진 대상이 어떻게 치료적인 이야기를 창조해 내는지를 예를 들어 설명한다(예 : 그림 7.1 참조). 이야기를 전달하는 데 사용되는 소품들은 원더룸(Wonder Room)이라는 특별한 종류의 놀이방 안에 아이들이 접근하기 쉬운 이야기 장식 키트에 보관한다. 또한 이 장에서는 이야기를 선정하고, 아이들의 놀이에 반응하고, 아이들이 반응한 것을 기록하는 것에 대해 고려하는 8단계를 설명한다. 마지막으로, 외상을 겪은 아동을 대상으로 이러한 방법을 사용하여 진행한 개인 치료 사례들을 소개할 것이다.

아동 치료에서 이야기의 활용

교육과 치유의 방법으로서의 스토리텔링은 아주 오래되었다. 외상을 경험한 아동들과 함께 작업할 때, 이야기란 아이들이 잘 선택된 치료적 이야기를 듣는 것과 놀이나 다른 창의적 표현수단을 통해서 아이들이 말하는 것 둘 다를 의미한다. 영향력 있는 이야기란 무엇일까? 이야기는 외상을 겪은 아동의 고통으로부터 안전한 거리를 제공

그림 7.1 모래상자 속의 움직이는 이야기

출처 : Copyright 2014 by By The Sea Seminars/Susanne Carroll Duffy. Reprinted by permission.

한다. 아이들은 이야기를 통하여 그들이 혼자가 아니라는 것과 그들이 경험하고 있는 어려움을 극복하기 위한 해결방안이 있다는 것을 배운다. 감정을 좀 더 잘 다룰 수 있는 대처기술을 이야기를 통해 재미있고 매력적으로 배울 수 있다. 아이들은 직접적인 대화보다 이야기 안에서 그들의 감정을 좀 더 잘 표현한다. 결국 치료적 이야기는 나아진다는 느낌, 안전하다는 느낌, 다른 사람들과의 관계에서 더 잘 기능하는 것에 대한 희망을 준다.

치료에서 이야기/시/문학의 활용은 독서치료(bibliotherapy)라고 하는 그 자체의 이론이 있다. Hynes와 Hynes Berry(2012)는 독서치료는 정신건강을 증진시키기 위하여 문학을 사용하는 것이라고 말한다. 그들은 문학을 사용하는 것은 내담자, 촉진자, 선택된 문학 사이에서 성장이 일어나는 흥미로운 과정이라고 설명한다. 독서치료의 일반적인 두 단계는 이야기를 공유하는 수용적인 단계와 이야기에 대한 개인적인 반응을 하는 표현적인 단계이다(Kaufman, Chalmers, & Rosenbery, 2014). 또는 공동의 스토리텔링 기술로(Gardner, 1993), 치료적 이야기 형식 안에서 치료사의 반응에 이어 아동이 스토리를 이야기하는 표현적인 단계가 있다.

모래상자와 스토리텔링

모래상자로 하는 통합적인 스토리텔링은 외상을 경험한 아동들에게 많은 이점이 있다. Badenoch(2008)는 "상징적인 세계가 단어를 통해 표현되는 것처럼, 신체에 기초한 모래놀이는 대뇌 변연계, 대뇌피질, 대뇌반구와 소뇌반구를 통하여 표현된다"(p. 220)고 말한다. 모래상자 안에서 일어나는 이야기를 듣고, 보고, 만지는 다감각적 경험은 아이들이 들은 이야기를 이해할 수 있도록 도울 뿐 아니라, 모래 안의 대상을 사용하거나 단어를 찾아서 이야기에 반응하도록 돕는다.

모래상자는 아동들에게 매력적이면서도 위험하게 느껴지지 않는 매체이다. 아동들은 산이나 동굴을 만들기 위하여 모래를 밀칠 수 있고, 웅덩이를 만들기 위해 모래를 치울 수도 있고, 젖은 모래로 작업하고 싶어 물을 부을 수도 있다. 모래상자 치료에서 모래상자에 사용하는 소품들의 선반은 삶의 모든 측면을 상징하고, 의사소통을 돕는다(그림 7.2). 예를 들어, 아동은 모래상자에서의 이야기에 추가하기 위해서 동물, 식

그림 7.2   모래상자 선반, 모래상자 카트와 움직이는 이야기 키트

출처 : Copyright 2014 by By The Sea Seminars/Susanne Carroll Duffy. Reprinted by permission.

물, 집, 종교적·문화적 형상물, 자동차, 사람을 찾을 수 있다. 본질적으로, 모래상자는 이야기 안에서 치료적 메시지를 이해하고, 반응에서 자신의 감정을 표현하는 것 안에서 아동에게 다감각적 상징적 언어를 제공한다.

모래상자와 이야기를 사용하기 위한 다양한 접근법이 있다. 몇몇 치료사들은 학교 장면에서 학습적이고 교육적인 목적으로 모래상자와 이야기를 사용하고(Smith, 2012), 다른 사람들은 융의 ('모래놀이') 관점으로부터 모래상자와 이야기를 사용한다(Turner & Unnsteindsdottir, 2011). 움직이는 이야기 기법은 통합예술 심리치료사 Margot Sunderland(2008)와 아들러학파(Adlerian) 놀이치료사 Terry Kottman(2001)이 묘사한 것처럼, 모래상자와 이야기를 좀 더 상호적으로 이용하는 것과 굉장히 밀접하게 관련되어 있다.

놀이치료와 스토리텔링

놀이는 특히, 아동이 치료적인 이야기를 듣고 난 후(표현 단계) 아동의 의사소통 능력을 증진시키고 그들이 들은 것에 대하여 반응할 때 감정을 처리하는 능력을 향상시킨다. Landreth(2012)는 아동의 놀이를 아동이 경험한 어떤 것을 상징하는 구체적 소품을 사용하는 운동감각이라고 설명한다. 놀이치료 분야는 이론적 구조를 통해 아동이 놀이 안에서 표현하는 방식에 대한 가이드를 제공한다(Drewes & Bratton, 2014). 치료사는 비구조적인 관점을 취할 수도 있다(예 : 아동 중심 놀이치료). 또는 좀 더 상호적인 관점을 취할 수도 있다(예 : 아들러학파의 놀이치료). 놀이치료사이며 *Therapeutic Metaphors for Children and the Child Within*의 공동저자인 Joyce Mills는 이야기 놀이(Story Play™)라 불리는 접근법을 개발하였다. 아동과 함께하는 치료사의 구체적인 방식은 치료사의 이론적 지향, 아동의 발달적 요구, 치료의 단계, 그리고 가장 중요하게는 그 순간 아동의 요구에 맞추어 조율하는 것에 달려 있다.

움직이는 이야기 기법

움직이는 이야기 기법은 독서치료와 모래상자 치료와 놀이치료의 이론을 통합하는 다감각적이고 발달적으로 조율된 접근법이다. 이 접근법은 치료적 이야기 안에서 외상을 경험한 아동의 고통스러운 감정에 조심스럽게 다가가 새로운 관점을 제공해 준다. 치유적인 이야기는 키트 안에 보관되며, 3차원적인 수집공간을 형성한다. 이야기들은 모래상자 안에서 소품을 사용해서 펼쳐진다. 아동은 모래상자 안에서 치유적인 이야기를 경험한 후에 놀이에 초대된다. 아이들은 모래상자 안에서 이야기에 필요한 소품들을 사용할 수 있고 점토나 채색도구 또는 상상놀이와 같은 또 다른 표현 매체를 사용할 수도 있다. 아동이 놀이를 통하여 모래상자 안에서 만들어진 치유적인 이야기에 반응할 때, 그들은 이야기 안에서 자기 자신을 '잘' 표현하는 법을 배운다 : 놀이 이야기. 이러한 모든 것은 안전하고 지지적인 관계와 매력적이고 재미있는 과정 안에서 일어난다.

놀이방 안의 사색적인 장소에서 스토리 키트를 만드는 아이디어는 "Godly Play"(2005)를 창시한 Jerome Berryman의 작업에서 시작되었다. 몬테소리 방법에서 훈련받은 Berryman은 소품을 사용해서 성경 이야기를 활기 넘치게 표현한다. 이야기 소품들은 낮은 곳에 정리가 잘된 나무상자와 트레이 또는 바구니에 보관된다. 이야기를 하는 사람은 마치 연극처럼 이야기의 내용과 이야기에 맞는 동작을 모두 배운다.

움직이는 이야기 기법에서, 이야기에 대한 아동의 반응은 대부분 모래상자에서의 놀이로 표현된다. 이것은 각각의 단계에서 지시적인 것에서부터 비지시적인 것까지 선택의 폭이 유연한 모델로 디자인되었다. 외상을 경험한 아동들을 위하여, Gil(2006)은 지시적이고 비지시적인 놀이치료 접근법의 통합을 지지한다. 움직이는 이야기 기법의 사용을 위한 예로 이 장에서는 이야기 선택에 대한 지시적인 접근과 아동이 이야기에 반응하는 시간 동안의 비지시적인 놀이치료 접근을 설명한다.

외상을 입은 아동에게 움직이는 이야기 기법 사용하기

움직이는 이야기 기법에서의 8단계(그림 7.3)는 치료사에게 모래상자에서 치료적 이야기 사용의 기록, 과정, 이야기하기에 대한 유연한 구조를 제공한다. 치료사가 그룹이나 교실에서 사용하는 단계는 가족이나 아동 개인 회기에서 사용하는 방식과는 다르다. 아동, 내용, 그리고 아동과의 관계는 각 단계에 영향을 미친다. 치료사는 아동

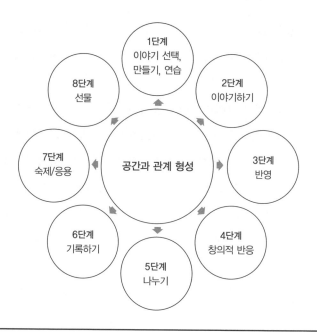

그림 7.3   움직이는 이야기 기법의 단계

출처 : Copyright 2014 by By The Sea Seminars/Susanne Carroll Duffy. Reprinted by permission.

의 필요와 치료사의 이론적 지향에 따라 구조적이거나 비구조적인 접근법을 사용할 수 있다. 세심한 참여는 단계들을 없애는 것을 의미할 수도 있고 또는 유연하게 구조적인 것에서 비구조적인 것으로 연속선상에서 이동하는 것을 의미할 수도 있다. 다음은 이러한 방법이 외상을 경험한 아동을 대상으로 진행하는 개인 치료 회기에서 어떻게 사용되는지에 대하여 설명한다.

공간과 관계 형성하기

아동과 환경의 관계는 이 방법의 성공을 위한 핵심이다. 움직이는 이야기 기법에서는 놀이공간을 '원더룸'이라고 한다. 이 놀이공간의 이름은 (1) 창의적인 이야기의 가능성으로 가득한 방으로 걸어 들어올 때 아이들이 경험하는 경외감, (2) 아이들이 자신을 위한 이야기의 의미를 반영하기 시작할 때 움직이는 이야기 기법의 '놀라운' 단계라는 의미를 담고 있다. 원더룸은 치료적 이야기 키트가 보관된 선반들이 만들어 내

는 3차원의 수집공간이다(그림 7.4). 각각의 키트에는 이름을 붙이고, 키트 안에 보관
된 조각들은 뚜껑에 리스트를 작성하기 때문에 이야기 세트들은 함께 보관하기 수월
하다.

원더룸에는 다양한 색의 여러 모래상자를 담은 카트가 있다(그림 7.2). 모래상자의
크기는 대략 60~76cm이고 깊이는 7.6~10cm이다. 모래상자의 바닥은 물을 상징하
는 파란색이다. 몇 가지 이야기들은 모래의 특정한 색을 사용함으로써 더욱 풍성해진
다. 예를 들어, "검정 검정 곰돌이"(Carroll Duffy, 2014a)의 이야기는 슬픈 감정을 설
명하고, 검정 모래상자 안에서 이야기가 전달된다. 또한 "아무거나 트레이"라는 것이
있는데, 이것은 아동이 원하는 어떤 색상의 모래든지 마구 섞을 수 있는 용기이다. 예
를 들어, 아동은 폭풍우의 표현을 위해 물과 소금통을 사용할 수도 있고, 눈보라를 표
현하기 위해서 소금통에 하얀 모래를 넣어 사용할 수도 있다. '특수한 효과들'은 음악
을 포함한다. 레인스틱(rain stick) [1), 딸랑이, 종, 드럼과 같은 간단한 리듬악기들도 원
더룸에서 찾을 수 있다.

모래상자 치료에서 찾을 수 있는 소품 선반(그림 7.2)들은 원더룸의 또 하나의 중요

그림 7.4   움직이는 이야기들의 보관

출처 : Copyright 2014 by By The Sea Seminars/Susanne Carroll Duffy. Reprinted by permission.

---

1) 역주 : 빗소리가 나는 아메리카 원주민의 전통 악기.

한 부분이다. 소품들은 자연, 이동수단, 숙박, 동물, 사람, 문화적 조각, 신화적 아이템, 그리고 종교적 공예품과 같이 삶의 모든 측면을 상징한다. 점토, 마커, 물감 등 미술 재료들 또한 사용 가능하다. 원더룸은 손인형, 공, 농구 골대, 의상, 게임 등과 같은 놀이 재료들도 제공한다.

　환경 구성뿐만 아니라 아동의 특별한 과거력, 가족과 공동체적인 맥락 안에서 아동의 세세한 감정적이고 발달적인 요구는 반드시 고려되어야 한다. 이것은 환경친화적 놀이치료 모델로부터 지지받는 측면이다(O'Conner & Ammen, 2012). 이 모델 안에서 치료적 개입을 고려할 때, 치료사는 발달 단계, 치료 단계, 치료 목표를 고려한다. 움직이는 이야기에서 치료사는 모든 단계에 걸쳐 아동의 반응에 맞춰 주고 유연성을 유지한다. 예를 들어, 아동이 특정한 물체를 모래상자 안에서 사용하기를 원할 때 수용한다.

1단계 : 선택, 만들기, 연습

움직이는 이야기의 첫 번째 단계는 신중하게 계획을 세우는 것이다. 치료사는 치료적인 이야기를 고르고, 움직이는 이야기 키트를 만들고, 모래상자에서 어떻게 이야기를 말할지 계획한다.

선택 혹은 이야기 짓기

이야기를 선택할 때, 아이의 문화적 맥락과 가족의 가치관을 이해하는 것이 중요하다. 예를 들어, 부엉이는 어떤 의미를 가지는가? 대다수의 사람들은 부엉이를 지혜와 연관짓지만 미국 원주민들은 부엉이를 죽음의 조짐으로 여긴다. 이야기는 문화와 가족의 신념과 가치로 구성되어야 한다. Sunderland(2008)에 따르면, 치료적인 이야기는 희망과 더욱 창의적인 대처기술을 제공해야 한다. 이야기 속의 주인공이 경험하는 감정적 어려움은 아이의 것과 비슷해야 한다.

　또한 치료사는 치료의 특정 단계에 따른 목표들을 고려해야 한다. 예를 들어, 초기 치료 단계에서 학대가 의심된다면, 치료사는 "태피와 보이지 않는 마법 반창고(Taffy and the Invisible Magic Bandage)"(Davis, 1996)를 선택할 수 있다. 이것은 강아지 태피가 숲으로 갔다 슬퍼하며 돌아오는 이야기인데, 강아지는 입에 보이지 않는 반창고가 있다고 생각하고 만약 말을 할 경우 자신이 사라질 것이라고 믿는다. 태피는 어른들을 믿고 자신의 이야기를 하면 기분이 나아진다는 것을 배운다.

"다람쥐 새미와 땅콩(Sammy Squirrel and the Nuts)"(Greene, 2014)은 외상 치료의 일반적인 목표인 적응기술을 가르치고 안전감을 다룬다. 새미는 폭풍에서 살아남았지만, 엄마를 잃어버렸다. 그 후 새미는 땅콩을 모으기 시작했다. 새미는 곰에게서 어떻게 다시 안전함을 느끼는지 배우는데, 그것은 밤에 무서움을 느낄 때 가족들과 이야기하는 것이다.

외상을 경험한 아이에게 정동 조절과 이완을 가르치기 위해 "클라우드가 비행기를 날리다(Claude Flies an Airplane)"를 선택할 수 있다. 이 이야기에서 토끼인 클라우드는 화가 나서 비행기에 올라타고 비행기를 이륙시켰다. 클라우드는 비행기를 조종할 수 없고 어떻게 착륙할지 몰라 두려워졌다. 거위들이 그가 우는 것을 듣고 그에게 천천히 코로 숨을 들이쉬고 입으로 내뱉어서 비행기를 착륙시키는 것을 가르쳐 줬다. 거위들의 지침과 도움으로 클라우드는 안전하게 착륙했다.

외상을 겪은 대다수 아이들은 거리를 두고 외상을 볼 필요가 있다. 이러한 치료 목표를 추구하는 데 적절한 이야기는 "모든 것의 좋은 면을 본 여자(The Woman Who Saw the Good Side of Everything)"(Tapio, 1975)이다. 한 여자와 그녀의 고양이는 비 때문에 재앙과도 같은 일련의 일들을 경험했다. 소풍이 엉망이 되고, 꽃이 물에 잠기고, 집은 떠내려가고, 결국 집은 비가 시작된 중국으로 떠내려갔다. 이 모든 일을 통해 여자는 자신에게 일어난 일의 긍정적인 부분을 본다.

치료의 마지막 즈음에 "떠오르는(Emerging)"(Carroll Duffy, 2014b)이란 이야기는 치료적 여행을 보여 준다. 유명한 이야기인 "투쟁(The Struggle)"(작자미상)은 나비가 고치로부터 시작된 어려움이 날 수 있는 힘을 준다는 것을 배우는 이야기이다.

모래상자에서 들려주는 이야기들은 간략하고 아이가 집중할 수 있는 정도의 것이어야 한다. 움직이는 이야기 방법에 적용될 수 있는 훌륭한 자원을 제공할 이야기는 **가르치고 치유하는 치료적 이야기**(Davis, 1996)이다. 이 이야기들은 외상을 겪은 아이들이 주로 직면하는 악몽, 종결에 대한 두려움, 증언에 대한 두려움, 자기가 손상된 느낌, 정동 조절의 문제를 다루기 위해 은유를 사용한다. 다른 이야기로는 움직이는 이야기의 온라인 서고인 http://bytheseaseminars.com에서 찾아볼 수 있다. 치료사들은 치료적 이야기를 직접 쓸 수도 있다. 이야기의 복사본들은 움직이는 이야기 저장소 콘텐츠를 쉽게 참고할 수 있도록 원더룸에 있는 바인더에 보관되어야 한다.

움직이는 이야기 키트 만들기

치료사가 내담 아동을 위해 이야기를 선정했다면, 다음 할 일은 움직이는 이야기 키트를 만드는 것이다. 이 과정은 치료사가 이야기를 내면화하고 자신의 것으로 하는 명상적인 과정이 될 수 있다. 상자는 이야기를 담고, 상자 밖은 이야기를 분명하게 상징하도록 장식된다. 치료사들은 구울 수 있는 점토를 사용해 캐릭터를 만들거나 나무 막대나 돌 혹은 구슬을 이야기의 요소를 상징하도록 만들 수 있다. 이미 모래상자 치료를 하고 있는 치료사들은 모래상자 서랍장에서 이야기를 위한 많은 소품을 찾을 수 있을 것이다.

각각의 움직이는 이야기 키트는 상징이나 선물을 포함한다. 선물은 중요한 이야기의 요소를 상징하는 비싸지 않은 것으로 한다. 매번 이야기를 할 때마다 아이에게 미리 만들어 준 선물을 준다. 선물은 이야기의 캐릭터를 상징하는 단순한 그림이나 삽화일 수도 있다.

모래상자에서 연습하기

키트가 완성되면, 치료사는 이야기의 배치와 순서를 어떻게 모래상자에 구성할지 계획한다. 이야기를 외울 필요는 없지만, 사건의 순서와 모래상자에서 이 사건들을 어떻게 보여 줄 것인지에 대한 아이디어를 기억하는 것은 중요하다. 치료사는 놀이의 감독이다. 모래상자에서 어떻게 장면을 연출할 것인지, 물체를 어디에 두고 움직일 것인지, 어떻게 아이의 참여를 비롯한 특별한 효과를 만들어 낼 것인지 생각해야 한다. 이런 모든 준비과정 후에, 치료사는 기대를 내려 두고 아이의 반응을 최우선에 두어야 한다.

2단계 : 모래상자에서 이야기 보여 주기

다음 단계는 아동에게 모래상자에서 이야기를 보여 주는 것이다. 지시적 시작의 예로, 치료사는 "오늘 내가 너에게 들려줄 이야기가 있어. 모래상자 준비하는 것을 좀 도와줄래?"라고 말할 수 있다. 아동은 모래상자를 준비하는 것에 참여한다. 예를 들어, 만일 이야기에 물이 소재로 쓰인다면, 치료사는 "물을 어디에 둘까?"라고 물어볼 수 있다. 그리고 아이가 상자 안에 공간을 확보하도록 한다. 종종 아이는 이야기 중에 모래상자 선반에서 소품을 가져와 놓을 수 있다. 이야기에 이러한 소품을 포함하는 것은 매우 중요하다. 치료사는 주인공의 성별이나 아이에게 들려주는 이야기의 감정적 주제에 대한 극적 허용(dramatic license)을 적용할 수 있어야 한다. 민감한 치료사는 각 아이들마다 이야기를 다르게 할 수도 있다.

모래상자 장면이 완성되면 치료사는 아이가 이야기에 대해 궁금해하도록 인도한다. 치료사는 상자를 힐끔 보고 캐릭터 중 하나에게 말을 걸거나 어떤 예상을 할 수 있도록 상자를 만들 수도 있다. 치료사는 아이가 이야기의 시작을 준비할 수 있도록 이야기를 시작하기 전에 어떤 의식을 만들 수도 있다. 예를 들어, 치료사는 "레인스틱을 잘 바라보고 귀 기울여 봐. 다 되면 이야기를 시작할 거야."라고 말한다.

이야기를 하는 동안 치료사는 아이의 반응에 주의를 기울여야 하고, 아이가 참여할 수 있는 방법을 찾아봐야 한다. 예를 들어, 비가 이야기의 일부라면 아이는 소금통에 물을 담아 상자 위에서 흔들 수 있다. 혹은 이야기에서 계속 반복되는 어떤 구호를 외치거나 다른 음향 효과를 줄 수도 있다. 움직임이나 동작은 아이를 이야기에 포함시킬 수 있는 또 다른 방법이다. 이야기가 끝나면 치료사는 신중하고 느리게 손을 모래상자 위에서 흔들며 "이게 내 이야기의 끝이야."라고 말한다.

3단계 : 이야기에 대한 반영

이야기 이후에 치료사는 '의문을 가지는' 반영적인 질문을 할 수 있다. 이러한 질문들은 아이를 위한 이야기의 의미를 깊게 할 수 있다. 특히 발달적으로 어린 내담자들과의 개인 회기에서 치료사는 반영 과정을 하지 않을 수도 있다. 모래상자 옆에 앉은 아이는 적극적으로 놀이를 하려고 한다.

'의문을 가지는 질문'은 치료자가 이야기에서 목표로 삼은 것을 위해 재단될 수 있다. 예를 들어, 치료사는 이야기에서 아이에게 중요한 것이 무엇인지 탐색할 수 있다. 탐색할 때에는 아이가 이야기에서 어떤 부분을 좋아했는지와 어떤 부분을 중요하다고 여기는지, 어떤 부분을 싫어했는지에 중점을 둔다. 아이들에게 이야기 속에서 자신과 같은 점을 발견했는지 혹은 어떻게 이야기를 바꾸거나 이어 갈 것인지를 물어보는 것은 항상 흥미롭다. 아이가 답을 하면, 치료사는 아이가 염두에 두고 이야기하는 모래상자의 부분에 모든 관심을 주어야 하고, 아이의 대답에 반영해야 한다. 이 대답에는 어떤 옳고 그름도 없다. 치료사는 자신이 의도한 대로 아이가 배우기를 바랄 것이 아니라 아이가 원하는 대로 이야기를 받아들이도록 해야 한다.

4단계 : 이야기에 대한 창의적 반응

네 번째 단계는 이야기에 대한 창의적 반응을 이끌어 내거나 혹은 단순히 그 반응을 수용하는 것이다. 치료사와 아이 사이에 이루어지는 이야기에 대한 대화의 표현 단계이다. 이 단계에서 치료사는 이야기를 듣는 입장이 된다.

다시 말해, 치료사가 이 단계를 다루는 방법에는 다양한 경우의 수가 있다. 지시적인 것에서 비지시적인 것으로 연속선상에서 움직인다. 비지시적 방법의 예로는 어떻게 반응할지에 대해 아이에게 몇 가지 선택사항을 보여 주는 것이다. 이야기를 끝낸 후 치료사는 아이에게 "이제 네 차례야."라고 말할 수 있다. 이때 치료사가 이야기를 듣는 사람이 되고, 놀이 공간에서 아이가 무엇을 하든 간에 그것은 이야기 반응으로 여겨진다.

때로 아이는 모래상자에서 완전히 다른 이야기를 시작할 수도 있다. 혹은 아이는 들려준 이야기에 근거하여 이야기를 확장하거나 모래상자 선반에서 캐릭터를 가져와 추가할 수 있다. 이야기를 듣는 사람으로서 치료사는 아이가 원하는 어떠한 모습으로든 존재해야 한다. 예를 들어, 만일 아이가 사람을 말 위에 태우기를 시도한다면 치료사는 사람 형상을 만들도록 약간의 점토를 제공하여 이 놀이를 도울 수 있다. 어떤 아이들은 모래상자나 원더룸에서 치료사가 함께 놀이하기를 원한다. 일반적으로 치료사는 아동 중심 치료(Landreth, 2012)에서처럼 질문을 하지 않는다. 이야기를 듣는다는 것은 아이의 놀이 과정에 참여하는 것을 뜻한다. 아이들이 어떠한 창의적 표현을 선택하든 간에 그것은 그 아이의 이야기이다. 치료사는 아이의 놀이 이야기에 대한 상세한 모든 것을 재빠르게 관찰하는 관찰자이다.

5단계 : 나누기

다섯 번째 단계는 아이가 자신의 창의적 반응을 나누는 것이다. 개인 회기에서 이 단계는 창의적 반응이 작품에 의한 것일 때 일어날 수 있다. 예를 들어, 모래상자 그림, 회화, 시, 혹은 글로 쓴 이야기 등이 있다. 만일 아이의 이야기에 대한 반응이 치료사의 놀이적인 역할이나 존재를 포함하는 놀이로 나타났다면 언어적 과정 혹은 나누기는 일어나지 않을 수 있다.

이 단계는 치료자의 성향에 따라 다르게 나타날 수 있다. 예를 들어, Sandtray-Worldplay™(DeDomenico, 2000)에서 일반적인 접근법들을 생각해 볼 수 있다. 아이의 이야기를 들은 후 치료사는 아이의 창의적 과정에 반응할 수도 있고 그저 목격하기만 할 수도 있다. 치료사는 다른 소품에 목소리를 주거나, 소품들을 서로 상호작용하게 하거나, 다른 상징들의 경험으로 아이를 초대해서 과정을 더욱 깊게 할 수 있다. 이러한 모델에서의 이야기 나누기는 아이를 치료사와 함께 발견하는 것(co-discovering)과 아이가 창조한 것의 의미를 포함한다.

6단계 : 치료사와 아이를 위한 이야기 기록하기

아이의 창의적인 반응/나누기를 치료사가 듣고 난 후, 치료사는 경험을 이야기로 요약하고 아이의 창의적 반응을 사진이나 그림과 함께 기록한다. 그리고 치료사는 "이 이야기의 제목은 뭘까?"라고 묻는다. 회기를 계속하면서 아이의 이야기/사진이나 그림은 바인더에 보관한다. 이 기록은 아이가 들은 움직이는 이야기의 이름, 아이의 창의적 반응의 사진 혹은 그림, 아이의 이야기를 요약한 것, 제목, 그리고 아이에게 주어진 상징/선물을 포함한다. 아이가 원하면 언제든지, 특히 치료의 종결 시기에는 다시 볼 수 있다. 이야기 모음은 아이의 자존감 형성을 위한 것이고 아이의 치료 경험에 대한 기록물이다. 과정은 시간이 흐르면서 아이가 이야기를 하는 방향으로 진행된다. 심지어 아이가 자신만의 움직이는 이야기 키트를 만들 수도 있다. 아이가 이야기가 끝나지 않은 것 같아 회기를 끝내려 하지 않을 때는 "아마 이 책의 장은 다음 회기에서 끝날 수 있겠어."라고 말한다. 때로 아이들은 '책' 한 권을 통째로 만들기도 한다.

치료사를 위해서 기록은 이야기에서 다룬 목표/주제에 대한 설명을 포함해야 하며 아이가 한 놀이의 감정적인 주제, 놀이와 참여의 본질, 숙제나 상징/선물도 함께 포함한다. 치료사는 아이의 놀이 반응에 기초한 심화된 이야기에 대한 의견을 적을 수도 있다. 이러한 방법으로 치료적 이야기 대화는 계속된다.

7단계 : 숙제/응용

숙제/응용 단계는 치료사로 하여금 이야기가 치료 회기를 넘어 일반화될 수 있는 방법을 생각해 보도록 한다. 치료사는 아이가 숙고할 수 있는 사려 깊은 질문을 제안할 수 있다. 혹은 특정한 숙제와 함께 질문을 던질 수도 있다. 몇몇 이야기는 집에서 쉽게 적용될 수 있다. 예를 들어, "미안해(I'm Sorry)"(Carroll Duffy, 2014d)와 같은 이야기는, 아이가 갈등을 해결하는 몬테소리 접근법을 "평화 장미(The Peace Rose)"(Jewell, 2006)를 통해 배우게 한다. 이러한 방법을 일반화하기 위한 기술로, 아이에게 매기와 머키라는 무스가 이야기에서 처럼 갈등을 해결하는 것을 연습하도록 숙제를 줄 수도 있다. 예를 들어 긍정적인 자기 존중을 고무하기 위해 디자인된 이야기를 들은 후에 치료사는 부모에게 아이의 장점을 적어 보도록 할 수 있다.

8단계 : 선물/상징

외상을 경험한 아이들에게 있어 선물을 받는 경험은 관계를 촉진하고, 돌봄받는 느낌을 갖게 하고, 치료에 대한 기록과 전이 대상을 준다. 움직이는 이야기를 들은 다음, 이야기로부터 나온 상징은 선물이 되고, 아이에게 중요한 요소를 대표하거나 그 경험 자체를 상징하는 것이 될 수도 있다. 예를 들어, "다람쥐 새미와 땅콩"(Greene, 2014) 이야기에서 선물은 도토리가 될 수 있다.

선물은 돈이 들지 않아도 된다. 상점에서 살 수 있는 상징물도 클립아트나 스티커를 사용해 만들 수 있다. '선물'은 단순히 모래상자 이야기의 사진이나 그림이 될 수도 있다. 만일 움직이는 이야기가 치료의 일상적인 부분이라면, 선물을 정리하는 방법을 만들 수도 있다. 예를 들어, 모래상자 사진은 명함 크기로 인화할 수 있고, 그 사진을 명함꽂이에 보관한다. 아이는 점토 접시를 만들거나 선물을 약 가방에 넣을 수 있다. 혹은 각 이야기에 따른 상징물을 만들어 팔찌를 만들 수도 있다.

사례 예시

이 사례는 외상을 겪은 아이들과 "거인(The Giant)"(Carroll Duffy, 2014c)을 사용한 경험에 기초한 것이다. 이야기에서 다람쥐의 숲 속 친구들은 산불이 번지자 도망치고 다람쥐는 거대한 세쿼이어나무 꼭대기에 숨은 채 남겨진다. 다람쥐는 숲이 불타는 것을 보면서 외로움, 슬픔, 깊은 공포를 경험한다. 심지어 산불이 멈춘 후에도 세상은 절대로 전과 같지 않을 것 같다. 하지만 산불은 전혀 예상치 못한 것을 가져온다. 바로 아기 세쿼이어와 새로운 숲의 시작이다. 이 이야기는 탄력성과 상실과 외상에 대한 희망을 촉진한다. 〈그림 7.5〉는 이야기에 대한 모래상자 장면을 보여 준다.

그림 7.5　"거인"(Carroll Duffy, 2009b) 이야기에서의 모래상자 장면

출처 : Copyright 2014 by By The Sea Seminars/Susanne Carroll Duffy. Reprinted by permission.

사라의 움직이는 이야기 회기

사라는 엄마가 사망하여 부모가 아닌 사람들에게 양육되고 있는 10살 아동이다. 가정 폭력과 약물 남용에 노출된 아이는 불안, 악몽, 우울을 보였다. 사라는 치료 중반기에 있었다. 그녀는 적응기술을 만들었고 불안과 우울을 덜 보였으며 친구도 사귀었다. 치료실에서 그녀는 모래상자 이야기를 통해 자연스러운 표현을 하게 되었다. 치료사는 사라가 자신의 반응을 선택하는 아이가 주도하는 시간에 이어 첫 번째 회기를 이끌었다. 그녀의 반응은 종종 많은 물체로 모래상자를 채우거나, 가끔은 두 번째 상자로 확장하는 것이었다.

1단계 : 이야기 선택, 키트 만들기, 연습

"거인"은 사라의 외상과 상실 그리고 부여된 희망에 대한 정서적 감정을 담고 있기 때문에 선택되었다. 키트는 모래상자 선반에서 선택된 숲 속 동물로 채워진 데코상자로 만들어졌다. 거인 세콰이어는 장작으로 만들었다. 나무가 모래상자에 놓였을 때 나무의 거대함에 사라가 깜짝 놀라도록 '거인' 위에 스카프를 놓았다. 이야기를 위한 계획은 종이 위에 그려졌고 시연되었다.

2단계 : 보여 주기

회기를 시작할 때 사라는 새로운 이야기를 들을 것이란 말을 들었다. 그녀는 신이 나서 시냇물을 만들기 위해 붓으로 모래를 치우며 모래상자를 준비하는 것을 도왔다. 이야기가 시작되면서 치료사는 사라에게 '거인'을 만나고 싶은지 물었다. 사라가 약간 불안해하며 "네"라고 대답했을 때, 스카프는 치워졌고 나무가 보였다. 사라는 이야기가 진행되어 감에 따라 마음을 사로잡혔다. 그녀는 산불이 다가오는 것을 보여주기 위해 소금통에 빨간 모래를 넣어 도왔다. 사라는 소금통의 물을 사용하여 비가 불을 끄는 것을 보여 줬고, 산불로 인해 파괴된 것을 보여 주기 위해 검은색 모래를 사용했다.

3단계 : 반영

치료사는 이야기를 계속하고 싶은 사라의 열망을 감지했고 '의문을 가지는 질문'을 하여 방해하는 것을 하지 않았다.

4단계 : 창의적 반응

이야기를 끝낸 후에 치료사는 "이제 네 차례야."라고 말했다. 사라는 침묵한 채 모래 상자에서 이야기를 이어 갔다. 사라는 모래에 물을 뿌리고 숲 속 동물들을 위한 동굴을 만들었으며, 강을 건널 수 있는 다리를 만들었다. 사라는 모래상자 선반에서 식물을 찾아 가져와 숲을 복구시켰고 자신이 주로 하던 방법으로 상자를 채웠다. 그녀는 모래상자 선반에서 소방관을 찾았고 그를 동물들 옆에 두었다. 사라는 열중하여 조용히 작업하였다. 치료사는 그녀의 정서를 반영하였는데 역시 말은 하지 않았다. 사라가 꽃을 몇 송이 세우는 것을 어려워하자 치료사는 도움을 권하였고, 그녀는 그 도움을 기꺼이 받았다. 마침내 사라는 올려다보며 "다 됐어요."라고 말했다.

5단계 : 나누기

치료사는 사라를 그녀의 모래상자 이야기에 초대하였다. 사라는 숲으로 돌아오는 동물들을 설명하고 모든 위험으로부터 안전할 새로운 집이 필요하다고 했다. 그녀는 곰이 가장 강하기 때문에 좋다고 했다. 그녀는 다람쥐에게 굉장히 미안해했는데, 그 이유는 다람쥐가 산불이 났을 때 혼자 남겨졌기 때문이었다. 그리고 그녀는 거인 나무에 대해 생각했고, 다람쥐가 완전히 혼자는 아니었다고 정하였다. 사라는 이야기하면서 그들에게 각각 음식을 주기로 하고 모래상자 선반으로 가서 견과를 찾았다. 치료사는 주의 깊게 이야기를 듣고 사라가 말을 다 한 것 같은 때에 "나는 네가 이 이야기의 어디에 있는지 궁금하구나."라고 말했다. 사라는 그녀가 많은 폭풍에서 살아남은 "거인"이라고 말했다.

6단계 : 기록하기

사라가 말을 다 마친 것이 확실해진 후, 치료사는 자신의 이야기를 사진으로 찍도록 사라를 초대하였다. 치료사는 "산불 이후에 숲 속 동물들이 돌아왔고 그들을 위한 안전한 동굴을 만들고 땅콩을 먹었다. 숲은 다시 자랐다."라고 요약했다. 사라는 요약을 보고 기뻐하는 듯 보였고 "소방관을 잊으면 안 돼. 그가 동물들과 숲을 보호해서 그런 일이 다시 일어나지 않아."라고 말했다. 치료사는 이 중요한 사항을 사라의 이야기에 추가하였고, 제목이 무엇인지 물었다. 사라는 "다시 집으로"라고 대답하였다. 사라가 떠난 후 치료사는 따로 이야기와 제목을 붙여 사진을 넣고, 사라의 다른 이야기와 함께 바인더에 보관하였다.

7단계 : 숙제/응용

사라는 회기 마지막에 새어머니를 잠시 만났다. 사라의 이야기에서 나타난 양육과 집의 주제를 다룬 후에, 그들은 다음 주에 함께 '특별한 시간'을 보내도록 격려받았다. 사라는 그녀의 침실을 새어머니와 함께 페인트칠하길 원했다.

8단계 : 선물/상징

사라는 이야기에 대한 경험과 '새로운 시작'에 대한 상징적 대표물로 솔방울을 선물로 받았다. 나중의 이야기에서 안전에 대한 주제는 모래상자에 그녀가 다른 동물들을 위한 집을 만드는 것으로 계속되었다.

결론

움직이는 이야기 기법은 여러 가지 방식을 통합한 창의적 예술치료 과정으로 외상을 경험한 아이들이 치료적 메시지를 듣고 그들만의 언어로 반응할 수 있도록 참여적인 방법을 제공한다. 그들의 언어에는 놀이, 상징, 이야기 등이 있다. 이 방법의 여덟 단계는 치료사의 개입을 이야기하는 사람과 듣는 사람 두 입장에서 가능하도록 이끈다. 이는 치료 모델의 범위 안에서 다르게 적용될 수 있는 유연한 도구이다. 이 장이 개인 회기를 위한 방법에 중점을 두고 있지만 외상을 경험한 아이들은 또한 가족 회기, 그룹, 교실의 맥락에서도 치료적으로 이익을 얻을 수 있다. 방법을 적용하는 첫 번째 단계는 놀이, 이야기, 모래상자의 언어에 자신을 개방하는 것이다. 기본이 되는 개인의 의미 있는 경험과 함께, 치료사는 취약하면서 탄력성 있는 아이들의 심오하고 신성한 언어를 알아보게 된다.

참
고
문
헌

Badenoch, B. (2008). *Being a brain-wise therapist: A practical guide to interpersonal neurobiology*. New York: Norton.

Berryman, J. (2005). *The complete guide to godly play* (Vol. 1). New York: Church.

Carroll Duffy, S. (2014a). Black black bear. Perry, ME: By the Sea Seminars. Retrieved from: *http://bytheseaseminars.com/moving-stories-e-library*.

Carroll Duffy, S. (2014b). Emerging. Perry, ME: By the Sea Seminars. Retrieved from *http://bytheseaseminars.com/moving-stories-e-library*.

Carroll Duffy, S. (2014c). The giant. Perry, ME: By the Sea Seminars. Retrieved from: *http://bytheseaseminars.com/moving-stories-e-library*.

Carroll Duffy, S. (2014d). I'm sorry. Perry, ME: By the Sea Seminars. Retrieved from *http://bytheseaseminars.com/moving-stories-e-library*.

Carroll Duffy, S. (2014e). *Moving Stories method: A playful therapeutic storytelling method for the sandtray*. Perry, ME: By the Sea Seminars. Retrieved from *http://bytheseaseminars.com/moving-stories-e-library*.

Davis, N. (1996). Therapeutic stories that teach and heal. Available at *http://drnancydavis.org*.

De Domenico, G. (2000). *Sandtray-Worldplay^{TM}: A comprehensive guide to the use of sandtray in psychotherapy and transformational settings*. Oakland, CA: Vision Quest Images.

Drew, A., & Bratton, S. (2014). Play therapy. In E. Green & A. Drewes (Eds.), *Integrating expressive arts and play therapy with children and adolescents* (pp. 17–40). Hoboken, NJ: Wiley.

Gardner, R. (1993). *Storytelling in psychotherapy with children*. Northvale, NJ: Jason Aronson.

Gil, E. (2006). *Helping abused and traumatized children: Integrating directive and nondirective approaches*. New York: Guilford Press.

Greene, R. (2014). *Sammy squirrel and the nuts*. Perry, ME: By the Sea Seminars. Retrieved from *http://bytheseaseminars.com/moving-stories-e-library*.

Hynes, A., & Hynes-Berry, M. (2012). *Biblio/poetry therapy: The interactive process—a handbook*. St. Cloud, MN: North Star Press of St. Cloud.

Jewell, A. (2006). *The peace rose*. Santa Rosa, CA: Parent Child Press.

Kaufman, D., Chalmers, R., & Rosenberg, W. (2014). Poetry therapy. In E. Green & A. Drewes (Eds.), *Integrating expressive arts and play therapy with children and adolescents* (pp. 205–230). Hoboken, NJ: Wiley.

Kottman, T. (2001). *Partners in play*. Alexandria, VA: American Counseling Association.

Landreth, G. (2012). *Play therapy: The art of the relationship* (3rd ed.). New York: Routledge.

Mills, J., & Crowley, R. (1986). *Therapeutic metaphors for children and the child within*. New York: Brunner/Mazel.

O'Conner, K., & Ammen, S. (2012). *Play therapy treatment planning and interventions: The ecosystemic model and workbook*. Waltham, MA: Academic Press.

Perry, B. (2006). Applying principles of neurodevelopment to clinical work with maltreated and traumatized children. In N. B. Webb (Ed.), *Working with traumatized youth in child welfare* (pp. 27–52). New York: Guilford

Press.

Simpson, L. (2014). *Claude flies a plane.* Perry, ME: By the Sea Seminars. Retrieved from *http://bytheseaseminars.com/moving-stories-e-library.*

Smith, S. (2012). *Sandtray play and storymaking.* Philadelphia: Jessica Kingsley.

Sunderland, M. (2008). *Using story telling as a therapeutic tool with children.* Milton Keyes, UK: Speechmark.

Tapio, P. (1975). *The woman who saw the good side of everything.* New York: Harper Collins Children's Books.

Turner, B., & Unnsteindsdottir, K. (2011). *Sandplay and storytelling: The impact of imaginative thinking on children's learning and development.* Cloverdale, CA: Temenos Press.

난민과 생존 아동을 위한
무용/동작치료

치유의 통로로서의 창의적 과정

Amber Elizabeth Gray

난민의 의미는 추방된 사람들이다. 자국의 경계 안에서 쫓겨다니든 난민이나 망명을 원하는 사람들처럼 자국의 경계로부터 도망한 사람이든 간에, 그들은 어떠한 형태의 학대에 노출되어 달아나게 되었다. 그들은 각기 다른 탈출을 경험했으며, 여전히 탈출 중이거나 완전히 새롭고 낯선 세상에 정착하는 중이다. 특히 아동의 경우 이것은 끔찍하게 불안정한 경험이다. 아동의 안전, 신뢰, 대인관계에 대한 감각은 이러한 경험에 의해 손상되며, 가족구성원 또는 아동 자신이 고문을 당하면, 안전, 신뢰, 관계의 토대가 무너질 수 있다. 이것은 아동기의 경험 — 건강한 발달과 인간됨의 튼튼한 기초를 위한 잠재성 — 이 폭력, 공포, 심지어 생명의 위협에 의해 손상되었

음을 의미한다. 이 아동들 중 다수는 가난한 가정에서 왔거나 부모로부터 버려지고
거리에서의 생활에 대한 낙인을 경험한다. 그들은 또한 사회로부터 지속적으로 거절
당하고, 외상 사건과 환경에 장시간 노출된다. 부정적인 사건에서 살아남은 난민 아
동들은 우리가 알고 있는 아동기의 좋은, 기초적인, 안정된 양육의 많은 측면을 경험
하지 못한다.

전쟁, 허리케인, 홍수, 충격 또는 가정폭력을 경험한 모든 사람이 정신적으로 엄청
난 충격을 받을 것이라 여겨지지만, 모든 아이들이 외상 사건에 의해 정신적 충격을
받는 것은 아니다. 그러나 이번 장에서 다루는 종류의 외상경험에의 노출, 특히 발달
에 결정적으로 중요한 시기인 아동기에 이를 경험하는 경우, 외상후 스트레스 장애
(PTSD) 진단의 위험을 증가시키거나 외상 반응을 보일 수 있다. 이 아이들의 삶은 종
종 짧거나 긴 시간 동안 변화된다.

Perry(2014)에 의하면 움직임은 뇌의 유연성을 촉진하는 직접적인 역할을 하고, 학
습의 능력을 향상시키고, 치유하고, 잘 적응하도록 촉진한다. 이번 장에서는 무용/동
작 치료(dance/movement theraphy, DMT)를 트라우마를 경험한 6~8살 아동과 청소
년에게 적용한 사례를 기술하고자 한다. 여기에서 설명된 대부분의 사례는 다문화적
치료환경(덴버, 콜로라도, 아이티에서의 고문과 전쟁 생존자들을 위한 선행 프로그
램)에서 이루어졌다. 먼저 무용/동작치료에 대한 이론을 간략하게 소개한 후에 사례,
이론과 연구를 위한 참고문헌, 외상에 입각한 치료에서 그려진 그림, 신경가소성, 그
리고 다미주 신경이론(polyvagal theory; Porges, 2011)을 소개하려 한다. 이는 신체적
이고 창의적인 예술치료가 외상사건에 노출된 아동에게 효과적인 영향을 미친다는
결과를 지지한다.

무용/동작치료

무용/동작치료는 회복 과정을 위한 하나의 총체적인 틀이며, 외상에 입각한 치료의
맥락에서 매우 효과적인 접근법이다. Perry(2014)는 뇌와 동작의 관계를 설명함에 있
어, "뇌의 하부로 들어가는 가장 강력한 입력은 당신의 몸으로부터 비롯된다. 이때 가
장 큰 피드백은 신체운동 정보에서 나온다. 신체와 뇌 사이의 입력과 출력의 율동적

고리는 진정시키고, 조절하며, 체계화한다. 아주 실제적으로, 접촉과 움직임은 뇌를 발달시킨다."고 말한다.

무용/동작치료는 창의적인 예술이며, 동시에 신체 심리치료이다. 이는 신체 감각의 통합, 원초적인 언어로서의 움직임, 그리고 무용의 창의적이고 표현적인 성격을 포함하기 때문에 신경정신과 연구에 의해 점점 더 지지받는 이러한 두 가지 치료법의 교차점에 확고하게 자리 잡고 있다. 무용을 포함한 예술은 의학이나 심리학보다 훨씬 더 오랜 시간 동안 삶의 경험을 표현하는 목소리였고, 오래전부터 고통과 아픔을 위로하고, 의미를 기념하며 치유 수단으로서 사람들과 공동체에 기여했다.

무용/동작치료는 치유 과정에서 마음과 몸, 정신의 통합을 돕는 움직임의 심리치료적 사용으로 정의할 수 있다(Levy, 2005). 무용/동작치료의 핵심 전제는 신체 움직임은 내적인 감정을 반영한다는 것이다(Kornblum & Halsten, 2006). 움직임 행동, 자세, 근육긴장의 변화와 같은 신체적 수준의 변화는 정서 기능에 영향을 미친다. 전통적인 형태의 심리치료사와 달리 무용/동작치료사는 사람의 경험과 생각, 감정, 그리고 행동과 신체 사이에 복잡하고 부인할 수 없는 연관성이 존재한다고 믿는다(Levy, 2005).

무용/동작치료는 특히 트라우마를 경험한 아동에게 효과적인 치료방법이다. 아동기는 중요한 발달을 성취하고, 적극적으로 관계를 맺어야 하는 시기로 이 시기의 성취는 창의적 과정으로 볼 수 있다. '성공적인' 아동기는 구조(체계), 자발성, 탐험(탐구)에 의해 뒷받침되는 통과의례이기 때문이다. 양육자와 유아 사이의 달래고 조절하는 상호작용을 관찰하면, 양육자와의 희망적이고 안전한 환경이 제공하는 신경학적 및 정서적 조절 구조를 목격할 수 있다. 이 구조는 아동의 가장 초기의 움직임을 안내하는 호기심에 의해 발달된다. 이 시기의 움직임은 바닥에 눕는 것, 소리나 움직임을 향하는 머리, 흔들기, 기어가기, 마침내 서고 걷는 것까지 포함한다. 이 순차적인 발달적 움직임 과정은 실제로 환경과 상호작용하는 우리의 생리적 발달로 알려진 구조와 우주(공간) 및 사람과의 창의적 만남과 탐험이 이루어지는 안전한 환경 사이의 '나선형 춤(무용)'이다. 이것은 우리의 내부감각수용기와 외부감각수용기의 초기 단계이다. 사실 우리가 창의적 과정으로서의 아동기 발달 과정을 묘사한다면, 상처, 외상, 또는 질병에 의해 유발된 이 과정의 붕괴는 오직 아동을 창의적으로 참여시킴으로써 회복될 수 있다. 무용/동작치료는 사람들로 하여금 외상기억을 '지나서' 체현화된 창의적 경험의 측면에서 보다 나은 기억을 경험하게 한다. Fran Ostroburski(2009)에 의하면, "아이들은 자신의 이야기를 몸을 사용해서 말한다. 움직임은 그들이 선호하는 방식이다. 성인의 이러한 방식으로 아동을 만났을 때 아동은 보이는 것뿐만 아니라 들리는 것으로도 느낀다"(p. 156).

무용/동작치료는 신체적, 정서적, 인지적, 영적, 행동적, 모든 발달적 자기의 측면을 통합하는 심리치료를 위한 총체적 접근법이다. 이것은 또한 공동체적이며, 사회적이고 가족적이다. 살아 있는 것은 체현되는 것이고, 움직임은 인류의 가장 기본적인 언어, 즉 우리 모두가 삶을 시작하는 언어를 탐구하는 것이다. 움직임이 최초의 언어라면, 무용은 최초의 언어의 창의적 표현이다.

트라우마, 기억과 무용/동작치료

외상 기억은 성인과 아동 모두에게 대부분 감각운동적이고 이미지기반의 기억이거나(Herman, 1992; Rothschild, 2000; Terr, 1986; van der Kolk, 1994; van der Kolk, Hopper, & Osterman, 2001) 혹은 비언어적인 정보들의 결합체이다(Siegel, 2012). Porges(2011)는 이러한 비언어적 기억의 근원을 외상 사건에 노출되는 동안 보다 원시적인 행동과 생전 전략으로의 회귀를 수반하는, 위험 및 생명의 위협에 대한 반응으로써 조명한다. Siegel(2012)은 노출된 그 순간에 대해 "희생자(피해자)는 적어도 부분적으로 탈출하는 수단으로서 환경의 비외상적 측면이나 상상력에 집중할 수 있다. 분산된 주의/분할된 주의에 관련된 연구에서는 이러한 상황이 틀림없이 외상경험의 일부를 부호화하겠지만, 분명하지는 않을 것이라고 하였다."고 말한다.

신체기반 치료에 따르면 무용/동작치료는 외상적 경험의 암묵적 기억을 깨울 수 있으며, 건강한 삶으로의 회복에 도움을 주는 이미지로의 접근을 가능하게 한다. 만일 인간의 언어 연속체가 최초의 의사소통 수단으로서의 감각, 소리, 움직임(태아 및 유아기)으로 시작하여, 이후 기호(상징) 및 상상력의 세계로, 그리고 마침내 말하기까지의 변화로 설명된다면, 움직임과 상상, 상징적 영역은 아동의 경험에 중요한 시작이다. 움직임과 상상, 상징의 영역은 아동의 경험으로서 가치 있는 시작이다. 언어 발달은 잉태에서부터 한 개인이 되기까지 순차적이고, 신체적으로 잘 짜여진 발달 과정의 결과물인 것이다.

Porges의 다미주신경이론과 무용/동작치료

Porges(2011)에 의해 제안된 다미주신경이론은, 인간 행동에 영향을 미치는 포유류 신경계의 진화를 조명해 주고 있다. 임상적 관점에서 다미주신경이론은 발달 과정에서의 인간 관계와 안전의 중요성을 강조한다. Porges는 연구를 통해 진정으로 도움이 되고 의미 있는 치료에서의 가장 핵심적인 요소는 안전한 환경에서의 인간 관계임을 재확인하고 강조한다. 신체적 관점에서 볼 때, 얼굴은 대인관계의 안정감, 그 특징이나 증거를 간파해 낼 수 있는 곳이다. Poges는 '관계의 규칙'을 사회적 관계를 맺는 과정에서의 억양, 시선, 표정, 기분 및 정서, 태도, 그리고 상태 조절에 달려 있다고 설명한다(S. Porges, 2010년 5월 25일, 개인서신, Porges, 2011, pp. 191~192). 이런 사회적 참여의 구성 요소 중 어떤 요소에라도 결함이 생기면 정신질환으로 분류되는 장애를 유발할 수 있다.

다미주신경이론은 사회적 관계가 신경복합체/줄기(배측 및 복측), 즉 열 번째 뇌 신경(이전에는 폐위신경)으로 알려진 미주신경의 발달로부터 생겨나는 새로운 적응적 행동이라고 설명한다. 이 사회적 관계 시스템은 미주신경을 통해 환경과의 상호작용을 뒷받침하고 안내하는 생리적·생물학적·신경학적 과정을 설명한다. [사회 신경계는 횡문근(체운동)을 향하는 다섯 개의 특별한 신경들, 즉 5, 7, 9, 10, 11번 뇌신경을 가리키는 것으로, 이는 기관지 아치(원시 아가미 아치에서 유래된 것)로부터 발생된 신체 근육을 자극한다]. 이와 같은 고도로 진화된 구조는 보다 복잡한 생리적 체계로의 진화로 인해 생성된 산소에 대한 필요성과 신진대사적 필요의 증가가 수반된 결과이다. 이 사회 신경계는 빨기, 씹기, 미소 짓기, 안구 움직임, 발성 및 얼굴 표정과 머리 회전 및 방향, 심장-뇌 연결과 관련된 신경 회로로 구성된다.

Porges의 모델에 따르면, 미주신경(특히 사회적 관계와 관련된 복측미주신경회로)은 교감신경의 부신신경회로(sympathetic adrenal neural circuit)를 억제하는 효과를 가지고 있어 위험에 처했을 때 우리의 능력을 이끌어 낸다. 복측미주신경은 우리가 환경과 상호작용하는 방식을 선택하는 능력으로, '안내하는 별'로 여겨진다. 이러한 신경회로는 우리의 사회적 · 관계적 능력을 촉진시키는 신경학적 회로와 단서를 제공한다. 아동은 연령과 발달 단계에 따라 관계와 안전에 의존한다. 이는 아동이 타인의 표정, 눈맞춤, 미소를 통해 경험한 것, 또한 주 양육자가 그들을 환경(공간)을 넘나들고, 자신의 신체(무게) 및 타인과의 관계(시간)를 도왔던 것들을 포함한다(표 8.1 참조). 표정, 시선, 억양 및 자세는 우리가 안전을 전달하는 주요한 비언어적 방법이다. 즉 언어가 아닌 방식으로 안전감을 전달하는 우리의 생물학적 방법이라고 할 수 있다. 한 가지 이론을 덧붙이자면, "발성은 심장의 미주신경의 조율을 반영하므로"(Porges, 2013, p. 10), 표정, 억양, 시선은 문자 그대로 심장을 반영한 것으로 간주된다. 사회적 관계에 관여하는 신경계는 신체적 건강, 안녕감, 그리고 회복의 상태와 관련된 신경계와 동일하다. 무용/동작치료는 얼굴의 표현력, 발성, 청취, 움직임 역동에서의 변화(즉 '움직임의 선율'), 근육 긴장과 활동을 통합하기 때문에, Porges가 설명한 인간 행동의 신경학적 토대에 직접적으로 연결되어 있다.

표 8.1   아동과 공간, 무게, 시간 차원을 이용하기 위한 임상 기술

아동이 공간과 무게와 시간을 어떻게 사용하는가를 고려하는 것은 무용/동작치료에서 평가와 중재에 필수적이다. 공간, 무게, 시간의 세 차원들은 사회적으로 연결되고, 타인과 연결되고, 세상과 관계를 맺고 움직이는 능력과 신경학적 · 생물학적 · 생리적 발달의 기초가 된다. 이 세 가지 차원을 결합한 다음의 활동들은 개인, 가족 또는 집단 작업에 적용할 수 있다.

비누방울공간(Space Bubble)   4~18살 아동 및 청소년을 대상으로 한다. 대상의 연령에 적절한 언어로 조정하고, 연령 및 문화에 적합한 음악으로 변경할 수 있다.

1. 지금 우리가 있는 공간과 당신 사이에는 어떤 관계가 있나요? 이 방 안에서 당신이 시작하기 원하는 장소를 찾으세요. 한 발로 서서 다른 다리와 팔이 얼마나 멀리 확장될 수 있는지 보면서 비누방울공간을 생각해 보세요. 가장 먼 거리가 자신의 개인 공간이 되는 비누방울공간의 가장자리라고 상상해 보세요.
2. 이제 당신의 비누방울공간 안에 서세요. 원한다면, 비누방울공간의 색과 형태를 상상해 보세요. 그리고 당신이 필요한 만큼 비누방울공간의 크기를 조정해 보세요. 아마 본인이 도달할 수 있는 범위를 넘어서까지 확장하기를 원하지는 않을 거예요. [잠복기의 아동은 자신의 비누방울공간을 어떤 활동의 캐릭터나 영웅의 색이나 형태, 특성으로 상상하는 것이 도움이 될 수 있다. 청소년들은 영웅 또는 좋아하는 사람 또는 상징물을 비누방울공간에 장식하거나 새길 수 있다.]
3. 당신의 비누방울공간 안에 머물며, 당신의 비누방울 밖의 공간에서 당신 주위를 둘러보세요. 이 공간이 어떻게 느껴지나요? [아동이 언어적 신호를 필요로 한다면, 안전하고, 편안하고, 친숙하고,

표 8.1   (계속)

행복한, 또는 겁이난 목소리 톤으로 신호를 줄 수 있다.] 우리의 공간에 있는 다른 사람들을 둘러보세요. 다른 사람들이 당신과 같은 공간에 있다는 것이 어떻게 느껴지나요?

4. 준비가 되면, 당신의 비누방울공간을 떠나 걸어 보세요. 걸으면서, 바닥이 얼마나 딱딱한지, 혹은 부드러운지 당신의 무게에 주의를 기울여 보세요. 바닥에서 당신의 발 전체가 느껴지나요? 당신의 발 전체가 동시에 닿았나요, 아니면 발의 앞부분이나 뒷부분이 먼저 닿았나요? 당신의 발이 바닥에 떨어지는(닿는) 방법을 어떻게 설명할 수 있을까요? [참고: 발과 바닥 사이의 접촉은 무게의 표현이다.] 각 발이 바닥에 동일하게 닿아 있나요, 아니면 다른가요?

5. 움직임을 유지하면서 당신의 무게를 점점 더 느껴 보세요. 걸음을 걸을 때마다(혹은 숨을 내쉴 때마다) 당신은 점점 더 무거워집니다. 이제 다시 발이 바닥에 어떻게 닿아 있는지 느껴 보세요. 느낌이 달라졌나요?

6. 움직임을 유지하면서 점점 더 무거워집니다. 걷는 것이 더 쉬운가요? 아니면 어려운가요? 더 편해졌나요 아니면 덜해졌나요? 당신이 더 무거워졌을 때, 이 공간이[또는 공간에서] 어떻게 느껴지나요? 당신의 비누방울 안에서의 느낌이 기억나나요? 지금의 무게와 같은 느낌인가요 아니면 다른가요? 몸이 무거운 동안 움직이는 게 편한가요? 몸이 무거울 때 움직이는 게 쉬운가요 아니면 어려운가요?

7. 멈춰 보세요. 무엇이 아직도 무겁나요? 이렇게 얼마나 오래 버틸 수 있나요?

8. 그 무거운 느낌을 그대로 내버려 두세요. 당신의 무거운 느낌을 묘사할 수 있는 어떤 단어나 문장을 자유롭게 공유해 보세요. [참고: 진행자는 내담자의 내적 상태, 감정, 이미지, 신념을 파악하는 데 참고할 수 있는 이 단어나 문장을 적어 둘 수 있다.]

9. 다시 걷기를 시작하세요. 걷고 있다면, 당신의 발이 닿아 있는 방법이 달라졌는지 살펴보세요. 달라진 점이 있다면, 이것은 당신의 무게감이 달라졌음을 의미합니다.

10. 이제 모든 걸음(또는 호흡)이 점점 더 가벼워지고 있다고 상상해 보세요. 당신이 점점 더 가벼워짐에 따라, 당신의 무게감에 어떤 변화가 생기는지 살펴보세요. 두 발은 같은 방식으로 바닥에 닿아있나요? 두 발은 바닥에 오래 머물고 있나요? 당신이 날 수 있다고 가정하고, 당신의 두 발과 바닥 사이에 관계를 생각해 보세요. 느낌이 어떤가요? [만약 필요하다면 '자유롭고, 무서운, 안정감 있는 또는 안정감이 없는'과 같은 연령에 맞는 언어적 신호를 제시한다.] 그리고 이후 몇 분 동안, 당신은 가능한 한 가벼워지고, 공간을 돌아다니는 느낌이 어떤지 느껴 보세요.

11. 우리가 움직이는 공간이 변화하고 있는 것처럼 느껴지나요? 그렇다면 어떻게 느껴지나요?

12. 걸음을 잠시 멈추고 가만히 머물러 보세요. 이 공간에 서 있는 것이 어떻게 느껴지나요? 당신이 처음 비누방울 속 당신의 공간에 서 있었을 때를 기억할 수 있나요? 지금 기분은 어떤가요? 가벼워진 것이 당신에게 어떤 영향을 줬나요?

13. 이제 시간 요인을 가지고 놀아 볼게요. 우리는 공간을 이동하면서 속도를 변화시킬 것입니다. 빠르게 시작해 보세요. 당신이 할 수 있는 한 최대로 빨리요! 계속 움직이세요, 빠르게, 더 빠르게! 이 공간을 빠르게 움직이는 것이 어떤가요? 같은 공간에서 모두 같이 이러한 속도로 움직이는 것이 편안한가요? 빠르게 움직이는 사람들이 가득 찬 방에서 이 빠르기로 움직이는 느낌이 어떤가요? 자신감이 느껴지나요? 깜짝 놀랐나요? 즐거운가요? 아니면 유치한가요? 스트레스를 받았나요?

14. 잠시 휴식을 취하세요. 당신의 몸에서 무엇이 느껴지나요? 빠르게 움직이는 것이 당신의 심장과 호흡에 어떤 영향을 주나요? 원한다면, 지금 느끼는 것을 묘사할 수 있는 단어나 문장을 공유해 주세요. 당신은 신체 느낌[감각], 신체 행동[즉 생리학], 감정 또는 느낌, 혹은 어떤 생각을 표현할 수

표 8.1 (계속)

있습니다. [만일 언어적 신호가 필요하다면, 까끌까끌한(감각), 심장이 뛰는(생리학), 흥분된(느낌), 정상이 아닌(생각)과 같은 예시를 들어 준다.]

15. 자, 이제 '천천히' 해 보세요. 실제로 정말, 저ㅡ엉ㅡ마ㅡ알, 저ㅡ어ㅡ엉ㅡ마ㅡ아ㅡ알 천천히 움직(계속)이기 시작해 보세요. 무게감이 어떻게 변하나요? 바닥에서 발이 더 느껴지나요 또는 덜 느껴지나요? 이 공간에서 안전하게 움직여 보니 다른 느낌인가요? 역시 사람들이 가득 찬 방에서 움직이는 지금, 빠르게 움직였을 때와 느낌이 다른가요? 그렇다면, 어떻게 다른가요?

16. 이제는 당신이 할 수 있는 한 최대한 천천히 움직여 보세요. 더 천천히, 천천히, 천천히 멈춰 보세요. 그리고 그 자리에 서서, 다시 당신의 몸, 감정, 생각을 살펴보세요.

17. 주위를 둘러보세요. 지금 이 공간이 당신에게 어떻게 보이나요? 이 공간에서 무엇이 느껴지나요?

18. 당신의 처음 공간, 비누방울 안으로 돌아가세요. 지금 당신 자신의 비누방울 안에서 이 공간을 둘러보는 느낌이 같은지 또는 다른지 살펴보세요. 느낌이 다르다면, 무엇 때문에 다른가요? 당신의 무게감인가요? 당신의 시간에 대한 감각인가요(즉 지금 더 빠르거나 느리게 느껴지나요)? 아니면 몸이나 감정, 또는 생각인가요? 어떤 것이든 지금 당신이 느끼고 있는 것을 소리 내어 나누어 보세요.

19. 자신의 비누방울 안에서 다른 사람들의 공간을 둘러보세요. 무슨 생각이 드나요? 아니면 이 모든 사람들에 대해 지금 무슨 느낌이 드나요?

20. 당신의 비누방울은 여전히 같은 크기, 같은 색인가요? 같은 장식으로?

21. 당신의 경험에 대해 어떤 것이든 나누어 보세요.

4~8살 정도의 어린 아동의 경우 활동을 단순화하고 더 놀이처럼 할 수 있다. 예를 들어, 상상력이 풍부한 어휘와 음악을 사용하는 것은 움직임을 자극하는 데 도움을 준다. 아동이 좋아하는 음악을 선택하고 움직임을 시작한다. 그런 다음 다음의 신호를 사용하여 아동을 놀이에 초대한다.

- "구름처럼 뜬다 … 파도 위에 부표처럼 뜬다 … 천사처럼 뜬다."
- "펑! 공중에 팝콘처럼!"
- "진흙에 발이 빠진 것처럼 걸어 보자. 또는 맨발로 눈 위를 걷는 것처럼 걸어 보자!"
- "폭풍의 파도를 타 보자."
- "나무에서 떨어지는 가을 잎처럼 움직여 보자. 바람이 너를 여기 저기로 보내 준다!"
- "코끼리처럼 움직여 보자 … 뱀 … 표범 …캥거루."

발달, 아동기 외상과 무용/동작치료

발달심리학과 마찬가지로, 무용/동작치료는 인간 발달이 내적 · 외적 세계를 포함하는 순차적인 과정이라는 점을 가정한다. 무용/동작치료가 다른 치료들보다 더 역동적이고 분명한 점은 모든 인간 경험을 신체와 통합하는 것이다. 개인은 기억을 분명하게 상기시킬 수 없을 때에도 자세, 근육, 호흡, 움직임 패턴을 통해 기억과 소통할 수

있다. 외상에 노출된 아동은 문자 그대로 '갇힌' 에너지가 해결/처리되지 않으면 이러
한 패턴이 성인기까지 지속될 수 있다. 증거기반 또는 최고로 간주되는 모든 심리치
료에는 엄청난 힘이 있지만, 창의적 신체기반의 심리치료만이 진정으로 온전하게 아
동과 만날 수 있다.

Lewis(1986)는 무용/동작치료에 관한 글에서 Perry(2013)의 상태 의존 발달에 대
한 설명을 유사한 내용으로 기술하고 있다. Lewis는 발달에 대한 전체적인 틀을 서술
할 때, 개인은 "마음과 몸이 서로 반영하고 영향을 주는 하나의 통합된 전체"(p. 280)
로서의 자기와 관계를 맺으며 발달한다고 하였다. 무용/동작치료사들은 인간 발달의
측면을 근육긴장과 초자연적 표현 사이의 관계 안에서 관찰한다. 또한 개인의 "마음,
몸, 유기적 기능과 행동이 환경과 얽혀 있다"(p. 280). 무용/동작치료 관점에서 볼 때,
발달은 조직적이고 순차적인 것으로 묘사된다. "발달의 각 단계는 신체적·생리적 요
소와 심리사회적 측면을 가지고 있으며, 이 모든 것은 서로 관련이 있으며, 건강한 발
달을 위해 필요하다"(p. 280). 발달, 학습, 기억의 기초에 대한 Perry의 설명은 신경가
소성의 관점을 반영한다. 즉 "신경계가 '활성화'될수록, 체계는 이 활성화 패턴을 반
영하여 변화한다." 무용/동작치료의 언어에 의하면, 학습과 기억은 다음과 같다.

> 발달적으로 관련되어 있고, 신체적 경험, 무의식적인 것과 의식적인 행동과 부합
> 되며, … 몸에 저장되어 있고 … 개인의 호흡, 자세 및 움직임에 반영된다. 현재
> 의 경험은 과거의 행동을 현재에 가져오면서 과거의 저장된 경험에 영향을 받고
> 촉발될 수 있다. 움직임은 신경학적이고 역사적으로 원시적인 기원 때문에, 말로
> 표현하는 것과 같은 다른 더 정교한 형식의 의사소통보다 이러한 발달의 기본 도
> 식을 더 쉽게 건드릴 수 있다(Lewis, 1986, p. 279).

앞서 설명한 유아와 양육자 사이의 돌봄과 조절 상호작용에 대한 이미지에 대해
Lewis는 "상호작용 시스템 내에서 관찰된 발달"(1986, p. 280)이라고 묘사하였다. 이
러한 상호작용에 대한 Lewis의 다소 오래된 설명은 최근 인간 행동 이면을 과학적
으로 설명하는 대인관계 신경생물학 분야의 이론과 발견에 의해 강력하게 뒷받침
된다(Perry, 2013; Porges, 2011; Siegel, 1999, 2012, 2013). 인간의 언어발달은 감각
운동과 움직임에 기초하며, 유아와 중요한 타인 간의 관계를 통해 촉진된다(Lewis,

1986). Stern(1985)은 다음과 같은 움직임기반의 예시를 사용하여 감정 조율(affect attunement)을 설명한다.

> 9개월 된 여아는 장난감을 보고 매우 기뻐했고, 가까이 다가갔다. 아이는 장난
> 감을 잡으면서 "아아!" 하고 큰 소리를 내며 엄마를 바라본다. 엄마는 아이를 보
> 며 마치 고고 댄서처럼 어깨를 움츠리고 상체와 엉덩이를 흔들며 반응한다. 이렇
> 게 흔들어 대는 엄마의 춤은 아이가 "아아!" 소리를 내는 그 순간에만 지속되었지
> 만, 아이가 장난감을 가졌을 때의 감정과 동일하게 기쁘고, 즐겁고, 강렬한 것이
> 었다(p. 140).

즉 우리의 초기 기본적 관계는 주로 감각운동관계를 통해 완수된다. 많은 무용/동작치료사들은 신체 움직임은 가장 기본적인 의사소통 방식으로 간주되기 때문에 연령과 기능, 문화적 배경에 관계없이 모든 이들과 작업할 수 있다고 주장한다(Lewis, 1986, p. 281). 그러나 문화는 그 움직임이 어떠할지를 알려 주는 강력한 중재변인이된다. 생물학은 보편적인 요소인 반면, 문화는 우리의 비언어적인 의사소통 방식과 의미가 얼마나 다른지를 알려 주는 것이다.

발달적 사례의 예 : 아만다

이 사례는 앞에서 제시된 주요 개념을 보여 준다. 16살 소녀 아만다는 고국에서의 대량 학살과 장기간의 내전에서 도망친 후 미국에 있는 친지 가족들에게 합류하였다. 그녀는 이웃 국가로 걸어서 피난했고, 이후 가족의 도움을 받아 망명자로서 미국으로 올 수 있었다. 동아프리카에서 태어나고 자란 이 소녀는 춤추는 것을 좋아했다.

내가 처음 아만다를 만났을 때, 그녀 몸의 자세와 움직임은 끔직한 탈출과 수차례의 폭행 및 공격으로 인해 움직일 수 없는 순간들의 연속으로 그야말로 얼어 있었다. 그녀는 더 이상 그녀의 가족들이 미국으로 오기 전에 알던 사회적이고 친근한 소녀가 아니었고, 가족들로부터 자주 해리된 모습을 보였고(혹은 그들은 '사라졌다'고 말했다), 자주 잠을 못 잤기 때문에, 그녀의 가족은 치료를 위해 그녀를 나에게 데려왔다. 그녀의 움직임범위는 제한적이었고, 둔마된 정동을 보였으며, 집에서도 자신의 방에서만 지내는 일이 많았다. 그녀는 자신의 본연의 삶으로부터 멀어져 있었다.

그녀는 움직임이나 춤(무용)에 참여하지 않았기 때문에, 우리는 모래상자를 이용해서 상징적이고 상상 속의 영역을 다루는 것으로부터 시작했다. 전쟁은 아만다가 8살 때부터 시작되었는데 이 시기의 아동기에는 몸의 움직임이 문화와 연관된 이미지와 상징을 포함하게 된다. 아만다는 항상 두려움에 차 있어 보였기 때문에, 나는 모래상자가 그녀의 관심과 인지적이고 정서적인 세계를 안전하게 경험할 수 있도록 도울 수 있다고 생각했다. 나는 종종 이런 상상이 가능한 공간이 외상을 회상하고 회복하는 데 신체만큼 효과적이라는 것을 발견하지만, 치료 과정에서 너무 빠르게 접근할 경우에는, 문자 그대로 고통스럽고 압도되는 감각 및 이미지 파편의 지뢰밭처럼 느껴질 수도 있다. 외상에 입각하고 신경학적으로 접근하는 방법의 한 부분으로, 내담자의 속도에 맞추어 이동한다는 것은 신체를 통합하는 능력에 매우 천천히 접근하는 것을 의미한다. 복잡한 외상에 대한 초기 연구(Herman, 1997; van der Kolk, 2002)에 의해 입증된 바와 같이 치료의 첫 단계(그리고 계속되는)는 안전감과 안정감을 증진시키는 것이다. 상대적으로 이미지를 통한 안전한 언어는 이러한 단계들을 도와줄 수 있다. 또한 '높은'(Siegel, 2012) 또는 고도의 뇌에 연결하는 것부터 시작함으로써, (파충류의 뇌라 불리는) '낮은' 차원의 뇌의 통합과 외상 기억에 대한 더 많은 감각운동적 측면에서의 작업이 더 안전하게 이루어질 수 있다.

아만다의 처음 두 번의 모래상자 작업에서는 커다란 벌레와 뱀이 등장했고, 그녀는 그것에 대해 별로 이야기하지 않았다. 그녀는 그저 거기에 몸을 구부린 채 앉아서, 별다른 감정없이 산만하게 먼 곳을 응시하며, 모래에 사물을 힘없이 올려놓기만 했다. 나는 조용히 관찰하였고, 몇 가지 질문을 했지만 강요하지는 않았다.

세 번째 모래상자 작업은 훨씬 더 복잡했다. 그날 아만다는 조금 더 활기차게 도착했다. 이와 같은 몸(신체)을 통해 나오는 움직임 에너지는 무용/동작치료에서의 평가를 위한 핵심 정보이다. 그녀는 모래상자의 중앙을 정확하게 나누고, 강을 만들었다. 강의 한쪽 편에는 전쟁의 이미지가 있었다. 이는 군인과 탱크, 쓰러진 사람들, 여기저기에 흩뿌려진 붉은색, 그리고 평소 사용했던 큰 벌레와 뱀도 표현되었다. 강의 다른 쪽 편에는 나무와 정원으로 둘러싸인 집 안에 탁자에 둘러앉은 행복한 가정의 전원마을이 있었다. 그녀가 작업을 마쳤을 때, 우리는 함께 그녀의 창작물을 아무 말 없이 지켜보았다. 그리고 나서 나는 그녀에게 이 모래상자를 보고 어떻게 느꼈는지 물었다. 그녀는 갑자기 울음을 터뜨렸고, 그 회기가 끝날 때까지 그치지 않았다. 그녀의 오빠가 도착했을 때, 그녀는 그가 들어와도 되는지 물었고, 그도 우리와 함께하게 되었다. 그 또한 눈물을 흘렸다. 그녀는 이전에 있었던 일에 대해 한 번도 말한 적이 없었지만, 이 순간 매우 간단하게 이렇게 말했다. "대부분의 사람들은 사라졌어. 그렇지만 그들이 어느 날 왔고 내 가족을 죽였어."

일주일 후 아만다를 다시 만났을 때, 나는 그녀가 움직일 준비가 되었는지 물었고, 그녀가 동의했다. 신체와 움직임의 관점에서 볼 때, 그녀는 이미 변화된 것처럼 보였다. Laban의 움직임 분석(Tortura, 2006)에 따르면 수직적 차원이 더 분명해졌다. 이러한 자세는 맞서기 위한 의지나 능력, 그리고 더 깊은 자기감각에 대한 증거가 될 수 있는 것이다. 수직성은 개인의 힘과의 관계를 드러내며, 나의 '무용/동작치료 기반 외상 및 회복탄력성의 틀'(Gray, 출판 중)에서 설명한 바, 이는 '존재(presence)'를 측정할 수 있는 척도가 된다. 아만다의 움직임은 이미 더 많은 차원을 보여 주었다. (움직임의 가장 기본적인 세 가지 차원은 수평, 수직 및 전후 방향으로, 이는 무용/동작치료에서 평가와 진단 및 치료에서의 공통된 방식이다; Tortura, 2006). '개인공간(kinesphere)'(본질적으로 '개인 비누방울공간') 역시 개인의 편안함과 주변 공간(환경과 그 안에 존재하는 사람들을 포함)과 상호작용할 수 있는 능력을 측정하는 효과적인 방법이다. 그러나 이 장에서 신체 작업의 이러한 차원들[Laban 움직임 분석(Newlove & Dalby, 2004), 신체−마음 중심(Brainbridge Cohen, 2012), 그리고 바티니에프 기본원리(Bartenieff, 2002)]에 대해 더 자세하게 다루기는 어렵다.

변화를 기록하기 위해, 나는 아만다에게 나와 함께 그녀의 개인운동영역 또는 개인 비누방울 공간을 탐색해 볼 것을 제안했다. 이것을 위한 가장 쉬운 방법은 한 공간에 서서, 가능하다면 한쪽 다리로 지탱하고, 다른 쪽 다리와 두 팔, 그리고 머리와 꼬리뼈조차 당신을 둘러싼 공간으로 얼마나 멀리 확장할 수 있는지 확인하는 것이다. 이것은 사회적이고 관계적인 능력과 환경을 탐험하고 다른 사람들과 연결되려는 의지 또는 능력을 나타낼 수 있는 당신의 개인운동영역을 확립해 준다. 우리가 아만다의 개인운동영역을 확립한 후에, 우리는 이제 춤을 출 때가 되었다는 데 동의했다.

아만다는 자신이 가장 좋아하는 음악을 선택했는데, 그것은 자신이 속했던 공동체로부터 갖게 된 문화적 자원으로 콩고의 뮤지션 Papa Wemba의 'Sala Keba'였다. 우리는 함께 서서 박자에 맞춰 움직였다. 외부 박자에 맞추는 것은 무용/동작치료의 전형적인 '중재법'이다. 우리는 공유된 리듬, 강도, 에포트(Laban 움직임 분석의 개념) 그리고 움직임을 통해 신체적으로 개인을 공감하고, 응집력 또는 관계성을 촉진한다. Schmais(1985)에 따르면, "리듬은 개인의 행동을 자극하고 조직화하는 것뿐만 아니라 다른 사람들과 시간과 발(걸음)을 맞출 수 있도록 도와준다"(p. 30). 다시 말해서, 리듬에 맞추어 움직이는 것은 경험의 공유를 촉진하고, 따라서 관계가 발전되도록 돕는다. Berrol(1992)은 리듬이 생리적 반응에 어떻게 영향을 미치는지를 보여 주는 몇 가지 연구를 요약하여 설명해 주었다. "음악에 대한 정서적 지각은 자동 반응(예: 맥박 변화, 갈바닉 피부 반응, 혈압 등)에 상당한 영향을 미친다. 신체적 리듬과 활동은 속도를 맞추어 외부 리듬 자극을 조절하는 것으로 나타난다"(p. 25). 이것은 정서 조절을 도울 수 있다. 잠시 후 아만다는 조금씩 몸을 흔들기 시작했다. 흔들리는 것 같은 이러한 초기 발달적 움직임은 마음을 진정시키고 조절하는 것을 가능하게 한다. 결국 그녀는 흔드는 동작을 양팔로 확장하고, 몸 전체를 움직이기 시작했다.

이 움직임이 아만다의 몸 전체에 순차적으로 흘러가지는 않았지만(즉 '뻣뻣하고', '갇혀 있는' 움직이지 않는 신체 부위가 있었다), 그녀는 움직이고 있었다. 그녀는 '엄마 품에 안겨 흔들리는 아기'처럼 자유롭고 편안한 느낌을 확인할 수 있었다. 우리는 상상을 하며 우리의 아기를 함께 흔들어 보기도 했다. 우리는 천천히, 작게 시작해서 빠르고 크게 흔드는 움직임으로 변화를 주었다. 또 흔드는 움직임의 형태를 다양하게 하기도 했다(아치형과 곡선형 대 보다 '뾰족한' 또는 끊어지는 리듬). 이러한 리듬의 변화는 내담자가 너무 강렬해서 참을 수 없는 감정의 생리적인 토대를 조율하는 것을 돕는다. 사람이 수용할 수 있는 리듬의 가변성이 클수록 표현 및 감정의 가변성도 커진다. 무용/동작치료의 주된 원리는 움직임 레퍼토리가 우리의 표현력과 직접적으로 관련이 있다는 것이다. 내가 그녀의 움직임을 반영하고 그것을 약간 변경하는 것을 통해 격려하자(신체적 조율), 그녀는 조금씩 더 움직였고, 신체를 더 많이 포함시켰으며, 눈맞춤이 증가했고, 심지어 약간 미소 짓기까지 했다.

나는 아만다에게 그녀의 아기에 이름을 지어 주도록 요청했고, 그녀는 '자유'라고 이름을 지었다. 나는 우리가 움직임 후 논의했던 출산의 자유에 대한 은유를 강조하기 위해 나의 아기의 이름을 '자유 2'라고 지었다. 그녀는 종종 그녀를 압도하는 슬픔과 외로움의 감정에서 자유로워지기를 바랐다. 우리는 다음 회기까지 우리의 아기들을 덮어 두기로 하며 회기를 마쳤다. 모래상자에서 시작해서 상상 속의 아기를 흔들어 움직이는 이러한 상상의 과정은 우리의 춤을 아기(대학살 과정에서 죽임당한 그녀의 막내 여동생)가 있는 행복한 가정에 대한 그녀의 기억으로 연결하였다. 흔들기는 골반 기울기에 기반을 둔다면 미주신경 긴장도를 자극할 수 있다(Cottingham, Porges, & Lyons, 1988). 이는 흔들기가 천골의 자연스러운 기울임, 흔들림, '바퀴와 같은' 움직임과 관계를 맺는 움직임이기 때문이다(무용/동작치료 선구자인 Liljan Espanak는 이 흔들기 동작을 움직임 평가를 위해 광범위하게 사용했다; Levy, 2005).

　다음 회기에서 우리는 아기 위에 덮었던 것을 펼치고 아기 흔들기를 계속하는 것으로 다시 시작했다. 잠시 후 이것은 하늘을 나는 춤으로 바뀌었고 우리는 새가 되었다. 우리는 공간 안에서 장난스럽게 움직였고, 결국 몇 회기 후에는 방 안에서 함께 다양한 바람과 계절들을 헤치며 날아다니는 새가 되어 놀았다. 그녀의 움직임의 차원은 눈에 띄게 달라졌다. Laban의 움직임 분석에서 설명하는 세 가지 차원과 움직임 패턴이 모두 분명했다. 우리는 상상의 아기 대신에 우리 자신을 흔드는 것으로 가까워졌다. 마지막 아만다의 개인공간 탐색은 매우 달랐다. 이제 그녀는 훨씬 큰 비누방울공간에서 머물렀으며 그 안에서 더 자유롭고 유동적으로 움직였다. 그녀는 방과 후, 친구를 초대하기 시작했고, 축구팀에 합류했으며, 고등학교 졸업 후 열정적으로 대학에 진학했다. 그녀는 망명 청문회에서 자신의 증언을 제공했으며, 판사에게 여러 차례 그녀의 가족에게 일어난 일에 대해 용감하게 이야기했다.

　이러한 움직임과 춤(무용) 탐색의 예는 Siegel(2012)의 아동을 위한 신체 및 움직임 기반 체계의 세 번째 단계에서 견디기 어려운 감정을 약화시키고(Siegel, 2012), 의미를 만드는 과정을 지원하는 데 도움을 주는 경험에 상징과 움직임 '언어'를 부여하는 것을 보여 준다. 아동은 감각 및 이미지 기반의 신호와 기억(외상적인 그리고 좋은 신호/기억 모두)을 통해 의미를 만든다. 아만다와 나는 세계 여러 곳에서 온 새들과 그들의 날 수 있는 능력이 어떻게 그들을 도망갈 수 있는 방법을 제공하는지에 대해 이야기하는 데 많은 회기를 보냈다. 그녀의 가족 중에서 그녀만이 학살을 피할 수 있었다.

　우리는 슬픔과 상실감을 다루는 데 많은 회기를 보냈다. 우리는 그러한 감정과 연관된 사건에 대해 이야기할 수 있는 의지와 능력을 가지고 있음에도 불구하고 그녀가 여전히 모래판 안에서 만드는 전쟁 이미지로부터 떠나 자유를 향해 날아가는 새들의 이미지로 가득 찬 모래상자를 통해 이야기했다. 그녀는 실제로 자신의 가족에게 닥친 학살 사건을 묘사했다. 그리고 우리는 그 강이 그녀의 행복했던 어린 시절과 그날의 공포와 현재 일어나고 있는 전쟁 사이에 만들어 낸 분열이라는 것을 깨달았다. 모래 상자 이미지는 감각운동 기억과 움직임을 통한 신체 표현의 영역으로서의 역할을 했다. 이를 통해 기억의 단편을 그녀의 삶에 대한 일련의 이야기와 다시 연결하여 보다 넓은 역사적 맥락 안에서 외상을 이해할 수 있게 되었고, 과거와 현재의 의미를 만들 수 있었다. 나아가 미래에 대한 생각도 시작되었다.

문화, 트라우마와 무용/동작치료

다문화(cross-cultural) 심리치료는 외상을 다루는 누구에게나 점점 더 중요한 이슈가 되고 있다. 외상에 입각한 치료에서의 중요한(어쩌면 가장 중요한) 측면은 문화적 민감성에 있다. 치료사가 아동의 문화에 대해 가능한 한 많이 배우며 아동과 연결되는 것을 가능하게 하는 개방적이고 탐구하는 태도는 치료를 '되게 혹은 중단하게' 할 수 있다.

아동의 문화, 특히 친밀감, 인간관계, 안정감을 조절하는 가정, 가족, 국가 및 모든 맥락에서 옮겨진 아동은 치료적 만남 안에서 긍정적인 애착을 형성하는 연결감을 경험하는 것이 필수적이다. 다문화의 맥락에서, 치료 안에서의 저항 또는 '막힘 (stuckness)'에 대한 서구적 관점은 종종 문화적 충돌로 받아들여질 수 있다. 우리의 세계관과 관련된 것은 다른 사람 특히 아동과는 관련이 없을 수 있다. 비록 아동이 문화에 대해 복잡한 이해력이나, 설명할 수 있는 능력을 갖추지 못했을지라도, 비언어적이고 신체적으로 얽혀 있는 생리학적 기억이 바로 문화의 내수용성 감각적 측면이다.

'PotoMitan'(Haitian Kreyol의 "영역의 중심" 또는 "공간의 중심")의 〈그림 8.1〉은 전쟁과 고문을 겪었던 난민과 생존자를 위한 외상 및 회복에 대한 틀을 수정된 인지 행동의 삼각관계로 설명한다. 이 그림은 우리의 사고와 감정이 우리의 행동에 영향을 미친다는 기본 전제에 입각한 것으로 아동의 외상에 대한 효과적인 증거기반 및 외상 관련 사례의 많은 기본을 보여 준다. 인지적 개입에 중점을 두게 되면, 삼각형의 꼭대

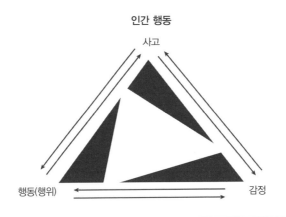

그림 8.1   전통적인 인지행동 삼각구도

기에 사고가 자리 잡게 된다. 〈그림 8.2〉는 '외상 정보에 입각한 돌봄'의 몇 가지 원칙을 인정하는 보다 개념적인 틀이다. 이러한 틀의 중심은 문화가 인간의 회복탄력성 또는 이용 가능한 자원 및 외상 경험의 의미에 대한 이해에 중요한 완화 효과가 있다는 것이다. 기억, 우리의 대처 기술 그리고 치유 자원은 세상 속에 우리의 자리를 복구시킨다. 이러한 외상 경험 후 '소속감'은 문화와 상당히 연결되어 있다. "소속과 의미부여(의미 만들기)"(치료의 세 번째 단계)는 '추방된 느낌(displacement)'으로 인해

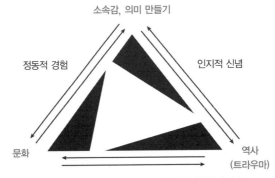

그림 8.2   회복과정의 삼각구도

치료를 찾는 이들의 궁극적인 치료 목표로 고려된다. 추방된 것 같은 느낌은 난민으로서의 인생 경험이 있는 자들에게만 제한되지 않는다. 치료에 오는 많은 사람들, 특히 아동은 그러한 느낌을 '혼자', '아무 도움이 없는', '내가 왜 존재하고 어디에 있는지 모르는' 느낌으로서 개념적으로 이해할 수 있다. 의미에 대한 질문은 대부분의 치료적 질문을 강조한다. 어떤 의미에서, 모든 어린 내담자들은 피부로 편안함을 느끼는 방법을 배우는 것이든 지금 그들에게 불확실하고, 낯설고, 안전하지 않은 느낌을 주는 가족이나 사회, 집단 시스템에 참여하는 방법을 배우는 것이든 관계없이 소속되기 위한 방법을 찾는 것으로 인식될 수 있다.

Cloitre, Cohen, Koenen(2006)은 아동의 삶의 전체적인 맥락 안에서 외상을 이해하는 것의 중요성에 대해 말한다. 그렇게 함으로써 우리는 한 사람이 외상으로 식별되지 않을 수 있음을 격려한다. 무용/동작치료에서는, 신체와 움직임을 통해 문화적 역사를 탐구한다. 인간의 신체는 말 그대로 우리가 어디에 있는지를 알게 한다.

다문화 사례의 예 : 엠마누엘

임마누엘은 아이티의 심각한 폭력적인 금수조치 기간(1990~1994) 동안 거리에서 발견된 12살의 아이티 소년이다. 임마누엘과 같은 많은 거리의 아이들은 감옥과 거리에서 갇히고, 폭행을 당하고, 고문을 당하고, 학대를 당했다. 가난과 부족한 교육 기회로 인해, 슬프게도 거리 아이들의 문화는 아이티의 집단 문화의 주축이 된다.

내가 임마누엘을 만났을 때, 그는 외상을 입거나 발달적으로 어려움을 겪는, 또는 두 가지 어려움이 모두 있는 소년들이 사는 그룹홈에 살고 있었다. 이런 종류의 그룹홈들은 또한 아이티만의 독특한 문화의 일부이다. 이를 칭하는 lakou라는 용어는 단순하게 이웃이나 종교적인 모임 공간을 말한다. (2010년 1월 12일 지진 발생 후 많은 철거민들은 음식을 구해서 요리를 하는 전략을 세우고, 학교에 갈 수 없는 아이들을 돌보고, 야간 경비를 하기 위해 lakous로 모여 들었다. 아이티의 가구는 대가족이며, 가족들이 작은 공간에서 머문다. 집단 생활은 강제 이주에 대한 보편적인 문화적 반응이다.) 임마누엘은 12살임에도 불구하고 언어를 사용하지 않았다. 그는 쿵쿵거리고, 훌쩍이며 웃는 등의 소리로만 소통했다. 그는 항상 미소 짓고 있었는데, 이는 마치 미소가 얼굴에 붙여진 것처럼 보였다. 그의 시선은 혼란스러웠고, 잠시 시선을 맞추고 주변을 둘러보거나 때때로 매우 거친 시선을 보였다. 그의 정서는 단조롭고 그의 움직임은 매우 뻣뻣하고 단절된 상태였다. 그는 로봇처럼 움직였다.

아이티에서 흐르는 듯한 움직임은 문화적 측면에서 이해해야 한다. 움직임 스타일을 전체 인구에 일반화할 수는 없지만, 아이티인들의 춤은 세계 최초의 흑인 공화국인 아이티의 역사와 맥락에서 핵심적인 부분으로, 유연하고 척추를 계속해서 움직이는 특징을 가지고 있다. 아이티에서는 오랜 기간 육체노동을 한 사람들 사이에서 조차 뻣뻣한 신체 움직임을 거의 볼 수 없다.

내가 임마누엘이 살던 곳에 방문했을 때, 그곳은 과거의 거리의 소년들을 위한 집으로 운영되고 있었다. 거리의 소년들은 프랑스 비정부기구(NGO)가 떠나면서 이 거주 프로그램에 '입양'되었다. 그는 나를 따랐고, 심지어 내가 다른 아이들과 활동할 때에도 그랬다. 나의 역할은 버려진 아이들에게 간단한 움직임기반의 치료적 중재를 할 수 있도록 현지 스태프를 훈련하는 것이었다.

내가 임마누엘에게 온전히 관심을 기울이자 그는 좀 더 미소 지었고, 이 미소는 조금 더 체현화된 것처럼 보였다. 그는 자세하게 따라 했고, 종종 나의 개인운동영역(kinesphere)에 들어와서, 나의 거의 모든 움직임을 모방하려고 시도했다. 그래서 나는 그의 기본 반응으로 보이는 어색한 미소와 움직임과 함께 개인운동영역을 탐색하기 시작했다. 그의 첫번째 개인운동영역 탐험은 불안정하고, 단편적이며, 답답했다.

우리는 몇 주 동안 매일 의도적으로 언어를 사용하지 않고 움직임 탐색에 시간을 할애했는데 임마누엘은 움직임 레퍼토리를 확장하고, 유연성과 공간 협상 능력이 증가하고, 표정도 다양해졌다. 우리는 서로 마주 보고, 우리의 미소에 변형을 주었다. 나는 의도적으로 내 미소를 더 크게, 작게, 입술을 열고 닫고, 입술을 동그랗게 만드는 등 변화를 주었고, 그에게 나를 거울처럼 따라 하도록 했다. 결국 이러한 활동은 내가 그를 이끌다가 내가 그를 따라 하는 것으로 전환되었고, 그대로 따라 하기보다는 오히려 다양한 형태와 크기의 미소를 탐색하며 조율하게 되었다.

몇 번의 일련의 작업에 걸쳐, 우리는 더 많은 신체를 포함하기 위해 움직임 탐색을 확장하기 시작했다. 나는 임마누엘과 마주 보고, 발 아래 놓인 스트레치 밴드를 양 옆으로(수평으로) '가능한 넓게' 늘려 보았고, 다시 원래대로 수축되도록 돌려 놓았다. 우리는 자연적 발달 과정을 따르는 수평적(옆에서 옆으로 : 공간), 수직적(위에서 아

래로 : 힘), 시상적(앞에서 뒤로 : 시간) 차원의 움직임을 통해 공간에서 우리의 몸을 형성하는 방향을 바꾸어 보았다.

결국 나는 일차원에서 면(면은 이차원으로 구성됨)으로 우리의 움직임의 복잡성을 증가시키며 이러한 차원적 움직임 탐색의 순서를 혼합하기 시작했다. 그런 다음 자유 형식의 춤과 유사한 더 다차원적인 움직임을 연속적으로 이어 갔다. 우리는 이동하는 것, 이끄는 사람과 따라가는 사람을 번갈아 하는 것, 느리고 빠르게, 무겁고 가볍게, 조여져 있고 자유로운 리듬을 번갈아 하는 것으로 움직임에 변화를 주었다. 리듬의 주기적인 진동, 특히 외부에서 변화하는 박자에 의해 강화될 때(문화적으로 일치하는 음악을 사용하여 촉진하는 것처럼), 이것은 인체 내부 또는 내재된 리듬에 대한 순환 구조를 제공할 수 있다. 건강한 삶에 가장 영향력이 있는 세 가지 내재된 리듬은 심장 박동, 호흡, 혈관의 피드백(혈압과 관련된)이다(Porges & Gray, 2002). 이러한 리듬은 모두 사회적 관계 및 동원(즉 위험으로 인한 두려움, 두려움이 없는 놀이 상태에서의 즐거움)과 고정(즉 생명의 위협 또는 깊은 안전과 휴식에서 기인한)의 상태에 따라 변화한다(Porges, 2011; Porges & Gray, 2002).

때때로 우리는 멈추고 상대를 마주하면서, 관계 능력과 상호작용에 대한 감각을 기르는 것을 의도했다. 나는 움직임을 반영하고 조율하기 위해 소리를 추가했고, 우리는 때때로 움직임을 멈추고 크기와 형태를 움직임 대신 목소리로 표현했다. 우리는 항상 개인운동영역을 탐색하는 것으로 회기를 종료했다. 임마누엘의 개인운동영역은 확장되었으며, 그의 움직임 탐색은 보다 유동적이고 일관성이 있었다. 그는 더 이상 나를 지나치게 가까이 따르거나 경직되지 않았다. 그는 나와의 달라진 공간적 관계를 쉽게 들락날락했고, 표정과 움직임에 있어 조금씩 주도적이고 혁신적인 모습을 보여 주기 시작했다. 시간이 지남에 따라(2년 동안 나와 다른 사람들과 함께 수차례의 회기를 하면서), 임마누엘의 미소는 부드러워졌고 표정이 점점 다양해졌다. 또한 시선과 발성의 운율, 전반적인 움직임이 확장되었다. 1년 후, 그는 집에서 이와 유사하게 다른 아이들의 움직임 탐색을 이끌 수 있게 되었다.

사례와 개입 요약

처음에 임마누엘의 미소는 거의 강요받은 것처럼 보였다. 그 미소에는 아무런 감정이 느껴지지 않았다. 그의 애착을 증진하고 사회 신경계를 자극하거나 활성화하고 (Porges, 2011, p. 37), 사회적 참여를 촉진하기 위해서 한 첫 번째 개입은 그의 미소 레퍼토리를 확장하는 것이었다. Laban 시스템에 따르면(Tortura, 2006), 임마누엘의 로봇 같은 움직임은 불균형적이었다. 그는 두리번거리며 움직였고 지시적 움직임을 따르기는 불가능해 보였다. 그는 자신의 움직임에 편안함이 없었기 때문에, 유동적으로 가볍게 움직이기보다 항상 둔하고 강한 움직임으로 움직였다. 그리고 서거나, 안거나, 움직이거나 간에 그의 동작은 조심스럽고 경직되었다. 그의 움직임 레퍼토리는 매우 뻣뻣하고, 팔을 무겁게 들어올리는 것과 발을 구르는 것으로 제한되어 있었다. 역동적인 연속적 움직임은 그의 무릎 위를 넘지 못했다. 그의 위쪽 다리와 골반은 발걸음의 움직임과는 관련이 없는 것처럼 보였다. 심지어 그는 공을 가지고 놀거나, 나의 움직임을 따라 하거나, 다른 아동들과 상호작용하는 동안에도 분리된 방식으로 계속 미소를 짓고 있었다.

임마누엘과의 작업은 움직임 레퍼토리를 통해 표현력과의 연결과 확장을 목표로 하였다. 나는 무용/동작치료의 중재 방법인 반영하기를 사용하였다. 반영하기는 상호성과 관계의 기초가 되는 것을 보거나 보여지는 기회를 제공한다. 나는 그의 발달 과정에서 결핍된 것으로 보이는 구조를 제공하기 위해서, 치료 안에서 안전한 과도기적 공간을 만드는 데 소도구를 사용했다. 나는 스트레치 밴드를 사용하여 간단한 수평적 · 수직적 형태의 움직임을 했으며, 나의 목소리(운율)와 얼굴(표정)을 사용하여 나의 행동을 정확하게 따라하도록 제안했다. 처음에 그는 최소한으로 표현하고 참여했다. 내 목소리를 신호로 사용하고 간단한 언어적 신호로 나의 움직임 레퍼토리를 확장하고, 나의 억양을 변화시킴으로써("그것을 저-어-엉-마-아-알 크-으-게-에 해 보세요", "그것을 저-어-엉-마-아-알 자-아-악-게-에-에 해 보세요"), 임마누엘은 미소 지으며 보다 규칙적으로 눈 맞춤을 유지하기 시작했다. 그는 또한 얼굴 근육을 더 많이 움직이기 시작했으며, 그의 중심을 유지하면서 움직임 레퍼토리가 확장되었다(즉 그는 더 큰 움직임을 만들었다). 그는 옆으로 떨어지거나 흔들리는 대신 중심을 유지하며, 움직임의 크기와 형태를 다양하게 변화할 수 있었다. 이러한 변화는 자연스러운 흐름의 움직임, 환경 안에서 다른 아동들과의 관계를 맺으며 놀기, 사회적인 관계 맺기와 같은 능력이 증가했음을 증명해 준다.

결론

무용/동작치료는 회복 과정에서 마음, 몸, 정서를 통합하여 깊이 체현화시키는 치료 방법이다. 이 장에서는 다음과 같은 다양한 중재 방법을 제시하였다. (1) 발달적 움직임을 이끌어 내고 반영하기, (2) 얼굴에 표정을 만들고 미소 짓기, (3) 치료 초기 단계에서 상징적인 영역에 아동을 참여시키기, (4) 움직임을 확장하는 방법으로 소리와 발성을 사용하기. 무용/동작치료는 연령과 문화에 관계없이 사회적 관계와 건강한 삶의 회복을 촉진한다. 아동 내담자와 치료사 간의 상호작용을 촉진함으로써 발생하는 사회 신경계의 자극은 세계에 존재하고 세계와 연결되는 능력(즉 관계적 · 사회적 능력)의 토대가 된다. 움직임은 모든 인간관계 및 의사소통 방식의 근원인 가장 기초적이고 중요한 상호작용 방식이며, 춤(무용)은 가장 강력한 표현이다. 따라서 무용/동작치료는 어린 내담자가 끔찍하거나 놀라운 어린 시절 경험의 의미를 만들고, 이러한 경험을 그들의 삶의 궤도로 통합하고, 깊은 소속감을 회복하는 것을 도울 수 있다.

참고문헌

Bainbridge Cohen, B. (2012). *Sensing, feeling and action: The experiential anatomy of body-mind centering.* Toronto: Contact Editions.

Bartenieff, I. (2002). *Body movement: Coping with the environment.* New York: Routledge.

Berrol, C. (1992). The neurophysiologic basis of the mind/body connection in dance/movement therapy. *American Journal of Dance Therapy, 14*(1), 19–29.

Cloitre, M., Cohen, L. R., & Koenen, K. C. (2006). *Treating survivors of childhood abuse: Psychotherapy for the interrupted life.* New York: Guilford Press.

Cottingham, J., Porges, S., & Lyons, T. (1988). Effects of soft tissue mobilization (Rolfing pelvic life) on parasympathetic tone in two age groups. *Journal of American Physical Therapy, 68*(3), 352–356.

Gray, A. E. (in press). The broken body: Somatic perspectives on surviving torture. In S. L. Brooke & C. E. Myers (Eds.), *Therapists creating a cultural tapestry: Using the creative therapies across cultures.* Springfield, IL: Charles C. Thomas.

Herman, J. (1997). *Trauma and recovery.* New York: Basic Books.

Kornblum, R., & Halsten, R. L. (2006). In school dance movement therapy for traumatized children. In S. Brooke (Ed.), *Creative arts therapies manual: A guide to the history, theoretical approaches, assessment, and work with special populations of art, play, dance, music, drama, and poetry therapies* (pp. 144–155) Springfield, IL: Charles C. Thomas.

Levy, F. (2005). *Dance/movement therapy: A healing art.* Reston, VA: National

Dance Association, American Alliance for Health, Physical Education, Recreation, and Dance.

Lewis, P. (1986). *Theoretical approaches in dance-movement therapy* (Vol. I). Dubuque, IA: Kendall/Hunt.

Newlove, J., & Dalby, J. (2004). *Laban for all.* New York: Routledge.

Ostroburski, F. (2009). Dance movement therapy as primary treatment. *Dance Therapy Collections, 3,* 151–157.

Perry, B. D. (2013). *Integrating principles of neurodevelopment into clinical practice: Introduction to the neurosequential model of therapeutics (NMT).* National Council for Behavioral Health webinar.

Perry, B. D. (2014). *The moving child: Supporting early development through movement* [Film]. Vancouver, Canada. Available at *www.themovingchild.com.*

Porges, S. (2011). *The polyvagal theory: Neurophysiological foundations of emotions, attachment, communication, self-regulation.* New York: Norton.

Porges, S. (2013, February). *Body, brain, behavior: How polyvagal theory expands our healing paradigm.* NICABM Webinar Session, New Brain Science 2013 Webinar Series.

Porges, S., & Gray, A. E. (2002, October). *DMT and the polyvagal theory.* PowerPoint presentation at the annual conference of the American Dance Therapy Association, Burlington, VT.

Rothschild, B. (2000). *The body remembers: The psychophysiology of trauma and trauma treatment.* New York: Norton.

Schmais, C. (1985). Healing processes in group dance therapy. *American Journal of Dance Therapy, 8,* 17–36.

Siegel, D. J. (1999). *The developing mind: How relationships and the brain interact to shape who we are.* New York: Guilford Press.

Siegel, D. (2012, March 28). *Bringing out the best in kids: Strategies for working with the developing mind.* Webinar session of the National Institute for the Clinical Application of Behavioral Medicine (*www.nicabm.com*).

Siegel, D. (2013, January 16). *The mind lives in two places: Inside your body, embedded in the world.* Webinar session of the National Institute for the Clinical Application of Behavioral Medicine (*www.nicabm.com*).

Stern, D. (1985). *The interpersonal world of the infant: A view from psychoanalysis and developmental psychology.* New York: Basic Books

Terr, L. (1990). *Too scared to cry.* New York: Basic Books.

Tortura, S. (2006). *The dancing dialogue: Using the communicative power of movement with young children.* Baltimore: Brookes.

van der Kolk, B. (1994). The body keeps the score?: Memory and the evolving psychobiology of post traumatic stress. *Harvard Review of Psychiatry, 1*(5), 253–265.

van der Kolk, B. (2002). The assessment and treatment of complex PTSD. In R. Yehuda (Ed.), *Treating trauma survivors with PTSD* (pp. 127–156). Arlington, VA: American Psychiatric Press.

van der Kolk, B., Hopper, J. W., & Osterman, J. E. (2001). Exploring the nature of traumatic memory: Combining clinical knowledge with laboratory science. In J. J. Freyd & A. P. DePrince (Eds.), *Trauma and cognitive science: A meeting of minds, science and human experience* (pp. 9–31). Binghamton, NY: Haworth Press.

점토판 작업과
아동기 발달상의 트라우마

Cornelia Elbrecht

접 촉(touch)은 가장 기본적인 인간 경험이다. 영아는 안전함을 느끼고 사랑받는
것을 느끼기 위해서 접촉에 의존한다. 영아를 흔들고 달래는 것은 그의 신경계
를 조절하고 유지하게 한다. 우리는 서로를 위로하기 위해 껴안고, 친구들은 서로 '접
촉을 유지'한다. 우리는 마사지의 접촉으로 이완을 느낀다. 우리 몸의 리듬은 접촉과
동시에 움직인다(Orbach, 2009). 폭력뿐만 아니라 사랑, 성행위도 기본적으로 촉각을
통해 이루어진다. 피부 경계는 학대나 사고처럼 부적절한 접촉에 의해서 위협받고 외
과수술처럼 의학적 치료과정 또한 신체를 침범하는 경험이 될 수 있다. 외상 기억의
가장 큰 부분은 어떠한 접촉의 형태를 수반한다.

점토판(Clay Field®) 작업은 2살부터 아동, 성인을 위한 치료양식으로 Heinz
Deuser(2004, 2006, 2007, 2009)에 의해 지난 40년간 독일에서 발달되어 왔다. 이 작

업은 15kg 정도의 매끄럽고 자갈이 섞이지 않은 점토가 담긴 사각형의 나무 상자에서 이루어지는 점토 작업을 말한다. 따뜻한 물이 담긴 그릇과 스폰지가 함께 제공되며, 또한 다양한 사이즈의 컵과 아이스크림 숟가락 같은 도구도 제공된다. 점토는 아동들에게 탐구할 세계를 제공한다. 점토는 유연하지만 무게감이 있고 저항을 나타내는, 손보다 훨씬 큰 덩어리이다. 안전한 컨테이너가 되는 점토판 작업은 이 기법에서 영속성과 경계를 제공하는 중요한 요소이다.

많은 아동에게 트라우마는 언어 이전의 경험이다. 영아와 양육자 간의 조율 실패와 이른 의학적 처치과정과 학대 경험들은 암묵기억에 각인되고 그것은 비이성적이고 비언어적이다. 암묵기억 안에 저장된 것은 운동기술, 습관, 일상 그리고 정서적·관계적 반응에 대한 형상과 형태의 기억들이다(Heller & LaPierre, 2012, p. 112). 암묵기억은 우리가 누구인지 '느끼게' 만든다. 그것은 우리의 정체성을 규정하고 기억처럼 느껴지지 않는다. 어린 아동이 신체학대를 당했을 때 그들은 기분이 나쁘다는 것을 느끼고 그것이 나쁘다고 생각하지만 이유는 알지 못한다. 하향식 인지적 접근은 암묵기억에는 효과적이지 않다. 점토판 작업에서는 상향식, 감각운동 방식을 활용하므로 이야기를 의식적으로 기억해 낼 필요가 없다. 그러나 자아의 잃어버리고 방치된 일부는 점차 회복될 수 있고 느껴지는 감각을 통하여 바뀔 수 있다(Gendlin, 1981).

점토판 작업에서의 작업은 인간발달, 대상관계, 감각운동인식 그리고 촉각적 지각(haptic perception) 이론에 근거한다. 점토판 작업은 수년간의 훈련이 필요한 특정한 치료적 접근이지만, 치료에서 창의적 예술을 사용하는 치료사들은 신체기반 접근의 필요성뿐 아니라 아동들과 점토 작업을 사용하는 것의 중요성과 영향에 대한 높은 인식이 있어야 한다. 이 장에서는 발달적 트라우마를 경험한 아동을 돕는 역할을 할 수 있는 독특한 기능을 강조하고, 점토판 작업 치료의 기초를 형성하는 기본적인 전제를 설명한다.

발달상의 트라우마

영아기부터 유아기, 아동기를 거치면서 신경계 조절을 돕기 위해서는 양육자와의 지속적인 조율이 필요하다(Gerhardt, 2004; Orbach, 2009). 무관심, 분리, 큰 소음, 그리고 싸움의 상황에서 맞서 싸우거나 도망칠 수 있는 방법이 없는 영아들은 외상을 입게 된다(Levine & Kline, 2007). GHIA(global high-intensity activation)는 태아의 스트레스, 출산 외상, 조기수술, 질식, 물에 빠지는 경험, 고열 그리고 마취 등에 의해 발생하는 것으로 주변 환경으로부터 피할 수 없는 지속된 위협의 경험을 이야기한다(Heller & LaPierre, 2012, p. 134). 그것은 아동을 병사들이 수년간의 전투 후에 경험했던 높은 스트레스 상태에 두는 것과 같다. 그 결과는 중추신경계 조절장애와 과각성-과대각성으로 이어진다. 스트레스 상태에 놓인 아동들은 대인간 폭력과 압도적인 삶의 경험 그리고 다양한 부정적인 연쇄 효과를 일으키는 강한 심리신체적 증상과 극도의 공포와 함께 각각의 새로운 자극에 총체적으로 반응한다(van der Kolk, 2003).

발달상의 트라우마는 특히 초기 아동기에 겪은 불안정애착, 방치, 정서적 · 성적 · 육체적 학대와 같은 외상적 사건들의 다양한 경험을 설명하기 위한 용어이다. 발달상의 트라우마는 환경과민증, 천식, 소화 문제, 알레르기, 그리고 만성적 고통과 같은 심리신체적 증상과 연관되어 있다. 양육자와의 관계의 조율 실패는 암묵적인 신체기억을 강화하여 알코올과 약물 남용, 식이장애, 감정기복이 있는 조울증과 우울증, ADHD, 불안증, 그리고 공황장애와 같은 조절장애의 원인이 된다. 생애 초기에 충분하게 지지적이지 않았던 상황들은 정서와 신경계 조절장애를 갖게 한다(Gerhardt, 2004; Heller & LaPierre, 2012; Levine & Kline, 2007; Schore, 2001).

점토판 작업과 발달상의 트라우마

감각운동체계는 우리의 팔다리와 장기를 중추신경계의 뇌와 척수에 연결한다(Heller & LaPierre, 2012, p. 96). 감각부(sensory division)는 외부 환경과 내부 장기의 정보를 알아내고 이 정보에 알맞은 운동동작을 할 수 있도록 정보를 뇌에 전달한다. 점토판 작업은 암묵기억을 탐색하고 수정하기 위해 이들 신경경로에 접촉하도록 영아의 손 동작들의 신체적 · 정서적 · 사회적 구조 블록(social building block)을 사용하도록 격려한다. 아동이 점토판 작업에서 질서와 지속적인 안전한 경험들을 통해 충분한 자원을 얻었을 때, 아동은 이전의 압도적인 사건들에 대한 적극적인 답을 알아낸다. 트라우마 전문가 Peter Levine(2010)은 어떻게 감각운동 활동들이 공포에 기반한 행동양식들을 자율적으로 바꿀 수 있고 그것을 통해 개인이 과각성된 사고를 정지상태로 조절할 수 있게 도와줄 수 있는지 연구했다. 개입은 과거 정체성의 재평가를 지원하기 위해서 감각 구별을 높인다. 물론 그 과정 동안 아동은 지지적인 전문가가 목격하며 함께 있어 주는 것이 필요하다. Heller와 LaPierre(2012)는 다음과 같이 설명한다.

> 감각운동기능은 정서적 · 관계적 · 사회적 능력과 동시에 발달하고 모든 구조는 서로에게 의존한다. 이 관점에서, 나는 신체가 자신의 실체를 가지고 나타내기 위해 투쟁을 하고 있다고 보는 것이 중요하다고 생각한다. 아동들이 그들의 감각운동 수준의 발달지표를 놓칠 때 생리적 기초는 그들의 감정적 · 관계적 수용력의 능력을 지원하지 않는다. 그들은 손상된 능력에서 작업하고 보상하는 것 외에 대안이 없다(p. 242, 원문 강조).

발달상의 트라우마를 경험한 아동들은 그들 자신을 어떻게 적절하게 보호해야 하는지 알지 못한다. 그러므로 사회성 부족이나 학대의 희생양이 되기 쉽다.

신경정서적인 접촉(neuroaffective touch)이라고 칭한 Heller와 LaPierre(2012)의 연구는 아직 초기 단계이지만, 신경정서적인 접촉이 발달상의 트라우마 때문에 발달되지 못했거나 장애로 고통받는 뇌의 시냅스를 고칠 수 있다고 제안하고 있다. 자기표현을 위한 매체로서 점토는 만들어진 모든 흔적을 반영할 수 있는 특별한 능력을 가지고 있다. 그것은 촉각 피드백이다. 다시 말해서, 내가 그것을 만지면 그것은 나를 만지고 내가 그것에게 영향을 미치면 그것 또한 나에게 영향을 끼친다. 점토를 만지는 손은 만져지는 대상과 만져지는 것처럼 그들의 상태를 동시에 경험한다(Paterson, 2007). Sholt와 Gavron(2006)은 또한 점토판 작업은 정체성 형성과 정신변화의 과정으로서 아동들로 하여금 건설적이고 파괴적인 자아의 측면과 맞닥뜨리게 한다고 보고한다.

점토판 작업은 안전한 세팅 안에서 아동들이 통제할 수 있는 세상을 탐색할 수 있는 권리를 준다. 치료사는 위기와 성공에 대한 아동의 경험을 관찰하고 자극을 조절하고 통제하는 것을 돕는 "보조 피질"의 역할을 한다(Ogden & Minton, 2000). 그와 같은 지지적인 환경에서 아동들의 손은 통합된 감각운동 경험을 통해 새로운 암묵기억을 창조하는 능력을 갖게 되는데, 그것은 수영을 배우거나 자전거를 타는 것과 같은 방식으로 반영된다. 그런 암묵기억은 잊히지 않을 것이다.

점토판 작업에서 재료는 양적인 면에서는 제한적이지만 가능성에서는 제한이 없다. 매끄러운 표면은 파괴적인 행동을 통해서만 창조를 가능하게 한다. 반복적으로 구조물을 쌓고 무너뜨리는 유아들은 신뢰와 대상항상성을 획득하고 변화에 살아남는 것을 배운다(Winnicott, 1971). 그러나 파괴적인 경험에 의해 압도된 아이들은 그들의 창조능력을 잃는다. 그들은 더 이상 회복의 가능성을 믿지 않는다. 그들은 삶을 통제하고 다룰 수 있다는 생각을 하지 못한다. 대신에 그들의 힘은 공포 안에서 얼어 버리고 소거되거나, 맹목적으로 실행한다. 관계를 맺는 그들의 능력은 손상된다. 점토판 작업은 감각운동 자원을 만든다. 그것은 결국 점토 작업에서 능동적인 반응을 수용할 것이며 초래된 신체적·정서적 손상을 처리한다. 그와 같은 능동적인 반응은 '무엇이 일어났는지'에 대해 집중할 필요 없이 신경 시스템의 해리 양상을 원상태로 돌릴 수 있다(Heller & LaPierre, 2012; Levinem, 2010; Levine & Kline, 2007).

최근 신경학 연구는, 기능장애나 질병에 대한 의학적 강조를 하는 심리학이 정신병리에 지나치게 역점을 둔 치료를 만들어 낸다는 것을 발견했다. 이 같은 방식의 치료적 강조는 종종 개인에게 더 많은 불안정성과 장애를 일으킨다(Heller & LaPierre, 2012, p. 2). 뇌는 신경가소성을 지니고 있고, 그것은 경험이 뇌의 물리적 구조를 바꿀 수 있다는 것을 의미한다. 경험은 뇌의 신경 시스템 강화하고, 감각운동 활동을 통하여 정서조절을 배우고 자원을 만드는 것을 가능하게 한다. 그것은 아동들이 초기에 겪은 트라우마를 촉각을 통해 치유하고자 하는 욕구에 이르는 것을 가능하게 한다. 점토판 작업은 그런 면에서 효과적인 방법이다.

다음 절에서는 감각 지각과 촉각 지각의 두 가지 주요 개념을 설명한다.

감각 지각

신체인식은 외부감각수용기(촉각, 미각, 후각, 청각, 시각)와 내부감각수용기(결합조직, 근육 내장)에 의해서 결정된다(Rothschild, 2000, p. 40). 신체 기억들은 내부감각수용기에 저장되는 반면 외부감각수용기는 신체의 외부환경에 집중되어 있다. 몸의 중심에 가까이 있는 촉각과 미각은 가까이에서 일어난 일을 판단하기 위해 설계되었다. 반면 후각, 청각, 시각은 더 먼 쪽의 자극을 다룬다. 내부감각수용기는 신체 내부에서부터 나오는 자극을 수용한다. 그것은 균형의 전정감각(vestibular sense), 움직임의 운동감각 그리고 심장박동, 호흡, 내부 온도, 근육의 팽팽함, 그리고 본능적인 불편감 같은 신체 상태에 관한 피드백을 알려 주는 내부감각을 포함한다(Rothschild, 2000).

정신적 외상을 겪은 사람들의 내부감각은 근육의 팽팽함과 본능적인 긴장감뿐만 아니라 심장박동, 식은땀 또는 열감을 통해 과도한 불안감을 느끼게 된다. 강렬한 불안은 외부세계에 대한 현실감이 심각하게 왜곡되고 내부감각이 개인의 현실을 정의하기 시작하는 정도까지 외부수용기의 효율적인 기능을 감소시킬 수 있다. 외부의 위험은 더 이상 적절하게 평가될 수 없다. 하루하루 환경에 쉽게 압도되거나 다시 정신적 외상을 겪게 된다. 공포에 시달리는 사람들은 그들 주변의 외적 현실을 확인하기 위해 그들의 외부수용기를 강화하는 것이 필요하다.

외부감각수용기와 내부감각수용기 둘 다 손안에서 그들의 특정한 표현을 발견하고 소위 촉각 지각에 중요한 기여를 한다. 다른 신체 부위와 다르게, 우리의 손은 아주 복잡한 감각 기관이다. 손가락 끝의 모든 피부에는 뇌와 소통하는 약 16,000개의 촉각 감각이 있다(Murphy, 2010). 접촉은 신경 시스템, 내장, 그리고 대뇌피질 사이의 피드백 회로를 강화시킬 수 있다(Heller & LaPierre, 2012).

촉각 지각과 촉각적 대상관계

촉각 지각은 만지는 것을 통해 지각되는 것을 말한다. 몸의 중심부와 가까운 감각인 촉각은 대뇌피질 발달에 중요하다(Wilson, 1999). Deuser는 10년간의 연구를 통해 손이 신경생리학적 감각기관을 자극하는 것을 발견했다(Deuser, 2009; Elbrecht, 2013; Grunwald, 2008; Paterson, 2007). 그리고 그는 세 가지 핵심 영역(주제)으로 촉각 지각을 구조화하였다.

1. 피부감각은 유아기에 발달한다.
2. 균형감각은 생후 2년째에는 습득된다.
3. 깊이 감각은 3~4살의 건강한 아동들에게 발견된다.

치료사들은 촉각적 대상관계를 이해함으로써 독특한 감각운동의 치유과정에서 아동들을 도와주고 발달상의 욕구를 확인하게 된다.

촉각 지각은 1800년대부터 연구되었고 발전되었는데 예를 들면 맹인을 위한 점자의 경우이다. 그러나 시각적인 요소들로 과부하 상태에 있는 21세기 삶의 양식은 촉각이라는 감각을 무시하고 있다. 미술치료 분야에서 특히 발달상의 트라우마를 치유하기 위한 촉각 지각의 잠재력을 설명하는 연구가 부족했다. 게다가 많은 치료사들은 점토의 퇴행적 특질에 대한 두려움을 가지고 있다. 점토는 어떠한 구조도, 언어도 가지고 있지 않았던 우리의 가장 초기 촉각 경험―마구 문지르고 으깨는―과 연결된다. 하지만 바로 이러한 특성에 촉각지각을 통한 통찰을 통해 치료사가 상향식 접근법으로 관계상의 외상을 다룰 수 있게 하는 것이다(Badenoch, 2008). 신경정서적 접촉은 아동이 '신체적 경험으로부터 의미를 형성하는 것'을 가능하게 한다(Heller & LaPierre, 2012, p. 269)고 할 수 있다.

점토 작업에서 아동 손의 움직임을 관찰하는 것은 아동의 해리 양상이나 체현의 정도에 대한 진단을 허용한다. 촉각적 대상관계라는 용어는 유아와 아동이 그들의 세계에 대해 어떻게 배우고, 그들 주변의 환경을 어떻게 발견하는지를 설명한다. 모든 발달 단계의 욕구는 만족을 요구한다. 발달적 구조장애는 점토판 작업에서 분명하게 관찰될 수 있다. 그들의 감각운동적 수행은 신경생리학적 반동을 가진다. Brockmann과 Geiss(2011)는 "만약 삶의 경험이나 사회적 환경으로 인해 감각과 운동의 기반이 파편화된 채 남겨지면, 손으로 하는 행위는 불안정하고 취약하게 된다. 촉각과 신체적 기반의 결핍은 안정감을 얻기 위해 물리적(신체적) 생명력이 부족한 환상과 상상력의 활성화를 통해 대체될 것이다."라고 언급했다(Elbrecht, 2012, p. 43에서 인용).

점토 작업에서 아동들은 발달적 욕구가 아직 남아 있거나 트라우마 경험에 의해 면역 반응이 제대로 발휘되지 못하는 경우에 퇴행한다. 손은 주의를 필요로 하는 발달 단계를 정확하게 반영한다. 그런 경우에 점토를 탐색할 때 성인 남성의 손조차 작은 유아의 손처럼 보일지도 모른다.

다음의 세 절에서는 점토판 작업의 치료적 접근과 관련된 Deyser의 핵심 개념인 피부감각, 균형감각, 깊이감각을 설명한다.

피부감각

출생 시부터 12개월까지의 유아를 상상해 보라. 침해, 방치뿐만 아니라 안전, 사람 및 정서 조절은 일차적으로 접촉과 어떻게 잡히는지를 통해 전달된다. 피부는 인체 전체를 포함하고 둘러싸고 있다. 이 피부는 바깥에서부터 안쪽으로 나뉜다. 자기의 가장 기본적인 감각을 깨우기 위해서 무엇인가 피부에서 알아차릴 필요가 있다. 그래야만 경계에 대한 인식이 자신과 다른 사람 사이의 접촉층으로 나타날 수 있다. 점토는 아이들이 접촉하고 만질 수 있는 것으로 아이들은 점토를 팔꿈치로 누르기도 하고 껴안기도 하고 심지어 베개처럼 머리 아래에 두기도 한다. 점토가 아동의 손에 '없을' 때, 그들이 점토판과 연결될 수 없을 때 뚜렷하게 보인다. 이 아동은 어떠한 재료도 움켜잡지 못할 수도 있다. 그들의 손은 목적 없이 필사적으로 점토 표면을 따라 긁지만, 어떤 것도 손으로 잡을 수 없다. 혹은 아동은 점토와 관계를 맺기보다는 (차라리) 점토를 던지거나 친다.

물을 더하는 것은 접촉을 더 강화할 수 있는데, 특히 점토가 부드럽고 매끄러운 상태로 바뀌었을 때 손을 점토 상자에 넣거나 손, 팔, 얼굴에 크림처럼 바를 수 있다(그림 9.1과 9.2). 아동은 양육자에 의한 따뜻함이나 어루만짐, 보호받는 느낌을 필요로 한다. 이러한 스스로 만드는 촉각적 즐거움은 자아실현이 가능하다는 깊은 신체적 확신을 이끈다.

불안정한 애착을 경험하는 아동은 점토를 활용하는 것이 이점이 될 수 있다. 이러한 경우에 치료사는 발달적으로 필요한 부분을 채워 주며 도와준다. 점토는 아동의 손을 부드럽게 감싸 주고, 따뜻한 물은 태어나기 전의 환경과 유사한 '자궁'을 만들기 위해 구멍 속으로 쏟을 수 있다. 손이 양육되고 모든 것을 감싸안는 환경을 경험할 때, 내적 긴장이 해소될 수 있다. 그 결과 가만히 있지 못하고 집중하지 못하는 아동은 종종 지지적인 공간에서 안정을 취하게 되고, 차분해지고, 그와 같은 담아 주는 공간에서 '놀이'로 확장하면서 시간을 보내는 것을 즐거워한다(그림 9.3).

신뢰에 관한 기본적인 감각을 획득하게 되면, 아동은 종종 으깬 감자가 담긴 그릇을 가진 채 홀로 남겨진 유아처럼 점토를 탐색하기 시작한다. 그들은 점토가 손가락 사이로 어떻게 스며나오는지 흥미를 가지면서 으깨고, 분출시키고, 문지르고, 두드릴

그림 9.1과 9.2 피부감각 : 3살 여자아이가 점토판의 지지를 즐기고 있다. 그녀는 많은 물을 채워 묽어진 점토를 그녀의 양팔에 크림처럼 즐겁게 사용하고 있다.

그림 9.3 피부감각 : 사진의 9살 소년은 엄마의 죽음을 겪는 중이다. 소년의 오른손은 용기(containment)를 찾고 있다.

출처 : Elbrecht(2013). Reprinted with permission from Jessica Kingsley Publishers.

것이다. 이러한 모든 경험은 감각적 즐거움을 준다. 신뢰는 치료사가 지켜보고 있는 동안 반복적으로 리듬을 맞추거나, 빠르고 느리게 치는 실험을 통해 얻게 된다. 둥지, 피부, 반죽, 또는 엄마의 가슴과 같은 이미지는 닦기와 돌리기 동작을 통해서 자극된다. 이 단계에서 유아의 주요 관심은 부모 또는 양육자의 피부이다. 아기의 손은 무언가 부드럽고, 쥘 수 있고, 움직이고, 안정적이고, 지속적인 것을 찾는다. 점토는 그 모두를 견뎌 낸다. 그것은 사라지지 않는다. 재료와 물의 온도는 점토와 잘 섞이도록 감촉이 따뜻해야 한다.

좀 더 큰 아기들의 손은 더 강렬한 운동 충동을 가진다. 그들은 점토를 가지고, 잡고, 움직이고, 그리고 사방으로 누르고 싶어 한다. 이러한 행동들은 몸 전체에서 공명되고, 몸의 긴장과 인식을 일깨운다. 만약 점토의 일부분을 들어 올리고 치료사에게 보여 준다면 그 아동은 "보세요! 내가 무엇인가 잡았어요!"라고 이야기할 것이다. 피부감각에 대한 내용은 전적으로 감각적 경험에 대한 것이지 대상을 창조하는 것에 대한 내용이 아니다. 이러한 모든 행동은 영속성을 가지고 있지 않다. 대상항상성은 쌓아 올리기와 해체하기, 파내기와 채우기를 통해서 획득된다. 어떠한 감각이나 촉각적 발견에 대한 중요성은 리드미컬한 되풀이와 손가락으로 가볍게 두드리고 손으로 탕 치기, 손을 벌리고 두들기기, 집게손가락으로 쿡 찌르기를 통해서 발생한다. 반복은 성취한 것을 기억하기 위하여 내부감각수용기를 돕는다. 이 과정은 본질적으로 감각적이기 때문에 '의미'를 이야기하며 방해해서는 안 된다. 아동은 유아로서 성취되지 않은 발달 과정을 완성하기 위해 여러 차례의 회기가 필요할 수 있다. 특히 학습장애 및 행동장애를 가진 아동은 초기 유아기의 관계적 결핍으로 고통받는 경우가 많다. 많은 변덕스러운 아동들은 점토의 진정시키는 성질을 통해서 점토를 부드럽게 쌓아 올리고 어루만지고, 행복하고 만족스럽게 흥얼거리며, 점토와의 관계를 즐기는 데 놀라울 만큼 많은 시간을 보낸다.

만약 아동이 스스로 탐색하면서 더 구조적이고 단단한 것을 찾을 수 없다면, 치료사는 촉각 경험을 촉진하기 위해 점토에 구슬이나 유리를 넣어서 경험할 수 있게 소개한다. 이에 대한 반응으로 아동은 영구적이고 만질 수 있는 아주 단단한 '섬'을 만든다. 아동은 이 창조물들을 다음 회기까지 그대로 보존하기 위해 치료사에게 안전하게 지켜 줄 것을 요구할 수 있다.

이 단계에서 점토는 종종 감각적이며 성적 본능의 기억을 유발한다. 트라우마가 대부분 개인의 피부 경계에 영향을 주기 때문에 외상적 신체 기억들은 피부감각을 통해서 쉽게 자극된다. 이러한 경우 개인은 점토를 접촉하는(만지는) 것과 그것을 전체 손으로 연결하는 작업을 어려워한다. 해리는 한 개의 손가락 끝으로만 만지려고 하는 것처럼 손의 부분적인 사용으로 나타난다. 외상화된 손은 얼어 있고, 굳어 있고, '죽은 거미'처럼 움직일 수 없다. 그러한 경우 아동이 팔꿈치와 겨드랑이로 작업할 수 있도록 격려하는 것이 도움이 될 수 있다. 팔꿈치와 겨드랑이는 보통 감각기억을 덜 자극하며, 그때의 자세는 그들이 기어가기 위해 배웠던 때, 직립적이고 자율성이 부여된 첫 번째 충동을 일깨워 준다.

균형감각

대상관계적 관점에서 보았을 때, 1~2살의 건강한 아동은 '하나'의 피부감각 관계에서 벗어나 이중적 세계를 발견하기 시작한다. 이제 걸을 수 있는 능력으로 인해 낯선 환경이 무엇인지에 대한 강력한 호기심에 따라 아동의 세계관이 변한다. 아동은 '자신과 다른 사람'이 있다는 것을 알고, 그러한 인식은 자기 지각과 대상 지각 사이의 차이점을 알게 한다.

점토판 작업에서 자기와 다른 사람과의 만남은 점토를 손으로 붙이고 떨어트리는 과정에서 만지거나 놔두는 것을 통해 일어난다. 신뢰는 거리 두기와 연결하기(양육자가 떠나는 것과 다시 돌아오는 것)를 통해 획득된다. 점토판은 움직이는 손과 움직이는 신체를 믿을 만하게 잡아 주는 존재가 된다. 아동에게 점토의 율동적인 반복은 통합을 돕고, 점토를 두드리거나 치는 것으로 인해 몸의 다리까지 전해지는 공명과 더불어 안정감을 줄 수 있다(그림 9.4). 만약 아동이 그러한 율동적인 발견을 탐구한다면, 이 단계에서 감각운동으로서 척추의 감각운동을 발견하는 것이 중요하다. 이것은 기본적인 정체성과 관련이 있다. 지금부터 아동은 자기 자신을 이름과 '나'라고 말하기 시작한다. 인식의 지각과 양면성의 통합을 위하여 아이들은 아래위로 움직이는 경험, 각 손에서 점토 무게를 저울질하는 경험, 혹은 점토 공을 손으로 잡고 '걷는' 경험을 한다.

애착의 변화된 역동을 협상하기 위한 시도 안에서 1~2살 아동은 커다란 점토 덩어

그림 9.4   소년은 균형을 잡고 있다. 그의 손은 점토판에 조직화되었고, 그의 팔꿈치는 양쪽으로 동시에 확장되는 경험을 한다.

리에서 점토를 떼어내면서 반복과 균형을 탐색한다. 떼어낸 조각은 전체로부터 분리되고 전체로부터의 분리는 지면에서 손이 분리되는 것처럼 실존적이다. 이 같은 생존을 위해 아동은 점토를 떼어낸 다음 전체 덩어리에 다시 합친다. 고전게임인 '까꿍놀이'를 한다. 분리와 접촉은 이제 물질이나 사물, 또는 대상으로 변환된다(Elbrecht, 2012). 이러한 맥락에서 높고 낮음, 비어 있거나 가득 찬 것은 공간에서 물질의 질서로 나타난다.

부모의 조화로움은 아동의 균형으로 나타나고 반면 부모 사이의 힘의 투쟁은 불균형을 초래한다(예 : 이혼, 죽음을 통한 부재). 아동의 내적 경험은 손 사이에서 조직화되는 것처럼 점토판 작업에서 나타난다(그림 9.4).

청소년의 경우에 부모의 부조화는 점토판 작업에서 신체의 불일치와 손의 불균형으로 나타난다. 예를 들어, 만약 점토판의 오직 한 부분만 옮기거나 탐색한다면, 다른 부분들은 무시되고, 정신적인 측면들 또한 무시된다. 만약 신체가 옆으로 뒤틀리거나 한 손만 사용되는 경우에는 아동의 정신은 부분적으로 '뒤틀렸'거나 또는 참여하지 않는 것을 배웠다. 불균형은 한 손이 활동하지 않고 남아 있는 나머지 손을 지배한다(예 : 테이블 밑). 나의 경험으로는 부모의 이혼을 겪은 아동은 종종 나뭇가지, 도랑, 강, 벽 또는 담장을 점토판에 나누어서 표현한다. 한 부모가 신체적 또는 정서적으로 부재할 때, 점토판의 일부는 삶과 움직임으로 채워지는 반면, 다른 부분은 움직임이 없는 경향이 있다(그림 9.5).

외상적 사건은 개인적으로나 대인관계 면에서 다양한 불균형을 야기한다. 뇌 기능

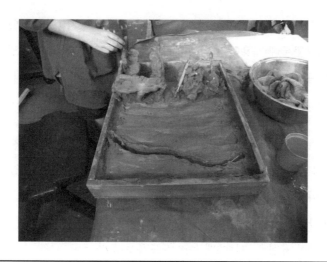

그림 9.5 부모가 별거한 11살 소년의 시나리오가 이러한 불균형을 보여 준다. 그는 강 언덕을 따라 2명의 적과 싸우고 있는 드라마틱한 전쟁 장면들을 계속 만들었다.

은 손상되었고, 양쪽 반구는 심각하게 영향을 받을 수 있다(Gerhardt, 2004; Levine & Kline, 2007; Schore, 2001; Siegel & Bryson, 2012). 감정과 인지조절은 종종 실패하고, 외상화된 유아의 경우에 중요한 뇌의 연결들이 실제로 발달되지 않을 수 있다. 이러한 연결들이 가정에서 촉진되지 않을지라도 아동은 그들 스스로 균형을 찾을 수 있다. 점토판 작업에서 양손은 양쪽 반구를 연결시키기 위한 터널과 다리를 만들 것이다. 점토판 작업의 창의적 과정에서의 양손의 사용은 두 손이 협력하고, 결국 전토판의 전체를 사용하는 것은 아동이 그들의 균형을 다시 찾는 것을 돕는다.

깊이감각

깊이에 대한 감각은 3~4살에 발달한다. 이것은 어떤 것을 할 수 있는 역량과 아동의 능력이나 힘의 감각으로 연결된다. 대상관계적 관점에서 그것은 아동이 자신의 주변과 분리된 정체감을 가지게 될 때 자아의 출현과 더불어 성숙한다. 간단히 말해서, 아동은 "나는 나 자신이다"를 내면화하기 시작한다.

Deuser에 따르면, 깊이에 대한 감각은 "나 아닌 다른 이와 관계하는 경험"이 필요하다(Elbrecht, 2013, p. 51). 아동이 점토를 손으로 누르는 체험에서 그들은 그들의 힘과 능력을 알게 된다(그림 9.6). 다시 말해서, 아동은 "여기 내 손이 있다"를 학습하고, 스스로 외부활동에 적용하기 위해 그들의 힘을 인식하게 된다. 발달적으로 관절, 근육, 인대 및 골격은 유연성 증가와 함께 하나의 통합된 유기체가 된다.

깊이에 대한 감각은 다음과 같이 발달한다.

1. 누르기 : 누르기는 다른 물체를 향한 힘으로 다른 것에 영향을 끼친다. 손으로 누를 때, 척추는 수직으로 서고, 발은 땅을 누르고 단단하게 설 수 있게 한다. 두려워하는 아동이나 자존감이 결핍된 아동에게 손, 주먹 또는 팔꿈치로 점토를 파는 것이나, 혹은 그들의 능력과 신체에 대한 신뢰를 가질 수 있게 하는 누르기를 통한 간단한 체험은 그들에게 놀라운 도움을 준다.

2. 자국 남기기 : 자국 남기기는 누르기의 의도적인 행위이다. 이 같은 신체와 근육 조직의 긴장도와 팽창은 신체적 자기 안에서 단단하게 위치하여 소통한다. 아동은 점토에서 자국 남기기를 통해 항상 자신의 지구력을 테스트하고자 한다("내가 얼마나 오래 누를 수 있는지 보세요!"). 그들의 신체에서 '인상적인' 힘과 동시에 안정감을 경험한다.

그림 9.6 깊이에 대한 감각 : 이 4살짜리 소년은 그의 힘과 능력을 발견하는 중이다. 모든 점토는 용기에 모아졌다가 밖으로 비워지고, 다시 채워졌다. 그의 팔은 힘과 긴장, 신체조직을 보여 준다. 그는 모든 것을 옮길 수 있다!

출처 : Elbrecht(2013). Reprinted with permission from Jessica Kingsley Publishers.

3. 새기기 : 새기기는 촉각적 행동을 눈에 보이고, 추적 가능한 표시로 확장한다. 선사시대 동굴에 있는 손자국과 마찬가지로, 여기에 점토에 구체적인 효과와 흔적을 남기려는 의도이다. 이러한 흔적들은 이야기를 불러 일으킨다. 손과 주먹은 '나'의 기록을 만들 의도로 움푹 패인 자국, 고랑, 굴러간 자국, 파인 홈을 만들어 낸다.

4. 밀기 : 밀기는 손의 중심과 몸(신체)의 중심에서 바깥쪽으로 향하게 되며, 또한 거리를 만들어 낸다. 밀기는 질량과 저항을 포함하기 때문에 단순히 아래로 압력을 가하는 것보다 훨씬 많은 움직임이 있다. 아동의 손은 점토로 새로운 공간을 창조하고 밀기를 통해 공간을 분리시킨다. 요컨대, 그들은 다른 쪽과의 충돌을 일으킨다. 발달적 외상에서 보면 신체적 폭력을 당한 아동은 종종 '나보다 더 멀리', 상자 밖으로 혹은 점토가 마루에 떨어질 때까지 밀어내는 기회를 즐긴다. 그들을 이야기에 참여시키거나 밀어내는 것의 이름을 붙이는 것이 중요한 게 아니라, 신체적 힘을 목격하고 경험하는 것 그리고 그것을 할 수 있다는 것이 중요하다. 어떤 아동은 그런 우김이 안전하고, 혼나지 않을 것이라는 치료사의 보증이 지금 필요할 수 있다.

5. 당기기 : 당기기는 재료를 탐색하기 위해 신체 가까이로 가져오는 것을 말한다. 예를 들면, 가끔 점토를 가슴 쪽으로 밀어붙여서 끌어안는 것이다. 밀고 당기는 것은 아동이 점토의 전체 양을 경험하거나, 손이 더 강해지는 경험의 패턴을 통합시킨다.

6. 구멍 뚫기 : 구멍 뚫기는 보통 집게손가락으로 찌르거나 구멍을 파면서 점토 내부를 탐색하는 움직임이다. 상자의 바닥은 공간의 깊이로 만져서 알 수 있다.

7. 구별하기 : 구별하기는 점토의 양을 많고 적음 혹은 작고 큰 조각으로 나누는 것을 포함한다. 전체로부터 분리된 양은 분리된 정체성의 실험을 가능하게 한다. 점토 덩어리들을 밀고, 퍼내고, 자르고, 긁어모으거나 구멍을 뚫는다. 처음에는 점토 조각을 모두 짓누른 다음 다시 주워 담고 밀고 당긴다. 결국 조각은 특별한 무언가로 만들어지고 공 모양으로 모인 점토는 판의 중앙 공간에 놓인다. 아동의 손은 이제 그들이 무언가를 창조할 수 있고, 그들의 창조물이 지속되는 안전성을 가진다는 것을 안다. 이것은 아동이 자신의 몸을 어떻게 수용하는지에 반

영된다. 신체는 공간 안에서, 방향 안에서 안정을 얻었다.

후기 아동기의 점토판 작업

아동의 삶에서 첫 3년 동안은 우반구가 지배적으로 활성화되고, 이후 몇 년 동안은 좌반구와 대뇌피질 영역이 발달한다. 아동이 줄곧 "왜?"라고 묻기 시작할 때 좌뇌가 실제로 활동하기 시작했다는 것을 알 수 있다(Siegel & Bryson, 2012, p. 16). 이 시점에서 아동은 점토 작업에서 그들의 행동주기(발달)와 관련 있는 이미지와 이야기를 발전시킨다. 그러나 피부감각, 균형, 깊이에 대한 감각은 여전히 핵심적인 촉각 도구로 남아 있다. 전 연령별 단계는 이러한 발달적 토대를 기초로 대상을 창조하고 그들에게 의미와 이야기를 붙임으로써 특징지어진 모든 연령별 단계는 이러한 발달적 기초 위에 놓여 있다. 만일 유아기와 발달상의 트라우마가 건강한 발달을 방해한다면, 그것의 영향은 후기 아동기에 드러나게 될 것이다. 후기 아동기에 필요한 자신감을 가질 수 없거나 감정적으로 참을성이 부족하거나 탄력성을 잘 발휘하지 못하게 된다. 점토는 상징적 세계로서 그들에게 '거기에' 있지 않다. 나의 관찰에 의하면 이 같은 외상은 이후에 ADHD를 진단하게 되는 많은 증상의 기초가 된다(Hölz, 2013).

그러나 이러한 아동은 어김없이 퇴행하게 될 것이며, 주의가 필요한 불완전한 상태로 남겨진다(그림 9.7과 그림 9.8). 후기 아동기에는 더 많은 성장을 촉진하기 위해 압박을 가하거나 판단하지 않고, 불완전한 발달주기에 참여하도록 허용하는 것이 정말 중요하다. 균형감각을 통해 피부감각 접촉이나 자기자각에 대한 욕구가 충족되면, 이 아동은 믿을 만한 자기인식과 신뢰를 획득하며, 자신의 시간으로 움직일 것이다. 예를 들어, 7살인 무스타파는 많은 경우 그의 아버지가 어머니를 심하게 때리는 것을 목격했다. 그는 아버지가 지구 상에서 가장 강한 사람이라고 말하며, 가차 없이 점토를 때리고 후려쳤다. 결국 치료사는 그의 손이 지쳐 있을 수 있다고 말하고, 손을 쉴 수 있게 따뜻한 물그릇을 주었다. 그는 안심하며 그녀의 제안에 따랐다. 그의 손이 액체형태의 점토로 부드러운 크림처럼 만들면서, 그는 마침내 그 자신을 느끼기 시작했다. '약한 것'도 괜찮다.

두려움이 많은 아동은, 자극적이거나 과민한 행동을 하든지, 안전함을 느낄 수 있

그림 9.7   깊이에 대한 감각 : ADHD 진단을 받은 9살 소년은 그의 손에 적절한 강도를 찾기 위해 여전히 애쓰는 중이다. 손목을 구부리고, 그의 어깨를 비틀고 그의 몸은 가지런하지 않았다. 회기 후에 그는 일어서서 재료를 파내고, 그의 의도로 가득 채워진 그를 허용하고, 힘의 감각을 키워 줌으로써 더 바른 체험을 할 수 있었다.

그림 9.8   깊이에 대한 감각 : 이제 종결을 향하고 있는 같은 회기의 같은 소년. 그는 일어서서, 그의 팔과 손을 신체와 함께 분명하게 정렬하였다. 이제 그는 약하고 무너지기보다 의도와 자신감을 발산한다. 좌절을 덜어 주는 이러한 자신감은 학교에서의 더 집중된 행동으로 바꿔 주고, 사회성과 학습능력을 상당히 향상시킨다.

출처 : Elbrecht(2013). Reprinted with permission from Jessica Kingsley Publishers.

는 방법을 찾기 위한 지원을 필요로 한다. 특히 안전함이 자신의 성장 과정에서 없었던 경우 지원을 신뢰하는 것에 시간이 걸릴 수 있다. 일단 그들이 치료 회기 안에서 신뢰를 얻고 나면, 그들의 손은 점토판 작업에서 주어진 세계를 지배하기 위하여 필요한 것은 무엇이든 간에 어김없이 발견하게 될 것이다. 시간이 지남에 따라 아동은 감각운동을 통해 연령별 사회 통합, 자존감, 그리고 능숙함을 습득한다. 정서적으로 그들은 정체성과 확실성, 일관성을 구축하고, 그들 자신의 열등감과 산만한 정체성에 반대하는 주장을 할 것이다.

다음의 짧은 사례는 발달상의 트라우마를 경험한 후기 아동기의 아동과 점토판 작업이 성적 학대로부터 그녀의 회복을 어떻게 도왔는지 보여 준다. 10살인 린다는 성적 학대로 인해 그녀의 가족과 떨어져 살아왔다. 가해자는 엄마의 남자친구였다. 초기에 그녀는 아주 작은 톱니모양을 만드는 것을 제외하고 점토에 거의 손댈 수 없었다. 마침내 그녀는 이 톱니모양 안에 물을 붓고, 손가락 하나로 그것들을 어루만지기 시작한 다음, 작업판의 표면을 가로 질러 이동했다. 일곱 번의 점토판 작업은 그녀의 피부감각, 균형, 그리고 깊이에 대한 감각을 강화하여 신뢰를 얻는 데 몰두하게 했다. 다음 회기에서 시작과 함께, 그녀는 작업대의 왼쪽 하단 모서리에 어울리지 않게 큰 남근 모양을 배치하였다. 치료사는 그것에 대해 언급하지 않고 그저 기다렸다. 그런 다음 소녀는 회기의 대부분 동안 그것을 피했다. 반면 자신감과 능력을 높이고 얻기 위해 다양한 장소에 재료를 밀어내고, 세우고, 내리치고, 상자 밖으로 점토를 두는 것에 집중하였다. 갑자기 그녀가 일어나더니 남근 상징에 대해 욕을 하였고, 그것을 자신의 입이 있는 곳에까지 들어 올리고는 그녀가 좋아하는 팝송을 큰 소리로 노래하기 시작했다. 그것은 마이크인 것이다! 그녀는 의기양양하게 회기를 떠났다.

이것은 압도된 기분에서부터 자기 권한부여로의 전환이다. 간단히 말해서, 점토판 작업에서 작업은 외상 사건 후에 '신경 시스템을 진정시키는 것'이다. 일어났던 성적 학대를 다시 다루는 것이 중요한 것이 아니라, 린디가 감각운동능력과 주변 상황을 돌아볼 수 있고 그녀에게 그럴 힘이 있다는 자신감을 획득하는 것이 중요하다. 외상의 영향은 사건의 심각성에 좌우되는 것이 아니라 무력감의 수준에 달려 있다(Levine & Kline, 2007). 린디가 필요로 하는 것은 그녀의 내부자원을 강화하고 일어난 일에 적극적으로 대응할 수 있는 힘을 가지고 있다는 신뢰를 얻는 것이었다(Biebrach & Larsch, 2014).

촉각의 장점

점토판 작업은 정식 교육을 필요로 하는 치료 과정이다. 이 장에서는 우리의 자기감각을 형성하는 신경의 구성단위와 촉각의 중요성을 강조하였다. 만약 치료사들이 아동의 발달 자원을 재구축하길 원한다면, 재료의 감각적인 질이 그것에 놀랄 만큼 적합하더라도, 반드시 점토판 작업을 필요로 하는 것은 아니다. 신뢰의 습득은 안전한 접촉을 통해 얻게 된다. 그러므로 피부감각은 물과 모래놀이, 핑거페인트를 통해 혹은 담요를 쓰다듬는 것과 쿠션에 기대는 것으로도 강화될 수 있다. 만일 그 대상이 아동에게 정서적으로 사용될 수 있다면, 치료사가 아동의 손이 그 대상과 얼마나 많은 접촉을 하는지 주의를 기울이기 때문에 많은 아동들은 테디베어를 안고 이러한 안전감을 통합할 수 있다. 균형은 손이 함께 움직이고 협업하는 것을 배우면서 동시에 양손을 사용하여 그림을 그리거나 드럼을 치거나, 뜨개질이나 춤을 추는 것 등 다양한 방법을 통해 촉진될 수 있다. 정체성의 근원으로서 척추 축의 신체적 지각을 지원하는 것은 무엇이든지 도움이 될 것이다. 자신감과 능력, 깊이에 대한 감각을 획득하기 위해서는 신체의 관절과 인대를 강화하고 조율하려는 압력(자극)과 관련된 조각이나 스포츠, 무술 또는 저항 훈련을 통해 촉진할 수 있다. 결국 이것은 삶이 우리에게 이러한 기술을 가르쳐 주는 방법이다.

결론

아동은 종종 외상 기억을 회상할 수 없거나 저항하는 경향이 있다. 또한 고통스러운 사건에 초점을 맞추는 것은 그들의 불안정한 경험을 증가시키는 것이다. 게다가 삶의 첫 3년 동안 이루어진 모든 학습은 사실상 인지보다는 주로 감각운동이다. 조기 발달상의 트라우마는 특정 사건에 대한 명시적 기억으로 인식되지 않고, 우리의 생리학적 특성의 일부가 되는 암묵기억을 만든다. 그러나 이 암묵기억은 정서적 · 관계적 · 사회적 능력을 처리하는 아동의 감각운동반응에 영향을 준다. 점토판 작업은 점토의 감각운동과 치료사와의 안전한 관계 속에서 뇌에 새로운 시냅스 연결을 만들어 신체의 현실감을 제공한다.

이 장에서 설명한 것처럼, 감각운동의 발달 이정표를 체현한 아동은 자신의 세계를 '다룰 수' 있게 됨으로써 연령별 탄력성을 얻는다. 이러한 감각 능력은 신경계의 조절을 지원한다. 이러한 능력이 갖추어진 아동들은 자신의 삶에서 일어나는 어려운 상황에 적절하고 창의적으로 반응할 수 있게 된다.

참고문헌

Badenoch, B. (2008). *Being a brain-wise therapist.* New York: Norton

Biebrach, M., & Larsch, P. (2014). Work at the Clay Field: Recognising potential, awakening resources, furthering development. Available on YouTube at *www.clay-field.com.*

Brockman, A. D., & Geiss, M. L. (2011). *Sprechende hände: Haptik und haptischer sinn als entwicklungspotential [Speaking hands: Haptic and haptic sense as developmental potential].* Berlin: Pro Business.

Deuser, H. (Ed.). (2004). *Bewegung wird gestalt [Movement becomes gestalt].* Bremen, Germany: W. und W. Döring Verlagsgesellschaft.

Deuser, H. (2006). Die arbeit am tonfeld [Work at the clay field]. In G. Tschachler-Nagy & A. Fleck (Eds.), *Die arbeit am tonfeld nach Heinz Deuser: Eine entwicklungsfördernde methode für kinder [Work at the clay field based on Heinz Deuser: A method for children, adolescents and adults to support development]* (pp. 19–33). Keutschach, Germany: Tschachler-Nagy.

Deuser, H. (2007). Ich berühre und werde berührt [I touch and am touched]. In G. Tschachler-Nagy (Ed.), *Im greifen sich begreifen: Die arbeit am tonfeld nach Heinz Deuser [Grasping through grasp: The work at the clay field by Heinz Deuser]* (pp. 19–29). Keutschach, Germany: Verlag Tonfeld-Anna Sutter.

Deuser, H. (2009). *Der haptische sinn [The haptic sense].* Keutschach, Germany: Verlag Tonfeld-Anna Sutter.

Elbrecht, C. (2013). *Trauma healing at the Clay Field.* London: Jessica Kingsley.

Gendlin, E. T. (1981). *Focussing* (4th ed.). Toronto: Bantam Books.

Gerhardt, S. (2004). *Why love matters: How affection shapes a baby's brain.* New York: Routledge.

Grunwald, M. (Ed.). (2008). *Human haptic perception: Basics and application.* Berlin: Birkhauser.

Heller, L., & LaPierre, A. (2012). *Healing developmental trauma.* Berkeley, CA: North Atlantic Books.

Hölz, B. (2013). *Untersuchung der psychotherapeutischen wirkung der haptisch orientierten therapiemethode arbeit am tonfeld bei kindern mit der diagnose AD(H)S [Examination of the psychotherapeutic effect of a therapy method with an haptic orientation through work at the clay field with children with a diagnois of AD(H)D].* Tübingen, Germany: University of Tübingen.

Levine, P. A. (2010). *In an unspoken voice: How the body releases trauma and restores goodness.* Bekerley, CA: North Atlantic Books.

Levine, P. A., & Kline, M. (2007). *Trauma through a child's eyes*. Berkeley, CA: North Atlantic Books.

Murphy, P. (2010). *The hand book*. Palo Alto, CA: Klutz.

Ogden, P., & Minton, K. (2000). Sensorimotor psychotherapy. *Traumatology, 6*(3), 149–173.

Orbach, S. (2009). *Bodies*. London: Profile Books.

Paterson, M. (2007). *The senses of touch: Haptics, affects and technologies*. Oxford, UK: Berg.

Rothschild, B. (2000). *The body remembers*. New York: Norton.

Schore, A. (2001). *Early relational trauma: Effects on the right brain development and the etiology of pathological dissociation*. Paper presented at the conference "Attachment, the Developing Brain and Psychotherapy: Minds in the Making," University College London.

Sholt, M., & Gavron, T. (2006). Therapeutic qualities of clay-work in art therapy and psychotherapy: A review. *Journal of American Art Therapy Association, 23*(6), 66–72.

Siegel, D., & Bryson, T. (2012). *The whole-brain child*. New York: Bantam Books.

van der Kolk, B. A. (2003). Posttraumatic stress disorder and the nature of trauma. In M. F. Solomon & D. J. Siegel (Eds.), *Healing trauma: Attachment, mind, body, and brain* (pp. 168–196). New York: Norton.

Wilson, F. R. (1999). *The hand: How its use shapes the brain, language, and human culture*. New York: Vintage Books

Winnicott, D. W. (1971). *Playing and reality*. New York: Basic Books.

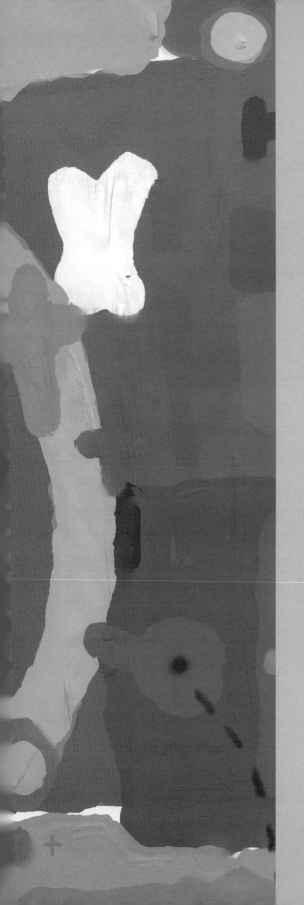

제3부

가족 및
집단에의
활용

아동과 가족을 위한
창의적인 위기 개입 기법

Lennis G. Echterling
Anne L. Stewart

우 리 마을에서 멀지 않은 곳에 미로처럼 생긴 옥수수 밭이 있는데, 그곳은 막다른 길, 사각지대, 복잡하고 구불구불한 길들로 가득 차 있다. 아동과 가족이 삶의 도전들을 헤쳐 나가는 과정은, 마치 미로 같은 옥수수 밭에 비유해 볼 수 있다. 그들이 겪는 삶의 도전들은 예상했던 발달 과업이거나, 예상치 못한 가족 변화이거나, 자연 재해 또는 인재일 수 있다. 어떤 아동은 부모님 옆에 찰싹 달라붙은 채로 미로 같은 옥수수 밭 안으로 들어가지만, 대부분 아동은 먼저 뛰어 들어가면서, 이런 새로운 모험에 대해 열정적이고 열광하면서, 뛰어다니고, 웃고, 소리치며 다닌다. 아동은 전환점에 도달하거나 길을 너무 벗어나면, 일반적으로는 다시 부모의 안전한 품 안으로 돌아오려 한다. 아동은 성인의 손을 잡고 몇 걸음 같이 천천히 가면서, 주변 환경에 대한 느낌을 이야기하고, 할 수 있는 활동들에 대해 탐색한 다음, 다시 그 길을 따라 성급히 돌진한다. 아동은 자신의 문제해결능력과, 보호자가 주는 안심과 안내에 의존하면서, 미로를 창의적으로 즐겁게 헤쳐 나간다.

혼란과 혼돈의 시기에 사용해야만 하는 창의성과 자원이 가진 힘에 대해 알고 싶다면, 〈그림 10.1〉을 보라. 언뜻 보면 특정한 시작점과 끝점이 없는 것을 제외하고는, 옥수수 밭 같은 미로처럼 보인다. 블록 같은 모양들이 무의미하게 어우러진 것 같다. 그럼에도 불구하고 당신의 도전은 여기에서 의미 있는 무언가를 발견하는 것이다. 이런 매직아이 그림을 볼 때 의심과 불안과 같은 감각을 느낄 수 있으며, 숨겨진 그림을 보지 못할 수 있다. 그러나 이 수수께끼(퍼즐)를 탐색할 때, 희망을 찾기 위해 당신의 내면화된 기반에 의지할 수 있음을 기억하라. 자신의 내재화된 토대를 활용해서 희망을 찾을 수 있음을 기억해야 한다. 혼란의 시기 동안 겪었던 당신만의 창의적 경험들을 통해 기억해 낼 수도 있지만, 그 과정을 억지로 할 필요는 없다. 대신 마음을 편안히 하고, 그림의 특정한 한 지점만 집중해서 바라보아야 한다. 집중만 할 수 있다면, 어디든 상관없다. 20~30초 동안 한 지점만 집중해서 보다 보면, 혼란 속에서 뭔가 의미 있는 것이 갑자기 튀어나올 수 있다. 즉 희망(hope)이라는 글씨가 어렴풋이 보이게 된다. 이 전략이 효과가 없는 경우, 이 그림에서 1.2~1.5m 떨어져서 다시 바라보면 뭔가가 보이게 된다. 무슨 단어가 보이는가?

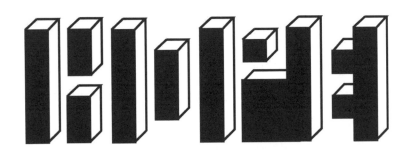

그림 10.1　　희망의 비전 세우기

창의적 위기 개입의 어려움

이 책의 다른 장들에서, 외상을 경험한 아동의 전통적인 치료적 관계에 쉽게 적용시킬 수 있는 창의적 기법들을 배웠다. 일반적으로 상담 및 치료는 정규근무시간의 약속된 시간에 50분간, 안전과 사생활이 보장되는 전문적 공간에서, 그리고 쉽게 휴대할 수 없는 치료 도구를 사용해서 이루어진다. 당신은 당신이 합법적인 치료사임을 알려 주는 학위, 자격증, 책 같은 것들에 둘러싸여 있다. 또한 치료 개입을 어떻게 할지를 결정하기에 앞서, 일반적으로 종합적 평가를 하고, 치료 계획을 세우며, 치료적 관계를 구축하는 작업을 하게 된다.

이 장은 일반적 치료 회기와는 매우 다른 상황들에서 이루어지는 위기 개입에 대해 논하고 있다. 위기 개입은 어떤 이가 위기에서 살아남고 해결할 수 있도록 도와주기 위한 빠르고 간략한 작업이다(Echterling, Presbury, & McKee, 2005). 우리가 서술한 창의적 기법들은 위기 사건이 일어난 직후, 그리고 악조건 속에서 사용될 수 있다. 개인 혹은 지역사회 위기의 혼란과 혼돈 속에서, 생존자들과의 만남은 일정에 없었을 가능성이 크고, 낮이건 밤이건 어느 때나 발생할 수 있다. 이런 만남은 재난구조센터, 응급실, 임시 쉼터 같은 일반적이지 않은 환경에서 이루어질 때가 많다. 벽에는 어떤 학위증명서도 없으며, 치료사는 오로지 자신의 행동을 통해 능력을 증명해 보여야 하며, 개입은 몇 분 혹은 몇 시간에 걸쳐 지속될 수 있다.

언제 어디에서나 아동과 가족이 위기에 처했을 때, 당신은 가지고 다닐 수 있는 재료들을 활용해서 창의적 개입을 할 수 있다. 이 장은, 아동과 가족이 창의적 경험을 통해 서로 다가가고, 의미를 만들고, 용기를 내고, 그들의 위기를 해결하도록 이끄는 방법을 제시하고 있다. 우리가 설명하는 기법들은 최소한의 준비물만 필요하며, 특별한 준비가 거의 혹은 아예 없어도 할 수 있으며, 실질적으로 모든 환경, 심지어 자연 그대로의 원초적 조건에서도 행할 수 있다. 활동들은 창의적 표현의 모든 형태를 취할 수 있다(놀이, 그리기, 노래, 조각, 춤, 음악 만들기). 형태가 무엇이든지, 당신 자신이 모든 기법에서 가장 활동적이고 강력한 요소라는 것을 잊지 말아야 한다.

스리랑카의 한 사원 밖에서 우리 중 한 명(A.S.)이 2004년 쓰나미의 아동 생존자들을 대상으로 놀이기반 활동을 했다. 아동, 가족 그리고 치료사에게 주어진 것은 그저 낯선 환경과 도구들뿐이었다. 치료사인 우리가 외부인에게 출입이 제한된 사원 지역에 들어간 후 보호자와 아동들을 소개받았고, 아동들이 자신의 일상과 미래의 희망에 대한 노래를 부르는 것을 들었다. 그다음 우리는 아동의 적응적 대처행동을 찾는 능력, 집중력, 감정조절능력을 향상시켜 주기 위해 놀이기반적 활동에 참여했다. 우리는 "나는 당신을 사랑합니다"라는 수화 동작을 포함하여 건강한 대처방법에 대한 노래를 가르치고 불렀다. 며칠 후 우리는 다시 사원으로 돌아왔고, 그곳에서 아동들이 달려와 우리를 맞아 주고, 웃으며, 미소 짓고 우리 이름을 불러 주었으며, "나는 당신을 사랑합니다" 노래를 불러 주었다. 자유로운 형태의 개입이 이루어졌고, 이는 강력하고 진실했다.

우리는 위기 개입 능력이 효과적인 정신건강임상에서 중요한 요소이지만, 이 사실이 각 임상가가 재난 지역 한가운데서 서비스를 제공해야 한다는 것을 의미하지는 않는다고 생각한다. 모든 치료사가 위기 장면에 대기할 필요도 없고 이것이 권장되지도 않는다. 대부분의 치료사들은 좀 더 전통적인 치료 장면에서 외상화된(traumatized) 아동과 가족에게 우수한 서비스를 제공해 주며, 원초적 혹은 독특한 조건하에서 일하는 것을 선택하지 않는다. 당신이 제공하는 모든 서비스와 마찬가지로, 위기 상황에서 당신의 전문가적인 대응을 결정할 때에도, 당신의 지식과 기술, 능력에 대해 비판적으로 평가하는 것이 중요하다. 의사결정을 위해 동료들과 상담하고, 해당 분야의 전문적인 실무 기준과 윤리 강령을 참고하기를 권장한다. 어떻게 대응해야 할지에 관한 결정을 내릴 때, 현재 내담자, 학생, 고용주나 직원의 복지를 손상시키지 않아야 한다. 물론 당신이 선택한 대응 방식이 가족과 다른 개인적 관계에 줄 영향 역시 고려해야 한다. 마지막으로, 당신은 불안감, 모호함, 혼란 및 혼돈에 대한 자신의 인내의 한계를 세심히 고려해야 한다. 이런 상황들을 수용할 의향이 있다면, '폐허가 된' 환경에 개입을 제공하기 위한 마음의 준비가 된 것이다.

위기의 개념

'트라우마'와 '위기'의 개념 간에는 중요한 차이가 있다. '상처'를 뜻하는 그리스어에서 유래한 트라우마는 위협적이고, 무서우며, 소름 끼치는 경험으로 인해 얻게 된 심각한 심리적 상해를 뜻한다. 심리적 트라우마는 사람의 인지능력, 감정적 반응, 행동, 심지어 신경 기능에까지 중대한 영향을 끼칠 수 있다(Endo, Shioiri, & Someya, 2008; Gaskill & Perry, 2012). 그러나 연구들에 따르면, 회복력은 알던 것보다 훨씬 더 일반적으로 나타난다고 밝혀졌다(Ryff & Singer, 2003). 예를 들면, Kessler, Davis, Kendler(1997)는 성폭행 혹은 부모의 사망과 같은 심각한 외상경험을 한 아동들의 다수가 외상후 스트레스 장애(PTSD)와 같은 정신장애를 겪지 않았다고 하였다. 사실 많은 이들은 외상후 성장(posttraumatic growth, PTG)을 보고한다(Calhoun & Tedeschi, 2006). 트라우마 같은 개념들은 특정 현상에 주목해야 할 경우에는 유용할 수 있지만, 만일 우리가 트라우마에만 의존해서 전체적인 개념적 틀을 형성하려 한다면, 이런 개념들은 우리의 시야를 좁게 하고, 건강한 분투에 도움을 주는 것에는 덜 신경 쓰게 만들 것이다.

위기라는 개념은 트라우마 개념에 유용한 보완물인 셈이다. 위기는 '결정'을 뜻하는 그리스어에서 유래하며, 한자로는 '위험'과 '결정적 순간'을 뜻하는 글자들이 결합된 형태이다. 위기는 '위험'과 '가능성' 모두를 수반하는 중요한 전환점이다. 위기에 처한 모든 이가 트라우마를 겪는 것은 아니다. 예를 들면, 미국 학교에 새로 입학하는 난민 아동의 경우, 그는 위험과 기회가 공존하는 인생에서의 한 주요 전환점을 통과하고 있는 것이다. 그러나 그 아동은 이 특정 사건에 의한 트라우마는 겪지 않을 가능성이 크다. 반면, 쓰나미에서 겨우 살아남았던 현재 고아이며 노숙자가 된 스리랑카의 아동들은 트라우마를 겪을 뿐 아니라 위기도 직면한다(Catani, Jacob, Schauer, Kohila, & Meuner, 2008). 그들의 삶 속에서 이 짧지만 중요한 순간에 그들과 그들이 속한 지역사회가 이런 외상적 사건에 어떻게 대처했는가는 긍정적이거나 부정적으로 광범위한 결과를 초래한다.

위기 개입의 목적은 치료해 주는 것이 아니다. 대신에 생존자들이 품고 있는 희망과 해결을 위한 잠재력을 지원해 주면서 그들의 회복력을 증진시키는 것이다. 당신은 아동의 삶과 가족사의 중대한 순간에 개입하기 때문에, 작은 개입으로 보이는 것도 앞으로 수년 동안 커다란 변화를 가져올 수 있다.

체계적 고려사항

아동을 대상으로 위기 개입을 할 때, 그의 가족과 관련된 여러 중요점들을 염두에 두어야 한다. 첫째, 개별 아동에게만 개입할 수 있지만, 그 아동의 마음 속에는 항상 가족이 있다(Baggerly & Exum, 2008). 아동과 가족은 뗄 수 없는 관계이다. 가족의 믿음, 기대, 목소리, 이미지, 역사는 아동의 내면세계 속에 고정되어 있는 것들이다. 아동과 작업할 때 이런 가족 맥락을 존중하며, 이에 토대를 두고 개입해야 한다.

두 번째 중요한 점은, 미국 및 전 세계의 가족 구성에서 일어나고 있는 역동적이며 극적인 변화를 인식하고 이해하는 것이다. 아동을 대할 때, 과거의 정형화되고 전통적인 형태를 따르지 않는 가족들을 만날 수도 있다. 동성 부부, 재혼 가족, 편부모, 다원적 가족, 기타 형태의 가족들이 점점 더 흔해지고 있다. 사실 결혼한 남자와 여자가 생물학적 자녀와 함께 사는 식으로 구성되는 기존의 가족 형태는 이제 많지 않다.

셋째, 가족은 역동적 체계를 형성한다. 한 구성원이 위기에 처하면, 전체 체계가 혼란스러워질 가능성이 크다. 개인과 마찬가지로, 위기에 처한 가족체계도 위험과 기회에 직면한다. 위기를 해결하지 못하면, 가족 구성원들은 서로 소외감을 느끼고, 혼란과 혼돈을 겪으며, 붕괴 직전에 놓이게 된다. 반면 성공적으로 대처하면, 가족 구성원들은 위기에서 벗어나 더 친밀감을 느끼고, 서로에게 헌신하며, 하나의 체계로서 더 효율적으로 기능하게 된다. 개인과 체계 간의 이해관계는 크다.

또 다른 중요 고려사항은 가족은 다른 체계의 맥락 내에서도 기능한다는 것이다. 가장 중요한 개입은, 위기에 처한 가족을, 그들의 요구를 충족시켜 줄 수 있는 특정 자원을 가진 체계(사회복지, 공식적 상담 및 치료, 재정적 지원)로 연계시켜 주는 것이다. 이 고려사항과 관련된 것은, 이 광범위한 체계들 역시 위기에 처할 수 있다는 사실이다. 폭력, 대참사, 자연 재해, 테러행위는 학교, 교회, 이웃, 지역사회, 사회 전체를 위기상태로 몰아넣을 수 있다. 그럼에도 불구하고 이런 광범위한 체계들 역시 사회적 회복력을 보여 준다(Keck & Lakdapolrak, 2013). 창의적 개입을 계획해야 하며, 이런 다른 조건들을 수용하기 위해 아동과 가족을 대하는 자신의 역할에 대한 관점을 넓혀야 한다.

마지막으로, 아동의 발달 수준을 고려해서 개입해야 하는 것처럼, 가족생애주기 내

가족의 발달 단계를 인식해야 한다. 가족이 성장하고 변화하면서, 그들은 여러 발달 과업들을 협상하고, 다양한 감정(불안, 기쁨, 비탄, 연민, 희망)을 만들어 내는 전환점에 직면한다(Kanel, 2012). 가족들은 그러한 발달적 위기(결혼, 출산, 빈 둥지 증후군) 중에는 위기 개입을 받으려 하지 않으며, 그들이 직면한 특정한 상황적 위기들에 대해서만 당신에게 연락할 가능성이 더 크다. 가족을 상담할 때는 이런 광범위한 발달적 위기를 염두에 두는 것이 유용하다. 이런 사안들은 촉발 사건의 배경이 되며, 개인 및 가족의 성장으로 이어질 수 있는 가능한 해결안들을 탐색해 볼 수 있는 맥락을 제공한다.

기본 원리

구체적인 기법들을 살펴보기에 앞서, 효율적인 위기 개입의 여러 기본 원리들을 설명하려고 한다. 첫째, 언제나 LUV를 토대로 개입해야 한다. LUV는 '듣고(listen), 이해하고(understand), 인정한다(validate)'는 단어들의 두문자어로, 이는 모든 성공적인 협조 관계의 토대가 된다(Echterling et al., 2005). 최근 연구는 이러한 공감적인 치료적 관계는 뇌 기능을 향상시키며 새롭고 적응적인 신경 회로의 형성을 촉진할 수 있다고 밝혔다(Badenoch & Bogdan, 2012; Siegel, 2012). LUV와 다른 원리들을 적용할 때, 당신은 자신의 이론적 배경을 숙고하는 것이 좋다. 위기 개입의 이런 원리들이, 아동과 가족의 정서적 삶에 대한 당신의 이해뿐 아니라 당신의 역할에 대한 개념과 어느 정도로 일치하는지를 평가해 보라.

LUV를 제공할 때, 당신은 아동의 언어적 및 비언어적 메시지를 능동적으로 경청하고, 아동의 사고와 감정에 대한 공감적 이해를 전달하며, 아동의 타고난 가치를 무조건적으로 인정하고 있는 것이다. 상대방이 자기 말이 경청되고, 이해받으며, 받아들여진다고 느끼지 못하면 당신의 창의적 개입이 아무리 고상하다고 해도, 이는 책략적 조작이거나 기껏해야 무의미한 장치일 수밖에 없다. 당신은 모든 해답을 줄 수 있는 전문가가 아니다. 힘든 시기에 조언을 해 주는 현자도 아니다. 대신 지지적인 존재로, 당신은 이런 위협적인 폭풍우 속에서 안전한 공간, 즉 심리적 피난처를 제공한다. 기본적으로, 개입은 위기에 처한 사람이 자신을 돌봐 주는 누군가와 교류를 할 때마다 발생한다. 위기에 처한 아동과의 LUV에 토대를 둔 만남은 모든 것 중에서 가장 강력한 개입이다.

위기 개입의 또 다른 기본 원리는, 아동과 가족의 회복력을 인식하고 소중하게 생각하는 것으로 이는 그들을 불쌍하거나 수동적인 피해자가 아닌 생존자로 인식하는 것을 뜻한다(Echterling & Stewart, 출판 중). 당신은 위기에 처한 아동들을 대할 때, 그들을 모든 감정적 혼란으로부터 구출시켜 주는 빛나는 갑옷을 입은 기사가 되고 싶다는 생각이 강하게 들 수 있다. 그러나 당신은 목수 보조자와 같이, 아동과 가족이 그들의 삶을 재건하기 시작할 때 간과하기 쉬운 도구들을 사용할 수 있도록 돕는 역할을 해야 한다. 물론 어려운 시기에 있는 사람들은 압도당하고 고통을 겪지만, 그들은 또한 발견되지 않은 강점, 인식하지 못한 재능, 타인의 눈에 띄지 않는 자원도 동시에 가지고 있다. 아동과 가족이 역량강화를 경험하고, 활용되지 않았던 자신들의 능력을 인식하며, 생계를 위한 자원과 애정 어린 돌봄과 배려에 다시 연결되기 시작하면 위기를 성공적으로 해결하기 위한 토대를 형성하게 된다.

창의적 개입

위기 상황에 있는 아동과 가족은 지원을 얻고자 타인에게 다가가고, 위기 경험에서 의미를 만들고, 감정을 조절하여 용기를 내고, 이런 도전들에 창의적으로 대처하면서 회복될 수 있다(Echterling et al., 2005). 따라서 회복력을 증진하고 성공적 해결을 촉진하는 다음 네 가지 기본 과정에 따른 창의적 개입이 권장된다.

다가가기

특히 위기 상황에서 사람들은 고립되지 않는다. 사회적 지원에 관한 연구는, 관계가 생존자들에게 실질적으로 중요한 여러 자원(애정, 조언, 지지, 실용적 지원)을 제공해 줌을 밝혔다(Reis, Collins, & Berscheid, 2000). 희생자가 되어서 처음에는 고립감과 소외감을 느낄 수 있지만, 대체로 생존자들은 재빨리 타인에게 도움을 구한다(Berscheid, 2003). 이런 개입의 목적은 아동과 가족이 해결을 향해 가는 여정을 시작할 때 지원, 위안, 돌봄을 얻기 위해 서로가 연계할 수 있도록 도움을 주는 데 있다. 이런 기법들에 있어서 기본적이지만 종종 간과되는 가정은, 위기상황에서 아동들은 자원일 수 있다는 것이다. 어려운 시기에 아동들에게 긍정적 변화를 만들어 낼 기회를 제공하는 것은 그들의 회복력을 증진시켜 줄 수 있다.

내 마음에서 네 마음으로

이 집단 활동은 재난 후 아동을 타인들과 연결시켜 주고, 공동체 의식을 증진시켜 줄 수 있는 즐거우면서도 간편한 방법이다. 우선 아동들을 짝 지어 주는 것으로 시작한다. 당신은 노래 가사에 맞춰 연기함으로써 어떻게 서로 마주치게 하는지 보여 준다. "내 마음에서 네 마음으로, 네가 잘되길 바란다."라고 노래하는 동시에, 당신의 심장과 파트너의 심장을 가리키면서 소개 활동을 시작할 수 있다. 그다음에는 다른 신체 부위로 넘어간다. 예를 들면, "내 팔꿈치에서 네 팔꿈치로, 네가 잘되길 바란다."라고 노래 부르면서 서로의 팔꿈치를 맞닿게 한다. 개인 사생활을 존중하면서, 그들이 다른 부위들(발가락과 발가락, 무릎과 무릎, 어깨와 어깨, 손과 손, 귀와 귀)도 서로 닿게 하면서 참여자들 간에 즐거운 만남을 촉진할 수 있다. 쓰나미 발생 후 스리랑카에서, 아동들은 이 환영 활동이 국제 위기 개입전문가들로 구성된 팀과 관계 맺는 매력적인 방법임을 알게 되었다. 이 활동은 의사소통을 위해 동작에 의존하기 때문에 언어가 다르더라도 충분히 사용할 수 있다. [이 활동은 Bailey와 Hartman(2002)의 앨범 *It Starts in the Heart*에 있는 "I Wish You Well" 노래를 활용한다.]

돕는 손

당신은 이 방법을 약간 변형해서 개인, 가족, 심지어 대집단을 대상으로도 사용할 수 있다. 우선 우리 모두는 돕는 손이 서로에게 얼마나 필요하고 어떻게 제공해야 하는지에 대해 간단히 토론한다. 모든 참석자에게 연필과 종이를 주고, 그들에게 한쪽 손의 윤곽을 그려 보게 한다. 각 손가락 안에, 지금껏 위기를 극복하도록 도와줬던 사람, 물건, 조직의 이름을 그리거나 쓰게 한다. 또한 생존자들은 또 다른 돕는 손을 그려서 자신이 타인에게 도움을 주었던 다섯 가지 방법을 묘사해 보게 한다. 준비물이 준비되지 않은 경우, 생존자들은 그들의 손을 보이며, 그들이 서로 주고받았던 도움을 설명해 볼 수 있다.

이런 활동은 아동에게 어렵고 고통스런 시기 동안 그들이 어떻게 긍정적으로 변화되어 갔는지를 탐구해 보게 한다. 이 활동은 아동에게 자신이 위기 해결에 있어 능동적 역할을 한다는 것을 인식하도록 유도한다.

의식과 일상

가족과 더 광범위한 체계에는 사람들을 한데 모으고, 집단적 정체성을 확인하고, 자신들의 뿌리를 기념는 여러 전통이 있다. 당신은 아동과 가족을 상대로, 그들의 삶에 구조, 의미, 연결성을 제공해 주는 관습을 탐구해야 한다. 그리고 아동과 가족이 새로운 환경에 적응해야 할 때, 이런 전통들이 가능한 많이 보존된 새로운 의식과 일상을 창의적으로 고안해 내도록 도울 수 있다. 생일이나 공휴일 같은 특별한 경우이든, 아침인사와 취침의식과 같은 일과와 같은 경험들은 아동과 성인에게 유대감과 정상성을 제공한다.

　예를 들면, 허리케인 카트리나 이후로, 미시시피 주 패스커굴러에 위치한 학교의 상담교사는 핼러윈에 아동과 가족이 서로에게 다가가도록 돕는 지역사회 차원의 프로젝트를 시행했다. 이 재난으로 인해 많은 집들이 파괴되었고, 도시 곳곳에 위험한 잔해들이 흩어졌으며, 많은 가정에서 자녀에게 옷과 사탕을 사 주지 못하게 되었다. 공동체 의식을 증진시키기 위해 고등학생들과 다른 자원봉사자들은 '트렁크 또는 트릿'을 하기로 했다. 그들은 아동들이 기부된 옷을 받을 수 있도록 해 주었고, 가족들이 어린 자녀들을 지역사회의 고등학교 주차장으로 데려오도록 홍보했다. 이 주차장 내 70대 이상의 장식된 차들의 트렁크에는 아동들에게 나눠 줄 사탕이 한가득 들어 있었다. 아동과 가족은 전통적 명절을 즐길 수 있었고, 일상의 느낌을 경험했으며, 안전한 장소에서 서로를 향해 다가갈 수 있었다.

의미 만들기

위기에 처한 아동과 가족들은 삶의 의미에 대한 위기를 겪기도 한다(Janoff-Bulman, 1992). 창의적 활동을 통해 자신의 위기 경험을 말하는 것은, 그들이 경험한 날것 그대로에 형태를 부여하고, 위기에 대해 인지적으로 인식하며, 가능한 해결안에 대한 중요한 발견을 할 수 있도록 해 준다(Federal Emergency Management Agency, 2012). 아동들은 자신의 이야기를 다양한 방식(대화, 놀이, 그림, 조각, 노래, 글쓰기)을 사용해 이야기한다. 그러나 그들의 이야기가 어떤 형태를 취하건, 그 과정은 아동이 자신이 겪은 파괴적 사건으로부터 의미를 만들도록 도와준다.

이런 이야기에서 등장한 주제는, 결국 이야기하는 당사자의 개인적 정체성과 가족 전통에 대한 감각을 만든다. 다시 말하면, 아동과 가족이 창의적으로 만든 이야기는 그들의 삶의 경험담을 구성하는 것 그 이상의 역할을 한다. 이야기는 근본적 신념을 확인시켜 주고, 중요한 결정을 인도해 주며, 비극적인 시기에 위안과 위로를 준다(Neimeyer, 2000). 다음의 창의적 활동을 통해 당신은 아동이 자신의 위기에 대한 이야기를 생존 이야기로 바꾸도록 도울 수 있다. 이 과정에서 당신은 특정 위기에 대한 성공적 해결안을 촉진시켜 줄 뿐 아니라 아동과 가족들에게 그들의 삶을 잘 영위해 나갈 수 있는 기회를 줄 수 있다.

생존에 대한 미술

아동들은 종종 예술을 통해 자신의 삶의 경험에 형태를 부여하곤 한다. 고통스럽고, 두려우며, 비극적인 경험을 하게 되면 많은 이들은 자발적으로 자신이 직면한 위기와 겪은 시련을 그림으로 그린다. 당신은 아동들에게 이런 고통스런 시간 동안의 자신의 회복력에 대해 표현해 보도록 유도하기도 한다. 자신의 인내, 자원, 창의성에 대한 그림 그리기는 아동에게 자신의 강점과 해결 과정에 대한 공헌을 인식할 수 있는 기회를 제공한다. 그들은 또한 타인들로부터 받았던 도움, 이러한 경험을 통해 배운 교훈, 그리고 살아남은 지금 그들이 더 강해지는 방법을 묘사하는 데 그림을 사용할 수도 있다.

아동의 미술은 여러 형태를 취할 수 있다. 대표적인 예로, 아동들이 어떻게 위험에서 탈출했는지를 보여 주는 장면, 그들이 배우게 된 새로운 것에 대한 묘사, 생존자로서의 자화상, 그들이 타인을 어떻게 도왔는지, 혹은 그들이 장애물을 어떻게 극복했는지에 대한 그림일 수 있다. 예를 들면, 앞으로 비슷한 경험에 직면할 수 있는 다른 아동에게 조언해 주기 위해 홍수 경험을 통해 얻게 된 교훈에 대한 그림을 그리라는 말을 들었을 때, 어떤 소년은 강 위에 무지개가 있는 그림을 그리고 밑에 다음처럼 썼다. "당신은 살아갈 수 있음에 놀랄 것이다." 당신은 재난에 더 잘 대비하기 위해 무엇을 할 수 있는지 혹은 위기에 직면했을 때 스스로에게 뭐라고 말할 수 있는지를 보여 주는 포스터를 그려 보라고 할 수 있다.

아동과 그들의 미술작업에 대해 이야기할 때, 당신은 그들이 피해자(희생자)인 것에 공감하고 그들의 생존에 대해 궁금해할 수 있다. 다시 말해, 위기를 인정하고 그들에게 인내와 용기, 연민, 기쁨과 희망에 관해 이야기할 기회를 제공하기 위해 질문할 수 있다. 예를 들면 당신은 "네 그림 속에서 이 소년과 그의 엄마가 서로를 보며 웃고 있구나. 그들은 그들의 집이 파괴되었는데 어떻게 웃을 수 있을까?" 혹은 "이 소녀가 화재 후 청소하는 것을 도울 때 어떤 감정이었을까?"를 물어볼 수 있다. 이러한 질문들은 아동으로 하여금 자신의 회복력의 깊이와 풍성함을 더 잘 인식하게 한다.

가족 위기에 관한 상징

이 활동은 한 아동, 아동 집단, 혹은 가족 전체를 대상으로 할 수 있다. 당신은 개인 또는 집단에게 가족 위기에 관한 상징물을 만들어 보게 할 수 있다. 가족과 작업하는 경우, 모든 가족 구성원들이 협력해서 하나의 상징적인 상징을 디자인해 보게 할 수 있다. 당신이 사용할 수 있는 상징의 예를 보려면 〈그림 10.2〉를 참고하라. 빈 템플릿의 한 부분은 가족들이 어려움을 이겨 나가는 데 도움이 되었던 가족의 특성을 상징하는 동물일 수도 있다. 또 다른 부분에는 가족의 근원과 성장 가능성을 나타내는 꽃, 나무, 또는 식물을 그릴 수 있다. 세 번째 부분은 위기 상황을 묘사하는 산이나 위협적인 장면과 같은 상징을 그릴 수도 있다. 마지막으로 상징의 네 번째 부분은 미래에 대한 가족의 희망을 표현하는 표시나 상징일 수 있다. 상징 아래에는 가족의 기본 가치 중 하나를 요약한 가족의 좌우명을 위한 여백이 있다.

생존 일기

더 나이가 있는 많은 아동은 삶의 경험을 언어로 바꾸는 과정에서 만족감을 느끼며, 일기를 남긴다. 당신은 힘든 시기를 겪고 있는 아동들에게 그들의 위기에 대한 이야기나 생존 이야기를 해 보게 할 수 있다. 위기 사건의 세부사항에 초점을 두는 대신, 아동들에게 이런 도전들에 어떻게 직면했고, 삶 속의 여러 변화에 어떻게 대처했는지, 그리고 일어난 사건을 어떻게 이해했는지에 대해 자세히 설명해 보게 할 수 있다. 여기서 주제는 아동이 위기의 희생자가 되었을 수 있지만, 지금 그들은 결단력, 용기,

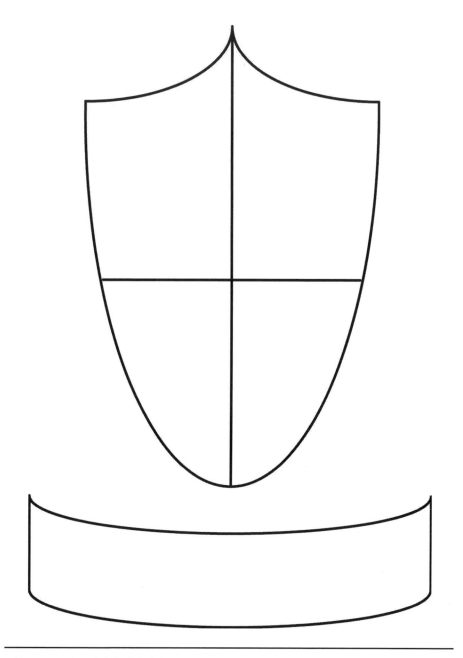

그림 10.2   가족 위기에 관한 상징물

동정을 보여 준 생존자이다.

아동의 재해 일기를 통해, 당신은 아동의 이야기를 듣고, 재난의 표상을 보며, 그 영향을 인식하며, 아동이 이 어려움을 어떻게 견뎠는지 알 수 있다. 위기 상황에 처한 사람과의 모든 만남이 그렇듯이, 당신은 아동이 희망과 결심을 담은 긍정적인 내용을 남기기를 원할 것이다.

힘을 위한 놀이

많은 아동들은 놀이를 통해 자신의 위기 경험을 연기하고, 회복력을 보여 준다(Dugan, Snow, & Crowe, 2010). 또한 성인 생존자들에게 놀이는 극적인 상황의 슬픔과 어려움에도 불구하고 자신의 활력을 경험하고 삶의 기쁨을 맛볼 수 있는 훌륭한 기회가 될 수 있다. 놀이를 통해 아동과 가족은 자신의 느낌을 표현하고, 자존감을 향상시키며, 절제력을 얻고, 가능한 해결안을 제시하고, 스스로에게 새로운 활력을 불어넣으면서 자신을 재창조해 간다. 놀이는 가장 강력한 위기 개입 도구 중 하나이다(Jordan, Perryman, & Anderson, 2013).

놀이는 여러 중요한 유익을 제공한다. 당신은 아동의 독립적 놀이를 지원하고, 특화된 놀이기반 개입을 함으로써, 아동의 반응을 정상화시켜 주고, 새로운 대처 전략들을 시도해 보게 하며, 인지적 왜곡을 수정하도록 하고, 자기 위로를 하며, 관계를 풍부히 하고, 사회적 지원을 강화시키고, 아동과 가족에게 희망을 줄 수 있다(National Child Traumatic Stress Network-Terrorism and Disaster Branch, 2005). 당신이 현장에서 위기관리를 할 때는 일반적으로 도구가 잘 구비된 놀이치료실 같은 것은 없지만, 놀이기반 개입을 위해 장난감이나 다른 재료가 담긴 가방을 만들 수 있다(Landreth, 2002). 〈그림 10.3〉에서 보듯이, 매우 다양한 준비물을 통해서 사람들이 다양한 형태의 예술을 통해 자신을 표현하고, 가족을 돌봐 주고 그들의 행동에 개입하며, 상상했던 것을 연기해 보고, 구조작업을 재현해 보며, 공격성과 파괴욕망을 분출하도록 도울 수 있다. 이런 장난감들이 창의적 위기 개입에서 유용한 보조도구가 되지만, 가장 중요한 도구는 당신 자신임을 기억해야 한다. 위기 개입 및 놀이치료 분야는 급속하게 성장하고 변하고 있기에, 당신은 아동과 가족에게 효과적으로 개입하기 위해서 정기적 교육 및 훈련을 통해 기술을 습득하고 유지해야 한다.

표현예술을 위한 재료
크레용, 색연필, 매직펜
도화지 및 색종이, 가위, 파이프 청소 용구
풍선, 비눗방울, 퀸 사이즈의 시트

양육 및 가사 용품
젖병, 컵, 접시
마분지로 만든 인형의 집, 가구
인형 가족(아기 인형 포함)

가상극 놀이를 위한 재료
마술봉
왕족이나 마술적인 주제가 담긴 인형이나 피규어

구조 용품
전화, 응급차 및 응급 요원, 비행기
건축용 블록
반창고, 의약품 상자

파괴와 공격성 분출을 위한 도구
나무막대, 계란판, 뽁뽁이
놀이용 플라스틱 다트총, 고무칼
장난감 군인 및 공격적인 인형

당신!

그림 10.3   창의적인 위기 개입을 위해 가방에 넣어야 할 준비물

마음을 다잡기

위기 개입가로서 당신이 할 일은 감정적 카타르시스를 촉발시키는 것이 아니다. 오히려 당신은 고통을 줄여 주고, 그들이 화났을 때 편안하게 해 주며, 결심을 북돋아 주고, 지금 현재에 '열중'할 수 있도록 아동의 감정조절을 도와야 한다(Echterling et al., 2005). 성공적인 운동선수들은 완전히 열중한 상태였을 때 자신의 플레이가 가장 좋았다고 이야기한다. 이런 시기에, 그들은 활기찬 상태에서 주의를 집중하고, 감정적으로 고조되었지만 동시에 침착성을 보인다. 아동과 가족은 이런 이상적인 감정적 각성 상태에 있다면, 고통스런 시기를 잘 견디어 낼 가능성이 크다. 다음의 창의적 개입들

의 목적은 아동과 가족이 마음을 다잡아서 감정을 생산적으로 다루도록 돕는 것이다.

위기는 강렬한 감정을 느끼는 시기이지만, 일반적으로 위기에 처한 개인들은 두려움, 충격, 슬픔과 같은 부정적인 감정만을 느낀다고 여겨진다. 최근 연구에 따르면 그들은 실제로 고통스러운 위기 반응뿐만 아니라 해결하고자 하는 감정도 갖게 된다(Larsen, Hemenover, Norris, & Cacioppo, 2003). 이런 결심에는 용기, 연민, 희망, 평화, 기쁨 등의 감정이 포함된다. 부정적인 면과 긍정적인 면의 감정을 모두 받아들이고 표현함으로써 긍정적으로 위기를 해결하도록 도울 수 있다(Stein, Folkman, Trabasso, & Richards, 1997). 다른 연구에서 Emmons, Colby, Kaiser(1998)는 일부 생존자들이 어떻게 자신의 상실을 오히려 유익으로 바꿀 수 있었는지에 대해 탐구했다. 그들은 위기 상황에서조차, 극히 드물었던 좋은 사건들을 통해 기쁨을 느끼고, 그들이 얻게 된 깨달음에 감사하며, 작은 승리도 축하하는 것을 통해 즐거움을 느낄 수 있었다고 밝혔다. 다음의 창의적 활동들은 고통을 줄이고 결심을 강화시킴으로써 아동이 감정을 조절하도록 도울 수 있다.

걱정을 공유하기

아동의 감정조절을 돕는 한 방법으로, 오래 천천히 심호흡을 하게 하는 것이 있다. 예를 들면, 아동과 가족 구성원들에게 풍선을 주고, 풍선 안으로 날려 버리고 싶은 걱정이나 우려들을 떠올려 보게 한 후, 천천히 숨을 쉬면서 그런 긴장을 팽창하는 풍선 속으로 불어넣게 할 수 있다. (당신이 어린 아동 대신 풍선을 불어 줄 수도 있다.) 이런 활동은 심호흡의 이완 과정과 걱정을 외현화하는 것을 결합시킨 것이다. 아동과 가족 구성원들이 풍선을 분 후에, 그들은 그것을 가지고 자신들이 원하는 방식으로 놀 수 있다. 이는 그들이 걱정을 공유하고 그 와중에 즐거움을 느끼는 것을 보여 주는 것이라 할 수 있다. 그들은 그것을 하늘로 던지며, 서로 잡기 놀이를 하거나 풍선을 드리블할 수도 있다.

집단이나 가족을 상대할 때는, 얇은 천 조각이나 보자기를 가지고 하는 또 다른 창의적 활동을 추가할 수도 있다. 참여자들을 바닥에 펼쳐 놓은 보자기 주변에 모이게 한다. 그들에게 보자기 위에 풍선을 놓고, 보자기의 끝을 잡게 한 후, 마치 걱정을 옮기는 식으로 집단이 함께 보자기를 들어 올려 보게 한다. 이 집단은 협동해서 모든 풍선을 중앙이나 보자기의 구석으로 가게 할 수 있다. 그들은 원을 그리며 걸으면서, 협력해서 보자기를 올리거나 내릴 수 있다. 그들은 마치 걱정 풍선을 하늘로 던지는 것처럼 보자기를 흔드는 것을 즐거워할 것이다. 이 활동의 끝에, 어떤 이들은 풍선을 가져가거나, 서로 교환하거나, 심지어 터트리기로 결정할 수 있다.

비눗방울 불기

감정조절을 위한 또 다른 호흡 활동으로 비눗방울 불기가 있다. 이는 시중에서 파는 제품이나 집에서 만든 재료들을 가지고 하거나, 상상 활동으로 해 볼 수도 있다. 우선 아동들에게 비눗방울을 너무 세게 불면 무슨 일이 일어날지를 물어본다. 그다음에 아동들에게 실제로 혹은 상상 속에서 부드럽고, 천천히, 온화하게 비눗방울을 불어 보게 한다. 또한 비누방울을 불 준비를 하는 아동들에게 자신의 희망을 유지하는 데 도움이 되는 무언가를 스스로에게 이야기해 보도록 할 수도 있다.

결심 노래 부르기

아동들은 노래 부르기를 좋아한다. 당신이 그들에게 알려 주는 노래는 후에 그들 스스로 감정을 조절하는 데 사용할 수 있는 자기 대화와 안심시키기의 한 형태이다 (Shelby & Bond, 2005). "반짝 반짝 작은 별" 곡조에 맞춰 아동들에게 다음 노래를 해 보게 한다.

> 나는 안전합니다. 나는 강합니다.
> 숨을 쉬고 [깊이 숨을 들이마시고 내쉬며] 이 노래를 부르자.
> 나는 매일 점점 강해집니다.
> 모든 것이 다 잘될 것입니다.
> 나는 안전합니다. 나는 강합니다.
> 숨을 쉬고 [깊이 숨을 들이마시고 내쉬며] 이 노래를 부르자.

"숨을 쉬고"라는 가사를 부를 때, 당신은 아동들을 위해 천천히 깊이 숨 쉬는 모습을 시범 보일 수 있다. 또한 아동들에게 가사에 맞춰 율동하게 만들 수 있다. 강함을 보여 주기 위해 근육을 만들거나, '괜찮다'는 것을 표시하는 문화적으로 적절한 몸짓을 해 보게 할 수 있다.

공동의 다짐 표현하기

가족과 공동체가 자발적으로 공동의 다짐을 표현할 때가 많다. 이런 표현에는 나무에 노란 리본 달기, 팔찌 차기, 국기 휘날리기, 참사가 일어난 장소에 자발적으로 추모 공간을 만들기 등이 있다. 다른 예로는 가족 활동, 거리 공연, 생존자들의 그림 전시, 벽화 그리기, 포스터 만들기, 생존자들의 이야기 수집, 기념식에 참여하기 등이 있다. 그런 공적 표현은 강력한 시너지효과를 낼 수 있는데, 그 이유는 그들의 공연을 봐 주는 관객이 있기 때문이다. PTSD의 대표적인 증상 중 하나인 플래시백은 무언가가 계기가 되어 트라우마 경험을 상기하게 되는 현상이다. 이러한 공동의 다짐 표현이 지닌 힘은, 이것이 생존자들에게 자신들의 위기 대처와 관련된 성공 및 승리 경험을 상기시키는 계기가 될 수 있다는 것이다.

성장하기

위기는 일시적으로 아동과 가족으로부터 미래에 대한 꿈을 앗아 간다. 당신은 이러한 활동들을 통해 아동과 가족들이 긍정적 목표를 세우게 하면서 그들이 새로운 가능성을 상상하도록 도울 수 있다. 명확히 설정된 목표들은 해결로 향하는 여정을 밝혀 주는 빛이 될 수 있다. 이 절에서는 아동과 가족이 삶을 재건하는 과정을 시작하도록 돕는 창의적 활동들을 기술해 보겠다. 생존자들이 미래를 보기 시작하면, 그들은 방향 감각과 희망을 얻게 되고, 동기를 부여받으며, 해결해야겠다는 추진력이 높아지게 된다. 연구들은 긍정적 목표를 달성하려 노력하는 사람들은 단순히 부정적 목표를 피하려고만 하는 사람들보다 더 높은 수준의 안녕감을 갖게 된다(Emmons, 1999).

아동과 가족이 위기를 해결하지 못할 수 있다고 해도, 그들은 이미 어떻게든 위기를 잘 견디어 왔음을 기억해야 한다. 당신은 아동과 가족에게 그들이 이미 성취한 것들에 대해 생각해 보게 할 수 있다. 위기에서 탈출하고, 어려움에 대처하며, 피난처를 찾았던 경험들을 생각해 보게 하는 식으로, 당신은 생존자들이 몰랐던 강점을 발견하고, 인식하지 못했던 자원들을 알아 가며, 희망을 가질 수 있도록 도울 수 있다. 이런 강점과 자원은 성공적 해결을 위한 토대가 된다.

잿더미에서 빠져나오기

이 활동은 모든 이에게 작은 종이와 연필을 나누어 주며 시작한다. 먼저 그들이 자신이 겪은 위기 사건을 명명하거나 그림으로 그려 보게 한다. 그다음 안전한 용기 안에 종이를 넣은 후 태우고, 그 재를 모형용 점토와 혼합시킨다. 참여자들에게 미래에 대한 희망 한 가지를 생각해 보라고 한다. 참여자들은 자신들이 지금까지 위기에 대처하면서 배운 것과 깨달은 것을 떠올리면서, 잿더미와 점토로 희망의 상징을 만들어 본다.

정원 가꾸기

'정원 가꾸기'는 멋진 정원에서 자라나는 꽃들에 대한 이야기를 창작하는 활동이다. 다음과 같은 이야기로 해 볼 수도 있지만, 자유롭게 즉흥적으로 구성할 수도 있다.

아동들에게 흙 밑에 있는 작은 꽃씨인 척하라고 지시한다. (아동들은 작은 공 안에 들어가서 몸을 움츠리고 다리를 굽힌다.) 햇빛은 땅을 비추고, 비가 씨앗 위에 내린다. (손가락을 사용해 아동의 머리와 어깨를 두드려 준다.) 씨앗은 빗물을 흡수하며 점점 자라나기 시작한다. (아동들은 움츠렸던 몸을 조금씩 편다.) 그리고 줄기가 싹트기 시작한다. (아동은 한 손을 머리 위에 올리고, 계속 몸을 조금씩 편다.) 줄기는 점점 자라고, 잎사귀도 나온다. (아동은 천천히 일어서고, 잎사귀를 표현하기 위해 팔을 옆으로 뻗는다.) 그다음, 멋진 꽃들이 피기 시작한다. (아동들이 크고 밝은 웃음을 짓는다.) 큰 태풍이 오고, 비와 바람이 정원에 몰아친다. (아동들은 몸을 흔들면서 구부린다.) 폭풍우가 끝나고, 태양이 다시 비추고, 모든 꽃은 옆 정원의 강하고 아름다운 꽃 친구들을 칭찬한다. (아동들은 서로를 보며 끄덕이고 미소 짓는다.)

이 활동은 아동들에게, 역경에 견딜 수 있는 생명체들의 회복력과 친구와 가족이 제공하는 지원을 알려 준다.

마을 재건하기

해당 지역에 상당한 혹은 대대적 파괴가 있을 경우에 이 활동이 특히 유용하다. 첫째, 당사자들에게 발생한 재난과 그동안 익숙했던 가정, 집, 공원, 학교, 이웃을 상실했다는 사실을 인정하게 한다. 당신은 많은 이들이 재건 계획을 세우느라 바쁘다는 것, 그리고 재건하는 방법에 대한 아동의 생각에 관심 있다는 사실을 알려야 한다. 아동들은 인근 지역(안전 여부를 대강 살펴본다)에서 얻은 물건들 혹은 블록을 사용해서 자신의 마을을 만들 수 있다. 이 활동은 집, 학교, 이웃을 잃었던 아동과 가족을 대상으로도 해 볼 수 있다.

희망에 관한 퀼팅비 활동

이 활동은 전통적인 퀼팅비(quilting bee, 함께하는 퀼트를 만드는 모임) 활동과 비슷하다. 퀼팅비에서는 다양한 구성원들이 각기 재료들을 가지고 오고, 전체 집단은 그 재료들을 함께 사용해서 패치워크[1]를 한다. 여기에서는 다양한 색종이, 크레용, 연필, 테이프를 사용해서 '희망'이라는 퀼트에 접목시킬 수 있다. 우선 구성원들에게 이런 고통의 시기에 희망을 주었던 것들을 그려 보게 한다. 그들의 미래에 대한 희망과 꿈은 무엇인가? 그들이 어떻게 생겼는지, 어떻게 느낄지, 6개월 후에 무엇을 할지를 보여 주는 마법의 거울을 볼 수 있다면, 무엇을 보게 될까? 이 과정에서 나타날 수 있는 것은 집단 생존의 복잡하고 풍부한 초상이다.

결론

이 장의 시작 부분에서는, '미로' 비유를 통해 위기에 처한 아동과 가족의 역동을 논의했다. 생존자들이 힘든 시기에 어떠한 결정을 하는지는 불분명하지만, 우리는 놀이기반 개입을 통해 그들이 안정을 찾고, 의미를 만들며, 마음을 다잡고, 용기와 희망, 연민이 그들을 이끄는 그 길을 따라갈 수 있도록 도울 수 있다.

자료

All Family Resources™

www.familymanagement.com

---

1) 역주 : 조각보처럼 서로 다른 여러 조각을 이어 붙이는 공예작업.

가족 삶의 질을 높이기 위해 정보와 서비스를 제공하는 종합적 웹사이트이다. 노화, 아동 보육, 의사소통, 양육, 재난 대처 등의 주제를 다룬다.

놀이치료협회(APT)

www.a4pt.org

전문가들로 구성된 이 협회의 사명은, 놀이, 놀이치료, 자격증을 가진 놀이치료사들의 가치를 높이는 데 있다. APT는 전 생애에 걸쳐 놀이의 치료적 가치를 증진시켜 주는 프로그램, 서비스, 관련 활동의 제공과 지원을 통해 모든 이들의 심리사회적 발달과 정신건강 향상을 위해 노력한다.

미국 연방재난관리청(FEMA)

www.fema.gov

이 웹사이트에는 응급 요원, 교사, 성직자, 부모를 위한 교육과 훈련 자료 및 모듈이 있다. 아동을 위한 FEMA는 www.fema.gov/kids를 방문하라. 이는 아동들이 이야기, 게임, 활동을 통해 재난 준비와 대응에 대해 배우도록 해 주는 즐거운 상호작용 웹사이트이다.

National Child Traumatic Stress Network(NCTSN)[2]

www.nctsnet.org/nccts

NCTSN의 사명은 돌봄의 기준을 높이고, 미 전역의 트라우마가 있는 아동과 가족, 공동체를 위한 서비스의 접근성을 향상시키는 데 있다. 이 웹사이트는 보육자, 교사, 정신건강 제공자들을 위해 다양한 자원을 제공한다.

국립아동보건인간개발연구소(NICHD)

www.nichd.nih.gov/publications/

이 사이트는 아프리카계 미국인 가족들이 자녀가 위기에 대처하도록 돕는 데 사용할 수 있는 활동 북을 제공한다.

---

2) 역주 : 미국 전역에 외상을 경험한 아동과 그 가족, 지역사회를 위한 서비스 네트워크.

미국 국립보건원(NIMH) : 아동과 청소년의 폭력 및 재난 대처의 지원

www.nimh.nih.gov/health/publications/helping-children-and-adolescents-cope-with-violence-and-disasters-rescue-workers/index.shtml

폭력과 재난이 아동과 청소년에게 끼친 영향을 서술하며, 장기적인 정서적 피해를 최소화할 수 있는 제안을 제시한다.

미국 약물남용 및 정신건강서비스청(SAMHSA)

www.samhsa.gov/

이 사이트는 재난에 대한 최신 정보와 위기 때 사용하는 '심리적 응급 처치' 지침서를 제공한다.

참고문헌

Badenoch, B., & Bogdan, N. (2012). Safety and connection: The neurobiology of play. In L. Gallo-Lopez & L. C. Rubin (Eds.), *Play-based interventions for children and adolescents with autism spectrum disorders* (pp. 3–18). New York: Routledge.

Baggerly, J., & Exum, H. A. (2008). Counseling children after natural disasters: Guidance for family therapists. *American Journal of Family Therapy, 36*, 79–93.

Bailey, B. A., & Hartman, J. (2002). I wish you well: Loving Guidance website. See *It starts in the heart* [CD recording]. Retrieved from *www.beckybailey.com*.

Berscheid, E. (2003). The human's greatest strength: Other humans. In L. G. Aspinwall & U. M. Staudinger (Eds.), *A psychology of human strengths: Fundamental questions and future directions for a positive psychology* (pp. 37–47). Washington, DC: American Psychological Association.

Calhoun, L. G., & Tedeschi, R. G. (Eds.). (2006). *Handbook for posttraumatic growth research and practice.* Mahwah, NJ: Erlbaum.

Catani, C., Jacob, N., Schauer, E., Kohila, M., & Meuner, F. (2008). Family violence, war, and natural disasters: A study of the effect of extreme stress on children's mental health in Sri Lanka. *BMC Psychiatry, 8*(33), 1–10.

Dugan, E., Snow, M., & Crowe, S. (2010). Working with children affected by Hurricane Katrina: Two case studies in play therapy. *Child and Adolescent Mental Health, 15*, 52–55.

Echterling, L. G., Presbury, J., & McKee, J. E. (2005). *Crisis intervention: Promoting resilience and resolution in troubled times.* Upper Saddle River, NJ: Merrill/Prentice Hall.

Echterling, L. G., & Stewart, A. (in press). Promotion of resiliency in early childhood. In T. Gullotta & M. Bloom (Eds.), *Encyclopedia of primary prevention and health promotion* (2nd ed.) New York: Springer.

Emmons, R. A. (1999). *The psychology of ultimate concerns: Motivation and spirituality in personality.* New York: Guilford Press.

Emmons, R. A., Colby, P. M., & Kaiser, H. A. (1998). When losses lead to gains: Personal goals and the recovery of meaning. In P. T. P. Wong & P. S. Fry (Eds.), *The human quest for meaning: A handbook of psychological research and clinical applications* (pp. 163–178). Mahwah, NJ: Erlbaum.

Endo, T., Shioiri, T., & Someya, T. (2008). Post-traumatic symptoms among the children and adolescents two years after the 2004 Niigata–Chuetsu earthquake in Japan. *Japanese Society of Psychiatry and Clinical Neurosciences, 63,* 253.

Federal Emergency Management Agency. (2012). Helping kids cope with disaster. Retrieved from *www.fema.gov/coping-disaster.*

Gaskill, R. L., & Perry, B. D. (2012). Child sexual abuse, traumatic experiences, and their impact on the developing brain. In P. Goodyear-Brown (Ed.), *Handbook of child sexual abuse: Identification, assessment, and treatment* (pp. 29–47). Hoboken, NJ: Wiley.

Janoff-Bulman, R. (1992). *Shattered assumptions: Towards a new psychology of trauma.* New York: Free Press.

Jordan, B., Perryman, K., & Anderson, L. (2013). A case for child-centered play therapy with natural disaster and catastrophic event survivors. *International Journal of Play Therapy, 22*(4), 219–230.

Kanel, K. (2012). *A guide to crisis intervention* (4th ed.). Pacific Grove, CA: Brooks/Cole.

Keck, M., & Lakdapolrak, P. (2013). What is social resilience?: Lessons learned and ways forward. *Erdkunde, 67*(1), 5–19.

Kessler, R. C., Davis, C. G., & Kendler, K. S. (1997). Childhood adversity and adult psychiatric disorder in the U.S. National Comorbidity Survey. *Psychological Medicine, 27,* 1101–1119.

Landreth, G. (2002). *Play therapy: The art of relationship* (2nd ed.). Muncie, IN: Accelerated Development.

Larsen, J. T., Hemenover, S. H., Norris, C. J., & Cacioppo, J. T. (2003). Turning adversity to advantage: On the virtues of the coactivation of positive and negative emotions. In L. G. Aspinwall & U. M. Staudinger (Eds.), *A psychology of human strengths: Fundamental questions and future directions for a positive psychology* (pp. 211–225). Washington, DC: American Psychological Association.

National Child Traumatic Stress Network—Terrorism and Disaster Branch. (2005). Tips for helping school-age children. Retrieved from *www.nctsn. org/nctsn_assets/pdfs/pfa/TipsforHelpingSchool-AgeChildren.pdf.*

Neimeyer, R. A. (2000). Searching for the meaning of meaning: Grief therapy and the process of reconstruction. *Death Studies, 24,* 541–558.

Reis, H. T., Collins, W. A., & Berscheid, E. (2000). The relationship context of human behavior and development. *Psychological Bulletin, 126,* 844–872.

Ryff, C. D., & Singer, B. (2003). Flourishing under fire: Resilience as a prototype of challenged thriving. In C. L. M. Keyes & J. Haidt (Eds.), *Flourishing: Positive psychology and the life well-lived* (pp. 15–36). Washington, DC:

American Psychological Association.

Shelby, J., & Bond, D. (2005, October). *Using play-based interventions in Sri Lanka*. Paper presented at the annual conference of the Association for Play Therapy, Nashville, TN.

Siegel, D. J. (2012). *The developing mind: How relationships and the brain interact to shape who we are* (2nd ed.). New York: Guilford Press.

Stein, N., Folkman, S., Trabasso, T., & Richards, T. A. (1997). Appraisal and goal processes as predictors of psychological well-being in bereaved caregivers. *Journal of Personality and Social Psychology, 72*, 872–884.

괴물과 싸워 이기기

트라우마를 다루기 위한 집단연극치료

Craig Haen

> 나를 이 이야기로 이끈 것, 그리고 내가 사람들에게 보여 주고 싶은 것은 아
> 이들은 트라우마를 겪고 있는 가운데서도 즐길 수 있다는 사실이다.
> – Maurice Sendak(Fosha, 2001에서 인용)

나는 연극치료사로서 첫 번째 인턴십 기간 동안 병원 주간 치료실 프로그램에 있는 성인들과 함께 작업했다. 집단 치료 회기에 처음 참여하면서, 환자들이 자신의 고통스러운 어린 시절 경험에 대해 이야기할 때 종종 놀라는 나 자신을 발견했다. 외상 사건의 기억들은 이들에게 특히 강력한 영향력을 갖는 듯했다. 그들은 외상 경험을 재연하고자 관련된 익숙한 패턴을 소모적으로 되풀이하는 가운데 과거에 갇히게 된다. 연구에 따르면 강력한 힘의 트라우마가 인간의 정신을 지배하는데, 이것은 흔히 개입에 저항적이며, 장기간의 광범위한 신체적·정신적 질병과도 관련되어 있다(Green et al., 2010; Irish, Kobayashi, & Delahanty, 2010). 외상을 겪은 사람들에게는 어린 시절에 트라우마에 특화된 치료를 받는 것이 가장 좋다는 연구 결과도 존재한다(Perry, 2006; Shore, 2012). 그러나 어린 내담자들의 경우에는 성인과 관계 맺는 능력이 취약하고 이들에게 일상적으로 일어나는 사건들이 위태롭기 때문에, 이 연령대의 내담자들과 함께 작업하는 치료사들은 이들과 관계 맺고 신뢰를 쌓는 것에 지속적으로 어려움을 겪는다.

연극치료는 심리치료의 이론, 방법론과 연극에서 가져온 역할극, 이야기, 즉흥 활동, 기타 기술들을 통합시킨 방법론을 갖고 있다. 이것은 환자의 능력을 이끌어 내는 상징적이고 경험적인 과정이며, 내적 갈등에 다가가 그것을 표현하고, 통찰을 획득하며, 대안책을 연습해 보고, 스트레스 상황에 대한 습관적인 반응 패턴을 재정립하는 핵심적인 수단으로 연극을 활용한다. 본질적인 측면에서 볼 때 연극치료는 상상을 사용하여 또한 상상을 통하여 작업한다는 점에서 외상 아동들을 대하는 치료사들에게 도움을 준다. Van der Kolk(2005)는 트라우마가 "상상의 실패"를 나타낸다고 언급한다. 즉 과거가 현재를 압도함으로써 환자들은 내면의 이미지에 시달리게 되고 자신의 다른 가능성을 내다보지 못하게 된다. Bloom(2005)은 "아픈 아이들이 삶의 흐름 속에 다시 참여하길 원한다면, 가능성을 창조하고 대안적인 세계를 구상하는 능력이 굳어 있지 않아야 한다"(p. xvi)고 언급하였다. 현대 신경과학 연구는 상상이 의미를 만들어 내는 핵심적인 요소이고 어떠한 행동을 상상해 내는 것은 그것을 수행하는 개인의 능력을 향상시킨다고 제안하며, 인간의 잠재력에 중점을 두고 있다(Marks-Tarlow, 2012).

기존의 저서(Haen, 2005b)에서 나는 9/11 테러에서 부모를 잃은 아동들과 작업하는 동안 자연스럽게 개발한 게임에 대해 설명한 바 있다. 이 게임에서 한 아이는 괴물이 되어 방에 있는 다른 집단원들을 뒤쫓았다. 그들을 잡는 즉시, 그는 아이들의 사지와 몸의 일부분을 갉아먹는 등 기괴한 방식으로 그들을 공격했다. 이 게임은 그들 부모의 외상적 죽음을 은유적으로 분명하게 나타낸 것으로 보인다. 그들의 몸도 놀이에서와 마찬가지로 갈기갈기 찢어졌다. 결국 그 집단은 나와 함께 작업하는 가운데 괴물이 들어올 수 없는 안전한 장소를 테이블 밑에 마련할 수 있었다. 이 공간에서 그들은 현실에서 무엇이 자신을 안전하게 느끼게 만드는지에 대해 토론했다. 서로 결속을 다지고 안전한 장소를 내면화한 후에, 그들은 괴물과 마주하기 위해 나갔다. 그들은 게임의 통제권을 갖고 집단의 성취감을 경험하면서 함께 괴물과 싸워 이겼다.

이 임상 사례는 트라우마를 겪은 아동들의 연극치료 과정을 보여 주는 한 예이다.

첫 번째 단계에서는 외현화가 이루어진다. 즉 트라우마가 환자로부터 분리되어 투사됨으로써 안전한 거리를 가지고 외상을 바라볼 수 있다. 이 외현화 과정에서 어떤 아동들은 가해자 혹은 트라우마를 초래하는 존재를 구체화할 필요를 느낀다. 일부 집단원들이 괴물의 역할을 하기로 선택하는 것이 이에 해당된다. 두 번째 단계에서는 집단 과정을 통해 심리적으로 안전한 공간이 형성되는데, 구체적으로는 이 게임에서처럼 실제로 방 안에 안전한 기지를 마련하는 것이 이에 해당된다. 세 번째 단계에서는 강점과 유효성, 목표를 발견하기 위해 집단 구성원들이 함께 작업함으로써 결속력이 생겨난다. 이 단계에서는 마침내 괴물을 무찌르게 된다. 이 과정에서 집단 구성원들은 외상적 소재와 싸우고 그것을 견제하면서 그에 대한 통제력을 획득하는 방법을 찾게 된다. 내가 정의 내린 이 단계들은 순차적인 모델을 의미하는 것이 아니다. 진행 과정 중 각 단계는 언제든지 활성화될 수 있고 집단원들은 활성화된 단계로 돌아오게 된다. 이는 아동의 회복이 지닌 순환적인 본질과 종종 일치한다. 실제로 앞서 언급한 집단에서는 구성원들이 자신의 연극에 괴물을 초대할 준비가 되어 있지 않기 때문에 작업의 상당 부분이 안전함을 구축하는 것에 집중되었다.

이 장은 안전함과 집단의 결속력을 만들어 내고 외상적 소재를 외현화하고 억제함에 있어 연극치료가 어떻게 활용될 수 있을지에 대해 설명한다. 집단 치료는 아동 치료 중에서도 외상 부분에서 역사가 깊은데, 그 이유는 집단이 외상적 노출로 인한 외로움에 맞설 수 있도록 돕기 때문이다(Ford, Fallot, & Harris, 2009). 이 장에서 제시하는 기법들은 요리책의 레시피를 적용하듯 활용하는 것이 아님을 이해하는 것이 중요하다. 오히려 이 기법들은 집단의 리더들이 사용할 수 있는 추가적인 도구로 제공된다. 가장 공감이 가는 기법들은 환자의 준비 상태와 필요에 예민하게 반응하는 치료사의 태도를 반영하며, 치료 과정이 발전하면서 자연스럽게 나타나는 경향이 있다(Blaustein & Kinniburgh, 2010; Gil, 2010).

연극치료 개입의 효과성

1960년대에서 70년대 사이에 크게 집대성된 연극치료는 기존 정신건강 분야에 비하면 비교적 신생 학문에 속한다. 이 영역에서는 질적 연구가 다수인데(Jones, 2012), 이는 창의적 예술치료에서 그리 특이한 일이 아니다(Goodman, Chapman, & Gantt, 2009). 트라우마 분야에서는 연극치료를 주제로 한 성과 연구가 그동안 많이 이루어지지 않았다. 기존의 연극치료 연구들(Haste & McKenna, 2010; Johnson, Lubin, James, & Hale, 1997; McArdle et al., 2002, 2011)은 연극치료가 치료적 체계의 일부가 될 때 트라우마를 더욱 효과적으로 치료할 수 있다는 증거를 명백히 보여 주지 못했다.

그러나 외상학, 발달정신병리, 신경생물학, 그리고 애착 영역에서의 진전된 연구는 트라우마를 겪은 아동을 위한 치료방법으로 연극치료를 강하게 지지하고 있다. 이러한 관련 분야의 통합은 심리치료가 기존의 인지적 임상 개입 모델에서 벗어나 체화된 정서, 그리고 심리생리학적 상태의 조절에 더욱 집중하게 된 패러다임의 변화로 이어졌다(Bromberg, 2011; Perry, 2009; Schore, 2012). 이러한 변화는 연극치료가 외상 치료에서 촉망받는 치료방식으로서 연극치료만의 독특한 목표를 설정할 수 있도록 도와주었다. 발달학자 Trevarthen(2009)은 이러한 학제 간 협력의 한 사례를 보여 주었다.

> 아동 연구는 음악치료, 무용/동작치료, 연극치료, 회화적 미술치료, 신체심리치료 등 비언어적이며 상호적인 치료의 사용을 지지한다. 왜냐하면 이러한 접근법들은 우리가 동작과 그것의 질에 예민하다는 사실을 받아들이기 때문이다. 이는 우리 자신의 몸뿐만 아니라 우리가 만지고 보고 듣는 다른 사람들의 몸에도 해당되는 사안이다. 더욱이 '예술치료'는 우리가 이야기를 만들어 내는 존재이며, 우리만의 자전적 이야기와 그 주된 특성이 우리에게 가장 큰 영향을 준다는 가정을 받아들인다는 장점이 있다(p. 84).

트라우마를 겪은 아동들의 집단 치료 : 일련의 회복 과정

Galatzer-Levy(1991)는 청소년 치료에 있어 그들과 함께 작업하는 주요 목표는 증상의 개선이 아닌, 발달의 재개라는 점을 주장하였다. 이러한 관점은 아동의 외상 치료에도 무리 없이 적용할 수 있다. 트라우마는 심리적, 신경적, 사회적, 생물학적으로 성장하는 과정 중에 있는 어린 내담자들을 얼어붙게 만든다(D'Andrea, Ford, Stollbach, Spinazzola, & van der Kolk, 2012; Van Horn, 2011). 특히 치료의 초기 단계에 그들이 정상적인 발달 과정을 회복하도록 도와야 한다(Pearce & Pezzot-Pearce, 2007). 트라우마는 다면적으로 영향을 주기 때문에 성공적인 치료는 대개 일련의 회복 과정들을 포함한다.

안전의 회복

트라우마 치료에 있어 모순된 점들 중 하나는 다음과 같다. 현재 환자는 외상 사건으로부터 자신의 몸과 마음을 보호하려는 중인데, 오히려 그 사건과 관련된 감정과 사고에 접근하도록 요청을 받는다는 것이다(Muller, 2010; Silberg, 2013). 아동들은 외상 사건에 노출되었을 때 어떤 일이 일어났는지 혹은 그에 대해 어떻게 느끼는지에 대해 통합적으로 언어화할 수 있는 발달상의 능력이 부족하기 때문에 안전에 대한 관념이 파괴될 수 있다(Van Horn, 2011). 아동이 경험을 말로 표현할 수 있다 하더라도 그에 따른 과각성과 생리적 조절의 어려움은 치료 경험을 실패로 이끌 수 있다(Fisher & Ogden, 2009; Levine, 2010). 언어적 표현을 통해 통찰을 얻으며 경험을 이야기하고 구성할 수 있지만, 많은 경우 아동은 여전히 안전하지 못하다고 느낀다(Perry, 2006; Porges, 2011).

정서를 자극하는 외상적 소재에 대해 심리적인 거리를 두고 싶어 하는 환자들의 욕구가 내적인 안전감을 획득하게 한다고 언급하는 연구도 있다(van der Kolk, 2003). 연극치료는 거리를 중요한 개념으로 여겨 일관성 있게 활용한다(Jones, 2007). 환자들은 은유를 사용함으로써 현실과 안전하게 분리되어 힘을 잃은 공간에서 자신의 어려움을 탐색할 수 있다(Dix, 2012; Landy, 2010). 이를 통해 트라우마를 겪은 아동은 인지적 처리를 재활성화할 수 있고 상황을 좀 더 명확하게 바라볼 수 있다(Pearce & Pezzot-Pearce, 2007; Wise & Nash, 2013). Ramachandran(2011)은 은유가 각기 다른 좌/우뇌의 처리 방식을 연결할 수 있다고 보았다.

아동은 치료사의 개입을 내면화하면서 스스로에게 거리를 두는 방법을 배우고, 적극적이면서도 자신을 보호하는 방식으로 고통에 점차 반응하게 된다. Casson(2004)은 이 과정을 다음과 같이 설명하였다.

거리를 염두에 둔 연극은 치료사와 환자 사이에 공간을 창조하는데, 이 공간에서 성장과 자기 확장이 일어난다. 이러한 연극은 우리가 느끼고 생각하고 움직이는 것들을 발견할 수 있게 하고, 통제감을 획득하게 하거나 통제에 대한 집착을 놓아 버리게 하며, 선택과 교섭, 변화를 가능하게 하며 자신과 타인을 재발견하게 한다(p. 125).

거리를 둘 수 있게 하는 것은 신뢰가 자라나는 계기를 마련한다. 아동은 치료사와 집단 자체를 신뢰하기 시작하면서, 그동안 견고히 세워 온 자기방어의 장벽을 허무는 정서적·심리적 위험을 감수하도록 요청받는 단계로 나아가게 된다(Hodermarska, Haen, & McLellan, 2014). 어린 아동들로 구성된 집단 치료를 새로 시작할 때 나는 종종 강아지 모양의 봉제인형을 가져오는데, 이것은 나의 참된 동료 치료사로 기능한다. 워밍업 작업으로 아이들은 강아지 인형을 서로 건네며 인형에게 자신의 느낌에 대해, 그날 자신이 말하고 싶은 주제에 대해 이야기한다. 이 간단한 투사적 작업을 거치면서 집단 안에 속해 있다는 강렬한 느낌과 치료사에게 무언가 말해야 한다는 부담감이 줄어든다.

거리는 캐릭터를 만드는 방법을 통해서도 설정된다. 예를 들어 나는 연극치료에 참여하는 아이들이 캐릭터를 만들게 하고, 자신과 집단 내 다른 아이들의 이름과 겹치지 않는 새로운 이름을 붙여 주도록 한다. 그럼으로써 그 캐릭터는 실제 아동과 비슷하게 기능할 수도 있고 다르게 기능할 수도 있다. 극에 사용되는 공간의 경계를 다시 설정하는 것도 거리를 설정하는 데 도움을 준다. 연극의 '무대'는 가구나 테이프를 활용하거나 원모양의 경계를 세움으로써 물리적으로 표시될 수 있다. 이 장면 안으로 들어오는 과정은 현실의 행동으로부터 거리를 두는 것과 마찬가지로 중요하다. 이는 상상과 현실 사이에 더욱 명백한 경계를 세우는 구조나 의식을 강화한다. 나는 연극의 시작을 촉진하기 위해 집단원들이 다 함께 "하나, 둘, 셋, 액션!"이라고 소리 지르는 기법을 자주 사용한다.

트라우마를 다루는 임상가들은 치료 내에 안전한 공간을 구축하는 것이 중요하다고 강조한다. 안전한 공간은 환자들이 치료 과정이나 삶에서 고통을 경험하기 시작할 때 의지할 수 있는 닻과도 같다. 안전한 공간이라는 개념을 통해 아동기의 애착을 돌이켜 생각해 볼 수 있다. 아동기 애착관계 내에서 안전함은 신뢰로운 양육자와 상호

간 조율을 경험함으로써 학습된다(Hart, 2011; Jennings, 2011). 양육자와 아동의 관계 내에서 안전함은 주로 감각적 · 시각적 상호작용을 통해 전달된다. 호흡, 감촉, 달래는 소리, 얼굴 표정, 노래, 운율이 감각적 · 시각적 상호작용에 해당된다. 이는 아동이 고통을 겪을 때 소환할 수 있는, 안전하다는 '느낌'을 이끌어 낸다(Caldwell, 2012; Holmes, 2010). Steele과 Malchiodi(2012)는 창의적 미술치료사들이 시각적 · 감각적 자극을 활용함으로써 치료관계 내의 애착을 강화시킬 수 있다는 이점을 추가하였다고 언급하였다. 예를 들어, 연극치료에서 안전한 공간을 구축하는 것의 실제 예로 방을 만드는 것이 있는데, 이러한 개입은 환자들이 안전함이 어떤 것인지를 말로 표현할 뿐만 아니라 몸으로 느껴 볼 수 있도록 허용해 준다.

나는 집단 세션에서 구성원들이 불안정해지는 것처럼 보일 때 치료실 내에 한 공간을 마련하라고 종종 권한다. 그곳에서 나는 내담자들이 안전하다고 생각하는 공간을 떠올리도록 하면서 그 장소에서 취할 수 있는 자세를 취해 보라고 권한다. 나는 한 명씩 그들을 가볍게 만지면서 내담자가 자신의 공간 안에서 무엇을 하고 있는지, 그 장소는 어떤 모습인지, 집단에서 활동하던 장소랑 어떠한 점이 다른지를 설명하도록 한다. 우리는 그 공간의 본질을 축소시켜 신체 내에 저장함으로써 그 본질을 획득할 수 있는 방법을 찾을지도 모른다. 그리하여 그 본질은 가슴속 따뜻함이나 어깨의 힘과 같이 신체적인 표식으로 자리 잡을 수 있다(Fisher & Ogden, 2009).

지속적으로 안전하다고 느껴지는 감각은 아동이 외상 기억을 불러일으키는 경험을 할 때에도 유지된다. 동시에 든든함과 신뢰, 기쁨을 느끼고 정서를 조절하는 새로운 경험을 하도록 이끈다(Blaustein & Kinniburgh, 2010). 이 두 가지 측면은 외상 기억이 신경학적으로 점차 통합되도록 이끌며, 내적 조절과 사회적 참여의 수준을 높여 재통합의 가능성을 만든다(Ecker, Ticic, & Hulley, 2012; Porges, 2011). Van der Kolk(2005)는 연극이 아동에게 이러한 두 가지 측면을 매우 잘 제공한다고 보았다. 왜냐하면 연극을 통해 힘 있고 자유로우며 안전한 상태를 가정해 봄으로써 아동은 '지금까지와는 다른 신체적 경험'을 해 볼 수 있기 때문이다. Van der Kolk와 동료들이 실시한 최근의 성과 연구에 따르면(Kisiel et al., 2006), 즉흥극은 도시 중심부에 거주하는 4학년 아동의 친사회적 행동을 증가시키고 공격성을 낮추며, 과각성과 내재화 증상을 감소시키는 데 긍정적인 효과를 보였다.

외상을 겪은 가족 구성원들 중 고학년 아동을 대상으로 한 집단을 치료할 때 나는 가족의 초상화를 그리도록 권하는데, 이때 다른 가족 구성원들의 신체상을 그리게 한다. 이는 아동이 가족 내에서 상황을 어떻게 인식하고 있는지를 보여 준다. 그러고 나서는 아동이 그 그림 가운데 서도록 요청한 후, 그 그림 속에 있는 느낌이 어떤지 말해 보도록 한다. 다음으로는 그림 밖으로 나와서 그 그림이 어땠으면 좋을지 수정해 보도록 권한다. 그 후에는 다시 수정된 그림 속으로 들어가 느낌이 어떤지를 이야기해 보도록 한다. 이 활동은 더 어린 아동들이나 거리를 더욱 요하는 집단원들에 맞게 변형하여 적용할 수 있다. 즉 문제를 지닌 가상 가족, 동물이나 마법사 가족, 기타 판타지 캐릭터 등을 만들어 보게 할 수 있다. 가족 초상화 그리기는 아동이 목소리를 달리할 수 있도록 자극을 제공하여 그 차이점을 경험하게 함으로써 내적인 감각에 주의를 기울이도록 돕는다.

결국 연극치료사는 아동들의 상상력을 활용하여 작업함으로써 그들이 자신의 판타지를 조절하는 법을 배우도록 돕는다. 이러한 조절을 위해 집단에서 사용하는 여러 의식적 절차들이 있는데 이는 외상적 자극에 대해 통제감을 얻을 수 있도록 돕는다. 내가 가장 자주 활용하는 것으로서 매직박스(Johnson, 1986) 기법과 운 좋은/불행한 이야기 기법이 있다. 매직박스 기법에서는 천장으로부터 가상의 상자가 내려오는 상상을 하게 한다. 그리고 집단원들은 교대로 자신의 삶에서 지우고 싶은 것들을 상자 안에 넣어 본다. 상자는 담은 것들을 안전하게 보관할 수 있다. 그러고 나서 집단원들은 뚜껑을 닫아 상자를 잠근 후 상자를 치워 놓는다. 운 좋은/불행한 이야기 기법에서는 집단원들이 함께 이야기를 만드는데, 각기 돌아가며 한 줄씩 이야기를 보탠다. 번갈아 가면서 한 줄은 "운 좋게도…"라고 시작하고 한 줄은 "운이 나쁘게도…"라고 시작하여 문장을 만든다.

두 번째 활동은 인지적인 유연성, 특히 변화에 대한 작업인데, 보통 트라우마를 겪은 아동들에게 좋은 반응을 이끌어 낸다. 집단원들로 하여금 안전한 것으로 발전할 가능성이 있는 압도적 · 폭력적 이미를 변형시키도록 권할 수 있다(Haen, 2005a; Haen & Brannon, 2002). 아동에게 괴물을 생쥐로 바꿀 수 있는 마술 지팡이를 휘두르라고 요청할 수도 있고, 폭력적인 장면에 대해서는 '가족들이 보기에 적합한' 채널로 바꾸는 가상의 리모콘을 사용해 보도록 권할 수도 있다. 나는 때때로 회기 중에 학대받은 경험이 있는 집단원들이 상상 속의 가해자를 방 밖으로 밀어내도록 하거나, 무서운 기억을 담을 수 있는 감옥을 만들어 보게 한다. 이렇게 통제에 대한 연습을 거치는 것은 아동들이 침습적인 사고와 악몽, 내부적으로 발생하는 이미지를 변화시킬 수 있는 방법을 배워 치료실 밖에서도 일반화할 수 있게 해 준다. 또한 아동들은 스스로 진폭 기법을 연습함으로써 촉발자극으로부터 벗어나 감당할 수 있는 정서적 단계로 이동하는 법을 배우게 된다(Ogden & Gomez, 2013).

신체적 회복

트라우마는 단순히 심리적 질병을 넘어서서 신체와 두뇌에 영구적인 영향을 미치는 생물학적 현상이다(D'Andrea et al., 2012; Ehlert, 2013; Emerson & Hopper, 2011). 아동기 트라우마는 급속도로 성장하고 발전할 시기에 발생한다. 이러한 충돌은 아동이 자신의 몸 안에 존재하고 신체 감각을 알아차리는 데 불편함을 초래하며(Koch & Harvey, 2012), 특히 Tinnin과 Gantt(2013)가 외상 경험의 "비언어적 진실"이라고 언급한 것에 영향을 준다(p. 46). 정신과에서 일하는 동안 나는 자신의 몸으로부터 숨어 버리거나 몸과 싸움을 벌이는 외상 아동들을 많이 만나 왔다. 여성성의 성숙을 숨기려는 성폭력 피해 소녀들, 모든 활동에서 벗어나 신체 감각과 접촉을 거부하는 신체학대 피해자들, 외상적 사망을 목격한 후 먹는 것을 중단하여 더 이상 자라지 않는 아동들, 자해를 하거나 섭식장애를 지닌 학대와 방임 피해 아동들이 이에 해당한다. 이러한 반응들은 모두 그들이 통제감을 획득하고 정서를 조절하며 본인이 겪은 일들을 상징적으로 전달하기 위한 시도로 이해할 수 있다(Silberg, 2013).

창의적 예술치료사들은 치료 과정에서 신체와 연결되는 것이 중요함을 오랫동안 인식하고 있었다. 사실 어떤 예술치료라도 어느 정도의 운동과 감각적 자극, 신체 리듬과 관련을 맺는다(Armstrong, 2013; Steele & Malchiodi, 2012). 연극치료사들은 체현과 관련된 작업을 한다. 소형 장난감이나 물체를 조작하여 통제적이고 작은 움직임을 시작하며, 꼭두각시 인형을 활용한 역할극에 참여시킴으로써 부분적인 체현을 이루기도 한다. 더 나아가서는 몸 전체를 움직이는 역할극과 조각 활동, 가면 작업 등 더욱 자유로운 신체 경험을 한다(Haen, 2011).

격렬한 신체 놀이는 외상 경험을 재구성할 수 있는 뛰어난 잠재력을 지닌다. 또한 효과적인 행동을 취하고 기쁨을 공유하는 맥락 내에서 외상 기억을 재통합할 수 있는 가능성도 크다(Harvey, 2011; Panksepp & Biven, 2012). 트라우마는 제약적이고 엄격하며 융통성이 없기 때문에(Hodermarska et al., 2014), 신체 내에 거하고 있다는 느낌을 증진시키고 포용력의 범위를 확장하는 개입이 요구된다(Levine, 2010; Ogden, 2009; Siegel, 1999). 또한 집단연극치료는 체현을 통해 안전감을 증가시킬 뿐만 아니라, 학대나 신체적 손상을 겪은 아동들이 특정 자극의 노출에 점차 둔감해질 수 있게 돕는다.

　종종 간단한 연극 게임을 통해 이 과정을 시작할 수 있다. 이 게임은 재미있기 때문에 두려움에도 불구하고 많은 아동들이 기꺼이 참여한다. 내가 아동, 청소년에게 워밍업을 위해 사용하는 게임 중 하나는 빨간 불과 녹색 불을 발사하는 게임이다. 이 게임은 아동들의 놀이인 '빨간 불과 녹색 불'을 응용한 것이다. 이 놀이에서는 리더가 "빨간 불"이라고 외치면 나머지 사람들이 그 리더에게 가장 먼저 다가가야 이길 수 있다. 리더가 "녹색 불"이라고 외치면 움직일 수 있고, "빨간 불"이라고 외치면 멈춰 서야 한다. "빨간 불"을 외치고 나서도 움직이고 있는 아동이 있으면 리더는 그의 이름을 부르고, 그 아동은 출발선으로 되돌아가야 한다. 이 놀이를 응용한 발사 게임에서는 지목된 아동에게 출발선으로 돌아가며 빛을 '발사'할 것을 요구한다. 다양한 형태의 발사가 이루어지는데, "쾅!" 혹은 "슝!"이라는 단어를 외치면서 자신의 절망을 음성어로 표현하고 리더에게 고함을 지르며 도전하기도 한다. 이 간단한 게임은 집단원들이 자신을 통제하는 연습에 즐겁게 참여할 수 있게 할 뿐만 아니라, 소리와 움직임을 사용하여 감정을 표현하게 한다. 게임의 리더는 신중한 구조 속에서 자신에게 향하는 빛의 발사를 격려하는 가운데 분노와 저항의 표현을 허용하고 그 전후 맥락을 수용한다. 아동들은 이 게임에 참여하면서 자신의 몸으로 안전하게 돌아간다.

　조각상 되기 작업은 지속적인 적용이 가능하고 역할극을 시작하기 좋으며, 몸 안에 거하는 연습을 하기에도 효과적이다. 나는 집단원들에게 각기 다른 감정과 상황을 반영하는 개별 포즈를 간단히 취해 보라고 요청하고, 적절한 주제를 반영하여 집단원들이 함께 조각상 되기 작업을 해 보도록 권한다. 사춘기 이전의 아동들로 이루어진 한 집단에서는 각 회기를 시작할 때 몇 명을 선정하여 자신의 하루를 나타내는 장면을 나타내게 하였다. 나중에는 이를 이용해 전체적인 장면을 만든다. 학교에서 이루어졌던 또 다른 집단에서는 집단원들이 '밀랍인형 박물관'이라고 불리는 게임을 하였다. 이 게임에서는 집단원들이 비슷한 주제로 일련의 조각상이 된 뒤에 마치 밀랍인형 박물관을 방문하듯 집단원 한 명이 그 사이로 걸어간다. 빨간 불과 녹색 불 발사 게임에서처럼 걸어 다니는 사람이 보이지 않을 때 참여자들이 움직인다는 점이 중요하다. 이 집단이 속한 학교에서는 당시 같은 동료 학생이 끔찍한 죽음을 당했고, 그와 관련된 소재에 점진적으로 노출하기 위한 형식으로 이 밀랍인형 박물관 게임을 집단 내에서 활용하게 되었다. 여러 회기에 걸쳐 집단원들은 죽음, 기자, 자살, 정신병원, 분노, 보호, 천국이라는 주제와 관련된 밀랍인형 박물관을 만들었다.

연극 게임은 아동들이 몸의 느낌을 회복할 수 있게 할 뿐만 아니라 운동적 경험을 언어적·상징적 학습과 통합시킨다. 이 과정을 통해 연극은 통재의 소재를 내면화함으로써 아동의 효능감을 구축한다(Macy, Macy, Gross, & Brighton, 2003). 역할극 활동은 횡격막 호흡, 자원 구축하기, 마음챙김, 신체 탐색, 강도 높은 수축과 이완을 통한 셀프 터치 등 신체기반 자기조절능력의 학습으로 이어진다(Curran, 2013; Leahy, Tirch, & Napolitano, 2011; Levine & Kline, 2007). 이러한 신체기반 자기조절능력의 학습은 연극의 역할에서 분리되는 과정에서 이루어질 수 있고, 집단 회기의 종결 의식 중에 이루어질 수도 있다. 이러한 기법들은 트라우마를 겪은 아동들의 잘못된 생물학적 알람체계를 교정하고, 아동들이 자신을 개선할 수 있는 고유의 능력을 스스로 신뢰할 수 있도록 격려하기 위해 고안되었다(Ford, Albert, & Hawke, 2009).

관계의 회복

연극치료는 신생 분야로서 고대 그리스 시대의 전통극에 뿌리를 두고 있다. 연극은 최초로 시작된 이래로 공동체에 기반을 둔 예술 형식으로 존재해 왔다. 각계 각층의 사람들이 모여 무대에 반영된 인생을 감상하고자 했다. 최초로 기록된 연극들 중 많은 이야기들은 슬픔, 상실, 살인, 폭력, 전쟁 등 외상적 사건을 필수적으로 다루었다. 연극치료는 표현과 정체성, 공동체적 관계 경험에 기반을 둔 고대 그리스 연극을 자연스럽게 확장시켰다.

사회적 연결은 트라우마를 겪은 아동들을 보호하고 회복시키는 매우 중요한 요소이며(Ludy-Dobson & Perry, 2010). 집단은 말 그대로 지지체계를 형성할 기회를 제공한다(Ayalon, 2013). 연극치료는 거울 기법, 확인, 공감, 보편성과 같이 사회적 연결을 위한 가장 기본적인 구성요소를 다룬다. Macy와 그의 동료들(2003)은 연결 절차를 다음과 같이 설명하였다. "아동은 음악에 맞추어 몸을 움직이며 연결을 경험한다. 그 아이는 음악에 맞춰 춤을 추는 가운데 친구들이 자신의 동작을 반영해 주는 것을 경험함으로써 소속감을 느낀다. 아동들이 동작을 공유하면서 발성이 뒤따르게 되고 이때 통합이 일어날 수 있다"(pp. 65-66).

심리치료 회기를 분석하기 위해 비디오 이미지 소프트웨어를 사용한 최근 연구(Ramseyer & Tschacher, 2011)에 의하면, 환자와 치료사의 신체적 공시성(bodily synchrony)은 임상적 성과뿐만 아니라 치료 관계의 이점에 대한 환자의 평가와도 정적 상관관계를 나타낸다. 거울 기법은 말 그대로 한 집단원이 파트너의 움직임과 소리를 그대로 따라 하거나, 집단원 전체가 개인의 표현을 따라 함으로써 공동 거울의 역할을 수행하는 것이다. 이 기법은 공감적인 대인간 연결을 구축할 수 있는 강력한 수단이다(Koch & Harvey, 2012). 이러한 활동들은 여러 형태로 변형시켜 적용할 수 있다. 예컨대 두 아동이 함께 작업하는 가운데 한 사람은 리더가 되고 한 사람은 리더의 움직임을 따라 할 수 있다. 나는 때때로 워밍업 과정에서 아동들이 원을 따라 움직임을 전달하게 한다. 이 과정에는 두 가지 절차가 따른다. 먼저, 아동은 바로 옆의 아동이 보여 준 움직임을 따라 한다. 그리고 나서 자신만의 움직임을 보여 주고 그것을 옆 사람에게 전달한다. 움직임이 원을 따라 이동하면서 집단원들은 각 사람이 그 움직임을 변형하는 방식을 목격할 수 있다. 나는 집단 작업을 촉진하는 사람으로서 구성원들이 효과적으로 움직임을 반영할 수 있도록 격려하며, 표현의 세부사항을 인식하고 그것을 정확히 표현할 수 있게 돕는다. 또한 집단원들의 참여를 존중하고 기린다.

집단의 결속을 강화하기 위해 물건을 사용할 수도 있다. 공이나 장난감을 서로 전달하는 것은 각 구성원을 연결시켜 줄 뿐만 아니라 주제를 공유하는 과정을 명확하게 해 준다. 나는 이 과정을 언어화하기 위해 "네가 이야기하고 싶은 사람에게 공을 던져 봐." 혹은 "네 기분을 이해할 만한 사람에게 곰인형을 전달해 볼래?"라고 말한다. 매우 저항적인 청소년 집단에서는 프로이트의 미니어처 인형을 전달하게 한 적이 있다. 인형을 건네받은 집단원들은 과거에 치료사나 어른이 자신에게 했던 가장 나쁜 행동에 대해 이야기하였다. 집단원들이 거주하는 환경에서 작업할 때에는 원으로 모인 집단원들이 회기를 시작할 때 서로에게 인사하는 의식을 만들었으며, 눈맞춤과 진정성 있는 결속을 격려하였다.

끝으로 집단원들의 동질성을 중시하고 사회성을 측정할 수 있는 활동들은 치료 집단이 공통적인 경험과 감정을 기반으로 구축된 하나의 공동체임을 강조하는 데 도움이 된다(Haen, 2005a). 이러한 활동들은 끊임없이 변형시켜 적용할 수 있는데, 어떤 활동이든 행동을 통해 집단원 간의 유사성에 주목하고자 한다. 예컨대 피자를 좋아하는 집단원들이 있다면 그들만 방을 가로질러 가라고 요청할 수 있다. 또한 악몽을 꾼 사람들이 있다면 자리에서 일어날 수도 있다. 혹은 가끔씩 가족들을 떠올리며 우는 사람들이 있다면 서로 자리를 바꿀 수도 있다. 주제를 달리할 때마다 행동을 반복한다. "이제, 아침에 일어나는 것이 싫은 사람들은 방을 가로질러 가 보세요……. 이 집단이 지루하다고 생각되는 사람은 누구든 괜찮아요. 방을 가로질러 가 보세요." 결속을 위한 표현은 간결하고 비언어적이기 때문에 이를 통해 집단원들은 빠르게 위험을 감수할 수 있다. 예를 들어 내가 속했던 한 집단에서는 "강간을 당한 적이 있다면 방을 가로질러 가 보세요."라는 문장에 아동이 동작을 취하기도 했다. 집단원들은 노출을 최소화하고 있음을 알게 되어 종종 위험을 감수할 수 있게 된다.

Fonagy와 그의 동료들은 사람이 자기 자신을 외부에서 바라보고 타인을 내부에서 바라볼 수 있는 능력을 '정신화(mentalization)'라는 용어로 개념화하였다(Allen, Fonagy, & Bateman, 2008). 정신화는 아동의 공감능력과 조직화능력, 자신을 조절하고 보호할 수 있는 능력, 감정을 표현하고 소속감을 개발할 수 있는 능력, 자신의 상태를 통합하고 충동을 조절할 수 있는 능력, 타인이 자신에게 행사하는 영향력을 이해할 수 있는 능력과 밀접한 관련성을 갖는다(Hart, 2011). 어린 시절 트라우마에 노출되었을 때 정신화 과정에 손상을 입는다는 사실은 놀랄 만한 일이 아니다. 반대로 높은 정신화 능력이 외상 사건을 완화시킬 수 있다는 견해도 존재한다(Allen, Lemma, & Fonagy, 2012).

애착 이론가들은 정신화가 가상 놀이를 통해 일부분 발달할 수 있다고 믿는다(Allen et al., 2008). 놀이를 하는 동안 아동은 내부 현실과 외부 현실을 연결하고 서로 다른 가능성을 검증하는 방법을 배운다(Irwin, 2005). 연극치료는 트라우마를 겪은 아동들이 특히 집단 내에서 이 발달적인 단계를 활성화시킬 수 있도록 돕는다(Barrat &

Kerman, 2001). 아동은 연극적 놀이에 참여하면서 자신의 외현화된 측면을 평가하고 구성하고 재통합한다(Armstrong, 2013; Holmes, 2010). 마찬가지로 아동은 역할극에 참여하면서 타인의 관점을 받아들이고 타인의 사고와 감정, 의도를 반영한다(Allen et al., 2008; Haen & Weber, 2009). 이러한 점을 고려할 때 연극치료는 다른 창의적 예술치료들이 갖지 않은 독특한 장점을 지니고 있음을 알 수 있다. Goldstein과 Winner(2012)의 예비 연구에서는 지속적인 행동적 노출이 시각적인 미술이나 음악에 비해 아동, 청소년의 공감 증진과 마음이론에 높은 관련성을 갖는 것으로 나타났다.

아동에게 타인의 감정을 표현하도록 요청할 때 결속이 생겨나며 정신화 활동이 이 과정을 돕는다. 예컨대 나는 한 아동에게 다른 집단원이 표현한 무언가를 나타내는 조각 작업을 해 보라고 권하거나 꼭두각시 인형을 사용하여 다른 집단원의 이야기를 실연해 보라고 권한다. 나는 종종 사이코드라마 기법인 더블링(doubliing; Hoey, 2005)을 사용한다. 더블링 기법에서는 정신화를 강화하기 위해 집단원들에게 다른 구성원의 입장이 되어 말해 보도록 권한다. 이는 아동이 생각하거나 느끼고는 있지만 표현할 수 없는 무언가에 대해 말할 수 있는 목소리를 부여한다. 예를 들어 회피적인 성향의 아동은 "나는 오늘 말을 하고 싶지 않아."라고 이야기할 수 있다. 더블링을 위해 이 아동의 허락을 받아 집단원들이 아동의 뒤에 서서 다음과 같이 말할 수 있다. "난 지루해.", "나는 말하기가 무서워." 혹은 "내가 이 집단을 마음에 들어 하는지 잘 모르겠어." 그리고 나서 그 아동에게 어떤 말이 자신의 솔직한 감정을 가장 잘 표현해 주었는지에 대해 집단 안에서 이야기해 보도록 권한다.

아동의 실제 모습과는 거리가 있는 역할들을 수행해 봄으로써 정신화를 격려할 수 있다. 예를 들어 수동적인 집단원에게는 권위적인 인물을 연기해 보도록 권할 수 있고, 분노를 느끼는 집단원에게는 화난 사람을 진정시키는 역할을 맡게 할 수 있다. 끝으로 집단원들은 한 아동에 대해 자신들이 느낀 여러 가지 측면을 그 아동에게 다시 반영해 줄 수 있다. 내가 입원 아동들에게 자주 활용하는 한 가지 기법에서는(Haen, 2005a), 집단원 각자가 한 아동의 여러 가지 측면에 대해 신체 조각 작업을 한다. 그 아동의 여러 측면 중 집단원 자신과 관련된 부분을 선택한다. 리더가 집단원들을 가볍게 터치하면 그들은 다음과 같이 말한다. "나는 불안함을 느끼고 있는 스테파니의 일부분이에요." 혹은 "나는 모든 사람을 때려 주고 싶은 스테파니의 일부분이에요."

현재로의 회복

트라우마를 겪은 아동의 시스템이 그를 보호하기 위해 멈추어 버리면, 아동은 종종 현재의 순간에서도 자신을 차단해 버린다. 외상 기억은 특정 시간에 고정되지 않고 마음에 입력되기 때문에, 과거를 기억한다기보다는 최근에 일어나는 일처럼 경험된 다(van der Kolk, 2003). 트라우마에 노출된 적이 있는 아동들은 현재에 존재하는 능력, 즉 새로운 정보를 취하거나 순간순간 그들 주위에서 일어나고 있는 일과 연결되는 능력이 손상된 것을 볼 수 있다(Emerson & Hopper, 2011). Caldwell(2012)이 지적한 바와 같이 본질적으로 외상 치료는 환자가 과거 경험에 의해 끊임없이 침해받거나 지시받지 않고 온전히 현재에 존재할 수 있도록 돕는 것을 목표로 한다.

Stern(2004, 2010)은 현재의 순간에 대한 임상적 중요성에 많은 관심을 기울였다. 그는 특히 체현에 뿌리를 둔 표현예술치료가 환자로 하여금 현재에 집중할 수 있게 만드는 독특한 능력에 대해 언급하였다. 또한 그는 은유가 과거와 현재를 분리하기도 하고 연결하기도 하며, 트라우마를 겪은 아동에게 연속성과 일관성을 제공한다고 가정하였다. 나는 즉흥 배우로 활동하면서 경험에 완전히 몰두할 때 종종 인식이 고양되고 연결된다는 느낌을 받았다. Levine(2009)이 지적한 바와 같이, 즉흥극은 분열과 회복을 반복적으로 경험하기도 하고, 불확실성과 신뢰 사이를 오가며 균형을 맞추어야 하기 때문에 위험 수준이 전혀 없는 것은 아니다. 사실 대인관계에 어려움을 겪고 있는 환자에게 지속적으로 집중하고 반응할 수 있는 치료사의 능력은 즉흥극에 요구되는 기술들과 많은 공통점을 갖고 있다(Kindler & Gray, 2010).

연극치료사는 종종 환자들이 자신의 신체적 경험을 돌아보고 행동이나 은유를 통해 그것을 표현해 보도록 권한다. 많이 수행하는 활동으로는 외상 사건이 일어난 그 장소와 시간에 집단원들이 어떻게 느꼈는지를 소리와 움직임으로 표현해 보도록 권하는 것이 있다. 나는 종종 청소년 집단을 시작할 때 다음과 같은 은유적 질문을 던진다. "네가 지금 마음속으로 느끼는 감정을 일종의 날씨로 가정한다면 기상 전망은 어떠니?", "지금 네가 음식의 한 종류라고 가정해 본다면 어떤 음식일 것 같니?" 이와 유사하게, 언어가 아닌 몸이 표현하고 있는 무언가에 환자의 관심을 집중시킬 수도 있다. 주먹을 쥐고 있는 동안 행복하다고 말하는 한 집단원에게는 자신의 주먹이 되어 말해 보도록 요청할 수 있다. 집단 안에서 동요하고 있는 환자를 알아차린다면, 그

흔들림이 되어 보고 그 느낌이 어떤지 표현해 보도록 요청할 수 있다.

환자의 주의를 현재의 순간으로 돌릴 수 있는 또 하나의 방식은 극대화를 이용하는 것이다(Hoey, 2005). 극대화를 사용할 때 집단의 리더는 환자가 표현하는 바를 알아차리게 되는데 이는 더 깊은 탐색을 요구하며, 연극적인 행위를 통해 증폭된다. 예를 들어 한 집단원이 괴롭힘을 맞닥뜨리게 되면 "날 좀 내버려 둬!"라고 잘라 말할 수 있다. 집단원이 언급한 이 말들이 중요함을 이해한 집단 리더는 이 말을 여러 번 반복하여 말하게 하고, 횟수를 거듭할 때마다 더욱 크고 강하게 말하도록 요청한다. 혹은 집단 리더가 그 집단원 뒤에 다른 구성원들을 세워 함께 말하게 할 수도 있다. 극대화의 또 다른 예로, 결정적인 상호작용이 일어나는 순간에 리더가 극의 장면을 정지시키고 등장인물로 하여금 '내면'에서 무엇이 느껴지는지를 언어화하도록 요청할 수도 있다. 이러한 개입은 지금 현재 느끼는 정서를 언어와 연결시킴으로써 트라우마를 겪은 아동들로 하여금 그들 내부의 살아 있는 경험을 돌아보고 표현할 수 있도록 돕는다(Hart, 2011).

자기표현력의 회복

트라우마로 인한 목소리의 상실을 다룬 연구가 많이 있다. 이러한 상실은 종종 말을 할 수 없는 공포(speechless terror)를 언급하며, 심리학적·생물학적 요인을 동시에 지닌다(Fisher & Ogden, 2009). 트라우마를 겪은 많은 아동들은 자신의 감정을 표현하는 능력뿐만 아니라 감정상태를 조절하고 식별하는 능력에도 손상을 경험한다(Lanius, Bluhm, & Frewin, 2013). 감정과의 연결이 단절되고 그것을 통제할 수 있는 능력을 상실하면 자기 감각이 분열되고 무능감이 만연하게 된다.

트라우마가 아동들을 침묵하게 만듦에도, 그들은 여전히 자신의 이야기를 상징적으로 표현할 기회를 찾는다. 아동들이 자신의 기억을 묘사할 수 있는 언어에 접근할 수 있다 하더라도 언어는 외상 사건의 복잡한 특징들을 포착하기에 불충분한 경우가 종종 있다. 전통적인 '이야기 치료'에서 사용되는 언어적 형태의 표현에 비해 예술이 가지고 있는 두 가지 이점은 복잡한 특징들을 이해할 수 있다는 점과 시간을 다룰 수 있다는 점이다(Ramachandran, 2011; Stern, 2010).

구체적으로 살펴보면, 연극은 감정을 방출하는 밸브로 기능함으로써(Miranda,

Arthur, Milan, Mahoney, & Perry, 1998), 은유와 극적 캐릭터가 주는 안정감을 통해 자신의 목소리를 되찾기 시작한 환자를 돕는다. 나는 다음과 같은 현상을 몇 번이고 목격했다. 토론할 때에는 목소리를 내지 못했던 아동들이 인형을 건네받거나 극의 역할을 부여받을 때 말하기 시작했다. 과거 외상 경험에 대해 이야기할 수 없었던 아동들이 역할극을 통해서는 그것을 표현할 수 있었다. 조심스럽게 침묵을 지켰던 청소년들은 마이크를 건네며 집단의 사건을 보고하도록 권하자 말을 하기 시작했다. 공감적인 치료사에 의해 자기표현이 적정 수준으로 이루어지면 외상 기억이 점진적으로 방출된다.

내가 어린 아동들에게 성공적으로 적용한 한 가지 활동이 있는데, 그것은 처음에 Casson(2004)에 의해 설명된 바 있다. 이 연극적 활동의 한 부분에서는 집단원들에게 동물병원 장면에서 애완동물 주인이 되어 보도록 권한다. 각 집단원은 가상의 아픈 애완동물을 만들어 진료소로 데려온다. 아동들은 애완동물의 신체질환뿐만 아니라 감정에 대해서도 의사와 상담한다. 아동과 동물 사이의 상호작용의 질은 종종 아동이 자신의 삶에서 겪은 양육의 질과 양을 나타낸다. 예를 들어 학대받은 아동의 집단에서는 보통 애완동물을 거칠게 다루는 경향이 있다. 그러나 그들이 의사에게 동물의 병에 대해 설명할 때에는 흔히 자신의 증상과 염려에 대해 말하는 것을 볼 수 있다. 나 혹은 내 동료 리더는 수의사 역할을 하면서 동물이 편안함을 느낄 수 있도록 어떻게 도움을 줄 수 있을지 집단원들이 생각해 보도록 격려한다. 또한 우리는 애완동물이 낫기 위해 필요한 것, 즉 외상적 무력감에 적극적으로 대처할 수 있는 신체적 경험을 제공하고자 노력한다.

고학년 아동들은 종종 어린이들이 두려워하는 주제(혹은 아동들이 직접 경험한 것과는 적절히 거리를 둔 비슷한 주제)를 다룬 인터뷰나 토크쇼 형식으로 역할극을 수행하는 것을 좋아한다. 외상적 사별을 경험한 고학년 아동들의 집단에서 구성원들은 각자의 파트너와 함께 두 인물 간의 '작별' 장면을 연기해 보았다. 두 아동이 짝을 지어서 여러 번 장면을 연기하였는데, 걱정, 분노, 어리석음, 슬픔, 질투 등 매번 다른 감정을 담아 연기해 보았다.

모든 연극치료에 있어 치료사가 장면 연출을 촉진하는 것은 치료 과정의 핵심이다. 행동이 너무 격해졌을 때 치료사는 극을 잠시 멈출 수 있고, 감정이 지나치게 고조되었다면 등장인물의 내적 사고를 활성화시켜 인지적 측면을 격려할 수 있다. 혹은 장면이 다소 거리감이 있고 깊은 정서의 탐색을 요할 때에도 이와 유사한 개입을 활용할 수 있다. 또한 어쩔 줄 모르는 상태로 갇혀 버린 인물을 위해서는 새로운 방향이나 전략을 제시하도록 집단원들을 격려할 수 있다. 새로운 관점을 탐색하거나 거리를 두는 것이 환자에게 도움이 된다면 역할을 바꿀 수 있고, 등장인물이 지닌 여러 선택권을 상상해 보기 위해 다양한 엔딩 장면을 제안할 수 있으며, 과거나 미래의 장면을 상상해 보게 할 수 있다. 다양한 가능성이 있지만 창조적인 행위의 다차원적인 치료적 효과를 숙지하고 교훈적인 목적 이상으로 역할극을 사용하는 데 관심 있는 숙련된 촉진자가 필요하다. 집단의 리더는 실제로 방향을 제시하지는 않지만, 자신만의 이야기와 장면을 만들어 내는 환자들의 집단적 참여와 방향성 사이에 균형을 맞추어야 한다. 이를 통해 리더는 환자들이 자신만의 근원으로 삼을 수 있는 자기표현으로 돌아가게 한다.

창조적 행위에는 트라우마의 결과로 흔히 나타나는 파괴와 함께 변증법적 긴장이 존재한다(Dokter, Holloway, & Seebohm, 2011). 집단원들이 창의적인 작업과 목표 지향적인 행동에 참여하게 함으로써 미래의 가능성에 대한 신뢰감을 제공할 수 있다. 이 과정은 2차 외상을 완화하고 통합적인 성취감과 의미 공유를 활성화시키는 가운데 집단원들이 과거 기억을 소화할 수 있도록 돕는다(Saul, 2014). 내가 진행했던 집단에서 아동들은 삶에서 위협적인 경험을 할 때마다 안정감을 주는 부모와 학교, 남자친구, 이상적인 병원, 완벽한 도시, 사랑스러운 가족을 공동 작업으로 만들어 냈다. 주거 시설에서 진행했던 한 소년 집단에서는 그들의 정신질환과 가족으로부터 쫓겨난 경험을 보여 주는 드라마를 비디오로 촬영하기도 했다(Haen & Brannon, 2002). 집단 내에서 한 장면을 연출하는 행위도 그 구성원들이 모두 적극적으로 참여할 때 성공할 수 있다는 느낌을 갖게 해 준다(Nash & Haen, 2005).

결론

트라우마를 설명할 때와 마찬가지로, 연극적 행동이 어떤 경험을 가져오는지에 대해서는 아무래도 말로 설명하기가 힘들다. 그것은 단순한 단어로는 포착해 내기가 어렵고, 사람들이 상상력을 갖고 역할에 돌입할 때 깨달을 수 있다. 몰입의 경험은 가능성과 불굴의 정신, 소통에 접근할 수 있게 한다. 대부분의 연극치료사들은 치료 장면에 종사하기 이전, 연극 예술가로서 창의성의 힘을 경험한 적이 있다. 창의성의 힘이 그들 안에서 어떤 변화를 이루었는지 깨달은 후, 비슷한 상황에 놓인 다른 사람을 도우려면 그 힘을 어떻게 사용해야 하는지 알고자 노력한다.

연극치료와 유사한 분야의 연구 성과에 힘입어, 연극치료사들은 그들이 직관적으로 알게 된 다음과 같은 사실을 적용할 수 있게 되었다. 즉 상상력을 가지고 아동들과 작업하는 것은 외상 사건이 일으킨 상처를 안정적으로 통합하는 수단을 제공해 준다는 것이다. 연극적 공간에서 피해자는 정복자가 되고, 소인은 거인이 되며, 궁지에 몰린 듯한 느낌의 아동은 여러 길을 모색해 볼 수 있다. 공연예술가인 Robert Edmond Jones는 극적 행동의 초월적 가능성에 대해 인식하였으며, 1941년 그의 저서 *The Dramatic Imagination*에서 이에 대해 기술하였다. 다음은 그 책에 기술된 내용 중 일부분이다.

> 연기자들은 무대에서 그들의 첫 번째 대사를 말하는 순간에 삶의 심오한 이원성을 깨닫게 된다. 그리고 그 이후로 그들의 모든 연기는 그 이원성으로 인해 생기를 얻는다. 연기자들은 이를 좋은 연기라고 말한다. 그러나 그들이 의미한 바는 어떤 영적인 것이 잠시 그 순간에 존재하여 그들이 스스로 안다고 여기지 않았던 것들을 말하게 되는 것이다. … 기록에 없는 이런 것은 결코 기록할 수 없는, 예술가들이 우리의 가슴속에서 불러일으킨 감정, 그들이 우리에게 준 환희의 느낌이다. 그들의 기이한 힘은 여기, 우리의 눈 앞에서 인간의 창조적인 영성을 보여 줄 수 있는 그들의 연기에 놓여 있다. 그들은 삶에 대해 가르치거나 설교하지 않았다. 설명하거나 해설하지도 않았다. 그들은 삶 그 자체를 창조했다. 삶의 최고의 충만함과 진실함, 그리고 지고함을.

참고문헌

Allen, J. G., Fonagy, P., & Bateman, A. W. (2008). *Mentalizing in clinical practice*. Washington, DC: American Psychiatric Association.

Allen, J. G., Lemma, A., & Fonagy, P. (2012). Trauma. In A. W. Bateman & P. Fonagy (Eds.), *Handbook of mentalizing in mental health practice* (pp. 419–444). Arlington, VA: American Psychiatric Association.

Armstrong, V. G. (2013). Modelling attuned relationships in art psychotherapy with children who have had poor early experiences. *Arts in Psychotherapy, 40*(3), 275–284.

Ayalon, O. (2013). CARING—Children at risk intervention groups: BASIC Ph guide for coping and healing. In M. Lahad, M. Shacham, & O. Ayalon (Eds.), *The "BASIC Ph" model of coping and resilience: Theory, research and cross-cultural application* (pp. 61–88). London: Jessica Kingsley.

Barrat, G., & Kerman, M. (2001). Holding in mind: Theory and practice of seeing children in groups. *Psychodynamic Counselling, 7*(3), 315–328.

Blaustein, M. E., & Kinniburgh, K. M. (2010). *Treating traumatic stress in children and adolescents: How to foster resilience through attachment, self-regulation, and competency*. New York: Guilford Press.

Bloom, S. (2005). Foreword. In A. M. Weber & C. Haen (Eds.), *Clinical applications of drama therapy in child and adolescent treatment* (pp. xv–xviii). New York: Brunner-Routledge.

Bromberg, P. (2011). *The shadow of the tsunami and the growth of the relational mind*. New York: Routledge.

Caldwell, C. (2012). Sensation, movement, and emotion: Explicit procedures for implicit memories. In S. Koch, T. Fuchs, M. Summa, & C. Müller (Eds.), *Body memory, metaphor and movement* (pp. 255–265). Amsterdam: Benjamins.

Casson, J. (2004). *Drama, psychotherapy and psychosis: Dramatherapy and psychodrama with people who hear voices*. New York: Brunner-Routledge.

Curran, L. A. (2013). *101 trauma-informed interventions: Activities, exercises and assignments to move the patient and therapy forward*. Eau Claire, WI: Premier.

D'Andrea, W., Ford, J., Stolbach, B., Spinazzola, J., & van der Kolk, B. A. (2012). Understanding interpersonal trauma in children: Why we need a developmentally appropriate trauma diagnosis. *American Journal of Orthopsychiatry, 82*(2), 187–200.

Dix, A. (2012). All the better to see you with: Healing metaphors in a case of sexual abuse. In L. Leigh, I. Gersch, A. Dix, & D. Haythorne (Eds.), *Dramatherapy with children, young people and schools: Enabling creativity, sociability, communication and learning* (pp. 83–90). New York: Routledge.

Dokter, D., Holloway, P., & Seebohm, H. (2011). *Dramatherapy and destructiveness: Creating the evidence base, playing with Thanatos*. New York: Routledge.

Ecker, B., Ticic, R., & Hulley, L. (2012). *Unlocking the emotional brain: Eliminating symptoms at their roots using memory reconsolidation*. New York: Routledge.

Ehlert, U. (2013). Enduring psychobiological effects of childhood adversity. *Psychoneuroendocrinology, 38*(9), 1850–1857.

Emerson, D., & Hopper, E. (2011). *Overcoming trauma through yoga: Reclaiming your body*. Berkeley, CA: North Atlantic Books.

Fisher, J., & Ogden, P. (2009). Sensorimotor psychotherapy. In C. A. Courtois & J. D. Ford (Eds.), *Treating complex traumatic stress disorders: An evidence-based guide* (pp. 312–328). New York: Guilford Press.

Ford, J. D., Albert, D. B., & Hawke, J. (2009). Prevention and treatment interventions for traumatized children: Restoring children's capacities for self-regulation. In D. Brom, R. Pat-Horenczyk, & J. D. Ford (Eds.), *Treating traumatized children: Risk, resilience, and recovery* (pp. 195–209). New York: Routledge.

Ford, J. D., Fallot, R. D., & Harris, M. (2009). Group therapy. In C. A. Courtois & J. D. Ford (Eds.), *Treating complex traumatic stress disorders: An evidence-based guide* (pp. 415–440). New York: Guilford Press.

Fosha, D. (2001). Trauma reveals the roots of resilience. *Constructivism in the Human Sciences, 6*(1–2), 7–15.

Galatzer-Levy, R. M. (1991). Considerations in the psychotherapy of adolescents. In M. Slomowitz (Ed.), *Adolescent psychotherapy* (pp. 85–100). Washington, DC: American Psychiatric Association.

Gil, E. (2010). Children's self-initiated gradual exposure: The wonders of post-traumatic play and behavioral reenactments. In E. Gil (Ed.), *Working with children to heal interpersonal trauma: The power of play* (pp. 44–63). New York: Guilford Press.

Goldstein, T. R., & Winner, E. (2012). Enhancing empathy and theory of mind. *Journal of Cognition and Development, 13*(1), 19–37.

Goodman, R. F., Chapman, L. M., & Gantt, L. (2009). Creative arts therapies for children. In E. B. Foa, T. M. Keane, M. J. Friedman, & J. A. Cohen (Eds.), *Effective treatments for PTSD: Practice guidelines from the International Society for Traumatic Stress Studies* (2nd ed., pp. 491–507). New York: Guilford Press.

Green, J., McLaughlin, K. A., Berglund, P. A., Gruber, M. J., Sampson, N. A., Zaslavsky, A. M., et al. (2010). Childhood adversities and adult psychiatric disorders in the National Comorbidity Survey Replication I: Associations with first onset of DSM-IV disorders. *Archives of General Psychiatry, 67*(2), 113–123.

Haen, C. (2005a). Group drama therapy in a children's inpatient psychiatric setting. In A. M. Weber & C. Haen (Eds.), *Clinical applications of drama therapy in child and adolescent treatment* (pp. 189–204). New York: Brunner-Routledge.

Haen, C. (2005b). Rebuilding security: Group therapy with children affected by September 11. *International Journal of Group Psychotherapy, 55*(3), 391–414.

Haen, C. (2011). The therapeutic use of superheroes in the treatment of boys. In C. Haen (Ed.), *Engaging boys in treatment: Creative approaches to the therapy process* (pp. 153–175). New York: Routledge.

Haen, C., & Brannon, K. H. (2002). Superheroes, monsters and babies: Roles of strength, destruction and vulnerability for emotionally disturbed boys. *Arts in Psychotherapy, 29*(2), 31–40.

Haen, C., & Weber, A. M. (2009). Beyond retribution: Working through revenge fantasies with traumatized young people. *Arts in Psychotherapy*, *36*(2), 84–93.

Hart, S. (2011). *The impact of attachment: Developmental neuroaffective psychology*. New York: Norton.

Harvey, S. (2011). Physical play with boys of all ages. In C. Haen (Ed.), *Engaging boys in treatment: Creative approaches to the therapy process* (pp. 91–113). New York: Routledge.

Haste, E., & McKenna, P. (2010). Clinical effectiveness of dramatherapy in the recovery from severe neuro-trauma. In P. Jones (Ed.), *Drama as therapy: Vol. 2. Clinical work and research into practice* (pp. 84–104). New York: Routledge.

Hodermarska, M., Haen, C., & McLellan, L. (2014). Exquisite corpse: On dissociation and intersubjectivity—implications for trauma-informed drama therapy. In N. Sajnani & D. R. Johnson (Eds.), *Trauma-informed drama therapy: Transforming clinics, classrooms, and communities* (pp. 179–205). Springfield, IL: Charles C Thomas.

Hoey, B. (2005). Children who whisper: A study of psychodramatic methods for reaching inarticulate young people. In A. M. Weber & C. Haen (Eds.), *Clinical applications of drama therapy in child and adolescent treatment* (pp. 45–65). New York: Brunner-Routledge.

Holmes, J. (2010). *Exploring in security: Towards an attachment-informed psychoanalytic psychotherapy*. New York: Routledge.

Irish, L., Kobayashi, I., & Delahanty, D. L. (2010). Long-term physical health consequences of childhood sexual abuse: A meta-analytic review. *Journal of Pediatric Psychology*, *35*(5), 450–461.

Irwin, E. (2005). Facilitating play with non-players: A developmental perspective. In A. M. Weber & C. Haen (Eds.), *Clinical applications of drama therapy in child and adolescent treatment* (pp. 3–23). New York: Brunner-Routledge.

Jennings, S. (2011). *Healthy attachments and neuro-dramatic play*. London: Jessica Kingsley.

Johnson, D. R. (1986). The developmental method in drama therapy: Group treatment with the elderly. *Arts in Psychotherapy*, *13*(1), 17–33.

Johnson, D. R., Lubin, H., James, M., & Hale, K. (1997). Single session effects of treatment components within a specialized inpatient posttraumatic stress disorder program. *Journal of Traumatic Stress*, *10*(3), 377–390.

Jones, P. (2007). *Drama as therapy: Theory, practice and research* (2nd ed.). New York: Routledge.

Jones, P. (2012). Approaches to the future of research. *Dramatherapy*, *34*(2), 63–82.

Jones, R. E. (1995). *The dramatic imagination*. New York: Theatre Art Books. (Original work published 1941)

Kindler, R., & Gray, A. A. (2010). Theater and therapy: How improvisation informs the analytic hour. *Psychoanalytic Inquiry*, *30*(3).

Kisiel, C., Blaustein, M., Spinazzola, J., Schmidt, C. S., Zucker, M., & van der Kolk, B. (2006). Evaluation of a theater-based youth violence prevention program for elementary school children. *Journal of School Violence*, *5*(2),

19–36.

Koch, S., & Harvey, S. (2012). Dance/movement therapy with traumatized dissociative patients. In S. Koch, T. Fuchs, M. Summa, & C. Müller (Eds.), *Body memory, metaphor and movement* (pp. 369–385). Amsterdam: Benjamins.

Landy, R. J. (2010). Drama as a means of preventing post-traumatic stress following trauma within a community. *Journal of Applied Arts and Health, 1*(1), 7–18.

Lanius, R. A., Bluhm, R., & Frewen, P. A. (2013). Childhood trauma, brain connectivity, and the self. In J. D. Ford & C. A. Courtois (Eds.), *Treating complex traumatic stress disorders in children and adolescents: Scientific foundations and therapeutic models* (pp. 24–38). New York: Guilford Press.

Leahy, R. L., Tirch, D. D., & Napolitano, L. A. (2011). *Emotion regulation in psychotherapy: A practitioner's guide.* New York: Guilford Press.

Levine, P. A. (2010). *In an unspoken voice: How the body releases trauma and restores goodness.* Berkeley, CA: North Atlantic Books.

Levine, P. A., & Kline, M. (2007). *Trauma through a child's eyes: Awakening the ordinary miracle of healing.* Berkeley, CA: North Atlantic Books.

Levine, S. K. (2009). *Trauma, tragedy, therapy: The arts and human suffering.* London: Jessica Kingsley.

Ludy-Dobson, C. R., & Perry, B. D. (2010). The role of healthy relational interactions in buffering the impact of childhood trauma. In E. Gil (Ed.), *Working with children to heal interpersonal trauma: The power of play* (pp. 26–43). New York: Guilford Press.

Macy, R. D., Macy, D. J., Gross, S. I., & Brighton, P. (2003, Summer). Healing in familiar settings: Support for children and youth in the classroom and community. *New Directions for Youth Development, 98,* 51–79.

Marks-Tarlow, T. (2012). *Clinical intuition in psychotherapy: The neurobiology of embodied response.* New York: Norton.

McArdle, P., Moseley, D., Quibell, T., Johnson, R., Allen, A., Hammal, D., et al. (2002). School-based indicated prevention: A randomised trial of group therapy. *Journal of Child Psychology and Psychiatry, 43*(6), 705–712.

McArdle, P., Young, R., Quibell, T., Moseley, D., Johnson, R., & LeCouteur, A. (2011). Early intervention for at risk children: 3-year follow-up. *European Child and Adolescent Psychiatry, 20*(3), 111–120.

Miranda, L., Arthur, A., Milan, T., Mahoney, O., & Perry, B. D. (1998). The art of healing: The Healing Arts Project. *Journal of Music- and Movement-Based Learning, 4*(4), 35–40.

Muller, R. T. (2010). *Trauma and the avoidant patient: Attachment-based strategies for healing.* New York: Norton.

Nash, E., & Haen, C. (2005). Healing through strength: A group approach to therapeutic enactment. In A. M. Weber & C. Haen (Eds.), *Clinical applications of drama therapy in child and adolescent treatment* (pp. 121–135). New York: Brunner-Routledge.

Ogden, P. (2009). Emotion, mindfulness, and movement: Expanding the regulatory boundaries of the window of affect tolerance. In D. Fosha, D. J. Siegel, & M. F. Solomon (Eds.), *The healing power of emotion: Affective neuroscience, development, and clinical practice* (pp. 204–231). New York: Norton.

Ogden, P., & Gomez, A. (2013). EMDR therapy and sensorimotor psychotherapy with children. In A. Gomez (Ed.), *EMDR therapy and adjunct approaches with children* (pp. 247–271). New York: Springer.

Panksepp, J., & Biven, L. (2012). *The archaeology of mind: Neuroevolutionary origins of human emotions.* New York: Norton.

Pearce, J. W., & Pezzot-Pearce, T. D. (2007). *Psychotherapy of abused and neglected children* (2nd ed.). New York: Guilford Press.

Perry, B. D. (2006). Applying principles of neurodevelopment to clinical work with maltreated and traumatized children: The neurosequential model of therapeutics. In N. B. Webb (Ed.), *Working with traumatized youth in child welfare* (pp. 27–52). New York: Guilford Press.

Perry, B. D. (2009). Examining child maltreatment through a neurodevelopmental lens: Clinical applications of the neurosequential model of therapeutics. *Journal of Loss and Trauma, 14*(4), 240–255.

Porges, S. W. (2011). *The polyvagal theory: Neurophysiological foundations of emotions, attachment, communication, and self-regulation.* New York: Norton.

Ramachandran, V. S. (2011). *The tell-tale brain: A neuroscientist's quest for what makes us human.* New York: Norton.

Ramseyer, F., & Tschacher, W. (2011). Nonverbal synchrony in psychotherapy: Coordinated body movement reflects relationship quality and outcome. *Journal of Consulting and Clinical Psychology, 79*(3), 284–295.

Saul, J. (2014). *Collective trauma, collective healing: Promoting community resilience in the aftermath of disaster.* New York: Routledge.

Schore, A. N. (2012). *The science of the art of psychotherapy.* New York: Norton.

Siegel, D. J. (1999). *The developing mind: Toward a neurobiology of interpersonal experience.* New York: Guilford Press.

Silberg, J. L. (2013). *The child survivor: Healing developmental trauma and dissociation.* New York: Routledge.

Steele, W., & Malchiodi, C. A. (2012). *Trauma-informed practices with children and adolescents.* New York: Routledge.

Stern, D. (2004). *The present moment in psychotherapy and everyday life.* New York: Norton.

Stern, D. (2010). *Forms of vitality: Exploring dynamic experience in psychology, the arts, psychotherapy and development.* New York: Oxford University Press.

Tinnin, L., & Gantt, L. (2013). *The instinctual trauma response and dual-brain dynamics: A guide for trauma therapy.* Morgantown, WV: Gargoyle Press.

Trevarthen, C. (2009). The functions of emotion in infancy: The regulation and communication of rhythm, sympathy, and meaning in human development. In D. Fosha, D. J. Siegel, & M. F. Solomon (Eds.), *The healing power of emotion: Affective neuroscience, development and clinical practice* (pp. 55–85). New York: Norton.

van der Kolk, B. A. (2003). The neurobiology of childhood trauma and abuse. *Child and Adolescent Psychiatric Clinics of North America, 12*(2), 293–317.

van der Kolk, B. A. (2005, May). *Attachment, helplessness, and trauma: The body keeps the score*. Paper presented at the Harvard Medical School conference on attachment and related disorders, Boston.

Van Horn, P. (2011). The impact of trauma on the developing social brain: Development and regulation in relationship. In J. D. Osofsky (Ed.), *Clinical work with traumatized young children* (pp. 11–30). New York: Guilford Press.

Wise, S., & Nash, E. (2013). Metaphor as heroic mediator: Imagination, creative arts therapy, and group process as agents of healing with veterans. In R. M. Scurfield & K. T. Platoni (Eds.), *Healing war trauma: A handbook of creative approaches* (pp. 99–114). New York: Routledge.

외상근거 미술치료와
폭력 가정 아동을 위한 집단 개입

Cathy A. Malchiodi

8살 소년 토드는 최근 어머니의 남자친구로부터 어머니가 수차례 신체적으로 학대당하는 것을 목격하였다. 이 일이 있기 전에 토드의 생물학적 아버지는 3년간 토드에게 언어폭력을 가하고 그의 어머니 마리아를 구타하고는 그녀와 이혼하였다. 토드는 6살이었을 때 부모님이 폭력 사건을 일으키는 동안 어머니의 휴대전화로 경찰에 연락함으로써 개입을 시도하였다. 이에 대해 토드의 아버지는 아이를 벽장에 3일간 가두어 벌주었다. 현재 토드와 그의 어머니는 폭력 피해 여성과 아이들을 위한 쉼터에 머물고 있다.

12살 소녀 샤리사는 계부가 어머니와 남동생을 때리는 것을 목격하였다. 어린 시절 샤리사의 생물학적 아버지는 2년간 그녀를 신체적, 성적으로 학대하였고, 이는 그녀의 어머니가 폭력 피해 여성과 아이들을 위한 쉼터로 그녀를 데리고 도피하기로 결정하기 이전까지 계속되었다. 샤리사와 그녀의 어머니, 그리고 남동생은 현재 가정폭력 생존자들을 위한 안전가옥에 머무르고 있고, 다음 달에 폭력 피해 여성을 위한 장기 가옥으로 옮길 예정이다.

10살 소녀 메건은 아버지가 어머니를 때리고 총으로 위협하는 것을 목격하였고, 친오빠에게 신체적 학대를 당하였다. 폭력이 장기적으로 이어지는 가운데 특히 잔인했던 사건은 그들 가족이 키우던 강아지를 아버지가 죽였던 일인데 메건이 이 장면을 목격하게 되었다. 메건은 현재 위탁 가정에 머무르고 있으며, 그녀의 어머니가 부상으로부터 회복하고 그녀와 함께 거할 안전한 장소를 찾을 때까지 이곳에 머무르게 된다. 메건은 다른 사람들에게 자신의 학대 경험이나 목격담을 이야기했을 때, 어머니와 영영 떨어져 살게 될지도 모른다며 염려하고 있다.

9살 소년 팀은 부모가 둘 다 군생활을 하고 있으며 밑에 2살 난 여동생이 있다. 팀의 아버지는 적어도 다섯 차례 해외로 파병된 적이 있고, 세 차례 실제 전투에 참여해 왔다. 팀의 부모는 최근에 헤어졌는데, 그 이유는 팀의 아버지가 어머니에게 때때로 폭력을 가하였고, 한번은 심한 상해를 가해 어머니가 응급실에 가는 사건이 있었기 때문이다. 팀은 현재 스트레스나 대인간 폭력을 경험한 군인 가족을 위한 아동 회복력 증진 집단에 속해 있다. 여전히 그는 또 다른 '구타'가 존재할 가능성에 대해 염려하고 있고, 학교 교사에 따르면 학교에서도 그는 아이들과의 관계에서 물러나 있고 불안해하고 있다.

지금까지 제시된 각 아이들이 사실상 외상적인 것으로 간주되는 경험을 하였다 할지라도, 아이들 모두 공통적인 한 가지 경험을 가지고 있다. 그것은 그들의 가정에서 폭력에 노출되었다는 것이다. 그리고 그것은 이른바 **가정폭력** 혹은 **가까운 파트너의 폭력**이다. 가정폭력은 친밀한 관계에서 공포를 유발하거나 협박 혹은 통제하기 위한 의도를 가지고 신체적·언어적·감정적·성적 학대를 사용하거나 사용할 것이라는 위협을 하는 것이라고 정의할 수 있다(Child Welfare Information Gateway, 2013). 이는 남성이 여성에게 가하는 행위와 함께 여성이 남성에게 가하는 모욕, 그리고 동성 파트너나 배우자 사이에 행해지는 모욕도 포함한다. 가정폭력이 일어날 때 아동 학대도 종종 함께 일어나며, 아이들은 타인의 의도적인 행동이나 사고에 의해 부상을 입을 수 있다. 모든 사례를 통틀어 가정폭력은 가족 내의 심각한 문제이며 아동이 보이는 외상적 반응의 주요 원인이 된다.

아동 피해자들에 대한 가정폭력의 부정적 영향은 반복적으로 인식되어 왔으나, 이 아동들의 단기적 · 장기적인 심리적 필요를 다루기 위한 치료적 개입 모델은 극히 소수에 불과한 상태가 계속 이어지고 있다(Child Welfare Information Gateway, 2013; Malchiodi, 1997; McCue, 2008). 미술치료와 놀이치료는 폭력 가정의 아이들에게 광범위하게 사용되는 두 가지 접근법으로서(Gil, 2011; Malchiodi, 1997, 2014; Webb, 2007), 외상중심 인지행동치료(TF-CBT; Cohen, Mannarino, & Deblinger, 2012), 외상근거 집단미술치료(Malchiodi, 2011, 2014)와 함께 많은 외상 개입방식 가운데 중요한 부분으로 인식된다. 미술치료와 놀이치료가 치료적 효과를 위해 외상 아동들로 하여금 사실적 상상을 용인하고 활용하게 함으로써 외상 기억과 정서를 드러나게 한다는 점은 많은 학자들이 동의하는 바이다(Klorer, 2008; Malchiodi, 2011). 이 장에서는 가정폭력의 본질과 그것이 학령기 아동에게 미치는 영향, 그리고 구조를 갖춘 외상근거 집단미술치료 모델에 대해 간략히 설명하고자 한다.

가정폭력과 아동

토드와 샤리사, 메건, 팀처럼 가정폭력에 노출되었다고 여겨지는 아동들의 수는 연간 천만 명으로 추정된다(Child Welfare Information Gateway, 2013). 정확한 수치가 알려지지 않은 이유는 폭력 노출 사건 중 다수가 보고되지 않기 때문이다. 모든 사례를 통틀어 각 아동은 자신의 집에서 폭력을 목격하였고, 어머니가 그녀의 친한 파트너나 남편으로부터 매 맞는 것을 보았다. 아동들이 폭력의 목격자이거나 당사자가 될 수 있기 때문에 '가정폭력에의 노출'이라는 용어는 정확하지 못하며, 아동들이 자신의 가정에서 폭력적 행동을 경험하는 수많은 방식을 모두 다 다루지 못한다. '노출' 혹은 '목격자'라는 용어는 아동이 수동적인 방관자라는 뜻을 내포하는데, 대다수의 상황에서 아동들은 '싸움을 일으킨 원인'에 자신이 어떠한 역할을 했는지를 생각해 보고 결과에 대해 걱정하고, 자신과 형제자매, 조부모 혹은 다른 가족 구성원을 보호하려고 하는 적극적인 참여자이다. 그들은 아마도 부모나 보호자의 역할을 할 것이며, 문제를 해결하려 하거나 갈등을 중재하고자 하며, 학대 가해자의 주의를 분산시키거나 외부의 도움을 구하기 위해 최초 대처자나 이웃을 부를 것이다. 간략히 말해서, 아동의 가정 학대에의 노출은 아래에 제시한 경험에 한정되지 않으나 이를 포함한다(Child Welfare Information Gateway, 2013; National Child Traumatic Stress Network, 2014).

1. 폭력 사건이나 소란스러운 갈등을 듣거나 목격한다.
2. 사건의 여파, 예컨대 부상이나 경찰이 도착하는 것을 본다.
3. 폭력의 일부분으로 이용된다. 예컨대 가해부모나 양육자를 막는 방패막이로 활용될 수 있다.
4. 가정폭력의 예방에 관여하게 된다.
5. 폭력 사건의 파급효과를 경험한다.
6. 학대나 구타를 보거나 그에 참여하도록 강요당한다.
7. 성인 희생자를 집으로 돌아오게 하거나 그가 가해자와 다시 관계를 맺도록 설득하기 위해 아동을 볼모로 사용한다.
8. 가해자가 성인 희생자를 공격하는 동안 뜻밖의 피해를 입게 된다.
9. 가족의 폭력에 대해 침묵하고 그것을 가족 간의 비밀로 유지하도록 강요받는다.
10. 아동을 위협하거나 반려동물을 괴롭힘으로써 아동의 부나 모를 학대하라고 종용하거나 강요한다.
11. 부모나 보호자가 폭력적인 이유는 아동의 잘못된 행동 때문이라고 말한다.

가정폭력에의 노출은 아동에게 광범위한 정서적 · 심리적 · 인지적 · 사회적 · 행동적 문제를 초래한다. 연구에 따르면 가정폭력에 노출된 아이들이 다음에 제시한 문제들 중 몇 가지 혹은 모든 항목을 겪게 될 수 있다고 말한다.

정서적 · 사회적 · 행동적 문제

가정폭력에 노출된 아이들은 그렇지 않은 아이들보다 공포, 불안, 분노, 낮은 자존감, 과도한 걱정, 우울을 더 많이 나타낼 수 있다. 또한 이들은 다른 아이들에 비해 더욱 공격적이고, 저항적 행동을 보이며, 회피적이거나 갈등해결능력이 부족하다. 또한 친구, 형제자매 등 사람들과 사회적 관계를 잘 맺지 못한다. 특히 이들은 타인을 지나치게 신경 쓰는데(과도한 경계 상태), 그 이유는 이 아동들이 겪은 사건들이 이들로 하여금 사람들은 위험하고, 변덕스러우며, 예측 불가능하다고 믿게 만들기 때문이다. 어떤 아동들은 아동기 전반에 걸쳐 애착의 어려움을 보이고, 다수는 수면 문제, 섭식 장애, 신체화 증상, 야뇨증이나 기타 퇴행적 행동들로 고통을 받는다. 이러한 아동들은 가족 간 갈등에 노출되지 않은 아이들보다 분리불안, 강박장애, 품행장애 진단을 더 많이 받는다(Child Welfare Information Gateway, 2013; Malchiodi, 1997; McCue, 2008; National Child Traumatic Stress Network, 2014).

인지적 문제

가정폭력에 노출된 아동들은 학교에서 빈약한 수행능력을 보일 수 있고, 낮은 인지적 기능과 제한적인 문제해결력을 가질 수 있다. 그들은 또한 반복되는 외상 경험으로 인해 집중이나 이해에 어려움을 보일 수 있다.

장기적 문제

청소년, 성인과 마찬가지로, 가정폭력에 노출된 아동들에게 우울증과 외상관련 증상들이 더 많이 나타난다. 또한 그들은 폭력을 일반적인 대인간 상호작용으로 받아들일 수도 있고, 관계에서 남성이 우세하다는 성 고정관념을 믿을 수도 있다. 가정폭력은 세대에 걸쳐 이어지는 측면이 있다고 여겨지며 아동기에 학대를 받고 자라난 가정폭력 가해자는 이후 자신의 아이를 학대할 가능성이 더 높다(Child Welfare Information Gateway, 2013).

다양성

가정폭력의 영향은 몇 가지 요소에 의해 중재된다. 중재 요소에는 폭력 경험의 종류(목격, 일방적 모욕, 혹은 다방향적 모욕), 아이의 적응능력, 나이, 성별, 노출 이후 경과시간, 그리고 다른 외상 사건에의 노출이 있다. 연구에 따르면 가족 구성원으로부터 신체적 폭력을 경험한 아동들이 단순히 학대 사건을 목격한 아동들보다 외상후 스트레스 장애를 겪을 가능성이 더 많다(Child Welfare Information Gateway, 2013; McCue, 2008).

유사성

가정폭력에 장기간 노출된 아동들은 전쟁과 기타 갈등에서 살아남은 아동들과 매우 유사한 점이 있다. 예를 들어, 부모 간 갈등은 심각했다가 줄어들었다 하고, 아마도 산발적이거나 일상적일 수 있다. 전쟁 중에 놓인 아동들처럼 폭력 가정의 아동들은 신체 상해, 불안정한 상태, 변덕스러운 상황을 목격하거나 직접 경험한다. 소유물이 파괴되거나, 살던 곳에서 쫓겨나고, 상실을 경험하며, 가족 구성원과 분리될 수도 있다. 때로는 교도소에 수용되기도 하고 심지어 포로로 잡힐 수도 있다. 결과적으로 그들은 자신의 갈등 경험과 일치하는 사고, 인지, 신념을 발전시킨다. 또한 부모나 양육자와의 관계에서 학습한 바에 따라 성인들 간의 논쟁이나 의견 충돌은 스트레스가 되고 위험할 수 있다고 받아들인다.

회복력

끝으로, 가정폭력에의 노출에도 불구하고 몇몇 아동들은 현저한 회복력을 갖고 있고, 경험의 결과로 나타나는 반응이 거의 없다. 즉 어떤 아동들은 스트레스 상황에 부정적으로 반응하는 반면, 어떤 아동들은 안전한 삶의 체제로 돌아왔을 때 폭력에의 노출로부터 빠르게 회복된다. 가정폭력으로부터 회복력을 갖는 것에 대한 중재 요인으로는 폭력에 노출된 수준, 아이의 개인적 특성, 부모나 성인이 제공하는 도움의 규모나 질이 있다(National Child Traumatic Stress Network, 2014).

외상근거 미술치료

외상근거 미술치료(trauma-informed art therapy; Malchiodi, 2011, 2012a, 2014)는 신경발달적 지식과 외상 개입에 사용되는 모든 예술의 감각적 특성을 통합한 개입 모델이다. 외상근거 미술치료에는 다섯 가지 원칙이 존재한다. (1) 자기조절을 위해 감각을 사용한 예술기반, 놀이기반 접근을 사용한다, (2) 스트레스에 대한 신체 반응을 안정시키기 위해 신경발달적 접근법을 적용한다, (3) 스트레스 사건이나 기억에 대한 신체적 반응을 확인한다, (4) 안정성과 긍정적 애착을 확립하고 지지하기 위해 예술기반, 놀이기반 접근을 사용한다, (5) 회복력의 복원과 향상을 위한 예술기반, 놀이기반

치료를 통해 강점 구축의 기회를 갖는다(Malchiodi, 2011, 2014). 간단히 말해 이 접근법은 몸과 마음이 외상 사건에 반응하는 방식을 고려하고, 증상을 병리가 아닌 적응적 대처기술로 인식한다. 또한 트라우마를 겪은 개인들이 생존자에서 "성장하는 사람"으로 변화할 수 있게 돕는다(Malchiodi, 2011). 특히 이 접근법은 개인이 정서를 스스로 조절할 수 있도록 돕고, 외상 경험에 대한 신체적 반응을 완화시킴으로써 궁극적으로는 트라우마의 통합과 회복의 단계로 나아가게 한다.

외상근거 미술치료의 환경

안정감을 제공하고 자기조절을 가능하게 하는 것은, 대인간 폭력을 경험한 아동들을 위한 효과적인 외상근거 집단미술치료의 기반을 마련한다(Malchiodi, 2011). 안전과 자기조절은 환경을 설정하고 목표를 달성하기 위한 치료적 관계를 수립하는 것으로 시작된다(Steele & Malchiodi, 2012). 환경은 아동들이 마주하는 물리적 환경뿐만 아니라, 도움을 주는 전문가들이 외상에 근거하여 반응하는 방식도 포함한다. 안식처 모델(The Sanctuary Model®; 2014; Bloom, 2009, 2010)은 비폭력적인 삶과 체계를 유지하고 양성하는 데 필수적인 기술을 가르쳐 주는 외상 근거 환경의 중요한 예이다. 이 모델은 트라우마와 대인간 폭력을 다루는 쉼터와 여러 단체에서 집단적 개입으로 널리 활용되어 왔다. 또한 이 모델은 트라우마의 영향을 개선하기 위해 문화적으로 민감하고 감각에 기반을 두는 방식을 활용하고, 마음과 몸이 어떻게 외상 사건에 반응하는지에 대한 이해에 근거를 둔다.

Levine과 Kline(2008)은 아동이 안정감을 느끼고 자신을 조절할 수 있으려면 다음의 경험을 꼭 해야 한다고 제안한다. (1) 내 몸은 안전하다, (2) 나의 감정은 안전하다, (3) 나의 생각, 말, 아이디어는 안전하다, (4) 내가 만드는 것은 안전하다. 이 원칙들은 거주 집단뿐만 아니라 폭력 가정 아동의 외래 집단을 대상으로 외상근거치료를 제공할 때 필수적이다. 그리고 이 원칙들은 외상근거 환경을 정의하는 외상근거 미술치료의 실제로 다음과 같이 요약할 수 있다.

1. **통제감 수립** : 대인간 폭력을 경험한 아동들이 어떻게 그들의 환경과 관계를 인

지하는지 고려하라. 대부분의 경우 그들은 잠재적인 위험이나 위해에 지나치게 민감하다. 아동들이 치료적 환경을 통제하고 있음을 느낄 수 있는 기회를 전문가로서 제공하는 것이 중요하다. 예를 들어, 치료사들은 아동에게 미술치료실과 놀이치료실의 의자를 배열하는 기회를 주거나, 미술 작업을 위한 집단의 통상적인 방식을 함께 결정하게끔 한다. 임상가는 치료 회기 동안 아동들이 안정감을 갖도록 아동들이 신호를 만들게 한다.

2. 일관성 유지 : 일반적으로 폭력 가정의 아동들은 일관성이 없고 종종 혼란스러운 가정 생활을 경험하였다. 미술치료나 놀이치료 회기에서 시작이나 끝을 위한 예측가능한 의식은 필수적이다. 예를 들어, 각 집단은 익숙한 예술이나 놀이 활동으로 회기를 시작함으로써 반복되는 의식을 구축해야 한다. 또한 전문가들은 회기 중 자신의 반응과 행동을 예측가능하게 함으로써 일관성을 높여야 한다.

3. 감각 과부하 줄이기 : 미술치료와 놀이치료는 감각을 자극하는 여러 재료와 소품, 장난감을 제시한다. 그러나 트라우마를 겪은 아동들은 지나치게 많은 감각 자극과 선택권을 제공했을 때 과활성화될 수 있다. 아동 내담자가 새로운 경험과 매체를 마주했을 때에는 그가 자신을 조절하고 환경에 적응할 수 있을 때까지 초기 회기에 재료와 소품을 제한하는 것이 좋다. 수성사인펜, 연필, 미리 잘라진 콜라주 재료와 같이 비교적 통제하기 쉬운 재료를 사용하거나, 단순한 색칠, 낙서, 혹은 익숙한 공예와 같은 자기위로 활동을 활용해 보라.

4. 숙달의 경험 돕기 : 외상근거치료에서 미술과 놀이를 소개하는 가장 중요한 이유는 숙달의 느낌을 높이기 위해서이다. 여러 단계로 이루어진 지나치게 복잡한 지시사항들은 내담자에게 너무 압도적일 수 있다. 참여도가 높고 좌절할 가능성이 낮은 성공지향적인 활동을 선택하는 것이 좋다. 또한 가정폭력에의 노출로 인한 외상 스트레스의 생리적 측면을 강조하는 스트레스 감소 전략은, 다수의 아동들로 하여금 그들이 경험하는 두려움, 공포, 걱정을 잘 다스릴 수 있다는 느낌을 갖게 한다.

5. 문화적으로 민감하기 : 다양한 문화적 배경의 아동들을 알아 가는 것은 외상근거 치료에서 필수적이다. 민족성뿐만 아니라 다른 여러 가지 요소를 고려해야 한다. 이 장의 시작 부분에 소개한 팀은 군대 문화에서 성장하였으며, 특정 종교나

공동체적 가치 속에서 성장한 아동들도 있을 것이다. 아동들은 일종의 '문화'를 구성한다. 즉 그들은 자신의 세계관을 공유할 수 있고 그들의 관점을 가치 있게 여기는 분위기에서 존중받는다고 느낀다. 모든 경우에, 문화적으로 다양한 미술과 놀이 재료는 외상근거치료에서 중요한 요소이다.

6. **안심시키기** : 폭력을 경험하거나 목격한 아이들과의 작업은 감각과 언어적 암시를 통해 아동이 안전하다고 느끼게 돕는 치료사의 능력을 요한다. Levine과 Kline(2008)은 빠른 호흡, 과각성 혹은 철수와 같은 외상 반응(투쟁이나 도피 혹은 동결 반응)을 찾아내는 것의 중요성을 강조했다. 왜냐하면 예술과 놀이의 경험은 본질적으로 감각적이며, 트라우마에 대한 암묵적 반응을 자극할 수 있기 때문에 예술과 놀이 활동에 대한 아동의 신체 반응을 관찰하는 것이 특히 중요하다. 끝으로, 아동을 안심시키는 것은 다음의 개입 또한 포함한다. 즉 가정이나 부모 간, 혹은 보호자 간에 일어난 일은 아동의 잘못이 아니라는 인식, 그리고 과거에 일어난 일은 '지금 일어나는 일'과 다르다는 인식을 강화시키는 것이다.

7. **회복력을 심어 주고 향상시키기** : 비록 아동들이 통제할 수 없는 상황의 피해자로 지내 왔다 할지라도, 동시에 그들은 성장 능력을 지닌 생존자라는 인식을 개입 초반부터 강화시키는 것이 중요하다. 예술과 놀이 활동은 자기역량강화, 긍정적 관계, 긍정적 공헌이 필수적이라는 것을 뒷받침한다. 폭력 가정의 아이들에게 회복력을 깨닫게 하고 그것을 획득할 수 있도록 돕는 것은 아동기와 청소년기를 너머 그 이후의 인생을 성공적으로 영위하게 하기 위해 필수적이다(Malchiodi, 2011).

끝으로, 외상에 근거한 집단미술, 놀이 환경에 유용한 사항들을 다음과 같이 제시하였다.

1. 아동을 위한 편안한 탁자와 의자
2. 이완 활동을 위한 베개와 바닥 매트
3. 미술 재료(종이, 카드보드 도화지, 유성 파스텔, 수성사인펜, 잡지에서 오려 낸 이미지를 포함한 콜라주 재료, 색도화지, 천과 털실, 안전 가위, 스테이플러, 테이프, 목공풀, 딱풀, 점토, 물감, 붓)

4. 인형(다문화 가족 인형, 동물 인형 모음, 손가락 인형, 경찰, 의사 혹은 다른 초기 대응자와 같은 구조자 인형)

5. 조용한 독서시간과 치료적 이야기를 위한 아동용 책

6. 집단 활동을 위한 오락과 치료적 게임을 위한 보드게임[예 : '언게임(Ungame)' 이나 '말하고, 느끼고, 행동하기' 게임]

7. 건물 짓기용 쌓기 블록이나 레고

8. 쉬는 시간을 위한 간식, 칭찬용 스티커나 기타 토큰

아동이 자신의 경험을 투사하는 데 상상력을 활용하도록 하기 위해 어떤 치료사는 영화나 만화주인공 관련 피규어보다 일반적인 놀이 재료와 장난감을 더 선호한다. Gil(2011)은 아동이 학대나 가정폭력과 관련된 어려운 경험에 대해 표현하도록 격려하는 데 있어 의도적이고 구체적으로 선정된 놀이 재료들이 중요한 역할을 한다고 말한다. Gil은 예컨대 법정 장면을 나타낸 놀이 피규어 세트를 사용할 수 있게 한다. 폭력에 노출된 다수의 아동들은 결국 법정에서 증언하게 되고 재판에서 가해자를 만나기 때문이다. 내 경험으로는 기한이 정해진 단기 상황에서 아동들이 흔히 '가족의 비밀'과 불편한 폭로에 대해 조금 더 보호받기를 원할 때에는, 조금 더 일반적인 재료를 사용하는 것이 아동들의 적응적인 대처기술을 돕는 데 효과적이다. 더 장기간에 걸쳐 아동을 만날 수 있는 치료환경과 개인 치료에서는 대인간 폭력과 아이들을 학대하는 양육자, 그리고 서로에게 폭력을 사용하는 부모와 자녀 문제를 심층적으로 다루기 위해 특정 재료와 소품, 장난감의 사용이 중요하다.

집단 개입 : 구조와 어려움

집단 치료는 가정폭력에 노출된 학령기 아동의 트라우마를 다루기 위한 일반적인 전략이다(Child Welfare Information Gateway, 2013). 이들을 위한 치료 프로그램은 대부분 폭력 피해 여성을 위한 쉼터 혹은 노숙자 가족, 여성, 아동을 위한 서비스 단체에서 찾아볼 수 있다. 가정폭력에 노출된 아동을 위한 구조화된 집단 치료는 대부분 제한 시간 내에 이루어지고 보통 6~10회 정도 회기를 진행한다. 이 치료는 흔히 폭력에

대한 토론과 개인의 안전 계획 수립, 트라우마와 관련된 감정의 이해 등 심리교육적인 요소를 갖고 있다. 집단 방식은 대부분의 아이들에게 효과적이다. 집단은 아동으로 하여금 다른 아이들도 자신과 같거나 유사한 경험을 했다는 사실을 깨닫게 해 주고, 공포, 분노, 걱정, 슬픔 혹은 죄책감이 혼자만의 감정이 아니라는 것을 알게 하기 때문이다. 예컨대 이 장의 서두에서 소개한 10살 소녀 메건은 다른 아동들과 이야기하면서 자기 때문에 학대가 일어난 것이 아니라는 것과 예술치료와 놀이치료사에게 자신이 겪은 일을 이야기한다 해도 엄마와 분리되지 않는다는 것을 배울 수 있었다.

그럼에도 불구하고 이 아동들을 위한 집단 치료에는 몇 가지 어려움이 있다. 폭력 가정 아동을 위한 집단은 아무리 최선을 다한다 하더라도 회기 수가 일정하지 않다. 쉼터나 단체 혹은 여러 치료적 환경의 자체적 특성 때문에 아동들이 참여 가능한 집단 회기의 수는 예측불가능하다. 몇몇 가정폭력 쉼터에서는 한두 회기 정도 아동을 만날 수 있고, 외래나 정신보건단체 치료 회기에서는 한 주에 6~10회기 정도 만날 수 있다. 많은 경우에 새로 입소하는 아동들이 들어오고 기존의 아동들이 예고 없이 빠져나가면서 집단 구성원이 자주 변동된다. 간단히 말해 이 집단과 작업할 때 가장 어려운 점 중 하나는 구성원의 지속적인 참여이다.

참여할 수 있는 회기의 수가 제한되어 있기 때문에, 제공되는 예술과 놀이적 개입의 유형과 치료의 속도가 또 다른 고려사항이다. 참여 횟수가 제한된 아동에게는 감정적으로 부담이 되는 주제를 회기 내에 소개하는 것이 적절하지 못하다. 간략히 말해, 매우 조심스럽고 통제된 방식으로 재료와 지시사항을 제시하는 것은 이러한 어려움을 해소하기 위한 하나의 해결책이다. 예를 들어, 나는 그림과 잡지 사진 콜라주를 사용하는데, 이 두 가지 재료는 감정적인 주제와 불편한 감정을 다루는 작업을 할 때 훨씬 조심스럽고 통제적이기 때문이다. 또 다른 적용으로는 고학년 아동에게 일기나 워크북을 제공하는 것이 있다. 이 기법의 일반적인 원칙은 통제감을 높이는 경험을 제공하는 것이다. 이 기법이 뇌의 하부 구조인 감각 영역보다는 집행기능을 건드리기 때문이다.

반대로 내담자의 회복력을 높이고 자기위로와 자기조절의 경험을 돕는 활동을 제공하고자 할 때 나는 점토, 물감, 천, 감촉을 느낄 수 있는 종이, 털실, 깃털, 반짝이 등의 감각기반 재료들을 더 많이 사용한다. 개입을 생각할 때 Levine(Levine & Kline,

2008)의 적정(titration)과 극이동(pendulation)의 개념은 도움이 된다. 적정은 괴로움이나 불편한 감정에 개인을 조금씩 노출시키는 것을 뜻한다. 그리고 극이동은 정서, 신체적으로 덜 편안하거나 더욱 편안한 두 상태 사이를 오가는 것을 의미한다. 고통을 다룸에 있어(예 : "무슨 일이 일어났니?" 혹은 "걱정을 그려 봐.") 적정과 극이동은 유연하고 다양한 감각 재료보다는 통제적이고 조절력이 있는 재료로 더욱 쉽게 이루어질 수 있다. 유연하고 다양한 감각의 재료는 아동들이 이완과 스트레스 경감을 위한 활동을 할 때, 그리고 성취와 숙달의 느낌을 고무시킬 때 적절하다(더 자세한 내용은 미술 재료의 치료적 적용에 대한 논의, Malchiodi, 2012b 참조).

외상근거 미술치료 집단 개입 모델

가정폭력과 학대에 의한 외상 전문가로 유명한 Judith Herman(1992)은 폭력 가정 아동의 집단 치료에 발전적으로 적용할 수 있는 트라우마 회복 모델의 세 가지 부분을 설명하였다. 그녀가 소개하고 있는 모델은 (1) 안전감 구축, (2) 외상 사건에 대해 이야기하기, (3) 트라우마를 경험한 개개인과 공동체 간의 관계 회복을 포함한다. 나는 수년에 걸쳐 아동들의 경험 속도와 집단 치료의 환경, 가정폭력의 현실에 맞추어 Herman의 모델을 수정하였다. 개인 치료처럼 집단 치료에서도 다음에 제시할 모든 치료 활동에 아직 준비가 되지 않은 아동들이 있으므로, 이들 개개인의 속도에 맞추어 진행하는 것이 필수적이다. 치료 활동은 치료에 참여하는 아동들의 외상 경험 유형에 따라 그에 맞게 조절하여 진행해야 한다.

치료 초기 : 안전 구축과 자기조절 증진

초기 집단 회기에서는 안전감과 신뢰의 증진, 자기조절기술의 학습을 중시한다. 폭력적인 상황이나 신체적 폭행을 경험하거나 그것을 목격한 아동들 중 초반에 안전감을 느끼지 못한 채 자신을 드러내는 것에 편안함을 느끼거나, 트라우마를 극복하고 새로운 기술을 배울 수 있는 아동은 아무도 없을 것이다. 폭력적인 가정에서 자란 아이들은 대부분 치료사를 포함하여 처음 만나는 모든 아동이나 성인, 주변 환경에 두려움과 불안을 자주 느낀다. 또한 단 한 번이나 몇 번밖에 회기에 참여할 수 없는 아동들의 경우에는 초기 세션에서 자기조절기술을 익혀 보호소나 치료 프로그램을 떠날 때 내적 자원으로 사용할 수 있도록 도와주는 것이 중요하다.

실제 개입에 있어서는 집단 치료를 진행할 때 초반의 몇 회기에 걸쳐, 혹은 집단 구성을 위한 초기 인터뷰에서 비밀보장에 대해 논의하는 것이 필수적이다. 아동들은 본인의 허락 없이는 치료사가 부모나 보호자에게 자신의 말을 전하지는 않지만, 아동이 치료에서 다루고 있는 이슈와 전반적인 치료 과정에 대해서는 어른들에게 알릴 수 있음을 충분히 이해하고 숙지해야 한다. 그러나 아동들이 그들 자신이나 타인을 위험에 처하게 할 수 있는 행동을 보이거나 말하였을 경우에는 이러한 사실에 대한 비밀보장은 이루어지지 않는다. 그리고 초기 회기에서는 집단 내의 규칙을 구성원들에게 소개한다. 폭력 가정 아동들과 작업할 때에는 신체적 접촉에 대해 논의하고 폭력이나 기타 형태의 신체적 괴롭힘, 언어적 학대(욕설, 괴롭히기, 모욕)에 대해 분명히 언급하는 것이 중요하다. 그리고 미술 작품과 창의적 표현 또한 이와 마찬가지로 존중해야 한다. 이러한 규칙들은 색 포스터로 작성하여 집단 모임 장소에 두는데, 상호 결속을 강화하기 위해 그 위에 아동들이 서명하기도 한다. 결론적으로 외상근거치료는 집단원들의 신뢰감을 높이기 위해 집단 안에서 무엇을 말해야 할지 선택할 때 안전감과 통제감을 느낄 수 있도록 돕는 치료사의 역할을 중시한다.

초기 집단 회기에서 할 수 있는 활동에는 다음과 같은 것들이 있다.

- 미술 재료를 사용하여 작은 동물 장난감을 위한 안전한 공간을 만든다(그림 12.1과 12.2 참조).
- '안전한 손'을 만들고, 그 위에 위급하거나 위험한 상황에 연락할 수 있는 사람의 이름과 연락처를 적어 놓는다.
- 걱정 그림을 그리거나 '감정온도계' 혹은 '내 걱정의 크기' 등 측정 기법의 활용을 배움으로써 걱정이 얼마나 심한지를 깨닫는다.
- 몸 윤곽선을 활용하여 색, 모양, 선으로 '걱정은 내 몸 어디에 위치해 있는지'를 알아본다.
- 안전함과 평안함을 주는 콜라주 이미지를 사용하여 입체적인 집을 만든다.
- 심호흡, 요가, 마음챙김 활동(이 책 제14장에서 Rappaport가 설명)을 비롯한 이

준비물 : 작은 고무 오리 장난감, 작은 종이 접시, 콜라주 재료(습자지, 색종이, 깃털, 천, 털실, 구슬 등), 자연 재료(나뭇잎, 솔방울, 잔가지 등), 가위, 풀, 사인펜, 반짝이 풀

설명 : 오리를 위한 안전한 공간을 만들 것입니다. 당신은 오리 집을 짓기 위한 기초 재료로 종이 접시를 사용할 수 있고, 콜라주나 그리기 재료를 사용하여 집을 장식할 수 있습니다. 만약 콜라주 재료를 선택하였다면, 천, 깃털, 파이프 크리너, 습자지, 그리고 풀을 사용하여 재미있게 만들면 됩니다!

오리를 위한 집을 만들어 줄 수 있나요?

당신의 오리는 집이 필요합니다!

당신의 오리는 어디에 사나요?
당신의 오리는 어디에 살아야 행복함과 안전함을 느낄까요?
당신의 오리는 혼자 사나요? 아니면 다른 오리들과 함께 사나요?
당신의 오리는 뭘 하길 좋아하나요? 당신의 오리는 어떤 것을 재미있어하나요?
당신의 오리를 위해 집을 그리거나 만들어 주세요!

그림 12.1 　오리를 위한 안전한 장소 만들기

완 활동을 실시한다.

- 자발적 표현과 자기위로를 위해 예술, 만들기, 놀이를 할 수 있는 자유시간을 회기 내에 갖는다.

요약하자면, 이 단계에서 이루어지는 활동들은 아이들이 개인적인 돌봄이나 안전을 다룰 수 있는 기회를 제공하고, 폭력적인 사건, 학대 관련 사건에 대한 감정을 자신의 속도에 맞추어 표현할 기회를 제공한다. 중요한 것은 자신의 자원을 발견하고, 초조함이나 두려움을 초래하는 상황과 스트레스에 대한 신체 반응을 알아차림으로써, 또한 불편한 감정이 생길 때 스트레를 줄이는 전략을 발견함으로써 자기조절과 자기관리 능력을 높이도록 돕는 것이다.

그림 12.2   '당신의 오리를 위한 안전한 장소' 활동의 예

치료 중기 : 외상 사건에 대해 이야기하기

외상 사건에 대해 이야기하게 되는 집단 치료의 두 번째 단계에서는 아동들이 개인적 경험을 나누고 노출하도록 격려한다. 이 단계에서 아동들은 자기조절과 스트레스를 줄이기 위한 자신만의 자원을 가지고 있어야 한다. 중기 단계에서는 아동들이 편안함을 느낀다면 가정폭력이 자신에게 미친 영향에 대해 이야기하도록 격려할 수 있다. 전체적인 목표는 아동들이 외상 사건을 다룰 수 있도록 돕고, 나쁜 일이 일어났음에도 불구하고 삶을 즐기고 경험할 수 있는 능력을 회복할 수 있도록 돕는 것이다. James(1989)는 이 점을 훌륭하게 요약하여 다음과 같이 정리하였다. "트라우마를 겪은 아이들이 다음과 같이 말할 수 있는 정도에 도달하는 것이 목표이다. '그래, 이 일이 나에게 일어났지. 그리고 그러한 일들이 일어났을 때, 나는 그렇게 느꼈으며 그렇게 행동했어. 이것이 내가 지금 이해하고 있는 모든 것이야. 나는 나에게 일어난 일을 잊을 수 없을 거야. 그렇지만 난 항상 이 일에 대해서 생각하지 않아도 돼'"(p. 49).

이 개입 단계는 트라우마에 대해 이야기하는 것을 강조하지만 다수의 아동들은 자신이 노출하고 표현하는 것에 대해 통제감을 갖길 원한다. 이 단계에서 실시할 수 있는 구조화된 개입은 다음과 같다.

- 힘이 넘친다고 느낄 때, 무력하다고 느낄 때를 잡지 그림 콜라주로 표현해 본다.
- '장점 나무'를 만들어 자신의 장점, 기여하는 바, 용기 등을 나타내 본다(그림 12.3 참조).
- 가정폭력에 대한 치료적인 이야기책을 읽는다.
- '일어난 일'(가정폭력, 학대, 또는 기타 외상관련 사건) 혹은 '무엇을 하면 이미 일어난 일이 좋아질지'에 대해 그려 본다.

준비물 : 평면 장점 나무 만들기(아래 그림 참조) — 배경을 위한 30×45cm 크기의 흰색 종이 또는 색지, 사인펜이나 크레파스 같은 그리기 도구, 색지, 습자지, 반짝이 풀, 천, 털실과 같은 콜라주 도구, 목공풀, 물풀/딱풀, 가위. 입체로 만들 기반을 세우기 위한 카드보드지 한 장 또는 작은 종이 접시, 나무를 만들기 위한 갈색 샌드위치 백(아래 그림 참조)

설명 : 나무 이미지를 그리거나(잘 그리려고 염려할 필요가 없습니다. 아랫부분의 뿌리, 가지, 윗부분의 잎사귀를 편하게 그려 보세요), 콜라주 재료를 사용해 만들 수 있습니다. 또한 종이 가방을 사용해 입체 나무를 만들 수 있는데, 가방 밑부분에 종이 접시를 붙이면 됩니다. 다 말랐을 때 종이 가방을 꼬아 나무 기둥을 만들고, 가방 윗부분을 가위로 잘라 가지를 만든 후 종이와 기타 재료를 사용하여 잎사귀를 덧붙여 주세요.

　나무를 더 '튼튼하게' 만들기 위해 당신을 도와주었던 사람 세 명을 생각해 보세요. 부모님, 조부모님, 형제, 자매, 친구, 선생님, 목사님, 상담가일 수도 있습니다. 또는 이 세 사람의 그림을 그려서 나무 뿌리에 붙여 볼 수 있습니다. 다음으로는 당신이 잘하는 일 세 가지나 당신이 남을 도와주었던 일 세 가지를 생각합니다. 이 세 가지 사항에 대해 나무 꼭대기에 글을 쓰거나 그림을 그려 보세요.

그림 12.3　장점 나무 만들기

- 사건 이후로, "누가 나를 걱정하게/무섭게/또는 화나게 했나?"란 주제로 그림을 그려 본다.
- "어떠한 손이 도움을 주는 손이며, 어떠한 손이 다치게 하는 손인가?"란 주제로 포스터를 만들어 본다.
- 부정적이고 긍정적인 자기대화에 대해 배우고, 부정적인 사고를 줄일 수 있는 간단한 인지행동기술을 습득해 본다.
- 감정온도계나 '성공 타워'와 같은 측정기술을 연습해 본다.
- 자발적인 표현과 자기위로를 가능하게 하는 예술 활동이나 공예, 놀이 등과 같은 활동을 각 회기의 자유시간 동안 해 본다.
- 걱정이나 불편한 신체 느낌을 완화시키기 위한 이완 활동, 스트레스 감소 활동을 배워 본다.

이 단계에서 치료사는 집단원들이 서로를 어떻게 지지해 줄 수 있는지에 대해 본보기가 되어 주고, 가정폭력은 그들의 잘못이 아님을 확신시켜 준다. 또한 개개인이 집단에 독특하게 기여하는 바를 인정해 준다. 외상 사건이나 감정에 대해 논의하는 것은 불안이나 스트레스 반응을 유발할 수 있기 때문에 이 단계의 회기를 진행할 때에는 미술 작업과 놀이를 위한 자유시간을 확보하는 것이 특히 중요하다. 아동은 학대에 대해 비밀을 털어놓거나 논의하는 동안 쌓인 긴장을 풀어 줄 필요가 있고, 외상 사건을 회상하거나 불편한 경험에 대해 이야기한 후 간단히 이완할 수 있는 시간이 필요할 수도 있다.

치료 후기 : 이행과 종결

Herman(1992)은 외상 치료의 마지막 단계는 개인의 인생에서 중요한 사람과의 관계 회복을 수반한다고 말한다. 폭력 가정의 아동들은 여러 가지 이유로 관계 회복이 복잡한 상황으로 이어질 수 있다. 어떤 아동은 부모나 보호자로부터 분리된 경험을 했을 수 있고, 어떤 부모나 보호자는 아동을 버리거나 먼저 세상을 떠났을 수도 있다. 그러나 어떤 경우에는 가정폭력에 노출될 위험과 안전상의 이유로 아동이 부모나 보호자로부터 분리될 수 있다. 이러한 어려움을 이 장에서 모두 다룰 수는 없지만, 치료를 위해서는 당연히 중요한 부분이다.

이상적인 과정으로는, 비폭력적인 부모나 보호자는 아동과 함께 집단 치료 후기 단계에 참여할 수 있다. 사회적 지지와 긍정적인 애착은 회복력을 강화시키는 중요한 요인이며, 부모나 보호자는 아동들의 현재와 미래의 감정 회복과 치유에 있어서 매우 중요한 연결고리 역할을 한다. 창의적 예술치료에 함께 참여하는 것은 관계를 강화할 수 있는 하나의 방법이다(Malchiodi, 2014). 실질적으로 볼 때에는 그들의 적극적인 참여가 치료사로 하여금 아동과 부모를 위한 안정적인 가정환경을 유지하는 것에 대한 추가적인 정보를 부모에게 제공하도록 돕는다. 지속적으로 폭력과 위험에 노출되어 있을수록 아동들은 가정폭력의 노출로 인한 트라우마에서 회복하는 과정을 시작할 수 없다. 아동이 안전감을 느끼도록 집단 치료의 초기 단계에 사용되는 많은 활동들은 부모–자녀 회기에서 반복되어 사용되거나 적용될 수 있다.

부모와 자녀가 함께하는 회기에서는 아이들이 주도적으로 자신이 성취하고 이룬 것들을 나눌 수 있도록 하는 것이 중요하다. 아동들이 과거 집단 회기에서의 경험을 토대로, 이제 미술과 놀이치료에 대한 '전문가'가 되었기 때문이다. 그들은 집단 내에서 자신의 경험에 대한 권한을 가지고 있다. 이것이 집단에 기여한다는 느낌과 자기 격려를 증진시키는 외상근거치료의 원칙이다. 집단 치료의 후반부 몇 회기에서는 종결을 강조한다. 다른 집단원들과 치료사에게 작별을 고하고, 집단을 떠날 준비를 한다. 폭력 가정의 아동들에게는 종결이 특히 어려울 수 있다. 이러한 아이들은 부모나 보호자, 다른 가족 구성원으로부터 격리되었거나, 버려진 경험이 있을 수 있기 때문이다. 따라서 종결은 주의 깊고 조심스럽게 계획됨으로써 아동들로 하여금 종결의 중요성을 이해하도록 해야 한다. 더불어 집단 치료가 종결되어도 그들은 버려진 것이 아니며, 이후 필요할 때 다시 도움을 받을 수 있다는 사실을 이해하게 하는 것이 중요하다.

이 단계에서의 개입은 다음과 같다.

- 아이가 스스로 선택한 작품, 배운 기술, 이전 회기에서 성취한 것들을 부모, 보호자와 함께 나눌 수 있도록 한다.
- 아이와 부모가 짝을 이루어 미술표현(예 : 장점 나무 작업)이나 구조화된 게임 활

동을 함께 한다.

- 아이와 부모가 함께 '안전한 손'을 만들거나 '탈출 통로' 작업을 통하여 긴급하고 위험한 상황이 발생하였을 때에 어떻게 대처할 수 있는지 계획을 세우고 강화해 본다.
- 아이와 부모가 함께 디지털 카메라로 사진을 찍고, 그것을 이용하여 콜라주 작업을 함으로써 긍정적인 관계를 강화한다.
- '과거, 현재, 미래'에 대해 그림을 그리거나 콜라주 작업을 함으로써 집단 내에서 진전된 바를 종합해 본다.
- 집단 사진을 찍는 등 종결 활동을 한다.
- 걱정을 그려 보거나 측정 기법을 활용함으로써 이전 회기에 표현한 걱정과 현재의 걱정을 비교해 본다.
- 이완이나 마음챙김 기술을 검토하고 실시해 본다.
- 마지막 회기 때 축하 의식을 갖고 미술작품을 담은 포트폴리오, 집단원들의 사진, 작별 카드, 수료증을 수여한다.

사례 예시 : 팀

이 장 초반에 언급한 바와 같이, 9살 소년 팀은 아버지가 어머니를 구타하는 것을 수차례 목격하였고, 그 결과 팀의 어머니는 남편으로부터 격리되게 되었다. 팀의 아버지는 군인이었기 때문에, 내가 큰 규모의 군대를 기반으로 활성화시킨 아동 회복력 증진 집단에 의뢰되었다. 불행히도 이 집단의 많은 아동들은 부모나 그중 한 명이 여러 곳에 파견됨으로 인한 스트레스, 외상후 스트레스 반응, 알코올 남용, 외상적 뇌손상, 가정폭력으로 어려움을 겪는 가족들에게서 양육되었다. 팀은 가족보호 프로그램(Family Advocacy Program, FAP)에 의뢰되었으나 그의 어머니는 팀이 추가적인 도움을 필요로 하며 미술과 놀이 활동을 즐거워할 것이라고 생각하였다. 팀의 어머니는 아이가 이전에 비해 더욱 초조하고, 잠을 잘 자지 못하며, 독립심이 낮아졌고, 학교에서도 또래에 걸맞는 수행능력을 보여 주지 못한다고 하였다. 팀의 이러한 모습은 모두 부모의 잦은 파견과 부부 갈등을 경험한 아동들에서 흔히 나타나는 결과이다(U.S.

Department of Defense, 2010). 실제로 팀의 소아과 의사는 팀이 비만이 아닌데도 또래 아이들보다 혈압이 높은 것에 대하여 걱정하였다. 그는 비만이 아니었기 때문에 의사는 고혈압 증상의 원인을 스트레스로 보며 다음과 같이 언급하였다. "팀은 주변에 대하여 굉장히 예민하며, 쉽게 놀랍니다." 사실 팀의 반응은 특히 과각성, 수면 부족, 인지적 기능의 손상 면에서 외상후 스트레스를 겪는 전투 군인들과 유사하였다.

팀은 회복력 증진 집단의 초기 몇 회기 동안 다소 회피적이었다. 조심스러워 보였으며, 다른 집단원들이 시끄럽거나 초조할 때 해리적인 모습을 보였다. "아버지가 국가를 위해 일한다는 것이 자랑스럽다"는 말 이외에는 자신에 대한 얘기를 거의 하지 않았고, "아빠가 더 이상 가족들과 살지 않게 된 이후로 여동생이 줄곧 운다"며 그녀에 대한 염려를 나타냈다. 팀에게 가정폭력에 대해 이야기하도록 부담을 주기보다는, 매 회기가 끝난 후 추가적으로 시간을 내어 이완과 마음챙김 활동을 함께 연습하여 자기조절을 할 수 있게 도왔다. 특히 그는 신체적인 도전을 주는 마음챙김 기법들을 좋아하였는데, 예를 들어 특정 리듬에 맞추어 호흡하면서 집게손가락 끝으로 공작새 깃털의 중심을 잡는 것, 한 발로 균형판(말랑말랑한 소재의 판) 위에서 중심을 잡는 것이 이에 해당된다.

네 번째 회기에서 집단원들에게 플라스틱 오리를 나누어 주고 여러 가지 재료(색습자지, 반짝이, 깃털, 나뭇가지, 비즈, 파이프 클리너)와 토대로 쓸 종이 접시를 활용해 '오리를 위한 안전한 장소'(그림 12.1)를 만들게 하였다. 이 활동에 제공한 오리는 여러 군모와 군복으로 장식되었다(장난감 제조사가 여러 색과 옷, 테마로 오리를 제작하기도 한다). 이전 회기와 달리 팀은 즐거워하며 의자에서 벌떡 일어나 오리 한 마리와 재료를 선택해 작업을 시작하였다. 그가 만든 오리를 위한 환경(그림 12.1)은 매우 정교했다. 그는 각 재료를 조금씩 사용하였고 오리를 위해 여분의 군복을 만들어 주었다. 활동을 마무리한 뒤 각 아동은 두세 명씩 작은 소그룹을 이루어 자신의 오리에 대해 이야기를 나누었다. 다음은 팀이 자신의 '대장 오리'에 대해 이야기한 바이다.

"대장 오리는 오랫동안 집을 떠나 있었기 때문에 다시 돌아가고 싶어 했어요. 가끔씩 오리는 성경을 읽으며 집에 갈 수 있음을 믿었고 그러고 나면 기분이 좋아졌어요. 이 대장 오리는 자신이 군인인 것을 자랑스러워하는 용감한 오리예요.

그가 이라크에 있는 동안 새끼 오리들은 아빠의 그림을 그리면서 그가 살아 돌아
올 거라고 믿었어요. 새끼 오리들은 아빠와 엄마가 마치 영화 속 인물들 같다고
느꼈고, 언젠가는 다 같이 살게 될 거라 믿었어요."

이 활동은 팀에게 방출 밸브와 같은 역할을 하였다. 이를 통해 모든 불안과 놀람 반
응을 없애지는 못했으나, 팀은 만든 오리를 가지고 갔고 차후 회기에 그것을 가지고
와 가끔씩 대장 오리 스토리를 들려주었다. 그의 이야기에는 여러 혼재된 감정과 언
젠가 그의 부모가 재결합할 것이라는 소망이 내재되어 있다. 이야기를 되풀이하면서
팀은 대장 오리의 '분노(temper)'에 대해 자신이 걱정하고 있다는 것, '엄마' 오리가 다
쳤던 일, 그러한 폭력이 집에서 또 일어날 것이라는 두려움을 추가적으로 언급하였
다. 가정폭력을 목격한 많은 아동들과 마찬가지로, 이 간단한 활동은 팀이 제3자의 관
점에서 이야기할 수 있는 방법을 알려 주었고, 안전하게 자신을 노출할 수 있는 수단
을 만들어 주었다. 또한 이 활동을 통해 개인적 안전에 대해, 그리고 초조함이나 불면
을 경험할 때 무엇을 해야 '기분이 나아질지'에 대해 팀과 대화할 수 있었다.

팀의 어머니는 회복력 증진 집단의 마지막 세 회기 동안 다른 부모들과 함께 아동
들의 활동에 참여하였다. 그중 한 회기에서 집단원들에게 '장점 나무'를 만들도록 제
안하였는데(그림 12.3), 이 활동은 팀과 그의 어머니에게 회복력의 근원을 마련하고
상호관계를 강화하는 데 중요한 전환점이 되었다. 팀과 그의 어머니는 커다란 갈색
종이 가방을 사용해 입체 나무를 만들었고 수많은 '서로의 장점'들로 나무를 장식하
였다. 팀이 "우리 엄마는 굉장히 용감해"라고 쓴 큰 나뭇잎을 나무에 붙이길 원하자
팀의 어머니는 깜짝 놀랐다. 어머니의 용기에 대해 덧붙일 말이 있는지 팀에게 묻자,
그는 재빨리 다음과 같이 말하였다. "엄마는 우리 아빠가 무섭게 대할 때 저와 어린
여동생을 지켜 주었어요. 우리 아빠도 용감하지만 엄마도 그만큼 용감해요." 또한 팀
은 지난 2년간 많은 스트레스와 어려운 상황 속에서도 그가 용감함을 보여 준 것에 대
해 엄마가 매우 자랑스러워한다는 것을 깨닫고 그에 대해 감사함을 느꼈다.

결국 팀의 부모는 군부대를 통해 부부관계 증진 프로그램에 들어오게 되었고, 팀의
아버지는 그의 폭력성에 기여한 분노와 외상후 스트레스 반응을 다루는 치료를 시작
하게 되었다. 수개월간의 힘든 치료 끝에 부부는 재결합하였고, 팀의 아버지는 미국

부대에 재배치되었으며, 단기간 부대를 자주 옮겨다니는 것에 대한 가족의 스트레스도 줄어들었다. 팀은 부대 내 아동 집단 치료에 지속적으로 참여하였으며, 여전히 학습에 있어 몇 가지 어려움을 갖고 있지만 이전보다 더 효과적으로 집중할 수 있게 되었다. 또한 그의 교사와 담당 의사는 그가 이전보다 활발해졌고 대체적으로 불안감을 덜 느낀다고 보고하였다. 팀처럼 가정폭력을 경험한 아동들에게는 스트레스 감소와 회복력을 돕는 것이 '지속적인' 치료로서 중요하다. 이는 아동기와 청소년기를 통틀어 새로운 도전에 적응할 수 있도록 돕는다.

결론

미술 작업과 놀이는 아동기의 자연스러운 활동이다. 불행히도 가정폭력은 종종 아동 생존자들의 정상적인 어린 시절을 빼앗고 아동으로서 마땅히 누려야 할 경험을 하지 못하도록 막는다. 외상에 근거한 구조 내에서 목적이 있는 미술과 놀이 활동은 아동들이 어린 시절의 경험을 다시 할 수 있도록 돕고, 창의적인 자기표현과 상상력을 발휘할 수 있는 기회를 제공함으로써 자발성의 느낌을 되찾게 한다.

외상에 근거한 집단 예술치료나 놀이치료를 통해 단기간 개입하는 것은 노출과 학대로부터 완전한 회복을 가져오지는 않으나, 스트레스 관련 증상을 줄이고 향후 위기에 대한 회복력을 향상시키는 초석을 마련할 수 있다. 폭력 가정 아동들 중 일부는 긍정적인 변화가 비교적 쉽게 일어나고 부모, 교사, 전문가들이 그 변화를 단기간에 알아차릴 수 있다. 반면 어떤 아동들은 추가적 트라우마에 의해 행동의 변화가 느리고 다소 지연될 수 있다. 이들에게는 집단 개입이 더욱 장기적인 치유 여정을 위한 중요한 발걸음이 될 수 있다. 모든 경우에 개인의 성격, 회복력의 정도, 과거력, 대인간 폭력에 노출된 정도, 부모의 지지, 추가적인 외상근거 개입의 가능성이 각 아동의 정서적 보상과 회복 가능성에 영향을 준다.

Bloom, S. (2009). Domestic violence. In J. O' Brien (Ed.), *Encyclopedia of gender and violence* (pp. 216–221). Thousand Oaks, CA: Sage.

Bloom, S. (2010). The mental health aspects of IPV: Survivors, professionals and systems. In A. Giardino & E. Giardino (Eds.), *Intimate partner violence, domestic violence, and spousal abuse* (pp. 207–250). St. Louis, MO: STM Learning.

Child Welfare Information Gateway. (2013). *Definitions of domestic violence.* Washington, DC: U.S. Department of Health and Human Services, Children's Bureau.

Cohen, J. A., Mannarino, A. P., & Deblinger, E. (2012). *Trauma-focused cognitive-behavioral therapy for children and adolescents.* New York: Guilford Press.

Gil, E. (2011). *Helping abused and traumatized children.* New York: Guilford Press.

Herman, J. (1992). *Trauma and recovery.* New York: Basic Books.

James, B. (1989). *Treating traumatized children.* New York: Free Press.

Klorer, P. (2008). Expressive therapy for severe maltreatment and attachment disorders. In C. A. Malchiodi (Ed.), *Creative interventions for traumatized children* (pp. 43–60). New York: Guilford Press.

Levine, P., & Kline, M. (2008). *Trauma-proofing your kids.* Berkeley, CA: North Atlantic Books.

Malchiodi, C. A. (1997). *Breaking the silence: Art therapy with children from violent homes* (2nd ed.). New York: Brunner-Routledge.

Malchiodi, C. A. (2011). Trauma-informed art therapy and sexual abuse in children. In P. Goodyear-Brown (Ed.), *Handbook of sexual abuse* (pp. 341–354). Hoboken, NJ: Wiley.

Malchiodi, C. A. (2012a). Art therapy with combat veterans and military personnel. In C. A. Malchiodi (Ed.), *Handbook of art therapy* (pp. 320–334). New York: Guilford Press.

Malchiodi, C. A. (2012b). Art therapy materials, media, and methods. In C. A. Malchiodi (Ed.), *Handbook of art therapy* (pp. 27–41). New York: Guilford Press.

Malchiodi, C. A. (2014). Creative arts therapy approaches to attachment issues. In C. A. Malchiodi & D. Crenshaw (Eds.), *Creative arts and play therapy for attachment problems* (pp. 3–18). New York: Guilford Press.

McCue, M. L. (2008). *Domestic violence: A reference handbook.* Santa Barbara, CA: ABC-CLIO.

National Child Traumatic Stress Network. (2014). Children and domestic violence. Retrieved February 3, 2014, from *www.nctsnet.org/content/children-and-domestic-violence.*

Sanctuary Model®. (2014). Sanctuary in shelter. Retrieved February 2, 2014, from *www.sanctuaryweb.com/shelters.php.*

Steele, W., & Malchiodi, C. A. (2012). *Trauma-informed practices with children and adolescents.* New York: Routledge.

U.S. Department of Defense. (2010). *The impacts of deployment of deployed members of the Armed Forces on their dependent children: Report to the Senate and House Committees.* Washington, DC: Author.

Webb, N. B. (Ed.). (2007). *Play therapy with children in crisis* (3rd ed.). New York: Guilford Press.

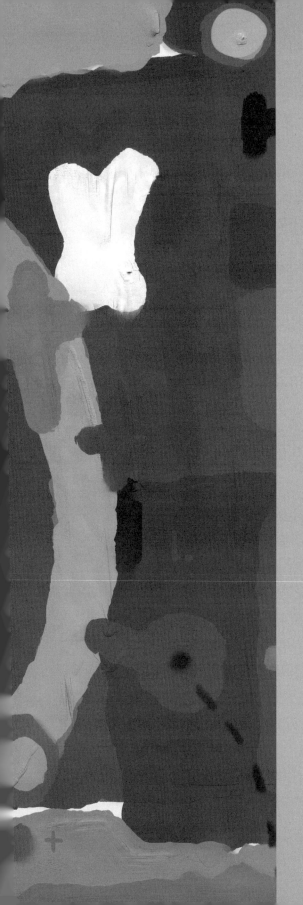

제4부

예방을 위한
창의적 개입

괴롭힘, 트라우마,
그리고 창의적 예술치료

회복탄력성 증진과 예방 지원

Margaret M. McGuinness
Kathy J. Schnur

아동을 대상으로 예술치료를 할 때, 괴롭힘에 대한 경험을 자주 듣게 된다. 특히 아동기에 당한 괴롭힘은 오래 지속되는 부정적 감정과 기억을 야기하여 뚜렷한 외상을 남긴다. 우리는 개별 치료 회기에서 괴롭힘을 경험한 이들을 치료하면서, 가해자, 방관자, 괴롭힘을 당했던 피해자들 모두가 예술치료 공동체의 치료방식에 불만족스러워한다는 사실을 알게 되었다. 이런 이유로 우리는 '선 그리기, 회복탄력성 키우기, 그리고 예술 작품 만들기(Drawing the Line, Building Resiliency and Creating Art)'라고 부르는 새로운 프로젝트를 고안하게 되었다. 이 프로젝트의 목표는 (1) 괴롭힘에 대한 인식을 높여 주고, (2) 예방에 중점을 두며, (3) 외상을 치료하는 데 필요한 감각-운동 활동을 제공하면서 회복탄력성을 키워 주는 것이다. 이 프로젝트는 다음과 같은 열 살 이상 아동들을 대상으로 적용되어 왔다. 그들은 무력감이 있고, 지역사회 내에서 증가하는 자살과 자살 소동 사건들에 자주 노출된 것으로 인해 늘 불안감을 느낀다고 보고했다. 미국질병통제예방센터(CDC, 2013) 보고서에 따르면, '자살 관련 행동'은 '괴롭힘을 가하거나 당하는 청소년'들 사이에서 더 높은 비율로 발생한다고 했다. CDC는 괴롭힘 가해자와 괴롭힘 피해자 모두 높은 청소년기 자살 시도와 연관이 있다고 밝혔다.

이 장은 괴롭힘 및 괴롭힘이 아동에게 끼친 영향뿐만 아니라 괴롭힘으로 인한 다양한 인지, 정서, 사회적 영향을 회복시켜 주는 회복탄력성에 중점을 둔 치료개입의 간단한 개요를 제시하고 있다. 그리고 이 장에는 괴롭힘으로 인한 부정적 영향을 해결하는 예술치료 개입의 한 형태로서, 감각기반 활동의 원리와 실제를 보여 주는 한 사례가 포함되었다. 마지막으로, 공동체 프로젝트인 '선 그리기, 회복탄력성 키우기, 그리고 예술 작품 만들기'에 대해 기술하고, '외상을 다루는 강점기반의 예술치료 접근법'을 제시한다. 이는 회복탄력성을 키우기 위해 감각 활동을 사용하고 있으며 괴롭힘으로 인한 공동체의 위기에 중점을 두고 있다.

괴롭힘의 영향

괴롭힘의 문제와 '괴롭힘'과 '공격적 행동 및 자해 행동'과의 연관성에 대한 많은 연구가 이루어지고 있다. 우리 프로젝트의 목표를 위해 우선 괴롭힘 경험의 세 요소를 다음처럼 정의하겠다. 다른 이를 괴롭힌 가해자, 괴롭힘의 대상이 되어 괴롭힘을 당한 피해자, 그리고 이런 행동을 목격하거나 알고 있는 방관자이다.

한때는 괴롭힘을 당하는 것이 성격을 단련시킨다는 잘못된 통념이 만연했지만, 최근 신경심리학 연구에 따르면 괴롭힘은 자존감에 부정적 영향을 끼치며, 특히 아직 뇌가 발달 중인 아동에게는 더 큰 부정적 영향을 준다고 밝혀졌다(Graham & Juvonen, 1998). 괴롭힘은 관계 속에서의 권력 및 통제와 관련 있다고 여겨진다. 괴롭힘의 유형은 직접적이거나 간접적, 신체적이거나 언어적일 수 있다. 괴롭힘은 반복적이며 의도적일 때가 많다.

인터넷 기술, 휴대전화, 인스턴트 문자 메시지, 블로그, 이메일의 급속한 발전은 괴롭힘의 양상을 바꾸어 놓고 있다. 사이버불링(cyberbullying)[1]의 법적 문제를 연구 중인 캐나다의 교육자 Shariff(2009)는, 기술로 인해 사람들이 언제 어디서든 늘 네트워크를 형성하게 됨에 따라 서로를 언어적으로 공격하고, 개인을 사회적으로 포함시키거나 배제시키며, 많은 이들에게 빠르게 영향을 주는 것이 예전보다 훨씬 쉬워졌다고 했다. 이런 보이지 않는 측면은 가해자(주로 익명임)를 보호하고, 이로써 피해자는 사면초가 상태로 무력감을 느끼게 된다. Bazelon(2013)은 문자와 이미지가 가득한 인터넷이 가진 비인간적인 권력으로 인해 비열함이 더 악화된다고 했다. 또한 사이버불링의 익면성은 공감을 강화하는 데 필요한 연대성을 감소시킨다. 이런 전자매체의 자료들이 가진 영속성으로 인해 피해자는 상처 주는 글을 계속 읽고, 이미지를 계속 보며, 사회관계망과의 연결성을 잃는 식으로 지속적으로 상처를 받기 때문에, 심리적으로 매우 심각하고 부정적인 영향을 받는다. 가해자의 익명성으로 인해, 외상을 치유받는 데 필요한 단계인 피해자가 해당 사건을 재구성하는 작업이 더 어려워진다.

괴롭힘으로 인한 외상은 인지적 및 정서적인 측면의 변화와 신체적인 행동 변화를 일으킨다. D'Andrea, Ford, Spinazzola와 van der Kolk(2012)는 어떤 아동들의 경우, 괴롭힘의 외상으로 인해 뇌에서 신경생물학적 측면의 변화가 발생했고, 이는 안정감에 부정적 영향을 주었다고 주장했다. 그들은 언어적 학대와 폭력은 정서장애와 강한 관련이 있으며, 이는 변연계의 기능에 영향을 준다고 했다. 괴롭힘으로 발생된 심박수의 증가, 높은 혈압, 불면증, 일상 활동에 대한 무관심 등의 증상은 외상후 스트레스장애(PTSD)의 증상과 유사하다. 그러나 현재로서는 괴롭힘당한 것으로 인한 외상에 대한 구체적 진단명이 없기 때문에 괴롭힘으로 인한 증상들이 오진될 때가 많다. 위의 글에서 van der Kolk는 복합 외상(complex trauma)이라는 진단명이 있다면, PTSD와 외상(예 : 괴롭힘으로 인한 외상)의 증상은 비슷할 것이라고 주장했다.

현재 괴롭힘당한 피해자 아동은 그들의 나이와 해당 사건을 겪은 기간에 따라 PTSD 혹은 급성 스트레스 장애(ASD) 진단이 내려질 수 있다. 진단명과는 무관하게, 괴롭힘당한 경험은 아동에게 무력감과 고립감, 줄어든 안정감, 신뢰감 부족을 느끼게

---

1) 역주 : 인터넷상에서 특정인을 괴롭히는 행동 또는 그러한 현상.

만들며, 부정적인 자존감을 갖게 하고(Aideuis, 2007) 스트레스를 발생시킨다. 폭력에 대해 연구했던 Blanche(2005)는, 반복적 학대로 인한 외상 스트레스는 다른 이들보다 특히 특정 아동들에게 더 많은 영향을 준다는 것을 밝혔다. 당연히, 괴롭힘은 반복적 학대의 형태이다.

장애나 손상을 가진 아동은 괴롭힘을 당할 가능성이 더 높다(Safran, 2002). Humphrey와 Symes(2010)는 어떤 아동들은 괴롭힘의 피해자가 되어 잔류효과를 초래할 위험이 더 높다고 주장한다. Humphrey와 Symes는 특수교육 프로그램에 다니는 아동과 오늘날의 통합교육 시스템에 다니는 일반 아동들 간의 괴롭힘 사건의 빈도를 살펴보았다. 자폐스펙트럼장애로 진단된 아동을 살펴본 결과, 사회성 기술이 낮을 때 피해자가 될 확률이 높다고 밝혀졌다. 일반인과는 다르다고 여겨지는 아동은 괴롭힘 당할 가능성이 크다(Safran & Safran, 2008). 그로 인한 불안, 자기조절 문제, 인지장애는 학교에서 쉽게 찾아볼 수 있다(Safran & Safran, 2008).

괴롭힘과 회복탄력성

Antonovsky(1996)는 회복과 관련하여 '건강생성' 모델(salutogenic approach)을 개발했다. 이 모델은 회복에 있어서 병을 일으키는 병리학적 측면보다는 건강으로 이끄는 장점들을 파악하는 것이 더 중요하다고 본다. 이런 강점기반의 접근법은 내담자가 삶의 스트레스 요인에 직면할 때 성공적인 대처기술을 사용하는 것이 중요하다고 본다. 이런 접근법은 '유의성'과 '이해가능성'을 주요 개념으로 보는 동시에 관리가능성과 회복탄력성 기술을 강화시키도록 격려한다. 긍정적이고 의미 있는 정체감을 구축할 때 개인은 건강한 선택을 하고 삶의 질을 향상시킬 수 있다. 이것들은 회복탄력성의 중요한 요인이다(Sheedy & Whitter, 2009). 2011년, 약물남용 및 정신건강서비스청(SAMHSA)은 정신건강 분야의 예술치료사들에게 회복탄력성 기술에 중점을 둔 건강생성 모델을 적용한 아동 프로그램을 개발할 것을 요구했다. Prescott, Sekender, Bailey, Hoshino(2008)는 회복탄력성의 구성요소는 자기반성, 관점 바꾸기, 연대감, 융통성 및 자기조절이라고 했다. 우리는 '회복탄력성'과 '괴롭힘에 대한 선제적 대응'에 중점을 둔 외상 치료 접근법을 적용해서 공동체 프로젝트를 개발했다(이 장 후반부에 기술).

안정감을 느끼는 것, 자기역량을 강화시키는 활동들을 반복적으로 하는 것(숙달), 그리고 지속적으로 동료의 지원을 얻는 것(연대감)은 외상으로부터 회복하는 능력인 회복탄력성을 키우는 데 필수이다. Blanche(2005)는 타고난 회복탄력성을 지원하기 위해 강점기반의 접근법을 사용하는 건강 프로그램을 언급했다. Hansen(2011)은 회복탄력성은 정신건강에서 핵심적 역할을 하며, 더 정돈된 의식의 몰입 경험을 하는 식으로 불안감을 감소시킬 수 있다는 데 동의한다(Hansen, 2011). 탐색과 감각기반의 예술 재료들을 사용해서 예술 작품을 만드는 것은 아동에게 몰입 상태를 유발하며, 이는 아동이 부담감 없이 자신의 괴롭힘 경험을 스스로 처리하도록 돕는다는 것을 예술치료 회기를 통해 알게 되었다.

관계를 형성하는 법을 배우고, 다른 아동의 경험을 이해하는 방법을 터득하면서, 회복탄력성 기술은 발달한다. Iacobini와 동료들(2005)의 연구는 거울신경 시스템(mirror neuron system) 내에서 타인의 행동을 보고 의도를 이해하는 과정이 어떻게 일어나는지를 설명하면서 기본적인 구조를 기술했다. Franklin(2010)은 '거울신경 시스템'을 '공감적 반응'과 연계시켰는데, 이는 다른 이가 겪는 것을 마치 내가 겪는 경험으로 느낀다는 것을 암시한다. 그는 거울신경 시스템을 통한 이런 연계성은 함께 예술 작품 만들기 경험을 통해 예술치료사와 내담자에게로 확장된다고 주장했으며, 이로써 성인의 롤모델은 공감적으로 반응하는 법을 배우는 데 있어 중요하다는 결론을 내렸다. Stanbury, Bruce, Jain, Stellern(2009)은 공감중심적 프로그램은 학교 내에서의 괴롭힘 사건의 발생률을 감소시키는 데 기여한다고 주장했다. 스토리텔링과 상상력 중심의 활동들이 활발히 이루어질 때, 학생들은 괴롭힘 행동의 감소와 연관 있는 동정심과 공감능력의 증가를 보였다. Badenoch(2008)는 공감은 "타인의 마음 상태를 내적으로 정확하게 감정이입하는 능력"과 관계있다고 했다(p. 30).

관계 형성을 '조율'이라고도 부른다. Schore(2003)는 아동이 안정감을 느끼고 보육자와 관계를 맺기 시작할 때 조율이 시작된다고 주장했다. Siegel(Badenoch, 2008에서 인용)은 조율은 우뇌에서 이루어지며, 공감을 형성하는 데 필수라고 했다.

회복탄력성을 더 많이 가진 아동은 그렇지 않은 아동보다 괴롭힘으로 인한 외상에 더 쉽게 대처한다. 외상이 있어도 회복탄력성이 있다면 건강하게 기능할 수 있다

(Healey, 2002). 나쁜 상황에서 회복하는 능력은 '회복이 가능하다'는 강한 믿음이 전제되어야 하며, 외상에서 치유받아야 하는 이들에게 필수요소인 희망을 준다. 유사하게, Healey(2002)는 '회복탄력성'을 삶의 실망스런 사건이나 도전에 대처하도록 돕는 행동이나 행위를 발생시키는 자기방어적 태도로 정의한다. Healey는 Antonovsky (1996)의 건강생성 모델을 사용해서, 괴롭힘에 적용될 수 있는 회복탄력성의 세 가지 핵심 개념을 제시했다.

1. 이해가능성 — 괴롭힘은 부정적인 상황이라는 것을 이해함
2. 관리가능성 — 내담자 스스로 문제에 대처할 기술을 가졌다는 자기 믿음
3. 유의미성 또는 희망 — 결함은 가해자에게 있는 것이지 자신한테 있는 것이 아니며, 긍정적인 결과와 회복이 가능함을 이해하고, 직면한 상황으로부터 의미(개인적 서사)를 도출함

Healey(2002)는, 회복탄력성을 증진하는 전략들을 가르침으로써, 피해자가 경험으로 인해 어떤 불안을 가졌든 이에 효과적으로 선제적 대응을 할 수 있게 해 주며, 또래 학대로 인한 외상경험에 의한 스트레스와 불안에 대한 완충장치를 얻게 해 준다고 주장한다.

치료적 중재

Perry(2006)의 신경순차적 치료모형은 아동 외상 치료에 필수인 세 가지 주요 원리를 언급했다.

1. 치료적 중재는 아동의 정서적 연령에 맞춰서 이루어져야 하고, 뉴런의 발달을 자극하기 위해 반복적으로 제공되어야 한다.
2. 치료가 잘 진행되도록 건전하고, 안정적이며, 예측 가능하고, 안전한 환경이 제공되어야 한다.
3. 아동은 치료를 통해 긍정적 경험 같은 효과를 얻어야 한다.

외상에 대처하고 연대감을 구축하는 데 유용한 비언어적 치료적 중재에는, 일정한

심박수를 유지시키는 리듬을 사용하는 신체 활동(춤추기, 드럼 치기, 노래 부르기)이 포함될 수 있다. 이런 활동들은 뇌의 주의를 지속하는 능력을 향상시킬 뿐 아니라, 뇌의 반구를 활성화시키는 식으로 조율을 발생시킨다(Berrol, 2006). 아동은 즐기면서 리듬을 잘 맞추기 때문에, 언어적 및 비언어적 단서들에 대해 자신도 모르는 사이에 동시에 반응적으로 주의를 기울인다. 내담자가 치유 과정으로서 춤과 율동을 다른 이들과 짝 지어서 하면 연대감과 공감능력이 향상될 수 있다. Berrol(2006)은 이탈리아 신경과학자들이 했던 이전 실험을 언급했다. 그는 동물과 인간 뇌 속의 거울뉴런은 영장류와 인간이 동일한 동작을 보는 것에 의해 활성화된다고 밝혔다. Berrol은 자신의 무용치료 집단에 참여 중인 이들이 '음악이 주는 감각-운동 자극', '춤추는 이들', 그리고 '관객'에 반응한다는 것을 밝혔다. 또한 그녀는 춤이 전전두엽(뇌의 사고 및 인지 담당 영역)의 과정을 변연계(감정 담당 영역)의 과정과 연계시킨다고 했다. Berrol은 이런 정서 조율은 감정적 연대감과 공감을 향상시킨다고 주장했다. 참여자들이 함께 춤을 추거나 동작을 할 때, 비슷한 표정을 짓고 리듬에 맞춰 서로의 움직임을 따라하려는 모습에서 그들 간에 상호연대감이 증가한 것을 볼 수 있다.

자기조절은 회복탄력성에 필수인 고차원의 인지기술이며, 예술치료에서 측정 가능한 대상이다(McGuinness & Schnur, 2013). 다른 비언어적인 창의적 경험은 아동의 자기조절을 촉진시킬 수 있다. Masten(2001)은 호흡 요법을 통한 자기조절은 불안을 감소시키고, 반복과 리듬을 통해 연대감을 강화시킨다는 것을 밝혔다. 우리가 아동에게 괴롭힘으로 인한 괴로운 기억을 다루기 전에 호흡법을 우선 가르쳤을 때, 아동은 불안 증상이 감소되었다고 보고했다.

Prescott과 동료들(2008)은, '회복탄력성'과 '창의적 과정'은 상호적 관계를 가진다고 하면서 창의적 예술에는 회복탄력성을 키울 수 있는 힘이 내재되어 있다고 했다. 창의성은 회복적인 행동의 한 측면일 뿐만 아니라 회복탄력성을 촉진시킨다.

창의성은 역량을 강화시키고, 증진시키며, 연대감을 강화시키고, 상처를 치유시킨다. 집단 환경 속에서 예술 작품을 만드는 것은 참여자들이 과제로 인한 갈등에 대처하도록 도우며, 타인과 연대감을 맺도록 격려하고, 상호존중, 공감, 안도감을 증진시킨다(Gibbons, 2010). 우리는 회복탄력성을 증진시키고, 공감능력을 키우기 위해 예술 작품 만들기와 다른 비언어적 감각기반의 중재를 사용하고 있다. 이는 다음의 사례를 통해 구체적으로 설명된다.

사례 예시 : 피터

10살인 피터는 괴롭힘을 당한 적이 있는 아동이었다. 소규모의 학급이 있는 사립학교에 다녔던 그는 다른 아동들과 잘 어울리지 못했다. 외동아들이었던 그는 엄마와 함께 개인적으로 예술치료를 받았다. 엄마는 약 한 달 전에 동료 학생들이 쉬는 시간에 피터를 신체적으로 괴롭혔다고 했다. 엄마가 그 사건이 발생한 오후에 피터를 데리러 갔을 때 피터가 기분이 나쁜 상태였으며, 그가 엄마에게 사건에 대해 말했을 때 엄마는 그의 눈 한쪽이 멍들었음을 알게 되었다. 즉시 엄마는 피터를 지역병원 응급실로 데리고 가서 학대로 인한 뇌진탕이 있었는지를 검사받게 했다. 엄마는 학교에 뇌진탕 사건에 대해 보고했으나 학교 당국으로부터 아무런 답변을 듣지 못해 답답해했다. 그리고 엄마는 피터의 또래와의 상호작용에 대해 매우 혼란스러운 상태였다.

다른 일이 또 생길지 모른다고 생각하고, 사회적으로 서툰 아들을 도울 방법을 찾던 피터의 부모는 상담교사에게 연락을 해서 심리사회적 평가를 받겠다고 했다. 피터는 이전에 주의력결핍 및 과잉행동장애(ADHD)와 감각처리장애 진단을 받은 적이 있다. 그 보고서에 따르면 피터는 평균 이상의 IQ를 가졌지만 사회성은 4~5살 수준이었다. 피터는 자폐스펙트럼장애 척도에서 상호적인 사회적 행동에서 특정한 장애를 가진 아스퍼거증후군이 있다고 최종적으로 진단받았다. 또한 PTSD의 증거도 있었다. 엄마와 그를 진단했던 상담교사는 피터의 높은 IQ와 낮은 사회성 때문에 괴롭힘 사건에 제대로 대처하지 못했다고 생각했다.

초기 예술치료 회기

피터가 처음 예술치료를 받으러 왔을 때, 그는 과민반응으로 일관되는 극도의 불안 증상을 보였다. 이는 충격적 사건을 당한 이들에게서 일반적으로 보이는 증상이다. 동시에, 그는 자신의 현 증상과 자신이 당했던 충격적 사건을 분리시키면서, 휴식 시간에 일어났던 사건에 대해 잘 모르는 척하려는 것 같았다. 그 사건에 대해 물었을 때, 그는 "저는 기억이 안 납니다. 그러나 우리 중 한 명은 지금 학교를 그만두어야 할 것 같고, 아마 제가 그만두어야 할 것 같네요."라고 답했다. 이런 말을 통해 피터는 그 사건으로 인해 사회적으로 인정받지 못하며, 자존감이 낮아졌음을 알 수 있었다.

부모가 부가적인 서비스들이 제공되는 다른 지역의 공립학교로 피터를 전학시켜야 할지 고민 중이라는 것을 피터도 알고 있었다. 그리고 피터가 공립학교로 전학을 가면 그는 정규 학급에 배치되지 않으며, 사회성이 부족한 아동을 대상으로 하고 편의가 제공되는 특수 프로그램에 배정될 것이다. 피터는 전학을 가는 것과 가지 않는 것, 둘 다에 대해 불안해했다. 피터의 첫 번째 작품과 그가 긴장해하며 반복적으로 내뱉는 "제 생각은, 제 생각은, 제 생각은…"이라는 말 속에서 그의 이런 불안감이 드러났다. 이렇게 같은 말을 반복하는 것은 그가 외상을 구체적으로 기억하지 못한다는 뜻이기도 하다. 피터의 최초 작품은 55×45cm 종이에 연필로 그린 그림이다. 그는 무언가를 이야기하고 싶어 사람, 동물, 건물 등을 그렸는데, 결국 그가 말하고 싶은 내용이 들어 있지 않았다. 이 그림의 첫인상은 매우 혼돈스런 느낌이었다.

피터가 매우 불안해했기 때문에, 엄마는 치료 내내 그에게 안정감을 주려고 아주 가까이 있었다. 처음에 엄마는 피터가 작업하는 내내 옆에 있었다. 치료사는 자기 조절을 위해 피터와 엄마에게 호흡법을 가르쳤으며, 집에서 매일 연습하라고 지시했다. 자주 호흡법을 연습하다 보면 완전히 내 것이 되어 필요할 때 자연스럽게 할 수 있게 된다.

이후의 예술치료 회기

피터의 치료 계획에는 감각운동적인 예술기반 활동을 사용해서 불안감을 줄이는 것이 포함되었다. 피터는 점토로 동굴을 만드는 일에 빠르게 흥미를 가지게 되었다. 피터는 점토를 사용할 때 감각적 문제가 보이지 않았다. 동굴 내부에 '숨을 수 있는 공간'이 만들어지기 때문에 점토로 동굴을 만드는 것은 그에게 중요했다. 점토로 작은 모형들도 만들었지만, 튼튼하지 못해서 반복적으로 그것들을 가지고 노는 것은 힘들었다. 이런 연유로, 피터는 동굴 놀이에 사용하기 위해 자신이 가장 좋아하는 전투 피규어를 집에서 가져오겠다고 했다. 피터는 치료 초반에는 주의력 문제를 보이지 않았다. 얼마 지나지 않아 그의 불안감은 감소되었고, 집중력과 신뢰감은 향상되었으며, 이로써 엄마는 그가 치료받는 동안 대기실에서 기다릴 수 있게 되었다.

점토로 만든 동굴이 놀이를 할 수 있을 정도로 충분히 말랐을 때, 치료사는 피터에게 만든 동굴을 모래상자에 놓으라고 지시했다. (모래상자는 모래놀이가 가능한 예술작업실에 있다.) 모래상자라는 안정된 공간에서 여러 갈등이 발생하는 놀이를 해 보게 했다(그림 13.1 참조). 1주, 2주가 지나면서 새로운 피규어들이 만들어지고, 서로의 위치를 바꾸었으며, 좋은 인형과 나쁜 인형이 싸우고, 동굴은 무너지고, 다시 지어지고 하는 과정을 거쳤다. 싸움은 항상 피터나 좋은 인형이 이기는 식으로 끝났다. 싸움 놀이 단계를 거치면서 인형들은 동굴 안에서 안전을 쟁취하려고 하고, 재편성하며, 새로운 공격이 있으면 위험을 무릅쓰고 맞서 싸웠다. Turner(2005)는 동굴은 재탄생이 이루어지며, 안정감을 느낄 수 있는 자궁에 비유할 수 있다고 했다. 그녀는 또한 동굴 사용을 통해 내면(무의식)이 외면(의식)으로 드러날 수 있다고 주장했다. 치료사는 피터와 작업하면서, 그에게 모래상자를 이용해서 자신의 느낌을 담아 보라고 했다. 예술 활동은 표현 수단이 되면서 동시에 즐거움도 주었다.

이 외에도, 그의 외상 이야기가 전개되고 모래상자 속에서 재연되면서, 굳이 말로 표현하지 않아도 새로운 적응적 반응들이 나타났다. 모래폭풍이 일어나도록 모래를 인형들 쪽으로 붓는 데 한 회기를 다 보낸 후에, 피터는 목소리가 커지고 말이 많아졌으며, 목쉰 소리로 계속 말을 하면서 지속적으로 모래를 부었다. 이 회기 전에 그는

그림 13.1 모래상자에서 괴롭힘 사건에 대한 재연

거의 말을 하지 않았으나, 이후에는 대부분 회기에서 적절한 말과 스토리텔링하는 모습을 보였다.

피터가 계속적으로 향상되어 가는 모습을 보였던 한 시점에서, 첫 번째 예술 경험이었던, 연필로 자신이 원하는 그림을 그려 보는 작업을 다시 해 보라고 했다. 이 과제에서 피터는 자신의 생각에만 집중했으며, 처음보다 더 오랜 시간 동안 스스로 작업을 했다. 피터의 불안감은 감소되었고, 실행기능은 향상되었다. 피터의 이런 능력은 그가 열심히, 계획적이고 조직적으로, 그리고 절제적인 태도로 그림을 그려 나가고 이것들을 (마치 만화의 말풍선처럼) 연계시켜 나름의 응집력 있는 이야기를 만들어 가는 모습을 통해 드러났다. 엄마와 피터 둘 다 이 회기가 끝나면 사회성을 향상시키는 치료를 받아야겠다고 결정했다.

개별 치료에서 사회성 기술을 연습하면서, 피터는 소규모의 사회성 기술 집단 내에서 다른 남자아이와 점토를 가지고 놀 수 있는 수준까지 발전했다. 소그룹에서 친구를 사귀는 경험으로 피터는 치료 외에도 특별한 취미 집단에 합류할 정도로 안정감을 갖게 되었다. 피터는 점토, 모래상자, 스토리텔링을 사용해서 감각 놀이와 예술 작품 만들기를 통해 기억을 재연했다. 피터는 자신의 화난 감정을 모래상자 싸움을 통해 표현하고 전달할 수 있었다. 그의 분노는 감소되었고, 인형들이 싸우다가 쉴 수 있도록 몇 개의 동굴과 안전한 공간을 만들었다. 반복적으로 싸움을 재연하고 동굴을 몇 개 더 만들면서, 피터는 자신의 인형들을 재배치할 안정된 공간을 찾았고, 마치 전투처럼 싸움 놀이를 조직적으로 하면서 다양한 전략을 구사하는 모습을 보였다. 피터는 언어능력이 향상되면서 자신의 경험을 재구성하기 시작했고, 치료사에게 이제 '정상적인 소년'으로 되돌아가고 싶다고 했다. 결국 피터는 괴롭힘 사건에 대해 더 이상 이야기할 필요가 없었고, 치료의 중심은 새 친구를 사귀는 방법에 대한 것으로 옮겨졌다.

중재 및 예술치료의 결과 요약

피터는 모래상자와 동굴을 자신의 외상을 재연하는 상징적 공간으로 사용했으며, 이로써 그는 괴롭힘 사건에 대해 숙달하고 통제할 수 있었다. 외상을 겪은 아동에 대한 광범위한 연구를 해 온 Gil(2011)은, 숙달과 통제를 외상후 스트레스를 겪은 아동을 치료하는 것의 주요 목표로 삼는다.

비언어적 치료인 '예술치료'에서, 피터는 복잡한 동굴 시스템을 만들어서 이를 괴롭힘당한 것에 대한 분노의 감정과 새로운 학교로의 전학에 대한 불안감을 담는 그릇으로 사용했다. 이 모든 활동에는 말이 필요 없었다. 동굴은 그가 불안할 때 강화시키고 변화를 준 안전한 장소였다. 그는 동굴이 무너진다고 해도, 새롭고 더 강하고 더 나은 구조물이 만들어질 수 있다는 사실을 몸소 체험했다. 이는 피터에게 새 학교에서 더 잘 적응할 수도 있음을 인식하도록 도와준 것 같았다. 그가 반복적으로 다시 만들어 보는 경험을 하면서, 놀이에서뿐만 아니라 외부 활동에서도 향상되었다. 마지막으로, 치료사는 피터가 괴롭힘을 당하면서 느낀 고통을 볼 수 있었다. 그는 공격적 놀이로 이런 고통을 표현했다. 결국 그가 자신의 외상에 대해 제어할 수 있게 되면서, 놀이는 점차 조직화되고 덜 혼돈스러워졌다. 피터가 다른 아동이 치료에서 쓸 수 있도록 동굴을 그대로 놔두고 떠난 것은 그에게 공감능력이 있음을 의미한다.

마지막으로 안전한 공간에서 피터는 타인과 연대감을 가지고 새 친구를 사귀는 데 필요한 기술을 습득할 필요가 있었다. 치료사의 지도에 따라 그는 다른 남자아이와 함께 치료를 받게 되었다. 처음에 두 아동은 나란히 개별적으로 점토를 가지고 놀면서 과정이나 이야기를 간간이 나누었다. 얼마 지나지 않아 피터가 새 프로젝트를 함께 만들자고 제안했으며, 이를 통해 치료사는 그가 타인에 대한 신뢰감을 다시 가지게 되었음을 알게 되었다. 점차적으로 치료 횟수가 줄어들었고, 아동들이 자신이 새로 터득한 기술을 지역사회와 학교 내 사회 집단에서 사용하게 되면서 치료는 종결되었다.

선 그리기, 회복탄력성 키우기, 예술 작품 만들기 : 공동체 프로젝트

우리 공동체의 예술치료 프로젝트의 주요 초점은, 아동 참여와 창의성을 유도하는 독특한 상호작용적 기회를 통해 괴롭힘에 대한 인식을 높이고, 아동이 괴롭히는 것과 괴롭힘당하는 것에 대한 자신들의 이야기를 나누고, 공동체 구성원들과 함께 자신들의 감정에 대해 깊이 숙고해 보도록 하는 것이다. 우리는 오픈 스튜디오 워크숍에서, 처음에 12~18살의 10대 청소년들과 함께 작업을 했다. 이는 아동의 정신건강에 대한 인식을 높이려는 국가 프로그램의 일환으로 진행된 것이다. 그 당시 우리 프로젝트의 목표는 말이 얼마나 큰 상처를 줄 수 있는지에 중점을 두면서, 괴롭힘과 자살 행동 간의 연계성에 대한 인식을 높이는 것이었다. 시행해 보고 난 후에, 우리는 "말이 상처를 줄 수 있다"는 주제로 예술 작품을 만드는 것만으로는 10대들이 자신의 경험을 나누기에는 불충분함을 깨달았다.

부모의 요청에 따라 우리는 더 어린 아동을 포함시키는 것으로 표적 집단을 수정했고, 감각기반의 프로젝트를 개발했다. 이것은 외상을 다루는 표현예술치료법을 토대로 고안된 것이다(Malchiodi, 2010). 우리는 여러 번의 시행착오를 통해서 9~14살의 아동들은 자신의 이야기를 털어놓으려는 의지가 강하며, 활동 참여를 즐거워한다는 것을 알게 되었다. 또 이 연령대 아동들이 회복탄력성을 키우는 데 핵심인 공감에 대해서는 제대로 인식하지 못하고 있음을 알게 되었다. 우리는 아동이 괴롭힘 같은 복합적 문제들을 편안하게 탐구할 수 있는 치료적 관계를 형성하여 언제 어디서 도움을 구해야 하는지에 대한 정보를 나누고, 아동들이 자신의 기분이 나쁘다고 해서 스스로나 타인을 해하는 것은 결코 용납될 수 없는 행동이라는 것을 일깨워 주었다.

우리는 감각기반의 활동을 사용해서 회복탄력성을 키우고 외상을 탐구하며 공감에 대해 알려 주었으며, 필요한 경우에 활동 형식에 변화를 주었다. 아동이 재미있어하고 의미 있으며, 연령에 적합하고 인지적·정서적·신체적으로 몰입할 수 있는 다양한 활동을 사용했다. 활동 중 상당수는 자율적으로 감정을 조절하도록 돕는 것이 목표이며, 어떤 활동들은 괴롭힘으로 인해 상처받은 감정을 안전하고 즐거운 신체적 표현을 통해 배출하는 것이 목표였다. 모든 활동은 예방과 중재의 목표를 가지고 있었다. 프레젠테이션을 사용해서 부모와 지역사회 내 보육자들에게 우리의 결과를 알려 주었다. 요컨대, 우리는 강점에 기반하고, 건강생성 모델에 토대를 둔 외상을 다루는 예술치료 접근법을 만들었다. 이는 감각 활동을 통해 괴롭힘으로 인한 공동체의 위기를 다루고 회복탄력성을 키우는 데 중점을 둔다.

프로그램의 구조

원

참여자들이 서로의 얼굴을 볼 수 있도록 원형으로 서 있게 하면, 외상과 관련해서 경험했던 이야기들을 자연스럽게 나눌 수 있다. 예술치료사인 우리는 자신을 간단히 소개한 후, 공동체에서 무엇을 하는지, 왜 우리가 그들과 오늘 함께한 것인지를 설명한다.

사각형 호흡법/자기조절

외상 치료를 받다가 감정이 유발될 수 있기 때문에 감정을 스스로 조절하는 것은 필수 기술이다. 감각을 사용해서 빠르게 감정을 조절하는 방법을 찾기는 어렵다. 우선 호흡법에 대해 이야기하고 잠시 호흡을 멈추는 식으로, 즉각적인 반사적 행동을 최대한 지연시키는 방법에 대해 가르쳐 주었다. 우리는 자기 조절을 위한 방법으로서 싸움, 가만히 멈춤, 혹은 도주 반응의 교감신경계 반응을 이완과 수용성을 주도하는 부교감신경계 반응으로 바꾸는 방법을 사용하도록 했다.

불안과 공황발작의 증상을 겪는 이들에게는 주로 이완 기법(예 : 호흡법)을 가르친다. 아동이 감정조절을 쉽게 하도록 유도하는 활동으로 사각형 호흡법이 있다. 사각형의 이미지를 사용해서 아동에게 다음을 하도록 지시해야 한다.

1. 1부터 4까지 세면서 호흡을 들이쉰다.
2. 1부터 4까지 세면서 호흡을 멈춘다.
3. 1부터 4까지 세면서 호흡을 내뱉는다.
4. 1부터 4까지 세면서 호흡을 멈춘다.

중요한 것은 수를 셀 때 리듬감 있게 세어야 한다는 것이다. 각 숫자당 1초씩으로 하면, 총 16초가 걸린다. 4번까지 하면서 총 4개의 인접한 사각형을 그린다. 이 모든 작업을 하면 총 1분 이상이 걸린다. 이런 리듬으로 호흡을 들이쉬면, 두렵고 불안한 생각들이 사라질 수 있다. 아동에게 사각형 호흡법을 한 후 몸에 집중하고, 신체적, 정신적, 정서적으로 어떻게 느끼는지에 집중하라고 한다. 다른 명상과 마찬가지로, 이 기법은 정기적으로 연습할 때 가장 큰 효과를 얻을 수 있기에, 최선의 결과를 얻으려면 매일 연습하는 것이 권장된다. 4까지 세면서 사각형을 상상 속에서 그리면서 연습하면 효과가 크다. 머릿속으로 상상하면 이 과정에 더 쉽게 집중할 수 있다.

또한 호흡을 참는 과정이 자기조절에 중요한 것임을 설명해 주어야 한다. 호흡을 멈추고 중간에 쉬는 것은 감정을 진정시키도록 여유를 준다. 호흡을 잠시 멈춤을 통해서 감정에 대해 생각할 시간을 얻고, 감정에 압도당하기 전에 잠시 물러날 시간을 갖게 된다. 호흡 중단은 통제력을 길러 주며, 급하게 반응하지 않도록 유도한다.

동물에 비유해서 외상 반응 설명하기

괴롭힘으로 인한 외상의 일반적 반응들을, 동물 행동을 토대로 한 게임을 사용해서 설명한다. 다음 세 종류의 동물에 빗대어 외상을 당할 때 보이는 자연스런 세 가지 행동 패턴을 제시한다. 동결 반응(토끼), 싸움 반응(독수리), 도주 반응(고양이)이다. 참여자들에게 임의로 이 동물 중 하나가 그려진 그림 카드를 주고, 같은 동물 카드를 받은 이들끼리 집단을 형성하게 한다. 각 집단에게 중앙 무대로 나와 해당 집단의 동물의 행동을 비언어적으로 표현해 보라고 한다. 집단에 속하지 않은 나머지 아동들에게는 집단 구성원들의 행동을 조용히 관찰하라고 지시한다. 마지막으로, 참여자들에게 신체를 사용해서 자신이 속한 집단의 동물을 표현해 보라고 한다. 모든 이들이 이 작업을 수행한 후에, 아동들은 관찰된 행동에 대해 토론을 한다. 참여자들은 이 세 동물의 전형적인 반응에 대해 즐겁게 탐구하면서, 멈춤, 싸움 혹은 도주 반응을 외상에 대한 반응과 연계시키는 작업을 한다. 이런 중립적 맥락에서 외상에 대한 반응을 감각적으로 직접 경험해 보게 되면, 아동이 자신이 괴롭힘당한 개인적 경험을 털어놓지 않으려는 저항감이 줄어든다.

인지-감각운동기술

아동이 처음에 집단 내에서 자신의 부정적 경험을 털어놓지 않으려는 것은 어찌 보면 당연한 것이다. 프로그램에 할당된 짧은 시간 내에 참여를 유도하는 것이 중요하다(약 1시간 30분 동안 최대 20명의 아동으로 구성된 집단 속에서 여러 활동을 하도록 한다).

우리는 비치볼에서 영감을 얻은 공놀이 게임에 신체 및 인지기술 활동을 결합했다.

이를 불리 볼(Bully-Ball)이라고 한다. 공에 다양한 주제에 대한 질문을 적어 놓고 서로 공을 주고받으면서 질문에 답하는 형태로 공놀이가 이루어진다. 대표적으로 다음과 같은 질문들이 적혀 있다.

1. 너는 누가 괴롭힘당하는 것을 본 적이 있니?
2. 학교에서 누가 너를 괴롭혔을 때 너는 어떻게 행동했니?
3. 너는 부모님과 괴롭힘에 대해 이야기를 나눈 적 있니?

참여자들은 공을 서로에게 던진다. 받는 이는 괴롭힘에 대한 질문을 읽고 답해야 한다. 안전거리를 유지하면서, 우리는 읽는 이에게 답변할 준비가 안 되었으면 그 질문을 패스해도 된다고 허락한다. 모든 이가 마음을 열 때까지 게임은 계속된다. 공놀이라는 대근육 활동을 통해 자기수용감각과 균형감이 활성화되면서 중추신경계의 자기조절이 가능해지고, 인지적 학습이 강화된다(그림 13.2).

다음으로, 우리는 집단을 6~10명의 소집단으로 나누어서 감각 활동 영역에서 다음의 활동을 하도록 했다. 큰 종이에 나무 그림을 그리고 손에 물감을 묻혀 손자국을 남기는 것이다(그림 13.3). 이는 "괴롭힘을 그만하자"라는 서약을 암시하는 것이다. 그리고 액세서리로(그림 13.4) 잎사귀 모형을 만들었다. 이것은 집으로 가지고 갈 수 있어, 집에서 서약을 상기시켜 주는 도구의 역할을 한다. 아동들마다 능력이 다르기 때문에 예술 작품 만드는 속도도 각기 다르다. 이런 다양성으로 인해 우리는 마지막에 다음과 같은 자유 활동을 했다. "네가 생각하는 가해자의 모습을 그려 봐." 아동은 그린 그림을 집에 가지고 가거나 우리에게 제출할 수 있다. 각 아동에게 선택권을 제시하고 각자의 수준에 맞춰 수행하는 것은 공동체의 상호작용과 연대감을 증진시킨다.

토론과 평가

집단은 다시 원형으로 둘러서서 활동을 하고, 각 소집단은 앞으로 괴롭히지 않겠다는 서약을 한다. 이 서약은 공동체가 그린 나무 벽화의 뿌리 부분에 적혀 있다. 어린 아동은 "나는 앞으로 친절해지고 상처 주는 말을 하지 않겠습니다."라고 하면서 더 구체적으로 서약을 한다. 나이 든 아동은 사회적 배제나 사이버불링에 대한 개념을 사용해서 더 추상적인 내용의 서약을 한다. "나는 남을 따돌리지 않겠습니다." 그리고

그림 13.2   감각 활동은 외상에 대한 이야기를 나누도록 촉진시킨다.

그림 13.3   "괴롭힘을 그만하자" 서약 나무

그림 13.4   괴롭힘을 그만하도록 상기시키는 물건(집에 가져갈 수 있음)

성인은 모범적인 말과 행동을 한다. "나는 내 행동을 조심하겠습니다." 이런 토론을 끝내기 전, 집단에게 이 메시지를 각인할 수 있도록 크게 암송하라고 한다. 우리는 이 프로젝트로 다양한 기관을 방문하면서, 아동들이 공감에 대한 이해가 부족하다는 사실을 알게 되었다. 그래서 공감력 키우는 방법을 제시하면서 마치려고 한다.

공감력 키우기

공감은 타인의 신발을 신고 걷는 것에 비유할 수 있다. 우리는 아동이 공감이라는 개념을 인지할 수 있도록 모든 발달 수준에 적합한 감각 활동을 고안했다. 이 역시 동물에 빗대어 설명할 수 있다. 참여자 아동들에게 애완동물이 말하지 못하는데도, 애완동물에게 언제 먹이를 줄지 혹은 언제 놀아 주어야 할지를 어떻게 아느냐고 물어보았다. 아동은 동물이 먹이 그릇 쪽으로 가거나, 그들 주변을 오가거나, 짖거나 야옹 하고 울 때 배고파한다는 것을 알게 되고, 문 옆에 서서 발로 긁으면 지루해한다는 것을 알았다는 대답을 했다. 관찰된 특정 행동을 배고픔, 지루함 등의 패턴과 연계시킴으로써 애완동물이 필요로 하는 것을 알아챈다는 아동의 능력을 치료사가 인정해 주면, 아동은 매우 뿌듯해하는 것 같았다. 애완동물을 돌보면 자연스럽게 공감능력이 생기는 것 같다. 이를 시작으로, 우리는 누군가의 동작(가라테 동작이나 춤 스텝)을 자세히 관찰하다 보면 자신도 모르는 사이에 그 동작을 모방하게 된다는 사실을 알려 주었다. 최신 음악을 듣고, 파트너의 동작을 관찰하고 따라 해야 하는 도전과제를 제시해 주었을 때 그들은 공감에 대해 더 많은 것을 배울 수 있었던 것 같다.

공감력을 키워 주는 춤

1. 소집단(2~4명)을 형성한다. 각 집단의 리더를 뽑는다.
2. 다양한 음악을 틀고, 각 리더에게 음악에 맞춰 춤을 추라고 지시한다.
3. 추종자들은 최대한 리더의 춤을 모방해야 한다. 그 과정에서 신체의 느낌에 집중해야 한다.
4. 음악을 잠시 멈추고, 리더를 바꾼다. 모두 돌아가면서 리더를 할 때까지 1~4 과정을 반복한다.

우리는 참여자들과 함께 리더와 추종자가 된다는 것이 어떤지를 토론하면서, 공감에 대해 실제적인 정의를 만들어 갈 수 있었다. 대부분 참여자들에게 있어 처음에는 모방하는 것이 어려웠다. 그러나 각자가 리더의 춤을 자세히 관찰하기 시작하면서 음악의 리듬을 통해 동작을 더 쉽게 예상할 수 있게 되었다. 관찰자인 우리는 참여자들이 이런 활동을 즐거워함을 알게 되었다. 이 활동을 하는 참여자들은 온전히 주의를 기울여 서로를 관찰하고, 비언어적 모방을 통해 서로가 서로를 바라보고 이해받는다는 것을 알게 되면서 함께 웃었다. 이런 감각 활동을 통해 다른 이들의 경험을 직접 겪어 보면서 타인의 입장이 어떤지를 체험할 수 있었다. 공감대를 형성하는 데 타인이 무엇을 느끼는지를 신체적으로 직접 경험하는 것보다 더 나은 방법은 없을 것이다.

결론

이 장은 강점에 기반해서, 건강생성 모델에 토대를 둔 외상을 다루는 예술치료 접근법을 기술하고 있다. 이는 괴롭힘을 당한 아동을 대상으로 개인적으로 이루어지며, 괴롭힘에 대한 인식을 높이기 위해 공동체 차원에서도 행해진다. 이 치료법은 감각 활동을 통해 회복탄력성을 키워 준다. 우리는 괴롭힘 행위와 반응에 대해 터놓고 이야기할 수 있는 공간을 마련해 주고 건강한 반응에 대해 알려 주면서 괴롭힘으로 인해 발생된 문제 행동들을 정상적 상태로 되돌리려고 노력했다. 감각기반의 집단 활동(특히 불리 볼 활동) 중에 아동이 자신의 집, 스쿨버스, 전자 매체에서 괴롭힘을 어떻게 인식하고 있는지에 대한 이야기를 들었다. 세부사항들은 서로 다를지라도, 아동들이 털어놓은 이야기들은 괴롭힘이 어떻게 부정적 감정을 일으키는지 보여 주었다. 진단 기준과는 상관없이, 오늘날 아동은 예전과는 상당히 다른 강도와 빈도로 괴롭힘을 겪는다. 자기표현을 할 수 있는 지지적이고 안전한 공간에서 창의적 예술치료를 받을 기회가 주어졌을 때 아동들은 타고난 회복탄력성을 키워 주는 이런 과정에 주도적으로 열심히 참여한다. 집단 프로그램 내에서 혹은 개별적인 예술치료 중에 감각기반의 활동들을 제공하면 아동은 굳이 말할 필요가 없으며, 개인적으로 괴롭히거나 괴롭힘 당한 경험에 대해 떠올릴 수 있는 정서적으로 안정된 공간이 마련된다.

참고문헌

Aideuis, D. (2007). Promoting attachment and emotional regulation of children with complex trauma disorder. *International Journal of Behavior Consultation and Therapy, 3*(4), 546–547.

Antonovsky, A. (1996). The salutogenic model as a theory to guide health promotion. *Health Promotion International, 1*(1), 11–18.

Badenoch, B. (2008). *Being a brain-wise therapist: A practical guide to interpersonal neurobiology.* New York: Norton.

Bazelon, E. (2013). *Sticks and stones: Defeating the culture of bullying and rediscovering the power of character and empathy.* New York: Random House.

Berrol, C. F. (2006). Neuroscience meets dance/movement therapy: Mirror neurons, the therapeutic process and empathy. *Arts in Psychotherapy, 33,* 302–315.

Blanche, A. (2005). *Transcending violence: Emerging models for trauma healing in refugee communities* (Contract #280-03-2905). Alexandria, VA: National Center for Trauma-Informed Care, SAMHSA.

Centers for Disease Control and Prevention. (2013). CDC findings show higher suicide-related behaviors among youth involved in bullying. Retrieved May 21, 2014, from *www.cdc.gov/media/releases/2013/a0619-bullying-suicide.html.*

D'Andrea, W., Ford, J., Spinazzola, J., & van der Kolk, B. (2012). Understanding interpersonal trauma in children: Why we need a developmentally appropriate trauma diagnosis. *American Journal of Orthopsychiatry, 82*(2), 187–200.

Franklin, M. (2010). Affect regulation, mirror neurons, and the third hand: Formulating mindful empathic art interventions. *Art Therapy: Journal of the American Art Therapy Association, 27*(4), 160–167.

Gibbons, K. (2010). Circle justice: A creative arts approach to conflict resolution in the classroom. *Art Therapy: Journal of the American Art Therapy Association, 27*(2), 84–89.

Gil, E. (2011). *Helping abused and traumatized children: Integrating directive and nondirective approaches.* New York: Guilford Press.

Graham, S., & Juvonen, J. (1998). Self-blame and peer victimization in middle school: An attritional analysis. *Developmental Psychology, 34*(3), 587–599.

Hansen, L. (2011). Evaluating a sensorimotor intervention in children who have experienced complex trauma: A pilot study. *Honors Project,* Paper 151. Available at *http://digitalcommons.iwuedu/psych_honproj/151.*

Healey, J. (2002). Resiliency as a critical factor in resisting bullying. Retrieved November 7, 2013, from *http://bscw.rediris.es/pub/bscw.cgi/d497958/Resiliencia.pdf.*

Humphrey, N., & Symes, W. (2010). Perceptions of social support and experience of bullying among pupils with autistic spectrum disorders in mainstream secondary schools. *European Journal of Special Needs Education, 25*(1), 77–91.

Iacoboni, M., Molnar-Szakacs, I., Gallese, V., Buccino, G., Mazziotta, J. C., & Rizzolatti, G. (2005). Grasping the intentions of others with one's own mirror neuron system. *PLoS Biology, 3*(3), e79.

Malchiodi, C. A. (2010). Trauma-informed expressive arts therapy. Retrieved November 7, 2013, from *www.psychologytoday.com/blog/the-healing-arts/201203/trauma-informed-expressive-arts-therapy.*

Masten, A. (2001). Ordinary magic: Resilience processes in development. *American Psychologist, 56*(3), 227–238.

McGuinness, M. M., & Schnur, K. J. (2013). Art therapy, creative apperception and rehabilitation from traumatic brain injury. In C. A. Malchiodi (Ed.), *Art therapy and health care* (pp. 252–265). New York: Guilford Press.

Perry, B. (2006). Applying principles of neurodevelopment to clinical work with maltreated children. In N. B. Webb (Ed.), *Working with traumatized youth in child welfare* (pp. 27–52). New York: Guilford Press.

Prescott, M., Sekender, B., Bailey, B., & Hoshino, J. (2008). Art making as a component and facilitator of resiliency with homeless youth. *Art Therapy: Journal of the American Art Therapy Association, 25*(4), 156–163.

Safran, D. (2002). *Art therapy and AD/HD: Diagnostic and therapeutic approaches.* London: Jessica Kingsley.

Safran, D., & Safran, E. (2008). Creative approaches to minimize the traumatic impact of bullying behavior. In C. A. Malchiodi (Ed.), *Creative interventions with traumatized children* (pp. 132–166). New York: Guilford Press.

Schore, A. N. (2003). *Affect regulation and the repair of the self*. New York: Norton.

Shariff, S. (2009). *Confronting cyber-bullying: What schools need to know to control misconduct and avoid legal consequences*. New York: Cambridge University Press.

Sheedy, C. K., & Whitter M. (2009). *Guiding principles and elements of recovery-oriented systems of care: What do we know from the research?* (Publication No. (SMA) 09-4439). Rockville, MD: Center for Substance Abuse Treatment, Substance Abuse, and Mental Health Services Administration.

Stanbury, S., Bruce, M. A., Jain, S., & Stellern, J. (2009). The effects of empathy building program on bullying behavior. *Journal of School Counseling*, 7(2), 1–27.

Turner, B. A. (2005). *The handbook of sandplay therapy*. Cloverdale, CA: Temenos Press.

트라우마를 겪는 아동과 청소년을 위한
포커싱 표현예술치료와 마음챙김

Laury Rappaport

포 커싱 표현예술치료(focusing-oriented expressive arts therapy, FOAT)는 Eugene Gendlin(1981, 1996)의 심신 포커싱 기법과 예술치료를 통합해서 내가 개발한 마음챙김에 기반한 방법이다(Rappaport, 2009, 2010, 2014b). 포커싱 표현예술치료는 다양한 유형과 원인의 트라우마를 겪는 내담자들을 대상으로 한 30년간의 임상 경험에 토대를 두고 있다. 포커싱 표현예술치료는 특히 트라우마를 겪은 아동과 청소년에게 적합한데, 포커싱 표현예술치료의 기초 원리는 안정, 공감, 신뢰 형성의 욕구에 토대를 두며, 포커싱 표현예술치료 기술은 신체 및 감각중심적이기 때문이다. 또한 포커싱 표현예술치료는 자애로운 태도로 자아의 내면을 주시하는 능력을 향상시켜 주는데, 이로써 스트레스를 주는 경험과 거리를 두고, 내면의 평화로운 공간에 머무르며, 자신의 내적 지혜를 활용할 수 있다. 마음챙김과 포커싱 표현예술치료를 통합한 방식은, 다음과 같은 자기돌봄 방법을 통해 아동과 청소년의 역량을 강화시킨다. 자기돌봄 방법은 트라우마로 인한 고통스런 증상(과각성, 과도한 경계 및 경계심)을 감소시켜 주고, 차분함과 현실 자각을 높여 주며, 긍정적 감정을 향상시켜 주기 위해 고안된 것이다. 또한 포커싱 표현예술치료와 마음챙김은, 강한 내면과 내적 자원을 통해 트라우마와 관련된 더 힘든 경험을 극복하고 통합시켜 주는 회복탄력성을 키워 주며, 이로써 아동과 청소년은 앞으로 전진해서 의미 있고 만족스러운 삶을 영위할 수 있게 된다(Weiner & Rappaport, 2014).

이 장은 포커싱 표현예술치료를 간단히 소개하며, 포커싱 표현예술치료 이론과 방법이 아동과 청소년을 상대로 한 트라우마 극복법에 어떻게 기여하는지를 기술하고 있다. 또한 이 장은 트라우마를 대상으로 하는 단계별 치료 모델을 통합하는 것의 중요성을 기술하고, 포커싱 표현예술치료 이론과 실제에 토대를 둔 새로운 3단계 모형을 제시하고 있다. 포커싱 표현예술치료의 기초 원리와 주요 방법이 기술되고 있으며, 이는 다음의 치료 단계에 통합되었다 : (1) 안정감을 구축해 주고 회복탄력성을 키워 주기, (2) 트라우마에 대처하고 내면의 지혜를 활용하기, (3) 치유 과정을 통합하고 진취적인 삶의 방향 제시하기. 3단계에 대한 설명 및 시간에 따른 치유 과정을 기술하면서, 트라우마로 인한 상실과 슬픔을 겪은 열두 살 여아를 대상으로 한 치료를 실제 사례로 들면서 내가 알게 된 중요 내용들을 덧붙인다.

포커싱 표현예술치료 : 외상에 근거한 치료법

포커싱 표현예술치료는 외상에 근거한 관리의 필수요소, 즉 내담자의 안정에 대한 욕구, 신체적 자기조절능력의 중요성, 건강한 애착을 위해 아동이나 청소년의 치료사와의 관계 및 조율의 중요성, 창의적 예술 속에서의 감각 경험을 통해 트라우마에 대처하고, 장점을 활용하며, 유능감을 발달시키는 것을 다룬다(Blaustein & Kinniburgh, 2010; Malchiodi, 2008; Steele & Malchiodi, 2012). 이 외에도 포커싱 표현예술치료는 자기역량을 강화시키는 방식으로 (1) 내담자가 자신의 내적 지식을 신뢰하도록 이끌면서 회복탄력성을 키워 주고, (2) 행복을 지향하며 전진하는 삶을 펼칠 수 있도록 한다(Gendlin, 1981, 1996).

트라우마와 아동을 대상으로 하는 포커싱 표현예술치료

포커싱 표현예술치료는 아동과 트라우마를 대상으로 사용되는 Gendlin(1981, 1996)의 포커싱 및 표현예술에 토대를 두고 있다(Bowers, 2007; Doi, 2007; Morse, 2003; Santen, 1990, 1999, 2007; Stapert & Verliefde, 2008; Turcotte, 2003). 포커싱 표현예술치료가 예술치료 분야의 새로운 접근법이기 때문에, 지금까지의 연구 수는 적어도 예비 연구는 점점 많아지고 있다. Lee(2011)는 노숙자 쉼터에 사는 아동들의 회복탄력성을 향상시키기 위한 '책 만들기'를 통해 포커싱 표현예술치료에 대한 연구 프로젝트를 시행했다. 그녀는 '사회 정서적 회복력 및 자원 회복력 척도'(아동용)(Social Emotional and Assets Resilience Scale-Children, SEARS-C)뿐만 아니라 질적 및 미술 중심적 측정도구들을 사용했다. 참여자 수는 5명뿐이었지만 SEARS-C는 사전-사후 점수에서 전반적인 정적 변화를 보였다. 이 외에도 질적 측정을 통해 아동의 자기감이 향상됨이 밝혀졌다. 또한 Lee는 예술성에 대한 사전-사후 측정도구로 '빗속의 사람 그리기(Draw-a Person in the Rain, DAPR)' 그림 검사를 사용했는데, 이는 스트레스에 강한지 혹은 취약한지를 알아보기 위해서였다. DAPR은 타당하거나 신뢰성 있는 도구는 아니지만, 치료를 받은 후에 그린 그림들에서 보호에 대한 이미지가 늘어났다는 것은 흥미롭다(우산, 보호해 주는 사람, 보호해 주는 나무를 추가로 그림). 이런 이미지들은 내담자의 안정감이 향상되었음을 뜻한다. 청소년을 대상으로 한 포커싱 표현예술치료와 마음챙김(여름 캠프의 예방 프로그램)에 대한 Weiner(2012)의 연구에서도 스트레스의 감소와 안녕감의 증가가 밝혀졌다. 다른 포커싱 표현예술치료 연구들은 성인을 대상으로 행해지고 있으며, 안정감을 갖게 하고, 자기 자비(self-compassion)를 증가시키며, 감정 절제를 촉진시키고, 스트레스를 경감시켜 주기 위해 포커싱 표현예술치료를 어떻게 가르칠 수 있는지를 보여 준다(Castalia, 2010; McGrath, 2013; Weiland, 2012).

단계별 치료와 포커싱 표현예술치료

Herman의 획기적인 책 트라우마 : 가정폭력에서 정치적 테러까지(*Trauma and Recovery*)(1992)는 다음과 같은 단계별 치료의 필요성을 주장했다 : (1) 안정감 구축, (2) 기억과 애도(트라우마 대처), (3) 일상생활로의 재진입. 그 이후로 다른 트라우마 전문가들도 단계별 치료의 중요성을 주장하고 있다(Luxenberg, Ogden, Minton, & Pain, 2006; Spinazzola, Hidalgo, Hunt, & van der Kolk, 2001; van der Kolk, McFarlane, & Weisaeth, 1996).

수년간 나는 Herman의 모델을 지침서로 사용했고, Herman의 치료 단계 내에 포커싱 표현예술치료를 통합시켰다. 이 장의 내용을 계속 교정하면서 나는 내가 일반적으로는 Herman 모델을 따르지만, 회복탄력성 촉진을 위해 그 단계들 내에서 다른 측면들의 중요성을 더 강조했음을 알게 되었다. 이 장은 트라우마 치료를 위한 포커싱 표현예술의 3단계 모델을 기술하고 있다. 모든 단계별 치료 모델들과 마찬가지로 치료는 선형적으로 이루어지지 않으며, 한 단계에서 다음 단계로 단순하게 이동하지도 않는다. 앞으로 진전하거나 뒤로 퇴보하거나 중복될 수도 있다. 안정감 구축과 회복탄력성을 증진시켜 주는 1단계는 치료 내내 중점을 두어야 할 단계이다. 시간이 흐르면서 1단계의 '안정감 구축'은 치료 내내 '안정감 유지' 욕구로 진전해 가게 된다. 이 외에 1단계의 '회복탄력성 증진'은 치료 내내 강화되어야 할 필요가 있다.

임상적 적용 : 포커싱 표현예술치료의 단계별 치료

1단계 : 안정감 구축과 회복탄력성 증진

앞서 언급했듯이, 1단계의 목표는 내담자를 위해 안전한 분위기를 조성해 주고 회복탄력성을 증진시켜 주는 것이다. 포커싱 표현예술치료 기초 원리에 따라 우선 안정감과 존중감이 확보되어야 하며, 이 단계가 진행되는 동안 두 가지 포커싱 표현예술치료 접근법—주제중심적 포커싱 표현예술치료와 예술을 통한 공간 정리—이 포함된다(아래 기술됨).

포커싱 표현예술치료의 기초 원리

포커싱 표현예술치료는 치료 내내 안정감을 구축하고 지속시켜 주는 지침인 기초 원리에 토대를 두고 있다. 이 기초 원리에는 안정감 촉진, 치료적 현존, 경청·숙고·반영, 신체적 안전감 확보, 포커싱 태도, 임상적 민감성 등이 포함된다.

안전감

내담자의 안전감 촉진은 모든 치료에서 가장 중요하지만, 트라우마를 겪은 아동과 청소년을 대상으로 치료할 때는 매우 민감한 사안이다. 포커싱 표현예술치료를 할 때 다음 세 중요한 영역에서 안전감이 촉진된다. 즉 치료사와 내담자와의 치료적 관계, 내담자의 자아의식, 그리고 외적 세계에서의 안정감이다. 안정감의 이런 세 영역은, 아래 다른 포커싱 표현예술치료 원리와 대표 사례를 통해 더 자세히 설명되고 있다.

치료적 현존

치료사의 공감적 태도, 존중적 태도, 신뢰성을 통해 치유가 현재 이루어지고 있다는 분위기가 조성된다. 이런 현존은 내담자가 안전감을 느낄 수 있게 해 주며, 트라우마를 치료하는 관계에서 필수이다(Steele & Malchiodi, 2012). 포커싱 지향의 예술치료사가 되기 위해 우선 혼자 힘으로 포커싱하는 법을 배워야 한다. 그 후 치료사는 포커싱 태도를 통해 배운 공감을 현장에서 보여 줄 수 있다(아래에 기술). 현존을 지속하는 것과 관련해서 치료사는 스스로에게 여러 질문을 해야 한다. 내가 경청할 때, 이를 방해하는 내 안의 도전들을 알고 있는가? 나는 트라우마를 다루는 동안 현존할 수 있는가? 내가 내담자의 경험에 빠지지 않은 채 공감과 이해심을 전해 줄 수 있는가? 나는 대리 외상 증후군을 겪지 않을 정도로 나 자신을 통제할 수 있는가?

경청, 숙고, 반영

안정감과 공감적 조율, 경험적 경청, 숙고를 향상시키기 위해 언어적 · 비언어적 및 예술적 의사소통 방식들이 포커싱 표현예술치료 과정에 통합된다. 경험적 경청에는 내담자의 전부를 받아들이는 것(언어적 · 비언어적 · 예술적 의사소통), 중요한 내용을 경청하는 것, 내담자 말의 핵심을 간결하게 숙고하는 것이 포함된다(지침을 보려면 Rappaport, 2009 참조). 치료사는 경청할 때 단어뿐 아니라 비언어적 의사소통에도 집중해야 한다. 이런 식으로, 공감과 동정심을 통해 아동과 청소년은 자신이 깊이 이해받는다고 느끼며, 아동의 내면 경험은 진전할 수 있다. 우리와 같은 표현예술치료사는 예술적 숙고와 움직임의 반영을 통해 아동 혹은 청소년의 경험을 숙고해 볼 수 있다. 치료사가 그림이나 예술을 통해 내담자의 경험을 이해한다는 것을 보여 주어야 할 때가 있다. 이 외에도 치료사들은 제스처, 움직임, 에너지의 질을 통해 자신이 내담자의 경험을 이해한다는 것을 반영할 수 있다. 경청, 예술적 숙고, 반영은 어린 내담자와의 조율을 촉진시키며, 애착에 관련된 상처를 치유하는 데 유용하다. 이는 트라우마를 치유하기 위해 중요한 부분이다.

신체적 안전감

아동은 침착하게 신체적 안전감을 확보할 수 있어야 한다. 감정적 조절의 필수 측면으로서, 신체적 안전감 기술은 호흡 인식 등의 다양한 마음챙김 훈련, 신체적 자각(땅에 발을 디디거나 의자에 앉았을 때의 감각을 살펴보기), 요가, 기공, 창의적 움직임, 기타 표현예술 활동을 통해 가르칠 수 있다.

포커싱 태도

포커싱 태도는 경험의 감각 느낌을 대하는 '친밀하고 호기심 있는 태도'이다(Gendlin, 1981, 1996; Rappaport, 2009). 이 태도는 트라우마를 일으킨 대상을 다룰 때 특히 중요한데, 이유는 내담자는 종종 주눅 들고, 부담감을 느끼며, 분리되고, 긴장하며, 자신의 경험에 연계되는 느낌을 두려워하기 때문이다. 나는 항상 "우리는 힘든 감정을 늘 환영할 수는 없지만, 그것들과 친해지려고 노력할 수는 있다."는 Gendlin의 말을 숙고한다. 친밀함과 비판단성으로 구성된 포커싱 태도는 창의적 표현으로도 확장되어 간다.

임상적 민감성

치료사는 각 아동과 청소년에 적합하게 포커싱 표현예술치료 방법을 조정해야 한다. 포커싱과 마음챙김은 신체의 감각과 경험에 주목하기 위해 눈을 감은 채로 할 수 있지만, 그렇게 하는 것이 항상 적절한 것은 아니다. 나는 눈을 뜬 채로 시작할 것을 권장하며, 아동과 청소년이 안정감을 느끼고 자신의 경험을 자각한 후에 눈을 감는 것이 더 편할 수 있다.

마음챙김 훈련 : 신체적 안전감과 내면 자각

1단계에서, 마음챙김 훈련은 아동과 청소년이 호흡을 통해 마음을 차분하게 하고 집중하도록 돕는다. 동시에 이를 통해 그들은 자신의 감정, 신체 내 감각, 생각, 자기 외부의 경험을 관찰하고 자각하는 법을 배운다. 나는 아동과 청소년에게 다양한 마음챙김 훈련을 가르치고 있다. 훈련에는 종소리를 통한 마음챙김, 의식적인 호흡, 걷기, "조약돌 명상"(Hanh, 2011) 등이 있다. 다음의 마음챙김 훈련은 수년간 나의 선생님이었던 틱낫한의 가르침에 토대를 둔 것이다. 필요한 준비물로는 종, 매직펜, 크레용, 유화물감(10대용), 그리고 미리 잘라 놓은 잡지의 평화로운 사진과 단어들이다.

마음챙김 호흡과 포커싱 표현예술치료

"편안하게 앉아서, 몸 안과 밖으로 깊게 심호흡하세요."

종소리 명상

"우선, 나는 이 종소리를 여러분과 나누고 싶습니다. 나는 평온을 가르치는 위대한 스승이신 틱낫한으로부터 이를 배웠습니다. 그는 종을 '칩시다' 대신 '종을 초대합시다'라고 가르칩니다. 종소리를 들으면 평화롭습니다… 그렇지 않습니까? 종소리를 초대하기 전에, 그는 종을 깨우는 법을 가르치는데… 이는 우리를 깨워서 종소리를 들을 준비를 시키는 데 도움을 줍니다. 우선 나는 이 작은 막대기로 종을 조심스레 만지고 멈출 것인데… 그러면 종소리는 계속 울리지 않게 되겠지요. 그리고 몇 번의 호흡을 하고, 다시 종소리를 초대할 것입니다. 종소리가 들리면, 그것에만 집중하세요…. 그리고 그동안 호흡을 들이쉬고 내쉬세요."

마음챙김 호흡

"우리는 호흡이 몸 안으로 들어오고 나가는 것에 주목할 것입니다. 호흡은 우리를 집중시켜 주고, 안정시켜 주며, 평화롭게 해 주기 때문에 중요합니다. 어떤 아동·청소년들은 코로 호흡을 들이쉬고, 코나 입으로 호흡을 내쉬는 것을 자각하기를 좋아합니다. 어떤 이들은 호흡을 들이쉴 때 자신의 배가 튀어나오고, 내쉴 때 배가 꺼지는 것을 보기를 좋아합니다. 이 중에서 당신에게 효과 있는 것을 선택해야 합니다. 호흡을 알아차리기 시작하면, 마음속 생각과 몸의 느낌과 감각도 알아차리게 됩니다. 방 안과 밖의 소리도 알아차릴 수 있습니다. 호흡에 집중할 때 나는 당신이 그런 생각, 느낌, 소리를 알아차리고, 그것들이 하늘의 구름이 계속 움직이고 변하는 것처럼, 그것들을 지나가게 내버려 두도록 안내할 것입니다."

"호흡을 들이쉬고 내쉬세요. 호흡을 들이쉴 때 자신에게 '들이쉬면서 나는 들이쉬는 것을 알고 있다. 내쉬면서 나는 내쉬는 것을 알고 있다.'라고 말하세요."[여러 번 반복한다.]

"[가볍게 종소리를 초대하며] 이제, 호흡을 들이쉬면서 우리는 차분함을 들이쉴 것이고, 호흡을 내쉬면서 평화를 내쉴 것입니다. 호흡을 들이쉬면 차분함을 느끼고, 내쉬면 평화로움을 느낍니다."

"[여러 번 반복한다.] 이를 짧게 할 수도 있습니다. '차분함을 들이쉬고, 평화로움을 내쉰다.' 생각, 느낌, 감각이 있으면, 단지 알아차리고 하늘 안의 구름처럼 흘러가도록 내버려 두세요."

포커싱 표현예술치료 훈련

"[훈련 마무리 단계에서 아동과 청소년에게 자신의 경험에 대한 감각 느낌을 표현하게 해 본다.] 이제 잠시 시간을 갖고 의식을 몸에 집중해 보세요. 내면의 느낌이 어떠한지 자각해 봅니다. 차분함, 안달남, 또는 평화로움일 수도 있어요. 그저 그것을 알아차리고, 있는 그대로에 친밀해지도록 하세요. 내 몸 안의 느낌과 어울리는 색깔, 모양, 이미지가 있는지 생각해 보세요. 준비되면 자신이 이 방에 있다는 사실을 인식하세요. 발가락이나 발을 꿈틀거리고, 팔과 손을 뻗을 수 있습니다. 눈을 감은 상태라면 조용히 떠도 됩니다. 준비되었다면, 예술 재료들을 사용해 마음챙김 호흡이 몸에서 어떻게 느껴지는지 표현하고 창작해 보세요."

다양한 방법

"경험의 감각 느낌은 몸짓, 소리, 글을 통해 표현될 수 있습니다.[예 : 마음챙김 호흡을 통해 겪은 몸의 느낌을 표현해 주는 움직임, 소리, 단어 등이 있는지 생각해 본다.]"

내담자의 예 : 케이틀린과 마음챙김 호흡

케이틀린은 12살 여자아이이다. 그녀의 아빠가 심장마비로 갑자기 죽은 후, 엄마는 딸에게 표현예술치료를 받게 하려고 데려왔다. 아무런 경고도 없는 갑작스런 죽음은 케이틀린에게 두려움과 슬픔이라는 거대한 감정만 남겨 놓은 트라우마가 되었다. 나는 처음에 케이틀린과 엄마를 함께 만났는데, 케이틀린은 계속해서 엄마와 함께하기를 원했기 때문에 모든 회기가 그렇게 진행되었다. 그들은 나에게 무슨 일이 일어났는지 말하고, 케이틀린이 불안감과 공포감이 있다고 털어놓았다. 나는 그들에게 케이틀린의 아빠가 심장마비로 갑자기 돌아가셨기 때문에 충격이 있었을 테니 그런 현상은 당연하다고 말해 주었다.

나는 그들에게 불안감과 공포감을 다스리는 법을 가르쳐 줄 수 있다고 말한 후, 그들이 함께 배우고 싶은지 물었다. 그들은 함께 연습할 수 있었고, 둘은 이에 동의했다. 나는 그들에게 앞의 자료에 제시된 마음챙김 호흡을 훈련시켰다. 포커싱을 지도한 후, 그들에게 (만다라 같은)원이 그려진 종이, 평화로운 이미지가 담긴 바구니, 치유 관련 단어가 담긴 바구니, 매직펜 등의 예술 재료들을 보여 주었다.

케이틀린은 두 이미지(나비와 꽃) 그리고 "침착하게 하던 일을 계속하라"는 말이 쓰인 종이를 골랐다. 케이틀린은 나비를 원 중앙에 풀로 붙이고, 단어들을 자른 후, 나비 위에는 "침착함"이라는 단어를 놓고 "하던 일을 계속하라" 단어는 그 밑에 놓았다. 케이틀린은 "호흡"이란 단어를 추가해서, 그녀의 작품은 '침착하게 호흡하고 하던 일을 계속하라'가 되었다. 케이틀린은 꽃을 만다라 아래에 놓았는데, 이로써 모든 것이 노란 스크랩북 종이에 걸려 있게 되었다(그림 14.1 참조).

나는 케이틀린에게 의식적인 호흡과 예술 체험과 관련해서 하고 싶은 이야기가 있는지 물었다. 그녀는 "저는 정말로 종소리를 좋아했어요. 너무 평화로워서 저를 진정시켜 주었어요. 잠시 뒤에 저는 제 심장이 조용해지는 것을 알게 되었어요. 때로 심장이 두근거리기도 했지요. 저는 제 경험에 어울리는 그림과 단어 찾기를 좋아했고, 만들기도 즐겼어요."라고 답했다.

케이틀린의 엄마도 그 경험이 유익했다고 했다. 나는 그들에게 직접 만든 예술 작품을 집에 가지고 가고 싶은지 물었는데, 이유는 그 작품들은 차분함을 들이쉬고 평화를 내쉬는 데 도움을 줄 수 있기 때문이다. 때로 예술 작품을 바라보기만 해도 마음

그림 14.1   마음챙김 호흡

이 차분해질 수 있다.

포커싱 태도 : 자기 자비

아동과 청소년에게 포커싱 태도를 가르치는 것의 목표는, 그들이 어떤 감정을 느끼든 괜찮다는 것을 알려 주는 데 있다. 나는 다음과 같은 다양한 재료를 사용해서 포커싱 태도를 구체화하도록 돕는다. 예를 들면 미리 잘라 놓은 다양한 사람 모양의 진저브 레드, 색종이로 만든 동물 모양, 다양한 모양의 나무 조각(원, 심장, 마음, 축구공, 네모) 등이 있다. 나는 아동과 청소년에게 그들이 가장 좋아하는 사람이나 동물을 상상해 보라고 했다. 그러면서 그들에게 그들이 어떤 감정을 느끼든 괜찮다고 하거나, 슬픔, 행복, 두려움, 무서움, 분노, 우스움 같은 모든 감정은 환영한다는 긍정의 메시지를 주었다.

케이틀린 : 포커싱 태도

케이틀린과 엄마에게 소개 회기를 가진 후, 나는 케이틀린을 개인적으로 만났다. 그녀와 함께 감정, 예를 들면 우리 모두는 어떻게 슬픔, 상처, 분노, 두려움, 행복, 사랑 등의 느낌을 가지는지와 같은 것들에 대해 이야기 나누었다. 모든 감정은 그것이 무엇이든지 환영할 만한 것임을 깨닫게 해 주는 뭔가를 만들어 보는 것은 도움이 된다. 치료를 통해 이런 느낌들을 알아채고, 안전한 방식으로 그런 느낌을 체험하는 법을 배울 수 있다.

진저브레드 피규어(혹은 동물 모양)를 활용한 포커싱 태도

"진저브레드 피규어(혹은 동물 모양)를 사용해서, 모든 감정을 환영한다는 메시지를 주는 방향으로 장식을 해 보세요. 때로 우리는 삶 속에서 우리에게 이러한 메시지를 보여 주는 이들을 알게 됩니다. 때로 우리는 애완동물을 키우기도 하지요. 또한 우리에게 환영한다는 메시지를 주는 초능력 영웅, 사람, 애완동물, 다른 동물들이 있다는 것이 어떤 느낌인지 상상해 볼 수 있습니다. 그것들을 바라볼 때는 뭔가를 떠올리게 됩니다. 준비되었다면 모양을 고르고, 포커싱 태도에 도움을 줄 수 있는 자신만의 피규어와 메시지를 만들어 보세요."

케이틀린은 미리 잘라 놓은 진저브레드 피규어 중 하나를 골라, 오렌지색 색종이 위에 놓았다. 그녀는 자신과 같이 작은 소녀를 만들고 웃음, 장밋빛 뺨, 큰 심장을 추가하고, 말풍선 안에 "모든 느낌은 다 좋은 것입니다. 환영합니다."라고 적었다(그림 14.2 참조). 그 후에 나는 케이틀린에게 "[그녀의 예술 작품을 보면서] 이 소녀는 큰 심장을 갖고 있구나. 나도 아빠를 잃는다는 것이 얼마나 고통스러운지 알고 있어. 이 소녀가 뭔가 위로를 줄 수 있을 것 같구나."라고 말했다. 그녀는 "네, 그래요. 이 소녀를 보면 '나를 돌봐 주는 곰돌이 인형'이 떠올라요."라고 말했다.

그림 14.2   포커싱 태도

예술을 통한 공간 정리 : 적정 거리 찾기와 안녕감

예술을 통한 공간 정리는 포커싱 표현예술치료의 기본 접근법이다. 이는 특히 아동과 청소년에게 '모든 것이 괜찮다'는 감정을 방해하는 느낌과 경험을 알아채는 법과, 그런 느낌과 감정으로부터 건전하게 거리 유지를 하는 법을 가르치는 데 유용하다. 이는 또한 그들이 자신 안에서 '모든 것이 괜찮은' 공간, 즉 트라우마와 거리를 둔 공간을 찾아내도록 돕는다. 예술을 통한 공간 정리에 대한 네 가지 접근이 있다. 이는 구체적 심상(포커싱을 지도하는 활동없이 예술만 활용)에서부터 비지시적 심상(신체적 감각 느낌을 경청하고, 자연적 심상을 활용함)에 이른다. 트라우마 치료 초기 단계에서는 구체적 심상을 사용한 예술을 통한 공간 정리가 가장 적절하다.

예술을 통한 공간 정리 : 구체적 심상

공간 정리

"우리 모두 스트레스나 고통스러운 감정과 경험을 가집니다. 우선, 우리가 할 일은 모든 감정을 담아 놓을 안전 상자를 만드는 것입니다. 당신이 좋아하는 방식으로 상자를 꾸밀 수 있습니다. [아동과 청소년의 관심과 요구에 따라 재료를 제공한다.] 상자 꾸미기를 완성한 후, 상자를 보면서 그 안에 넣고 싶은 감정과 경험은 무엇인지 생각해 보세요. 그리고 다양한 예술 재료를 사용해서, 그 안에 넣고 싶은 것들에 대해 그리거나, 색칠하거나, 조각을 하거나, 글을 쓰세요."

모든 것이 괜찮은 공간

"[위의 과정을 완성한 후] 이제 상자를 당신이 편안함을 느낄 수 있는 만큼 멀리, 이 방 아무 데나 원하는 곳에 놓으세요. 모든 것을 상자 안에 넣고, 적절한 거리에 놓아두고, 잠시 그것들로부터 휴식을 가질 때 내면의 느낌이 어떤지 살펴보세요. 무슨 말인지 아시죠? 준비되면 알려 주세요. 이를 위해 눈을 감고 싶다면 알려 주세요. 혹은 원하면 눈을 떠도 됩니다. 원하는 대로 하세요."

"당신의 몸 내부에 집중해 봅니다… 그리고 거기서 빛나는 빛이 있다고 상상해 보세요. 몸 안이 어떻게 느끼는지 집중해 보세요. 상자에 넣은 것들과 분리된 '모든 것이 괜찮은' 그 내면의 공간을 느껴 보세요. 거기에 무엇이 있든 그것에 친절한 마음을 가지세요. 그것은 불안함이거나, 차분함이거나 혹은 그 밖의 감정일 수 있습니다."

포커싱 표현예술치료 훈련

"현재의 감각 느낌에 어울리는 색깔, 모양, 이미지, 단어, 구절, 제스처, 소리가 있는지 주시해 보세요. 그것이 적절한지 점검해 보세요. 그렇지 않다면 내버려 두고, 다른 색깔, 모양, 이미지, 단어 구절, 제스처, 소리가 떠오를 때까지 기다리세요. 적절한 것이 떠올랐다면, 예술, 움직임, 소리, 글을

그림 14.3 공간 정리하기 : 상자 외부

통해 그 상징에 대한 감각 느낌을 표현하세요."

케이틀린 : 예술 작품으로 공간을 정리하기

케이틀린은 콜라주 이미지, 테이프, 자물쇠를 모두 사용했다. 그녀는 잡지의 사자와
호랑이 사진을 상자 맨 위에 풀로 붙이고, 상자 나머지를 컬러 테이프로 장식했다. 케
이틀린은 재료들 속에서 자물쇠를 찾았고, 상자 내부를 보여 주고 싶지 않음을 상징
하기 위해 자물쇠를 테이프로 상자에 붙였다(그림 14.3). 나는 그 상자를 보면서 "사
자와 호랑이는 강해 보이고 상자 안에 있는 모든 것을 안전하게 보호해 줄 것 같구
나."라고 말했다. 그녀는 공감하면서 "네!"라고 답했다.

그 후 나는 케이틀린에게 예술 재료들을 사용해서 '모든 것이 괜찮다'는 느낌에 방
해를 주는 모든 것을 표현해 보라고 했다. 그녀는 큰 신문을 집어서 여러 조각으로 찢
었다. 그녀는 그 조각들을 구긴 후, 매직펜으로 그 위에 그림을 그리고, 하나씩 상자
안에 넣었다(그림 14.4). 나는 "거기에 무엇을 넣었는지 말하고 싶니?"라고 물었다.
그녀는 구석에 넣은 빨간 종이 조각은 아빠에 대한 자신의 아픈 마음이라고 답했다.
나머지 두 개는 두려움과 공포감을 나타낸다고 했으며, 찢어진 종이는 자신의 찢긴
삶이라고 했다.

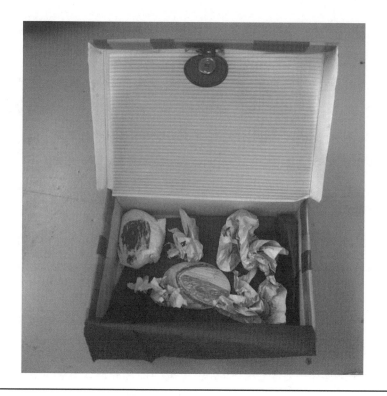

그림 14.4　공간 정리하기 : 상자 내부

나는 케이틀린에게 다시 "너의 내면에는 아빠를 그리워하는 상처받은 마음과 두려움과 공포감, 그리고 네 삶이 찢겼다는 느낌이 있어. 이것들과 친해질 수 있을까?[포커싱 태도]"라고 물었다. 케이틀린은 그렇다고 끄덕였다. 나는 그녀에게 상자를 방 안에 좋은 위치라고 생각되는 곳에 놓으라고 했다. 그리고 케이틀린에게 상자 속의 안정감을 느끼면서 지금 내면이 어떤 느낌인지 알아보라고 했다. 그리고 감각 느낌에 어울리는 색상, 모양, 이미지, 단어, 제스처, 소리가 있는지 생각해 보라고 했다.

그녀는 잠시 내면의 소리를 듣고 눈을 뜬 후, 명상 종 쪽으로 갔다. 조용히 케이틀린은 종소리를 초대했다. 종소리를 듣고 난 후 나는 그녀에게 "차분하고 평화롭니?"라고 물었다. 케이틀린은 "네, 모든 것을 상자 안에 넣고, [방 저쪽을 가리키며] 저쪽에 놓았더니 기분이 괜찮네요. 그렇게 우울하지 않아요."라고 답했다.

앞서 언급된 예에서 볼 수 있듯이, 포커싱 표현예술치료 훈련은 아동과 청소년이 자신 안에서 안정감을 느끼고, 동시에 회복탄력성 요인을 강화시키는 데 목표를 둔다. 이 단계와 다른 두 단계 중에, 아동과 청소년 삶 안의 강점, 자원, 기타 긍정적 요인들에 초점을 두는 것도 유용하다. 예를 들면, 주제중심적인 포커싱 표현예술치료 훈련에서는 다음 주제들을 다룬다 : 내가 즐기거나 즐겼었던 것들, 지원해 주는 자원, 취미, 가족, 친구, 선생님, 애완동물. 이는 회복탄력성을 강화시키고, 트라우마 치료의 균형을 맞추어 준다.

2단계 : 트라우마 다루기와 신체의 지혜 이용하기

안전감과 회복탄력성 강화의 목표는 트라우마를 다루는 2단계까지 계속된다. 이 단계는 샌드위치에 비유해 볼 수 있다. 안전감과 자기위안 사이에서 트라우마를 직접적으로 다룰 수 있다. 2단계의 주요 방법은 Gendlin의 포커싱 단계들을 지속적인 치료적 상호작용 속으로 통합시키는 것이다(Gendlin, 1981, 1996; Rappaport, 2009, 2010, 2014a). 각 회기는 규정된 지시를 따르기보다는, 내담자의 경험적 과정의 전개에 맞춰 신중하게 조율되어 진행된다. 이 점은 중요한데, 이유는 포커싱 표현예술치료는 안전감에 토대를 두면서 관계적 · 신체적 · 감각적 수준에 맞추어 트라우마를 치료해 나가기 때문이다. Gendlin(1981, 1996)의 포커싱과 트라우마 치료 방법에서 유래한 포커싱 표현예술치료의 정의는 간단하게 다음과 같다.

> 트라우마를 치료하기 위한 포커싱 표현예술치료 심리치료 과정
>
> 포커싱, 경청, 숙고, 표현예술을 조심스럽게 조율된 매 순간의 과정에 통합시켜야 한다.

> 정의
>
> 감각 느낌 : 몸 안에서 느껴지는 감각
>
> 손잡이/상징 : 감각 느낌을 묘사해 주는 단어, 구절, 이미지, 제스처, 소리
>
> 공명 : 적절하다는 느낌에 대한 감각 느낌 점검하기, 어떤 예술 재료와 방식이 해당 감각 느낌에 적절한지 점검하기
>
> 묻기 : 감각 느낌(혹은 예술)에 질문하는 내적 대화
>
> 수용 : 질문을 듣고 감각 느낌에서 나오는 답변 듣기

2단계에서 치료사는 아동 혹은 청소년이 감정에 빠지지 않으면서 이를 안전하게 경험할 수 있도록 미묘한 균형을 맞춰 주어야 하며, 동시에 필요할 때 물러서서 경험을 바라볼 수 있도록 도구(1단계에서 배운 것)와 관계를 제공해 주어야 한다.

케이틀린 : 트라우마 다루기

케이틀린은 아빠의 죽음에 대해 어떻게 느꼈는지 표현할 준비가 되었다. 그녀가 진저 브레드 모형을 좋아했기 때문에, 그녀에게 그것을 사용해 내면의 느낌을 표현해 보라고 했다. 케이틀린은 아픈 심장을 가진 슬퍼 보이는 여자와 그 심장 사이를 번개가 통과하는 그림을 그렸다(그림 14.5). 나는 케이틀린에게 그 그림의 의미에 대해 알려 달라고 했다. 다음은 우리 둘의 상호 간 대화의 발췌로, 대화 말미에 포거싱 표현예술치료 방법이 기술되어 있다.

그림 14.5 아빠의 죽음에 대한 감각 느낌

케이틀린 : 저는 마치 번개를 맞은 것 같고, 제 심장이 갈기갈기 찢어지는 것 같았어요. 제가 언제까지 이럴지 모르겠어요. 전 아빠와 너무 친했거든요. 아빠는 저에게 전부였어요.

치료사 : [그녀의 답변을 토대로 말한다.] 너는 충격받았고 마음이 너무 아프지. 아빠는 너에게 전부였고, 아빠 없이 네 삶이 어떻게 될지 상상할 수도 없었구나.

케이틀린 : 네. 아무도 이해 못해요. 제 친구들은 학교 공부, 쇼핑하느라 바빠서 저는 외로워요.

치료사 : [그녀의 답변을 토대로 말한다.] 아무에게도 이해 못 받는 것 같지… 친구들도 네가 어떤 상태인지 모를 것이고.

케이틀린 : 네.

치료사 : 때로 내면에 귀 기울이면서 무엇이 도움을 줄지 생각해 볼 필요가 있단다. 한번 해 볼래? (케이틀린이 동의한다.) 잠시 몸속으로 네 의식을 가져오자. [감각 느낌] 네 마음의 아픈 그곳과 친해질 수 있는지 생각해 보자. 너와 나는 그녀 옆에 앉아서, 그녀의 친구가 되어 줄 수도 있어. [포커싱 태도] [참고 : 취약한 공간인 경우, 때로 "그녀 옆에 앉을래?"라고 하기보다는 "너와 나는 그녀 옆에 앉을 수 있어."라고 말하는 것이 유용하다. 치료사를 이 섬세한 연극에 참여시키는 것은 관계를 제공하고 조율을 지원하는 역할을 할 수 있다.] 준비되었다면, "너는 무엇이 필요하니?"라고 물어봐. [묻는다.] 그저 기다리고 잘 듣기만 하면 된단다. 답변은 이미지나 단어가 될 수도 있지. 무엇이 떠오르든 다 받아들여 봐. [수용한다.]

케이틀린 : 엄마 사진이 보였어요. 엄마가 "나 여기 있어… 우리는 함께 있어. 너는 안전해."라고 말하는 것을 들었어요.

치료사 : 엄마 사진이 떠올랐구나. 엄마는 네가 안전하다고 안심시키고 있네. 그것을 그려 볼래?

케이틀린 : (큰 진저브레드 피규어를 선택하고, 큰 심장을 가진 엄마를 묘사한 그림을 그린다. 케이틀린은 두 개의 진저브레드 피규어를 큰 종이 위에 놓고, 마치 손을 잡는 것처럼 둘을 붙여 놓는다[그림 14.6].)

치료사 : 자, 엄마가 너와 함께 있구나…. 엄마는 큰 심장을 가졌어. [예술적 숙

그림 14.6　묻기 : 무엇이 필요하니?

　　　　고] 지금 어떻게 느끼니? [감각 느낌]

케이틀린 : 기분이 좋아요.

　치료사 : 엄마와 함께 있는 것처럼 느껴지니 기분이 좋구나. 이 외에 뭐 필요한
　　　　　것이 있을까? [묻는다.] 내면으로 다시 들어가서 물어봐. 마음과 몸속
　　　　　에 우리가 필요한 것을 알려 주는 공간이 있다는 것은 놀라운 일이지.

케이틀린 : (눈을 감고 내면을 경청하면서) 아빠는 천국에 있고, 저는 아빠를 보고
　　　　　싶고 아빠는 여전히 살아 있는 것처럼 느껴져요. [수용한다.]

　치료사 : [그녀의 답변을 토대로 말한다.] 너는 천국에 있는 아빠를 보고 싶고
　　　　　느끼고 싶구나. (케이틀린이 고개를 끄덕인다.) 마음은 우리가 볼 수 없
　　　　　는 것을 느끼도록 도와주는 장소지. 특별한 사람을 잃은 많은 이들은
　　　　　종종 마음속에 그가 살아 있음을 느낀다. 너도 한번 해 볼래?

케이틀린 : 네.

　치료사 : (케이틀린을 이끌면서) 몸 안으로 깊이 호흡을 들이쉬고, 마치 아빠를
　　　　　다시 만나고 싶은 것처럼 아빠를 상상해 봐. 아빠와 함께했던 즐거운
　　　　　추억들에 대해 그리고 아빠와 함께 보냈던 시간들에 대해 기억해 봐.

아빠를 네 마음속에서 혹은 다른 식으로 느낄 수 있는지 살펴보렴.

케이틀린 : (눈을 뜨면서) 네. 저는 함께하고 싶은 즐거운 것들을 기억할 수 있어요. 그리고 제 마음 안에서 아빠 얼굴도 볼 수 있어요.

치료사 : 그것을 그려 보고 싶니?

케이틀린 : 아니요. 저는 아빠의 진짜 사진을 사용해서 미술작품을 만들고 싶어요.

치료사 : 좋은 생각이야. 다음번에 사진을 가져와서 그려 보거나, 원한다면 집에서 그려 봐도 된단다.

진저브레드 피규어는 케이틀린이 아빠의 갑작스런 죽음으로 인한 충격과 상실감을 표현해 볼 수 있는 안전한 용기(container)가 된 셈이었다. 신체 감각들에 대한 의식적 인식을 통해 혹은 예술 작품 만들기 같은 감각적 경험을 통해서 감각 느낌을 평가할 수 있다. 1단계에서 사용한 기술들(마음챙김, 포커싱 태도, 공간 정리하기, "모든 것이 괜찮다.")을 통해 나는 케이틀린이 자신 내면의 감각 느낌을 경청할 수 있는지, 그리고 그것에 대한 질문을 물을 수 있는지를 알아볼 수 있었다. 감각 느낌에게 "너는 무엇이 필요하니?"라고 묻는 것은, 자기위안 혹은 자기돌봄으로 이끌어 준다. 또한 자신이 만든 예술 작품에도 동일한 질문을 묻는 것이 가능하다. 그 후 내담자가 답변을 들었을 때, 그 답변을 해당 예술 작품에 추가할 수 있다. 이 과정에서 인상적이었던 것은, 케이틀린이 아빠를 그리는 것을 원하지 않는다는 것을 알았다는 것이다. 그녀는 자신의 내적 감각을 신뢰했고, 아빠의 사진으로 작업하고 싶다는 것을 알게 되었다. 이후 회기에서 케이틀린은 아빠에 관한 다양한 사진과 글이 있는 기념책을 만들었다.

3단계 : 통합과 진취적인 삶

트라우마 치료의 마지막 단계는, 트라우마 전과 후의 자아의 통합에 초점을 둔다. 이 단계는 아동과 청소년에게 특히 중요한데, 이유는 자기감은 그들의 발달 단계에 영향을 받기 때문이다. 트라우마와 진취적 삶의 통합은 모든 치료 단계에서 단계적으로 이루어지지만, 치료의 최종 단계는 미래를 지향하면서 현재를 충실히 살아갈 때 절정에 이른다. 이 단계 중에 나는 주로 '내가 앞으로 원하는 것', '내 꿈과 소망들' 그리고 '내가 가지고 다니고 싶은, 치료를 통해 얻는 자원들로 구성된 도구함' 같은 주제에 초점을 두곤 한다.

케이틀린: 현재와 미래의 나의 삶

우리 치료의 최종 단계에서 나는 케이틀린에게 치료를 통해 해낸 놀라운 일들, 그녀
가 배운 수많은 것들, 그리고 힘든 감정을 직면하는 용기에 대해 칭찬해 주었다. 나는
그녀에게 포커싱 표현예술치료 훈련을 마무리 짓는 몇 가지 활동을 제안했고, 그녀는
'나의 현재와 미래의 삶에 관한 만다라 만들기'를 선택했다. 나는 그녀가 포커싱 훈련
을 통해 현재 자신의 삶과 미래에서 원하는 것을 알아차리도록 이끌었다.

현재와 미래의 나의 삶

"몸 안으로 들어오고 나가는 호흡에 주목하면서 잠시 호흡을 들이쉽니다. 자,
이제 너의 오늘의 삶이 어떠한지 알아차려 보렴… 네가 즐기는 것들, 의미를 두
는 것들은 무엇일까? 어떤 이미지가 떠오르니? 이제 앞으로의 삶을 상상해 보
자. 너의 삶이 어떻게 되면 좋겠니? 어떤 것이 떠오르던 간에 그것에 친절한 마
음을 가지도록 해 보렴. [잠시 멈춘다.] 자, 몸 안의 느낌이 어떤지 느껴 봐. 현재
의 삶, 그리고 앞으로의 삶이 어떻게 될지 느껴 보렴. 내면의 감각 느낌과 어울
리는 색깔, 모양, 이미지 혹은 단어가 있는지 생각해 보자. [잠시 멈춘다.] 준비
되었다면, [눈을 감았다면] 눈을 뜨고, 현재의 삶에 대한 느낌 그리고 그에 대한
상상을 만다라로 만들어 보세요."

케이틀린은 만다라를 만들어 가는 예술적 과정을 즐기는 것 같았다. 그녀는 새로운
재료들(휴지, 종이, 깃털, 스티커)과 익숙한 잡지 이미지와 매직펜을 모두 사용했다.
케이틀린은 하트 모양을 집어 들고, 그 위에 '사랑'이라고 썼다. 그리고 꽃 모양 위에
삶 속에서 좋아하는 것들—가라테, 독서, 그리기, 햇빛, 친구, 피아노, 푸른색, 하키,
영화, 가족—을 쓰기 시작했다. 그리고 휴지를 찢기 시작해서, 그것을 원 위에 풀로
붙이고 색종이를 덧붙였다. 그다음 케이틀린은 바구니 속을 뒤져서 꽃잎에 대한 단어
들과 어울리는 잡지 이미지들을 찾아냈다. 그리고 꽃 중앙에 "사랑"이라고 쓰인 하트
모양을 놓고 만다라의 중앙에 그것을 풀로 붙였다. 다음으로 그녀는 "가족"이란 단어

를 풀로 붙이고 두 개의 하트 스티커를 그 옆에 붙였는데, 하트 스티커 한 개와 은색 별 스티커는 "사랑"이라고 쓰인 하트 안에 붙였다. 그래서 케이틀린은 만다라 맨 위에 별 하나를 덧붙였다(그림 14.7).

케이틀린이 작업을 끝냈을 때, 그녀에게 이것에 대해 나에게 말하고 싶은 것이 있는지 물었다. 케이틀린은 자신이 꽃과 잡지 사진을 좋아한다고 알려 주었다. 케이틀린은 맨 꼭대기의 별은 아빠이고, 아빠는 천국에서 자신을 늘 비추어 주고 있다고 덧붙였다. 그녀는 "저는 하트 모양 스티커에 '사랑'이라는 단어를 붙이고, 하트 중앙에 별을 붙여 놓았어요. 저는 제 마음을 늘 들을 수 있고 아빠와 엄마 목소리도 들을 수 있어요."라고 했다.

이 단계에서 보듯이, 케이틀린은 자신의 현재 삶을 즐길 수 있다. 충격, 두려움, 슬픔을 통합시키고, 아빠와 엄마에 대한 사랑을 항상 느끼며 살 수 있다.

그림 14.7　　나의 현재의 삶과 미래의 삶

결론

이 장을 통해 알 수 있듯이, 포커싱 표현예술치료는 아동과 청소년을 대상으로 한 외상 근거 치료의 중요 요소—안정, 관계, 조율, 공감, 감각과 신체적 대처에의 욕구—를 다룬다. 케이틀린의 경우는 치료적 관계 내에서 그리고 자신 안에서 안전감을 어떻게 키워 갈 수 있는지를 보여 주었다. 포커싱 태도, 마음챙김 훈련, 예술을 통한 공간 정리는 어려운 경험들을 '친절하게 대하고', 신체와 미술작업을 통해 이를 편안한 거리를 두고 감각하게 한다. 동시에 힘든 경험들을 거리를 두고 바라볼 수 있는 자아의 알아차림 능력을 키울 수 있도록 돕는다. 주제중심적인 포커싱 표현예술치료 방법은 장점과 자원을 활용하며 회복탄력성을 키워 준다. 모든 방법 중에서 예술은 감각 느낌을 외현화하며 공감과 조율의 경험을 더 깊이 느끼게 해 주는데, 이유는 아동과 청소년은 자신이 느끼는 바를 치료사가 예술 작품을 통해 실제로 볼 수 있다는 것을 알기 때문이다. 이 외에도 경청과 숙고는 조율과 자애심의 경험을 강화시킨다.

포커싱 표현예술치료 단계적 치료 모델은 안전감을 갖게 하고 회복탄력성을 키워 주며, 트라우마에 대처하고 몸의 지혜를 활용하며, 트라우마를 자신의 새로운 자아에 통합시켜서 결국 Gendlin이 말한 진취적 삶을 구현하도록 지침을 제공한다. 포커싱과 예술은 아동이 얼마나 어리건 상관없이, 우리의 내적 지혜를 활용할 수 있게 해 준다. 특히 트라우마를 가진 아동과 청소년이 자신의 내적 지혜를 듣도록 내면을 경청하는 능력을 키워 줄 책임은 성인에게 있다. Gendlin(1981)은 "당신의 몸은 치유와 삶의 방향을 알고 있다…. 시간을 내서 듣는다면 올바른 길을 알려 줄 것이다."(p. 78)라고 말했다.

참
고
문
헌

Blaustein, M. E., & Kinniburgh, K. M. (2010). *Treating traumatic stress in children and adolescents: How to foster resilience through attachment, self-regulation, and competency.* New York: Guilford Press.

Bowers, L. (2007). Focusing enables children to live with fear. *Folio: A Journal for Focusing and Experiential Therapy, 29*(1), 81–91.

Castalia, A. (2010). *The effect and experience of clearing a space with art on stress reduction in sign language interpreters.* Unpublished master's thesis, Notre Dame de Namur University, Art Therapy Department, Belmont, CA. Available at *www.Focusingarts.com.*

Doi, A. (2007). A safe container for passing down a prayer to future generations: My experience with the Hiroshima peace museum. *Folio: A Journal for Focusing and Experiential Therapy, 29*(1), 3.

Gendlin, E. T. (1981). *Focusing.* New York: Bantam Books.

Gendlin, E. T. (1996). *Focusing-oriented psychotherapy: A manual of the experiential method.* New York: Guilford Press.

Hammer, E. (1997). *Advances in projective drawing interpretation.* Springfield, IL: Charles C Thomas.

Hanh, T. N. (2011). *Planting seeds: Practicing mindfulness with children.* Berkeley, CA: Parallax Press.

Herman, J. (1992). *Trauma and recovery.* New York: Basic Books.

Lee, H. (2011). *Focusing-oriented art therapy and bookmaking to promote protective resiliency of children living in a homeless shelter.* Unpublished master's thesis, Notre Dame de Namur University, Art Therapy Department, Belmont, CA. Available at *www.Focusingarts.com.*

Luxenberg, T., Spinazzola, J., Hidalgo, J., Hunt, C., & van der Kolk, B. A. (2001). Complex trauma and disorders of extreme stress (DESNOS) diagnosis: Part II. Treatment. *Directions in Psychiatry, 21,* 395–415.

Malchiodi, C. A. (Ed.). (2008). *Creative interventions with traumatized children.* New York: Guilford Press.

McGrath, J. (2013). *Clearing a space with art and pain.* Unpublished master's thesis, Notre Dame de Namur University, Art Therapy Department, Belmont, CA. Available at *www.Focusingarts.com.*

Morse, D. (2003). Assimilating trauma through focusing. Retrieved January 4, 2014, from *www.Focusing.org/morse_assimilatingtrauma.html.*

Ogden, P., Minton, K., & Pain, C. (2006). *Trauma and the body: A sensorimotor approach to psychotherapy.* New York: Norton.

Oster, G. D., & Crone, P. G. (2004). *Using drawings for assessment in therapy: A guide for mental health professionals.* New York: Brunner Routledge.

Rappaport, L. (2009). *Focusing-oriented art therapy: Accessing the body's wisdom and creative intelligence.* London: Jessica Kingsley.

Rappaport, L. (2010). Focusing-oriented art therapy with trauma. *Journal of Person-Centered and Experiential Psychotherapies, 9*(2), 128–142.

Rappaport, L. (2014a). Focusing-oriented arts therapies and working on the avenues. In G. Madison (Ed.), *Theory and practice of Focusing-oriented psychotherapy: Beyond the talking cure.* London: Jessica Kingsley.

Rappaport, L. (2014b). *Mindfulness and the arts therapies: Theory and practice.* London: Jessica Kingsley.

Santen, B. (1990). Beyond good and evil: Focusing with early traumatized children and adolescents. In G. Lietaer, J. Rombauts, & B. van Balen (Eds.), *Client-centered and experiential psychotherapy in the nineties*. Leuven, Belgium: Leuven University Press.

Santen, B. (1999). Focusing with young children and young adolescents. In C. Schaefer (Ed.), *Innovative psychotherapy techniques in child and adolescent therapy* (2nd ed.). New York: Wiley.

Santen, B. (2007). Into the fear factory: Treating children of trauma with body maps. *The Folio: A Journal for Focusing and Experiential Therapy, 20*, 60–78.

Stapert, M., & Verliefde, E. (2008). *Focusing with children: The art of communicating with children at school and at home*. Ross-on-Wye, UK: PCCS Books.

Steele, W., & Malchiodi, C. A. (2012). *Trauma-informed practices with children and adolescents*. New York: Routledge.

Turcotte, S. (2003). Course handout from the Trauma and Focusing course. Retrieved January 1, 2014, from *www.Focusing.org/turcotte_handout.html*.

van der Kolk, B. A., McFarlane, A. C., & Weisaeth, L. (1996). *Traumatic stress: The effects of overwhelming experience on mind, body, and society*. New York: Guilford Press.

Weiland, L. (2012). *Focusing-oriented art therapy as a means of stress reduction with graduate students*. Unpublished master's thesis, Notre Dame de Namur University, Art Therapy Department, Belmont, CA. Available at *www.Focusingarts.com*.

Weiner, E. (2012). *A mindful art program: Using mindfulness and focusing-oriented art therapy with children and adolescents to decrease stress and increase self-compassion*. Unpublished master's thesis, Notre Dame de Namur University, Art Therapy Department, Belmont, CA. Available at *www.Focusingarts.com*.

Weiner, E., & Rappaport, L. (2014). Mindfulness and focusing-oriented arts therapy with children and adolescents. In L. Rappaport (Ed.), *Mindfulness and the arts therapies: Theory and practice*. London: Jessica Kingsley.

강점을 담아내는 소리

외상 위험에 처한 입원 아동을 위한 음악치료

Claire M. Ghetti
Annette M. Whitehead-Pleaux

입원을 한 아동들은 부상당한 일이나, 입원 자체에서 오는 외상 스트레스의 누적 경험 또는 비의료적 외상의 과거력 때문에 외상의 위험에 처할 수 있다. 다양한 요인이 입원한 아동들의 외상 위험을 높이지만, 조기의 지지적 개입은 그러한 위험 요소에 대한 완충 장치 역할을 하고 개선된 성과를 낼 수 있다. 신체 인식을 촉진하고 비언어적 정서 표현을 담아 주는 창의적인 예술치료처럼, 음악치료는 외상을 겪은 입원 아동을 위한 조기 개입으로 아주 적합하다. 이 장은 입원과 관련된 외상의 개요, 외상 정보에 기반한 음악치료의 원리 그리고 이러한 원리들이 어떻게 임상 실습으로 적용되는지 구체적으로 설명하는 예들을 보여 준다.

입원과 관련한 외상의 개요

심각한 부상을 입는 경험, 특히 그것이 생명을 위협하는 것으로 인지된다면 이는 외상을 초래할 수 있다. 발달 수준에 따라 어떤 아동들은 자신의 상처 또는 아픔의 원인을 오해하거나 진단 또는 치료 양상에 대해 이해하지 못할 수도 있다. 심각한 화상이나 기타 외상적 부상을 입은 아동들은 급성 스트레스 장애(ASD)와 외상후 스트레스 장애(PTSD) 발병의 위험에 처할 수 있기 때문에 관련 증상을 발견하기 위한 조기검진은 매우 중요하다. 사고에 의한 부상을 경험한 아동 중 PTSD 발병률은 부상의 유형과 사용된 진단 기준에 따라 6~45%이다(Kenardy, Spence, & Macleod, 2006). 생활방식이나 신체상의 극적인 변화는 외상을 초래할 가능성이 있고, 자기감의 상실 또는 정체성과 능력의 상실은 애도 반응을 촉발시킬 수 있다. 상처 입은 아동들과 그들의 가족은 새로운 존재(being) 방식과 삶에 적응하는 동안 애도 과정을 겪을 수 있다(Loewy, 2002).

의료기술의 진보는 심각한 손상과 질병을 가진 아동과 청소년의 생명을 연장하는 기술을 향상시키는 데 기여하고 있지만 때때로 생명을 연장하는 개입은 외상적 스트레스를 유발할 수 있다(Saxe, Vanderbilt, & Zuckerman, 2003). 집중 치료에서 혐오적인 환경 자극이 뒤따르는 외과적 의료 개입은 아동들의 회복의 중요한 순간에 스트레스를 줄 수 있다(Rennick, Johnston, Dougherty, Platt, & Ritchie, 2002). 고통스럽고 불안을 주는 의료적 수술을 겪는 아동들은 그러한 수술이 반복되면서 예기 불안을 경험할 수 있고, 그러한 불안감은 두려움과 무기력감을 악화시킬 수 있다. 따라서 생명을 위협하는 다양한 의학적 질병을 가진 아동들이 외상후 증상을 보이는 것은 놀라운 일이 아니다(Saxe et al., 2003).

어떤 아동들은 단일한 외상적 손상을 경험하는 대신, 입원 기간 동안 반복된 스트레스 요인으로 인한 누적된 외상적 결과를 수반한다. 예를 들어, 겸상적혈구병을 앓는 아동들은 현실적으로 생명을 위협할 수 있는 또는 위협할 수 있다고 여겨지는 혈관 폐색과 관련된 재발성 통증 위기를 경험할 것이다(Hofmann, de Montalembert, Beauquier-Maccotta, de Villartay, & Golse, 2007). 과거 통증 위기의 불쾌한 기억들은 고통과 두려움에 대한 지각을 증가시키고, 혈관 폐색의 현재 경험과 혼동시킬 수 있고, 적절한 심리 개입이 없다면 통제되지 않은 고통이 추가적인 혈관 폐색 위기를 촉발하는 스트레스를 발생시킬 수 있다(Hofmann et al., 2007). 고통을 악화시키는 외상적 스트레스는 또한 의료적 치료를 견디는 아동의 능력에 영향을 미칠 수 있고, 그로 인해 아동의 건강상태를 악화시킬 수 있다(Saxe et al., 2003).

과거에 외상경험이 있는 아동들은 입원과 의료적 치료를 강한 수준의 위협으로 느낄 수 있다. 신체적 · 성적 학대를 당한 아동들은 다양한 의료적 처치나 간호의 신체적 · 외과적 특성에 의해 화가 나거나 힘들어할 수 있다(Saxe et al., 2003). 입원은 과다각성, 불쾌한 기억, 회피 행동을 포함한 증상의 재발을 유발할 수 있다.

여러 위험요소들이 얽히면 아동과 청소년은 입원 기간 동안 외상의 위험에 처하게 된다. 발달 수준은 아동이 입원을 어떻게 이해하고, 경험하고, 대처하는지에 영향을 주는 중요한 요소이다. 좀 더 구체적으로 살펴보면, "고통, 장애, 생명 위협과 사망 같은 중대한 요소에 대한 판단과 경험은 발달 수준에 다라 크게 좌우되며, 증상과 회복에 영향을 끼친다"(Saxe et al., 2003, p. 3). 특히 어린 아동들은 입원으로 인해 외상적 영향을 받을 위험이 있는데, 특별하게 강한 분리 불안을 경험하거나 장기적 또는 빈번한 입원을 겪는 것은 건강한 애착에 부정적인 영향을 미칠 수 있고, 대처 노력을 약화시킬 수 있다. 심하게 아프거나 수많은 외과수술을 경험한 어린 아동들은 이러한 입원경험에 의해 외상을 입을 수 있고, 퇴원 후 수개월 동안 심리적 어려움을 호소할 수 있다(Rennick et al., 2002).

신체에 대한 침입적 경험인 외과수술을 많이 겪은 아동들은 더 자주 침습적인 사고를 경험하는 경향이 있고, 회피 행동이 증가하고 의료적 두려움을 많이 호소하는 경향이 있다(Rennick et al., 2002). 아동들이 입원 전 또는 입원 기간 동안 외상을 경험했을 때, 입원 기간의 증가에 따라 사건과 관련된 고통의 수준도 증가한다(Murray, Kenardy, & Spence, 2008). 그러한 고통의 증가는 외과수술, 고통 문제 또는 기타 건강 관련 합병증의 축적과 연관될 수 있다(Murray et al., 2008).

입원과 관련한 외상후 스트레스와 외상 스트레스는 아동들에게 지속적 영향을 끼치며, 조기 중재를 필요로 한다(Murray et al., 2008). 치료되지 않은 PTSD는 아동의 사회적 · 심리적 발달과 학업에 부정적 영향을 끼칠 수 있으며 따라서 조기 발견과 치료가 반드시 필요하다(Kenardy et al., 2006). 창의적 예술치료는 각성을 감소시킬 수 있는 기회를 제공하고, 조절, 감각 처리, 외현화, 애착에 영향을 끼치기 때문에 특히 의료 관련 외상을 치료하는 데 도움이 된다(Malchiodi, 2008). 창의적 예술치료사는 외상을 입은 아동이 적응적인 대처 전략을 발달시키도록 돕고, 아동의 각성, 불안과 무기력감을 줄이기 위해 노력한다.

외상근거 음악치료

음악치료는 비언어적 표현을 이끌어 내고 담아내기 위한 방안과 외상 반응의 신체적 · 인지적 · 심리적 측면을 통합하는 수단을 제공한다. 음악치료는 "치료사가 발전하는 음악 경험과 관계를 변화의 동력으로 활용하여 내담자의 건강을 증진시키도록 돕는 개입의 체계적 과정"을 포함한다(Bruscia, 1998, p. 20). 외상 정보에 기반한 음악치료에 관한 다음 설명은 Behrens(2008, 2011)의 외상 정보에 기반한 음악치료법과 통합한 Malchiodi(2012)의 '외상 정보에 기반한 미술치료'의 원리들을 변형하여 적용하고, 입원한 아동과 청소년과 작업하는 동안 우리의 임상적 · 이론적 접근법을 발전시켰다.

외상을 입은 후에는 높은 수준의 인지적 · 언어적 처리의 우회를 가능하게 하고 현재 순간의 신체 감각과 감정의 알아차림을 강화하는 치료법들이 필요하다(Behrens, 2011). 음악치료는 외상후 회복에서 중요한 역할을 할 것이다. 왜냐하면 음악치료는 감각과 감정의 복구를 가능하게 하고 정서조절을 돕는 정서대처능력의 발달을 증진시킬 것이기 때문이다(Behrens, 2011). 외상 정보에 근거한 음악치료 접근법에서 아동들은 그들의 분열된 외상경험을 통합시키고 현재의 감정과 경험을 다루기 위한 대처자원을 동원할 능력을 갖춘다. 입원 아동과 청소년을 위한 외상근거 음악치료의 중요 요소들은 다음과 같다.

1. 각성 감소
2. 자기조절 및 정서조절
3. 신체 지각 촉진
4. 내적 통제성 증진

5. 정서 접근 대처 촉진

6. 외상 사건의 감각적 처리

7. 외현화 및 담아내기

8. 건강한 애착 및 지지관계 촉진

9. 외상의 통합

외상을 입은 입원 아동과 함께할 때 초기 단계는 가정의 분위기와 문화적 대처 선호도 내에서 그의 현재 대처 접근법을 가늠해야 한다. 외상 반응은 강력한 스트레스 요인에 대처하기 위한 시도일 수 있고, 음악치료사는 아동이 좀 더 적합한 전략을 발달시키는 동안 아동의 현재 대처법을 지원할 것이다. 치료사는 질병 또는 부상을 수용하거나 부정하는 아동의 선택과 심리적 · 정서적 후유증에 대한 아동의 대처 능력을 평가한다(Loewy, 2002). 대처 선호도와 능력의 평가는 음악치료 과정 내내 계속된다.

음악치료사는 아동의 음악치료 중 치료사가 관여하는 회기의 수에 관계없이 치료적 관계와 신뢰를 발달시키기 위해 음악적 · 대인관계적 요소를 사용할 것이다. 가장 중요한 것은, 음악치료사가 아동이 자신의 감정과 인식을 자유롭게 표현할 수 있는 '안전한 장소'를 제공하는 것이다(Turry, 2002, p. 48). 음악치료사는 치료의 지지적 · 재교육적 또는 재구조화 수준을 제공하고자 할 때 치료의 계획된 기간, 아동의 대처 능력, 발달 수준을 고려할 것이다. 좀 더 집중적인 치료 수준을 제공하는 음악치료사들은 고급 임상 훈련과 지속적인 임상감독에 참여해야 한다.

각성 감소

입원한 아동은 외상후 즉각적으로 높은 심장박동률을 경험할 가능성이 높고, 교감신경계가 과다각성되기 쉽기 때문에(Kirsch, Wilhelm, & Goldbeck, 2011), 각성 감소는 음악치료 개입에 있어 중요한 사전 관심사이다. 게다가 아동들이 외상성 손상이나 수술의 불쾌하고 고통스러운 기억을 경험하거나 외상 자극에 의한 유발될 경우, 아동들은 심리적 각성과 고통을 재경험할 수 있다. 만약 아동이 강력한 외상 기억을 분리시키거나 경험한다면, 음악치료사는 상위 수준의 욕구를 처리하기 전에 아동을 현재(here and now)로 되돌아오도록 하는 데 초점을 맞추어야 한다. 음악은 시간에 걸쳐 조직화된 소리들로 구성되기 때문에, 음악의 템포와 리듬의 측면은 현재에 안정적으로 머무르고 진정하게 하는 효과를 가질 수 있다.

아동이 매우 각성되고 고통스러울 때, 음악치료사는 강한 안정감을 제공하기 위해 라이브 음악과 치료적 지지를 사용할 수 있다. 음악치료사는 자신의 위치를 아동들의 시선과 머리에 가까운 곳으로 자유롭게 움직일 수 있는 기타와 같은 반주 악기를 선택할 수 있다(Whitehead-Pleaux, 2013). 아동의 요구에 따라 치료사는 아동이 오직 치료사에게 집중할 수 있도록 유도하기 위해 그의 머리에 가까이 (기타를) 가져갈 수도 있다. 차분하고 안정적인 목소리 톤을 사용하여 치료사는 아동의 관심을 현재로 끌어오기 위해 아동의 이름과 더불어 확실한 신호와 안심시키는 말을 할 수 있다. 치료사는 "나를 봐", "내 손을 잡아 봐", "나를 따라 숨을 쉬어 봐", "내 눈이 무슨 색이야?", "너는 안전해", "나는 지금 너와 함께 여기 있어"와 같이 간단한 명령과 안심시키는 말을 사용할 수 있다. 치료사의 목소리 톤과 어조는 의도적으로 아동의 각성을 줄이고 안정감과 안전감을 전달하기 위해 사용된다. 아동이 치료사를 따르지 않는다면, 치료사는 지지적이고 안정적인 태도와 톤을 유지하면서 아동의 주의를 끌고 반응을 이끌어 내기 위해 자신의 목소리를 조절할 수 있다. 아동이 음악치료사에게 집중할 수 있다면, 치료사는 목소리 톤을 부드럽게 하고 지지적인 말을 계속 할 수 있다.

아동이 수용적이라면, 신체적 접촉은 현재에 안정적으로 머무르게 하기 위한 효과적인 도구일 수 있다. 음악치료사는 아동을 안심시키기 위해 부드럽게, 하지만 안정적으로 아동의 손을 잡고, 머리를 쓰다듬거나(아동이 아기이거나 유아라면) 가슴을 토닥거릴 수 있다(Whitehead-Pleaux, 2013). 신체적 접촉의 사용은 아동이 외상 기억을 경험하고 있는 경우 아동을 그의 신체로 돌아올 수 있게 하고, 아동이 불편한 의료적 처치를 겪고 있다면 아동의 관심을 현재 신체 감각에 집중하도록 돕는다. 치료사는 신체적 접촉이 불편함을 일으키지 않도록 하기 위해 아동의 상처나 질병의 특성에 주의해야 한다. 만약 아동이 발병 전 학대의 기록이 있다면, 접촉은 아동을 화나게 하거나 심지어 사용이 금지될 수 있다. 그러한 경우에 치료사는 지지적인 접촉을 사용할 수도 있지만, 아동이 그러한 신체적 접촉을 구속적이거나 과다자극으로 인식하지 않도록 하기 위해 조심해야 한다. 예를 들어, 수술 동안 음악치료사는 아동을 지지하거나 격려하기 위해 아동의 손을 잡으려고 할 것이다. 침대에서 아동의 손을 빼 잡고 있는 것 대신에, 음악치료사는 아동에게 치료사의 손을 잡고 아프다고 느껴지면 꽉 쥐라고 할 수 있다. 아동은 그러한 신체적 접촉의 사용을 구속이 아닌, 지지받는 것으로 느낀다.

불쾌한 수술 동안 부모나 보호자가 있고 아동에게 지지해 줄 수 있다면, 음악치료사는 보호자가 어떻게 안정과 감정적 지지를 제공할 수 있는지 코치할 수 있다(Whitehead-Pleaux, 2013). 어떤 보호자는 고통스럽거나 불안을 야기하는 수술 동안 그들의 대처 자원이 압도당하면서 아동에게 기능적인 지지를 제공하지 못한다는 것을 알게 된다. 음악치료사는 보호자가 그 역할을 다시 할 수 있을 때까지 아동을 위해 초기 지지 역할을 할 수 있다.

아동이 과각성 상태에 있으나 압도되지 않았다면 음악치료사는 각성을 줄이기 위해 음악 보조 완화법을 사용할 수 있다. 다양한 완화 전략과 함께 미리 녹음된 음악을 감상하는 것은 다양한 집단에서의 스트레스로 인한 각성을 크게 줄인다(Pelletier, 2004). 완화를 위한 언어적 암시와 병행된 진정시키는 음악, 점진적 근육이완을 위한 사인, 자율 기법, 완화 이미지와 진동 자극 등은 모두 연구 논문에 의해 지지받은 긴장완화법이다(Pelletier, 2004; Whitehead-Pleaux, 2013). 음악치료사는 각성 또는 과각성을 감소시키기 위해 수동적인 개입부터 적극적 개입까지 다양한 음악적 보조 이완 전략을 사용할 수 있다. 음악적 보조 완화는 다음과 같이 정의할 수 있다.

> 템포, 부드럽고 예측 가능한 멜로디와 강약 부분, 즐거운 하모니의 특성을 고려해 선택된 음악의 사용. 음악치료사는 복식호흡, 점진적 근육 완화를 조직화하고 가르치기 위해, 그리고 심상을 촉진하기 위해 음악을 활용한다(Bishop, Christenberry, Robb, & Toombs Rudenberg, 1996, p. 92).

신체 또는 성적 학대의 경험이 있는 아동들을 위해 사전 녹음된 음악을 선택할 때는 세심한 주의가 필요하다(Whitehead-Pleaux, 2013). 아동의 경험에 따라, 남성 또는 여성의 목소리가 불쾌한 기억이나 감정을 일으킬 수 있다. 마찬가지로, 음악치료사는 음악 외의 소리(예 : 폭풍우, 해안가 파도, 우림 소리)와 사전 녹음된 음악을 사용할 때 주의해야 한다. 이는 잘못 해석되거나 외상 기억을 유발할 수 있기 때문이다. 음색, 템포, 악기, 질감, 새로움 대 반복, 음악 밀도는 각성 감소를 위한 음악을 선택할 때 중요한 고려사항이다. 음악적 선호도와 완화를 돕는 음악의 필요성은 각 아동에 따라 다르기 때문에 음악치료사는 개인에 맞춘 음악 계획을 세워야 한다.

음악치료사들은 종종 (사전 녹음이 아닌) 라이브 완화 음악을 사용하는 것을 선호한다. 왜냐하면 라이브 음악은 클라이언트의 반응과 일치하는 음악 요소를 조정함으로써 완화 행동 잠재력을 극대화시킬 수 있기 때문이다. 음악치료사가 라이브 완화 음악을 제공할 때 생물학적 사이클의 전환의 원칙이 필요한데, 이 과정은 "처음에는 아동의 호흡이나 심장박동에 맞추고, 더 깊은 호흡의 유도 또는 심장박동을 낮추기 위해 점점 음악의 템포를 늦춘다"(Bradt, 2013, p. 33). 각성 감소를 촉진시킬 때, 치료사는 아동의 호흡과 맞춰 "천천히, 천천히"와 같은 노래를 제안하고 짝 지어 전환을 사용한 완화 음악을 제공할 수 있다. 치료사는 음악의 선율에 따라 "들이쉬고… 내쉬고…"를 노래하며 점진적으로 깊고 더 느리게 숨을 쉬도록 신호를 줄 수 있다. 아동의 발달 수준에 따라 음악치료사는 아동에게 신호를 주며 복식호흡을 이끌 수 있다. 예를 들어 다음과 같다.

> a) 당신이 가장 좋아하는 색의 풍선이 뱃속에 있는데, 들이쉬고 내쉬는 만큼 팽창하고 수축한다고 상상해 보라, b) 당신의 신체 전체 끝까지 공기를 불어 내보낸다고 상상해 보라(이것은 깊은 호흡을 이끌어 내고 호흡을 연장시키는 데 도움이 된다), c) 깃털을 불어서 공중에 떠 있도록 유지시키는 것을 상상해 보라, d) 손을 배 위에 두고, 코 안으로 천천히, 부드럽게 긴 숨을 들이쉬고, 입을 통해 "쉬" 또는 "아" 소리를 내며 뱉어라(Bradt, 2013, p. 35).

음악치료사는 다양한 호흡법을 강화시키기 위해 템포, 선율의 윤곽, 구, 조성의 음악적 특질을 사용한다. 아동이 매우 불쾌해한다면, 음악치료사는 안정감을 위해 단순히 호흡에만 집중하도록 할 수 있다. 치료사가 아동의 호흡에 음악을 일치시킬 때 치료사는 코를 통해 깊이 들이마시는 숨과 약간 오므린 입술을 통해 통제된 내쉬는 숨을 보여 줄 수 있고, 아동이 이 방법을 익힐 수 있을 때는 이러한 방법을 줄인다. 과각성됐을 때, 아동은 심호흡 법에 대한 명확한 모델링과 간결한 설명을 통해 도움을 받을 수 있다.

아동이 음악치료사에게 집중하고 신호를 따르는 것이 불가능한 경우에 치료사는 생리적 각성의 감소를 촉진시키기 위해 음악적 측면만 필요할 수 있다. 치료사는 아동의 호흡, 심장박동률 또는 움직임 패턴을 일치시키기 위해 전환을 사용하고, 템포를 느리게 하고, 보다 이완된 상태를 위해 점차적으로 조절한다. 과도한 스트레스나 수술 동안 아동이 현재에 머무르고 음악 구성에 적극적으로 참여할 수 있는 수준으로 각성을 낮추는 것은 몇 분에서 몇 주의 시간이 걸릴지도 모른다. 어떠한 상황에 적극적으로 대처하는 아동의 능력은 외상의 정도, 외상 경험의 재발 빈도, 아동의 회복력, 발병 전 요소와 아동의 지지체계의 대처능력에 달려 있다. 적응적인 대처 전략을 발달시키는 것에 대한 과정은 감염, 약물치료, 수면장애, 학습된 통증 습성과 기분 변화와 같은 다양한 요인에 의해 좌절될 수 있다.

자기조절과 정서조절

자기조절능력을 가진 개인은 각성의 편안한 상태를 이루기 위해 의식적 또는 무의식적으로 정서를 조절하는 내적 과정인 **정서조절**을 통해 각성을 감소시킬 수 있다(Diamond & Aspinwall, 2003; Sena Moore, 2013). 외상을 입은 입원 아동을 위해 음악치료사는 아동을 조금 더 편안한 상태로 만드는 것을 돕기 위해 음악적 요소를 사용할 수 있다. 예비연구에서는[1] 정서조절을 돕기 위해 음악 감상, 노래, 즉흥연주의 사용을 지지하고, 뜻밖의 변조를 담은 불협의 단조 음악, 잦은 코드의 변화를 가지거나 불쾌하다고 여겨지는 음악은 정서조절을 방해할 수 있다고 본다(Sena Moore, 2013). 외상을 입은 아동이 침습적인 기억을 경험하고 있을 때, 음악치료사는 아동의 정서조절을 촉진시키기 위한 방법으로 과각성된 기억으로부터 아동의 주의를 현재로 이동시키기 위해 음악의 구체적인 요소(예 : 멜로디라인, 특정한 악기, 반복적인 리듬)에 집중하게 함으로써 방향을 전환할 수 있다(Sena Moore, 2013).

　음악적 속성은 자기조절을 가능하게 하는 다른 자기진정 전략을 촉진시키기 위해 사용될 수 있다. 친숙하고 선호하는 음악은 불안을 줄이기 위해 지금 여기에서의 안정감을 증진할 수 있다. 음악치료사는 말하거나 익숙한 노래를 부를 때 차분하고 안정된

---

1) 정서조절의 신경학적 기질에 음악이 미치는 영향에 대한 연구의 포괄적인 이해를 위해서는 Sena Moore(2013) 참조.

목소리 톤을 계속해서 사용하고 극심한 변화나 감정 변화를 피한다. 치료사의 목소리는 안정감과 편안함을 전달한다. 익숙한 음악을 통해 현재에 안정감을 느끼며 머무르게 해 주는 것은 노래의 구체적인 가사 내용보다 더 중요하다. 노래 가사나 음악이 심리적 고통이나 해리를 유발할 것 같다면 치료사는 자연스럽게 다른 노래로 바꿀 수 있다. 박자에 맞춰 흔들면서 익숙한 자장가를 부르는 것과 같이 반복적인 리듬과 흐름이 행동, 심리, 정서 조절을 촉진시킬 수 있다. 음악치료사는 어린 아동들을 진정시키고 안심시키기 위해 보호자가 간단하고 익숙한 음악을 율동과 연결시키도록 지도할 수 있다.

신체 지각의 촉진

음악 창작은 복합적인 감각 경험을 제공한다. 음악에 몰두하면 아동은 인식되는 감각 정보와 연결될 수 있고 현재 순간에 기발한 감각 인식을 형성할 수 있다. 마라카스, 탬버린, 종, 드럼과 같은 악기들은 복합적인 감각 자극을 주는 신체적 감촉과 다양한 음질을 제공한다. 예를 들어, 장구 연주는 청각, 촉각, 운동 방식을 통해 깊은 감각 경험을 하게 한다. 적극적으로 음악을 만드는 것은 외상 아동이 침습적 외상 재경험의 순간을 더 잘 견딜 수 있게 한다(Behrens, 2011). 아동은 치료사가 연주하는 동안 자신의 손을 치료사의 기타에 두거나, 줄을 치면서 안정감이 연결되도록 선택할 수 있다. 유사하게, MP3 플레이어나 태블릿에 연결시킨 블루투스 스피커를 사용할 때 스피커를 아동의 특정 신체 부위에 놓음으로써, 안정감을 주는 울림을 제공할 수 있다. 이런 방식으로 사전에 녹음된 음악을 사용하는 것은 아동이 훨씬 넓은 범위의 음악적 질감을 경험하고 느껴 볼 수 있게 한다. 음악 제작에 참여하고 있는 아동은 감각 경험을 통제력을 가지고, 허용되는 다양한 형태의 자극을 중단하거나 확장시킬 수 있다.

내적 통제성 촉진

입원은 아동과 청소년의 자율성을 약화시키고, 최근 중대한 사건을 경험한 어린 아동들은 그들의 독립성이 위협받을 때 상당히 좌절할 수 있다. 아동은 내적 통제성 회복을 촉진시킬 수 있는 음악치료법에서 선택과 통제를 연습할 수 있다(Behrens, 2011). 아동이 직접 음악에 어떻게 참여하는지와 관련된 선택을 하는 것은 아동에게 통제감을 제공하고 무력감을 극복하도록 돕는다. 마찬가지로, 치료사가 음악적 촉진의 접근법을 사용하여 다양한 정서조절과 스트레스 관리법을 익히고 연습하게 도움으로써 아동은 더 큰 내적 통제감을 발달시킬 수 있다. 음악치료에서 아동 또는 청소년의 역량을 강화하는 것은 "행해지는 것"보다 "행하는 것"을 경험할 수 있게 한다(Rafieyan & Ries, 2007, p. 50). 음악치료사는 아동이 성공과 만족을 경험할 수 있는 창조적 상황을 만들어 통제력을 증진한다. 아동과 청소년은 종종 태블릿이나 컴퓨터를 사용해 쉽게 접근할 수 있는 전자 음악기기에 흥미를 가진다. 이러한 적합한 소프트웨어는 아동이 익숙한 기술을 사용하여 음악 제작을 감독하고 더 큰 독립심을 훈련하는 것을 가능하게 한다. 치료사는 아동, 청소년에게 능력을 주고 통제감을 증진시키기 위해 적합한 기법이나 간단한 작곡 과정으로 즉흥 연주를 사용할 수 있다.

정서 접근 대처 촉진

아동은 그들의 정서 경험을 표현하고 다루는 데 자연스럽게 음악과 연주를 사용한다. 음악치료는 도전적인 감정과 지각에 접근할 수 있도록 돕고, 과도한 스트레스 경험을 재구성하는 기회를 제공한다. 정서 접근 대처(emotional-approach coping)는 스트레스에 대처하는 방법으로, 정서의 표현, 지각, 인정과 이해로 정의될 수 있다(Austenfeld & Stanton, 2004). 정서 접근 대처를 강조한 음악치료는 점진적이고 단계적인 노출의 과정을 촉진하고, 과도한 스트레스 상황과 관련된 도전적인 정서에 접근할 수 있게 하며, 궁극적으로는 긍정적 정서 상태를 증가시키는 결과를 낳는다(Ghetti, 2013a).

외상적 경험을 한 입원 아동에게 음악 촉진 연극(music-facilitated dramatic play)의 사용은 유익할 수 있다. 이는 "내적 갈등을 통해 일어난 정서와 상징을 표현하기 위해 소품과 악기를 사용하는 놀이와 연극을 포함한 즉흥 노래"의 형태이다(Ghetti, 2013b, p. 160). 치료사가 음악적 · 치료적 지지를 제공하면 아동은 자발적으로 노래를 만들고 극적인 행위에 참여하는데, 이것은 아동이 입원과 치료를 어떻게 생각하는지에 대해 치료사가 이해할 수 있게 한다. 그 후 치료사는 '대처를 지연시키고 자기조절을 어렵게 하는 두려움과 갈등에 접근하고, 이를 다루고 해결하는 지지적 수단을 아이에게 제공'하기 위해 음악 촉진 연극을 사용할 수 있다(Ghetti, 2013b, p. 177).

아동이 음악 촉진 연극에 참여할 때 아동은 다음을 선택할 수 있다 : (1) 음악치료사가 음악적 반영과 반주를 제공하는 동안 인형이나 소품을 목소리로 표현, (2) 음악 치료사가 인형의 목소리를 표현하고 반주를 하는 동안 인형이나 소품을 사용해서 동작을 표현, (3) 음악치료사가 인형이나 소품을 사용하는 동안 악기나 목소리를 이용하여 이야기나 반주 표현, (4) 치료사가 반주나 반영을 제공하는 동안 악기와 목소리를 이용하여 노래를 부르거나 이야기를 말하기(Ghetti, 2013b). 외상 경험을 가진 아동은 음악 촉진 연극을 통해 강점을 발휘하고, 힘든 감정에 접근하고 이를 다룸으로써 외상 사건을 처리하기 위한 안전한 방법으로 사용할 수 있다.

외상 사건의 감각적 처리

비언어적 표현은 감각과 정서에 저장되어 있는 암묵기억의 탐색을 가능하게 한다(Malchiodi, 2008). 음악치료사는 다양한 형태의 신체 경험을 촉진시키기 위해 즉흥연주를 사용할 수 있다. 치료사는 음악이 비음악적 주제, 정서 또는 경험을 묘사하는 임상 즉흥연주의 형태인 관련적 즉흥연주(referential improvisation)를 할 수 있다(Bruscia, 1998). 치료사는 긍정적인 신체 경험을 촉진하기 위해 '편안한' 느낌은 어떤 소리인지, '힘'은 어떤 소리인지 아동에게 악기나 목소리로 표현해 보라고 수 있다. 만약 아동이 준비되거나 이러한 접근이 임상적으로 필요하면, 음악치료사는 아동이 입원과 관련된 외상 경험의 암묵기억을 탐색하도록 즉흥적인 방법을 사용할 수 있다. 아동이 자신의 특정한 내적 신체 감각에 해당하는 악기 소리를 짝 지어 보도록 격려해 볼 수 있는데, 이는 아동이 자신의 신체 감각을 통합시키는 것을 돕고 동시에 치료사에게 그러한 경험에 대한 통찰을 준다.

외상 사건의 감각 처리를 위한 다른 유용한 개입은 외상적인 의료경험에 대해 음악적으로 진술하는 소리이야기(sound story)를 만들 수 있도록 전자 음악 기술을 사용하는 것이다. 음악적 · 비음악적 소리샘플을 선택하여 아동은 외상적인 의료 수술이나 부상을 입은 사고경험을 음악적으로 진술하는 곡을 만들 수 있다(Whitehead-Pleaux, 2013). 위에서 언급한 즉흥적인 방법과 마찬가지로 아동이 내적 신체 감각에 어울리거나이를 묘사할 수 있는 소리샘플을 선택할 수 있다. 소리이야기가 완성되면, 치료사와 아동은 이 소리이야기 전체를 함께 듣는데, 이는 창의적인 과정을 통해 기억과 신체감각의 분열을 줄이고 경험을 통합하는 것이다. 게다가 이 소리는 아동의 기억, 인식, 신체 감각에 대한 치료사의 이해를 높일 수 있다.

외현화 및 담아 주기

음악치료는 지지적인 공간을 제공하고, 이야기를 만들어내고 외현화할 수 있는 기회를 준다. 그러나 그러한 경험들은 아동의 대처능력에 기반하여 아동의 속도에 따르는 내담자 중심의 경험이 되어야 한다(Ghetti, 2013b). 아동이 개인적으로 중요한 노래를 부를 때 감정을 표현하고, 작곡을 통해 자신의 이야기를 말하고, 드럼을 힘차게 치거나 가사에 의미를 투사하기 때문에 음악 자체는 정서 표현을 위한 컨테이너 역할을 할 수 있다. 음악치료의 과정(예 : 치료사와 즉흥연주)과 음악치료의 결과(예 : 원곡의 오디오 녹음)는 감정의 외현화를 위한 담아 주기를 제공할 수 있다. 은유와 투사의 사용은 아동이 자신의 은유나 투사를 보여 주고 자신의 이야기를 그 안에 통합시키기에 충분히 안전하다고 느낄 때까지 그의 외상 경험을 외현화하도록 도와준다. 아동과 청소년은 자발적 즉흥곡, 음악 촉진 연극, 관련적 즉흥연주나 조직화된 작곡에 참여함으로써 이야기를 만들거나 좋아하는 노래의 가사에 표현된 이야기에 동일시할 수 있다.

건강한 애착과 지지관계의 촉진

아동 · 청소년의 입원이 길어지는 것과 외상의 파괴적인 영향 중 하나는 가족과 친구와의 관계가 위축되고 그들에게 의미 있는 삶의 활동과 단절되는 것이다. 심각한 질병과 상처를 가진 아동은 장기간의 입원을 필요로 하는 잦은 의료적인 처치가 필요하다. 질병, 상처, 의료적인 수술은 아동이 이동하는 것을 어렵게 하여 의미 있는 삶의 활동에 참여하는 능력을 제한할 수도 있다. 전자기술은 입원 아동과 그의 가족과 친구 사이의 거리를 좁혀 준다. 페이스북과 CarePages와 같은 웹사이트는 아동이 사랑하는 사람, 친구들과 매일 연락할 수 있도록 해 주었다. 게다가 늘어난 휴대전화와 문자의 사용은 아동이 자신의 지지 네트워크와 연결될 수 있게 해 준다. 하지만 비록 그것들이 유용할지라도, 이러한 전자기기와 휴대전화 연결이 아동의 중요한 지지관계를 유지하고 발전시키는 데 충분하지는 않다.

질병과 입원의 스트레스로 인해 아동과 청소년은 다양한 발달적 측면에서 퇴행할 수도 있다. 배변 훈련이 되어 있는 아이와 스스로 밥을 먹을 수 있는 아이도 입원 기간 동안 기저귀를 사용하거나 음식을 먹는 데 부모의 도움을 필요로 할 수 있다. 부모로부터 독립한 10대도 일상 관리와 지지를 위해 부모에게 의지할 수도 있다. 부모는 아이의 요구를 들어주기 위해 함께 방을 쓰며 아이 옆에서 잠을 자기도 한다. 개인의 자유와 사생활은 병원 환경에 의해 자주 침해받고, 아동이나 10대는 부적절한 행동이나 반항적인 행동을 할 수도 있다.

아동의 욕구가 우선시되면서 부모는 아동을 지원하고 곁에 있어 주기 위해 자신들의 욕구를 제쳐 두게 된다. 부모의 삶은 자신들의 소중한 관계나 활동을 배제하고, 전적으로 아이에게 집중하게 된다. 아동이 치유되고 회복하고 나면 가족들은 서로에게 복잡하고 상호의존적인 관계를 만들어 왔다는 것을 깨닫게 된다.

음악치료는 아동과 보호자 사이의 의미 있는 관계를 촉진하고 유지하기 위한 다양한 방법을 제공한다. 아동과 부모가 함께하는 즉흥연주는 역동을 재조정하고 아동이나 청소년이 발병 전의 발달단계를 재확립하도록 할 수 있다. 음악치료사는 즉흥연주에서 다른 역할을 배정할 수 있고, 다른 악기가 보조역할을 할 동안 부모나 아동의 음악적 표현을 이끌어 내는 악기를 주요 악기로 선택할 수 있다. 이러한 즉흥연주는 연결되는 것과 관계하는 것의 건강한 방법을 보여 주고 시간이 지나면서 발달한다. 반면 강렬한 역동의 해방은 아동이 위기에 처할 때 발달되었다.

즉흥연주 외에, 작곡, 멀티미디어 제작은 가족 구성원이 가깝든 분리되어 있든 건강한 애착과 지지관계를 촉진할 수 있다. 아동은 중요한 관계에 대한 자신들의 감정을 표현하고, 행복한 시간을 투사하고, 함께 미래를 계획하기 위해 작곡에 참여할 수 있다(Whitehead-Pleaux, 2013). 이러한 작곡 개입은 익숙한 노래를 사용하여 가사를 바꾸거나 원래 가사와 노래를 작곡하는 것을 포함할 수 있다. 일단 노래가 만들어지면 아동과 음악치료사는 아동이 노래 녹음이 준비됐다고 느낄 때까지 연습할 수 있다. 이 연습 시간은 아동의 중요한 관계, 아동이 사람들로부터 떨어져 있는 것을 어떻게 느끼는지, 사람들을 다시 보는 것에 대한 아동의 희망이나 두려움에 대한 대화를 이끌기 위한 시간이 될 수 있다. 아동이 준비가 되면 음악치료사는 아동이 사랑하는 사람들과 공유하도록 노래를 녹음하고 그것을 CD나 MP3 파일로 저장하기 위해 전자 음악 기술을 사용할 수 있다.

아동이 만든 곡에 강렬한 인상을 주는 시각 이미지를 넣거나 영화로 만들기 위해 단순한 기술을 사용함으로써 음악치료사는 건강한 관계와 결속을 촉진하기 위해 아동과 함께 멀티미디어 프로젝트를 만드는 작업을 할 수 있다(Whitehead-Pleaux, 2013). 음악치료사는 아동이 작곡한 노래를 사용하고 아동이 선택한 사진이나 비디오를 결합할 수 있다. 이미지는 아동이나 환경, 입원 전부터 좋아하는 사진이나 인터넷에서 발견한 것들 혹은 아동이 사진으로 찍은 재현 이미지를 담을 수 있다. 작곡에 대한 시각적 이미지 추가는 아동과 중요한 사람들 사이의 관계와 결속에 대한 표현이 더 깊어지도록 도와준다.

외상의 통합

아동이나 청소년이 자신의 외상 경험에 대해 지각하기 시작하면, 외상 경험과 확장된 자아의식의 통합을 시작할 수 있다. 음악치료사는 아동이 자신의 외상 경험을 평가할 수 있다면, 대처법에 대한 토의에 아동을 참여시킬 수 있고, 아동에게 무엇이 효과적이고 아닌지를 물어볼 수 있다. 게다가 이 두 가지는 미래의 스트레스 요인을 다루고 이해하는 것의 문제를 해결할 수 있다. 음악치료사는 아동이 자신에게 가장 적합한 대처법을 발달시킬 수 있는 능력을 가지게 하고, 그중 몇 가지는 사실상 음악이 될 수 있다. 아동과 치료사는 불쾌한 수술 절차나 잠재적으로 자극을 촉발하기 전에 이러한 대처를 연습할 수 있다.

아동이나 청소년은 원곡을 작곡하고, 가사를 수정하거나 안정감을 주고 스트레스 요인에 성공적으로 대처하기 위한 능력에 대한 의지를 표현하도록 도와주는 특정한 음악을 선택할 수 있다. 이러한 노래는 자원을 연결하고 아동의 강점을 상기시키기 위해 불쾌한 기간 동안 아동이 사용할 수 있는 '주제곡'으로서 기능을 할 수 있다. 아동은 입원 기간 동안 질병이나 상처와 치료 측면과 연결된 이슈들을 다루는 작곡 시리즈를 가지고 있을 수 있다. 음악치료사는 아동의 경험을 기록하고 통합하고 부연 설명하도록 돕는 앨범을 만드는 작업을 아동과 함께할 수 있다(Whitehead-Pleaux & Spall, 2013). 앨범의 노래를 통해 알게 된 아동의 치유 과정에 대한 회고적 검토는 아동이 분열된 부분들을 연결시키고 분리된 경험의 통합을 증진시키는 경험들에 대한 인식을 얻도록 도와준다. 이 활동은 입원 전후와 입원 기간 동안 아동이 창조적 과정을 통해 자신의 다양한 자아를 통합시키는 데 도움을 준다.

아동이 입원 연장과 같이 삶을 변화시키는 사건을 경험했을 때, 아동은 입원이 어떤 의미인지에 대한 이해가 없는 친구들과 사회로부터 소외감을 느낄 수 있다. 음악치료사는 공유할 수 있는 입원에 대한 노래를 작곡하여 아동을 돕고 사회로의 재통합을 용이하게 할 수 있다. 그렇지 않으면, 아동이나 청소년은 자신의 경험을 친구들에게 설명하는 수단으로 멀티미디어 프로젝트를 만들 수 있다. 이러한 멀티미디어 프로젝트는 아동이 자신의 경험, 두려움 또는 강점을 설명해 주는 듯한 기성곡과 함께 입원 기간 동안 모은 사진으로 구성할 수 있다. 만약 시간이 허락되고 아동이 할 수 있다면 이 개입은 다양한 방법으로 수정될 수 있다. 아동이 재통합 비디오를 설명하기 위한 노래를 작곡하거나 그의 경험을 요약하기 위한 다른 이미지를 선택할 수 있다. 아동은 노래를 작곡할 수 있고, 비디오에서 스태프와 가족들의 출연을 허락받아 노래를 연출하는 비디오를 만들 수 있다. 비디오는 각 장소마다 아동의 경험을 탐험하도록 해설하면서 중간중간에 들어간 음악 영상과 함께 병원 투어를 포함시킬 수 있다. 이미지, 드라마, 음악과 같은 다른 창의적 예술과의 결합은 더 깊은 표현을 촉진하고, 아동이 집으로 가는 준비를 하면서 아동의 통합된 자아를 견고히 할 수 있다.

결론

음악치료사는 상처, 질병 또는 입원으로 인해 외상 위험에 처한 아동들의 심리적 치유 과정을 촉진시키는 데 중요한 역할을 한다. 아동의 의료적 치료 초기에 음악치료를 시작할 때 외상 정보를 토대로 한 접근을 포함시키고, 구체적인 요구에 맞춘 다양한 창의적 음악치료 개입에 아동을 참여시킴으로써 음악치료사는 외상의 부정적 영향에 대한 완충 역할을 제공할 수 있다. 음악치료에 참여함으로써 아동은 과다각성을 줄이고, 정서를 조절하고, 적합한 대처 전략을 이용하는 것을 배우고, 입원 내내 겪은 경험을 맥락에 맞춰 이해할 수 있다. 이후 불쾌한 입원에 따른 질병 또는 손상을 가진 아동들을 위한 긍정적이면서 할 수 있는 능력을 부여하는 초기 병원 치료에 대한 경험은 의료적 돌봄에 미래의 스트레스 반응을 완화시키도록 도와줄 것이다.

참고문헌

Austenfeld, J. L., & Stanton, A. L. (2004). Coping through emotional approach: A new look at emotion, coping, and health-related outcomes. *Journal of Personality, 72*(6), 1335–1363.

Behrens, G. A. (2008, November). *Using music therapy to understand emotional needs of Palestinian children traumatized by war*. Paper presented at the annual meeting of the American Music Therapy Association, St. Louis, MO.

Behrens, G. A. (2011). Musiktherapie zur Behandlung von traumatischem Stress: Theorie und neueste Forschung [How recent research and theory on traumatic stress relates to music therapy]. *Musiktherapeutische Umschau, 32*(1), 372–381.

Bishop, B., Christenberry, A., Robb, S., & Toombs Rudenberg, M. (1996). Music therapy and child life interventions with pediatric burn patients. In M. A. Froehlich (Ed.), *Music therapy with hospitalized children: A creative arts child life approach* (pp. 87–108). Cherry Hill, NJ: Jeffrey Books.

Bradt, J. (2013). Pain management with children. In J. Bradt (Ed.), *Guidelines for music therapy practice in pediatric care* (pp. 15–65). Gilsum, NH: Barcelona.

Bruscia, K. E. (1998). *Defining music therapy* (2nd ed.). Gilsum, NH: Barcelona.

Diamond, L. M., & Aspinwall, L. G. (2003). Emotion regulation across the life span: An integrative perspective emphasizing self-regulation, positive affect, and dyadic processes. *Motivation and Emotion, 27*(2), 125–156.

Ghetti, C. M. (2013a). Effect of music therapy with emotional-approach coping on preprocedural anxiety in cardiac catheterization: A randomized controlled trial. *Journal of Music Therapy, 50*(2), 93–122.

Ghetti, C. M. (2013b). Pediatric intensive care. In J. Bradt (Ed.), *Guidelines for music therapy practice in pediatric care* (pp. 152–204). Gilsum, NH: Barcelona.

Hofmann, M., de Montalembert, M., Beauquier-Maccotta, B., de Villartay, P., & Golse, B. (2007). Posttraumatic stress disorder in children affected by sickle-cell disease and their parents. *American Journal of Hematology, 82,* 171–172.

Kenardy, J. A., Spence, S. H., & Macleod, A. C. (2006). Screening for posttraumatic stress disorder in children after accidental injury. *Pediatrics, 118*(3), 1002–1009.

Kirsch, V., Wilhelm, F. H., & Goldbeck, L. (2011). Psychophysiological characteristics of PTSD in children and adolescents: A review of the literature. *Journal of Traumatic Stress, 24*(2), 146–154.

Loewy, J. V. (2002). Song sensation: How fragile we are. In J. V. Loewy & A. Frisch Hara (Eds.), *Caring for the caregiver: The use of music and music therapy in grief and trauma* (pp. 33–43). Silver Spring, MD: American Music Therapy Association.

Malchiodi, C. A. (2008). Creative interventions and childhood trauma. In C. A. Malchiodi (Ed.), *Creative interventions with traumatized children* (pp. 3–22). New York: Guilford Press.

Malchiodi, C. A. (2012). Trauma-informed art therapy and sexual abuse in children. In P. Goodyear-Brown (Ed.), *Handbook of child sexual abuse:*

Identification, assessment, and treatment (pp. 341–354). Hoboken, NJ: Wiley.

Murray, B. L., Kenardy, J. A., & Spence, S. H. (2008). Brief report: Children's response to trauma- and nontrauma-related hospital admission: A comparison study. *Journal of Pediatric Psychology, 33*(4), 435–440.

Pelletier, C. L. (2004). The effect of music on decreasing arousal due to stress: A meta-analysis. *Journal of Music Therapy, 41*(3), 192–214.

Rafieyan, R., & Ries, R. (2007). A description of the use of music therapy in consultation-liaison psychiatry. *Psychiatry, 4*(1), 47–52.

Rennick, J. E., Johnston, C. C., Dougherty, G., Platt, R., & Ritchie, J. A. (2002). Children's psychological responses after critical illness and exposure to invasive technology. *Developmental and Behavioral Pediatrics, 23*(3), 133–144.

Saxe, G., Vanderbilt, D., & Zuckerman, B. (2003). Traumatic stress in injured and ill children. *PTSD Research Quarterly, 14*(2), 1–3.

Sena Moore, K. (2013). A systematic review on the neural effects of music on emotion regulation: Implications for music therapy practice. *Journal of Music Therapy, 50*(3), 198–242.

Turry, A. (2002). Don't let the fear prevent the grief: Working with traumatic reactions through improvisation. In J. V. Loewy & A. Frisch Hara (Eds.), *Caring for the caregiver: The use of music and music therapy in grief and trauma* (pp. 44–52). Silver Spring, MD: American Music Therapy Association.

Whitehead-Pleaux, A. (2013). Pediatric burn care. In J. Bradt (Ed.), *Guidelines for music therapy practice in pediatric care* (pp. 252–289). Gilsum, NH: Barcelona.

Whitehead-Pleaux, A., & Spall, L. (2013). Innovations in medical music therapy: The use of electronic music technologies in a pediatric burn hospital. In W. L. Magee (Ed.), *Music technology in therapeutic and health settings* (pp. 133–148). Philadelphia: Jessica Kingsley.

부록

외상 아동
치료를 위한
자료

독서치료를 위한 추천도서

이장은 이 책 초판(Malchiodi & Ginns-Gruenberg, 2008)에서 외상 개입에서 사용된 어린이 책에 대한 정보를 요약한 것이다. 그리기, 동작, 글쓰기 또는 놀이치료 등의 창의적 개입은 종종 비언어적 자기표현에 의미를 부여해 주는 스토리텔링의 힘을 이용한다. 그러나 독서치료로 알려진, 치료에서의 의도적인 책의 사용과 특정한 이야기 만들기 기법은 외상적 사건을 경험한 아동들과의 작업에서 효과적인 개입이다. 반응적 독서치료의 적용에서 아동은 특정한 이야기나 책을 읽는다. 만약 그 이야기나 책이 적절하게 선택되었다면, 아동은 책의 등장인물이나 이야기와 동일시할 것이고, 책을 읽은 후에는 증진된 이해와 통찰을 가지게 될 것이다. 상호작용적 독서치료에서는 특정 이야기를 읽은 후에 얻은 개념을 촉진하고, 강화하며, 통합하기 위해 치료사와 아동 내담자 간에 토론이 이루어진다. 상실을 애도하고 있는 아동, 부모의 이혼이나 입양으로 인해 힘들어하는 아동, 또는 학대나 방임으로부터 회복 중인 아동들은 책을 사용한 치료를 통해 도움을 받을 수 있다.

다음에 외상 경험 아동과의 독서치료를 위한 권장도서의 간단한 리뷰가 주제별로 나와 있다.

외상 증상의 관리

- 소피가 화나면 — 정말 정말 화나면…(*When Sophie Gets Angry — Really, Really Angry*)(Bang, 1999)은 화를 내고 물건을 부수지만 자신의 감정을 다루는 방법을 찾게 되는 소피라는 소녀에 대한 이야기이다. 비슷한 책으로, 가끔씩 나는 봄발루가 돼(*Sometimes I'm Bombaloo*)(Vail, 2002)는 케이티라는 소녀의 이야기인데, 이 아이

는 화가 나면 케이티이기를 멈추고 '봄발루'로 변한다. 이 이야기는 형제들과의 싸움, 진정하기 위해 타임아웃을 이용하는 것, 그리고 봄발루로 변하고서 사과하는 내용을 담고 있다.

- 난 지구 반대편 나라로 가 버릴 테야!(*Alexander and the Terrible, Horrible, No Good, Very Bad Day*)(Viorst, 1987)는 나쁜 일들이 연이어 일어나자 자신의 문제로부터 벗어나기를 바라는 알렉산더라는 소년의 이야기에 초점을 맞춘다.
- 두 가지 감정(*Double Dip Feelings*)(Cain, 2001)은 어린이들에게 동시에 하나 이상의 감정을 느끼는 것이 괜찮다는 것을 알려 준다. 외상적 경험이나 상실에 대해 모순되는 감정들을 가진 아이들에게, 이 책은 특별히 도움이 된다.
- 퍼지는 무서워 엄마 어디 가지 마(*When Fuzzy Was Afraid of Losing His Mother*)(Maier, 2005)는 분리불안에 초점을 맞춘 책으로, 아이들이 퍼지와 그의 딜레마에 동일시하게 한다.
- 아이들이 악몽에 대처하는 것을 돕기 위해서는, 수리수리 마수리 늑대야 사라져라(*Jessica and the Wolf*)(Lobby, 1990)와 그래, 네 맘 알아 엄마 얘기 들어 볼래?(*Annie Stories*)(Brett & Chess, 1988)가 좋은 자료가 된다.

자연 재해와 인적 재난

- *Sailing through the Storm*(Julik, 1999)은 삶의 바다를 항해하는 돛단배에 대한 이야기이다. 돛단배는 "고요하고 푸른 물 위에서 행복하게 항해하고 있다. 갑자기 쿵 소리가 난다. 누군가가 다치고, 모든 것이 변한다. 충격적인 일이 너에게 또는 네가 아는 다른 사람에게, 혹은 심지어 네가 만나 본 적 없는 사람에게도 발생했다"(p. 12). 이 책은 아이들에게 직접적으로 이야기하면서, "작은 보트는 곧 가라앉을 거야" 같은 감정까지도 포함한 폭넓은 범위의 감정을 담아낸다. 그리고 아이들이 이 두려운 감정들을 표출하도록 격려하면서 긍정적인 방향으로 옮겨 간다.
- *September 12th We Knew Everything Would Be All Right*(Byron Masterson School, 2002)은 미국 미주리 주의 1학년 학생이 쓰고 그린 책이다. 이 책은 이렇게 시작한다. "2001년 9월 11일, 많은 나쁜 일들이 일어났어. 9월 12일은 새로운 날이야.

우리는 모든 게 괜찮을 거라는 걸 알았어. 왜냐하면…"(p. 5). 이 부분에서, 아이들은 일관성과 일상, 그리고 자기위안적 활동의 중요성에 대해 그들 자신의 그림과 이야기를 만들어 내도록 초대될 수 있다. 이 책은 또한 부모의 이혼, 사고 또는 재난을 포함한 많은 상황에 적용될 수 있다.

이사, 이동, 또는 분리

- *Wemberly Worried*(Henkes, 2000)는 새 학교에 대해 크게 걱정하는 웸블리에 대한 이야기이다. 이 훌륭한 책은 새 집으로 이사를 가는 등의 큰 변화를 앞둔 아이들에게 큰 도움이 된다.
- *Talk, Listen, Connect*(Sesame Workshop, 2008)는 "세서미 스트리트"[1]에서 발간한 훌륭한 DVD와 인쇄자료이다. 이것은 군대에 근무하는 부모들이 이사, 여러 번의 파병을 포함한 부모의 전근을 경험하는 그들의 자녀들을 돕는 데 사용해 왔다. 이 자료는 앱과 웹사이트(www.sesamestreet.org/parents/topicsandactivities/tookits/tlc)에서도 사용할 수 있다.
- *The Storm*(McGrath, 2006)은 허리케인 카트리나를 주제로 출간된 여러 책 중 하나로, 강력한 폭풍을 겪는다는 것이 어떤 것인지에 대한 솔직한 반영을 담은 아이들의 이야기와 그림들로 이루어져 있다.
- *Night Catch*(Ehrmantraut, 2005)는 한 군인이 북극성의 도움을 받아 밤마다 자신의 아들과 별을 던지고 받는 캐치 게임을 하는 이야기를 들려준다. 이것은 떨어져 있는 가족, 특히 군사 파병으로 인해 분리된 가족이 어떻게 연결감을 유지하는지에 대한, 시대를 초월한 이야기이다.

이완과 스트레스 완화

- *Cool Cats, Calm Kids*(Williams, 1996)는 아이들이 즐겁게 할 수 있는 스트레스 관리와 긴장 완화 기술로 인기 있는 책이다. 책에는 '고개를 빳빳이 들고 유지하기'

---

1) 역주 : 미국의 유아용 TV 프로그램.

등의 '고양이가 추천하는' 아홉 가지 스트레스 완화 기술의 예가 담겨 있다.

- *Peaceful Piggy Meditation*(McLean, 2004), *Mindful Monkey, Happy Panda*(Aldefer, 2011), 그리고 *Moody Cow Meditates*(McLean, 2009)는 어린아이들에게 캐릭터와 이야기들로 명상의 힘을 가르쳐 준다.

- *A Handful of Quiet: Happiness in Four Pebbles*(Hahn, 2012)는 아이들에게 단순하고 감각적인 조약돌 명상과 자연과의 연결을 통한 명상 훈련을 소개한다.

- *Starbright, Moonbeam, and Earthlight*(Garth, 1991, 1993, 1997)는 초등학교 연령의 아이들을 위한 진정시키는 이미지와 문구를 담고 있다.

- *Yoga Pretzels*(Guber & Kalish, 2006)는 요가와 호흡 활동 카드 세트로, 아이들과 함께하는 스트레스 완화와 자기조절 연습을 위한 보충자료로 사용될 수 있다.

가족 또는 친구의 죽음

- *When Dinosaurs Die*(Krasny & Brown, 1998)는 모든 연령대의 아이들이 여러 번 보게 될 책이다. 초등학교 수준에서, 아동이 죽음을 겪었을 때 그 경험을 반 아이들과 함께 나누기에 이상적인 책이다. 공룡 캐릭터는 죽음에 관한 아이들의 일반적인 의문과 염려를 표출한다.

- *Mick Harte Was Here*(Park, 1995)는 아이들이 누군가의 죽음 후에 겪는 일반적인 감정들을 알려 주고, 이들의 감정을 주변 친구들이 공감할 수 있도록 도울 수 있다.

- *I Know I Made It Happen*(Blackburn, 1991)은 나쁜 일이 일어날 때, 자신에게 책임이 있다고 믿는 사람에 대한 이야기이다. 이 이야기 속에서 어른들은 아이가 단지 나쁜 일을 생각하거나 바란다고 해서 그 일이 일어나는 것은 아니라는 걸 설명해 준다. 이 책은 또한 아이들이 그들의 감정을 나누도록 돕고, 사랑하는 사람의 죽음이 그들의 잘못이 아니라는 것을 배울 수 있도록 한다. *A Terrible Things Happened*(Holmes, 2000) 또한 셔먼 스미스라는 이름의 너구리 이야기를 통해서 아이들이 죽음에 대한 그들의 감정을 이해할 수 있도록 돕는 책이다. 셔먼은 끔찍한 일을 겪은 후 두렵고, 화가 나고, 수업에 집중할 수 없었으나, 그의 선생님 메이플 씨는 놀이와 그림 그리기를 통해 그가 자신의 감정을 이해할 수 있도록

돕는다.

- *Tear Soup: A Recipe for Healing after Loss*(Schweibert & DeKlyen, 1999)는 사별을 설명하는 데 수프 만들기의 은유를 사용한다. 이 이야기는 좀 더 큰 아이들과 청소년들에게 맞추어 만들어졌지만 성인과 가족들에게도 유용하게 사용할 수 있다.

- *They're Part of the Family: Barkley and Eve Talk to Children about Pet Loss*(Carney, 2001)는 바클리와 이브, 두 마리 개가 죽음과 그와 관련된 주제에 관해 이야기 나누는 내용의 활동과 컬러링을 담은 시리즈 중 하나이다. 이는 세 개의 짧은 이야기로 이루어져 있는데, 병이 있어 안락사된 개, 어느 날 아침 죽어 버린 거북이, 그리고 사고로 죽은 고양이의 이야기이다.

- 사다코와 천 마리 종이학(*Sadako and the Thousand Paper Cranes*)(Coerr, 1977)은 히로시마 원자폭탄 투하로 인한 백혈병으로 1995년 죽음을 맞은 일본인 소녀 사다코의 이야기에 바탕을 둔 추모 활동을 기술한다. 이 책은 종이학 천 마리를 접으면 천 년을 산다는 학의 전설처럼 건강을 누릴 수 있다고 하는 이야기를 전한다. 이 이야기를 통해, 아이들은 다른 문화에서 자기치유적인 특별한 의식을 통해 고인을 기념하는 방법뿐만 아니라 사랑했던 사람을 기념하는 특별한 활동(종이학 접기)을 배우게 된다.

- *Someone Special Died*(Prestine, 1993)와 *Anna's Scrapbook: Journal of a Sister's Love*(Aiken, 2001)는 아이들이 고인에 대해 형체가 있는 기록물 만들기를 장려하는 것을 통해서 죽은 이를 기억하는 방법을 알려 준다.

회복

- *Shoot the Moon: Lessons on Life from a Dog Named Rudy*(Humphrey, 2011)는 삶의 장애물을 극복하고 그로부터 회복하는 데에는 당신이 누구든 상관이 없다는 것을 강조한다. 강아지 루비는 아이들이 자신들을 위한 영웅이 되라고 격려하며, 균형을 찾고 삶의 도전들과 함께 '뒹구는' 법을 보여 준다.

참
고
문
헌

Aiken, S. (2001). *Anna's scrapbook: Journal of a sister's love*. Omaha, NE: Centering Corporation.

Alderfer, L. (2011). *Mind monkey, happy panda*. Somerville, MA: Wisdom.

Bang, M. (1999). *When Sophie gets angry—really, really angry*. New York: Blue Sky Press.

Blackburn, L. (1991). *I know I made it happen*. Omaha, NE: Centering Corporation.

Brett, D., & Chess, S. (1988). *Annie stories*. New York: Workman.

Byron Masterson School. (2002). *September 12th we knew everything would be all right*. New York: Tangerine Press.

Cain, B. S. (2001). *Double dip feelings*. Washington, DC: Magination Press.

Carney, K. (2001). *They're part of the family: Barkley and Eve talk to children about pet loss*. Wethersfield, CT: Dragonfly.

Coerr, E. (1977). *Sadako and the thousand paper cranes*. New York: Putnam.

Ehrmantraut, B. (2005). *Night catch*. Aberdeen, SD: Bubble Gum Press.

Fox, M. (1994). *Tough Boris*. New York: Harcourt Brace.

Garth, M. (1991). *Starbright: Meditations for children*. San Francisco: HarperCollins.

Garth, M. (1993). *Moonbeam: New meditations for children*. San Francisco: HarperCollins.

Garth, M. (1997). *Earthlight: New meditations for children*. Sydney, Australia: HarperCollins.

Guber, T., & Kalish, L. (2005). *Yoga pretzels*. Bath, UK: Barefoot Books.

Hahn, T. N. (2012). *A handful of quiet: Happiness in four pebbles*. Berkeley, CA: Parallax Press.

Henkes, K. (2000). *Wemberly worried*. New York: Harper.

Holmes, M. (2000). *A terrible thing happened*. Washington, DC: Magination Press.

Humphrey, C. (2011). *Shoot for the moon: Lessons on life from a dog named Rudy*. San Francisco: Chronicle Books.

Julik, E. (1999). *Sailing through the storm: To the ocean of peace*. Lakeville, MN: Galde Press.

Krasny, L., & Brown, M. (1998). *When dinosaurs die*. New York: Little, Brown.

Lobby, T. (1990). *Jessica and the wolf: A story for children who have bad dreams*. Washington, DC: Magination Press.

Maier, I. (2005). *When Fuzzy was afraid of losing his mother*. Washington, DC: Magination Press.

Malchiodi, C. A., & Ginns-Gruenberg, D. (2008). Trauma, loss, and bibliotherapy: The healing power of stories. In C. A. Malchiodi (Ed.), *Creative interventions with traumatized children* (pp. 167–187). New York: Guilford Press.

McGrath, B. (2006). *The storm*. Watertown, MA: Charlesbridge.

McLean, K. (2004). *Peaceful piggy meditation*. Park Ridge, IL: Albert Whitman.

McLean, K. (2009). *Moody cow meditates*. Somerville, MA: Wisdom.

Park, B. (1995). *Mick Harte was here*. New York: Random House.

Patterson, S., & Feldman, J. (1993). *No-no and the secret touch*. Fulton, MD: National Self-Esteem Resources.

Pearson, I., & Merrill, M. (2007). *The adventures of a lady: The big storm*. Book Surge.

Prestine, J. (1993). *Someone special died*. Torrance, CA: Frank Schaeffer.

Schweibert, P., & DeKlyen, C. (1999). *Tear soup*. Portland, OR: Griefwatch.

Sesame Workshop. (2008). *Talk, listen, connect: Deployments, homecomings, changes*. New York: Sesame Workshop.

Vail, R. (2002). *Sometimes I'm Bombaloo*. New York: Scholastic.

Viorst, J. (1987). *Alexander and the terrible, horrible, no good, very bad day*. New York: Aladdin Paperbacks.

Williams, M. (1996). *Cool cats, calm kids: Relaxation and stress management for young people*. San Luis Obispo, CA: Impact.

Wrenn, E. (2001). *The Christmas cactus*. Omaha, NE: Centering Corporation.

트라우마 관련 자료

예술치료와 놀이치료

포커싱과 표현예술협회(Focusing and Expressive Arts Institute)는 아동, 청소년, 성인, 그리고 가족들에게 적용할 수 있는 포커싱 예술치료에 대한 교육과 정보를 제공한다. *www.focusingarts.com/*을 보라.

국제 외상스트레스학회(International Society for Traumatic Stress Studies, ISTSS)는 아동과 청소년을 위한 창의적 예술치료의 17개 지침을 포함하여, 외상후 스트레스 치료에 관한 자료 출판을 후원하고 있다. *www.istss.org*를 보라.

외상근거임상과 표현예술치료협회(Trauma-Informed Practices and Expressive Arts Therapy Institute)는 아동과 가족을 위한 창의적 예술치료와 외상 개입에 대한 정보를 제공한다(*www.trauma-informedpractice.com* 참조). 그리고 외상근거 예술치료와 표현예술치료에 대한 원격 교육을 제공한다.

외상의 통합과 회복을 위한 접근법

어린이트라우마학교(Child Trauma Academy)는 신경연속적 치료모델(NMT)에 대한 정보, 훈련, 연구를 제공하며, 위기에 처한 아동에게 적용할 수 있는 발달적 정보가 반영되고 생물학적으로 고려한 접근법을 제공한다. *www.childtrauma.org*를 보라.

아동복지정보기관(Child Welfare Information Gateway)은 트라우마와 아동, 외상 중심의 인지행동치료(TF-CBT)에 관한 일반적인 정보를 제공하고 있다. *http://childwelfare.*

*gov/pubs/trauma*를 보라.

EMDR 협회(Eye Movement Desensitization and Reprocessing Therapy)는 일반적인 자료들과 더불어 출판물과 연구물에 대한 링크를 제공한다. *www.emdr.com*을 보라.

감각운동심리치료협회(Sensorimotor Psychotherapy Institute, SPI)는 외상과 애착, 발달적 이슈에 대한 신체중심적 개입과 언어적 기법의 통합인 신체기반 대화치료에 대한 정보와 교육을 제공한다. *www.sensorimotorpsychotherapy.org/*를 보라.

소매틱 경험요법(Somatic Experiencing®, SE)는 SE에 대한 전문적인 훈련을 제공하는 교육과 연구 사이트이다. 또한 취약계층과 폭력, 전쟁, 자연 재해 피해자들에 대한 원조를 실시한다. 이 사이트는 SE를 개발한 Peter Levine의 연구에 대해 알기 위한 좋은 시작점이 될 수 있다. *www.traumahealing.com/*을 보라.

외상정보에 기반한 임상

문화적으로 민감한 외상근거 케어(culturally sensitive trauma-informed care)는 건강돌봄전문가들이 환자와 가족의 문화적 가치, 믿음과 관행을 인정하고 존중하며 통합하는 외상근거 평가와 개입을 효과적으로 제공하도록 돕는다. *www.healthcaretoolbox.org/index.php/cultural-considerations/culturally-censitive-trauma-informed-care*를 보라.

물질남용과 정신건강서비스 관리기관(Substance Abuse and Mental Health Services Administration, SAMHSA)는 **외상근거 치료를 위한 국가기관**(National Center for Trauma-Informed Care, NCTIC)으로서, 외상근거 치료의 인식을 제고하고 프로그램과 서비스에 있어서 외상정보에 입각한 임상의 실행을 촉진하기 위한 기술지원센터이다. *www.samhsa.gov*를 보라.

국가아동외상스트레스네트워크(National Child Traumatic Stress Network, NCTSN)는 외상정보에 기반한 서비스 시스템 구축을 위한 정보와 다운로드받을 수 있는 풍부한 정보를 제공한다. *www.nctsn.org/resources/topics/creating-trauma-informed-systems*를 보라.

안식처 모델(Sanctuary Model®)은 이론에 근거하고 외상정보가 고려된 증거 기반의 전문화적인 접근법으로, 조직 문화를 창조하거나 변화시키기 위한 명확하고 구조적인 방법론을 가지고 있다. *www.sanctuaryweb.com/*을 보라.

회복력과 아동

미국심리학회(American Psychological Association)는 회복력과 아동에 대한 광범위한 정보를 제공하고 있다. *www.apa.org/*를 보라.

펜실베이니아대학 긍정심리학센터(Positive Psychology Center at University of Pennsylvania)는 아동의 회복력에 대한 개요와 이를 증진시키기 위한 전략을 제공한다. *www.ppc.sas.upenn.edu/*를 보라.

찾아보기

| 기고자들 |

Susanne Carroll Duffy, PsyD, RPT-S
Pleasant Point Health Center, Eastport Health Care, Inc., and By The Sea Seminars,
Perry, Maine

Lennis G. Echterling, PhD
Department of Graduate Psychology, James Madison University, Harrisonburg, Virginia

Cornelia Elbrecht, MA, AThR
School for Initiatic Art Therapy, Apollo Bay, Victoria, Australia

Claire M. Ghetti, PhD, LCAT, MT-BC, CCLS
Elizabeth Seton Pediatric Center, New York, New York; The Grieg Academy, University
of Bergen, Bergen, Norway

Amber Elizabeth Gray, MPHm MA, LPCC, BC-DMT, NCC
Restorative Resources Training and Consulting Santa Fe, New Mexico

Craig Haen, PhD, RDT, CGP, LCAT, FAGPA
private practice, White Plains, New York

Mary Pellicci Hamilton, MSAT, ATR-BC, LPC
Art for Therapy, LLC, Westport, Connecticut

Russell E. Hilliard, PhD, LCSW, LCAT, MT-BC, CHRC
Seasons Hospice and Palliative Care, Rosemont, Illinois

Laura V. Loumeau-May, MPS, ATR-BC, LPC
Journeys Program/Valley Home Care, Inc., Paramus, New Jersey; Art Therapy Graduate
Program, Caldwell University, Caldwell, New Jersey; Contemporary Arts Division,
Ramapo College, Mahwah, New Jersey

Cathy A. Malchiodi, PhD, ATR-BC, LPAT, LPCC, REAT
Trauma-Informed Practice and Expressive Arts Therapy Institute, Louisville, Kentucky;
Department of Expressive Therapies, Lesley University, Cambridge, Massachusetts

Margaret M. McGuinness, MA, MEd, ATR-BC

private practice, Southfield, Michigan

Laury Rappaport, PhD, MFT, REAT, ATR-BC

Focusing and Expressive Art Therapy Institute, Santa Rosa, California; Department of Psychology, Sonoma State University, Rhonert Park, California; and Integrative Psychotherapist, Sutter Health, Institute for Health and Healing Santa Rosa, California

Bart Santen, PsyD

Focusing Institute, New York, New York; Mental Care Health Group, Neurofeedback Institute, Utrecht, The Netherlands

Kathy J. Schnur, MEd, RN, CTS, ATR-BC

private practice, Detroit, Michigan

Ellie Seibel-Nicol, MA, ATR-BC

Family Study Center, Danbury, Connecticut

Anne L. Stewart, PhD

Department of Graduate Psychology, James Madison University, Harrisonburg, Virginia

Madoka Takada Urhausen, MA, LMFT, ATR-BC

private practice and Guidance Center, Long Beach, California

Annette M. Whitehead-Pleaux, MA, MT-BC

Shriners Hospitals for Children, Boston, Massachusetts; St, Mary-of-the-Woods College, St. Mary of the Woods, Indiana